佛教观念史与社会史研究丛书

Action and Its Results

A Study Based on Karmaphalasambandhaparīkṣā of Tattvasaṃgraha and Tattvasaṃgrahapañjikā

Wenli Fan

范文丽 著

行为与因果

寂护、莲花戒《摄真实论（疏）》业因业果品译注与研究

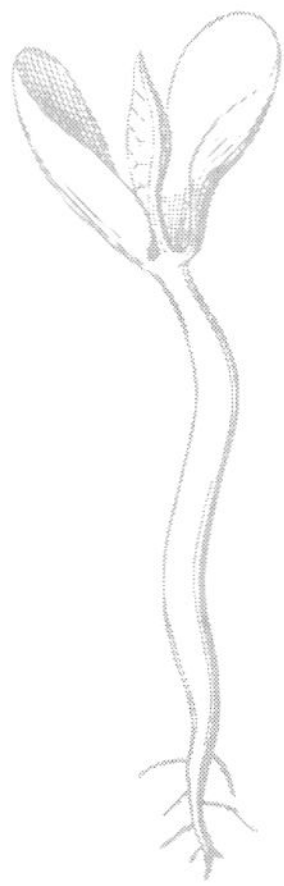

商务印书馆
SINCE 1897 The Commercial Press

佛教观念史与社会史研究丛书

学术委员会

Benjamin Brose　常建华　段玉明　Eugene Wang　龚　隽
郝春文　洪修平　侯旭东　黄夏年　赖永海　李四龙　李向平
刘淑芬　楼宇烈　Marcus Bingenheimer　气贺泽保规
Stephen F. Teiser　万俊人　魏德东　严耀中　杨曾文
杨效俊　斋藤智宽　湛　如　张文良　张志强

主　　编

圣　凯

副 主 编

陈金华　何　蓉　孙英刚　杨维中

编辑委员会

安　详　陈怀宇　陈继东　陈金华　崇　戒　戴晓云　法　净
范文丽　韩传强　何　蓉　黄　奎　李　峰　李　澜　李建欣
李静杰　刘懿凤　马　德　能　仁　邵佳德　圣　凯　石小英
孙国柱　孙英刚　通　然　王大伟　王　洁　王启元　王祥伟
王　兴　王友奎　吴　疆　贤　宗　杨剑霄　杨奇霖　杨维中
伊吹敦　张德伟　张　佳　张雪松

本丛书由国家社科基金重大项目
“汉传佛教僧众社会生活史”
浙江香海慈善基金会
资助出版

发现佛教生活世界中的行动主体

——“佛教观念史与社会史研究丛书”总序

圣 凯

编辑“佛教观念史与社会史研究丛书”，源于国家社科基金重大项目“汉传佛教僧众社会生活史”的研究尝试。由于“社会生活史”方法的研究对象与主题庞杂繁复，取径言人人殊，所以如何从佛教悠久的历史、浩瀚的典籍中确定研究的材料、主题与取径的疑惑，促使我们不得不去反思与总结近百年佛学研究的已有成果，重新构建研究方法论。经过半年多的细致研讨与反复论证，“佛教观念史与社会史方法”逐渐清晰并已略具雏形，成为汉传佛教社会生活史研究的核心思路。这一方法的确立，与我们如何理解与看待佛教关系密切。

佛教不仅是一种宗教，更是一种文明，因此我们提倡从文明的层面理解佛教的悠久历史及其在现实中焕发的活力。从陆上、海上丝绸之路沿线国家，到繁华的纽约、古老的伦敦，从古至今、由东及西，佛教在文明交流史上始终扮演着重要角色，至今仍具有巨大的影响力。若不从文明交流史的视角考察佛教，就将无法了解佛教在流经不同的文化、地区之时，究竟经历了何种斟酌损益；又是如何面对“他者”的异文明挑战，始终保持着自身的主体性。佛教的传播与发展，是一条融合文化、信仰、生活的生生不已的道路；佛教的研究，必须要重视其跨时空、具有主体性、矛盾冲突与融汇发展共在的特点。

佛教作为一种宗教，其最显著的特质在于佛教对“宗教践履”的推崇与强调。所谓“中国佛教的特质在于禅”，正是在强调“禅的观念与实践是中国佛教的特质”。信仰者的“宗教践履”受到宗教教义的指导与影响，同时也在不断地诠释与转化宗教教义。由是，信仰者的生活情境、生命体验，与时代的社会生活、宗教教义的“当下性”“机用性”融汇在一起，构成了一幅展现理想与现实、理念与行动互相影响、互相激荡、互相补充的信仰实践、宗教发展的画卷。因此，佛教“宗教践履”所涵括的信、解、行、证等四个方面内容，也即信仰观念与信仰活动、经典注释与弘法、修道观念与修道生活、解脱观念，都是理解“佛教整体”所必须直面的重要议题。

改革开放以后复兴的大陆佛教研究，从研究主题来看，主要涵盖经籍文献、历史发展、宗派义理、佛教哲学、寺院经济、寺院建筑、佛教文化艺术、地方佛教、高僧传记、佛教与中国传统文化的关系等领域。从研究方法来看，主要是哲学、史学的研究，近年来，宗教与文化的比较研究也成为主要的关注对象。在社会学领域，包括佛教在内的宗教研究不受重视；在宗教学领域，社会学理论和方法的运用也不多见。日本学术界在文献校勘、整理、注释方面的成就举世瞩目，在佛教史的微观研究方面素有成就。欧美学界则有一种方法论的自觉，尤其在佛教社会史方面的成就影响了世界佛学研究的趣向。而中国台湾地区的佛学研究，逐渐从日本式的佛学研究路径转向欧美式的宗教学、社会学研究，取得了一定的成就。

从相关具有代表性的成果来看，佛教研究的材料、主题与取径，逐渐从经典文本转到“无意识”的史料，从儒家、道家的显性影响转向宗法性宗教的隐性影响，从政治、社会等外在视角转向佛教自身演变的内在视角，从宏观研究转向微观研究，从整体的单一性论述转向不同区域的多样性论述，佛教戒律、仪轨、修持方法、生活制度、组织结构等内容逐渐引起重视。

然而，现有的佛教研究方法论虽然在材料使用、问题意识与研究取径上各有其优势，却始终未能从整体上刻画出佛教的文明属性与践履特质。这种缺陷集中体现在对宗教践履“主体”的忽视，以及对历史情境特殊性的刻画不足之上。哲学传统的思想史方法，历史学传统的文献学、佛教史方法，社会学传统的生活史方法，因各自特殊的研究偏好，在研究对象的选择上存在一种“割裂”，解构了原本完整的宗教践履“主体”，以笼而统之的“时代背景”模糊了时代中的“真问题”与时代风貌的复杂的建构过程，以“千人一面”的群像取代了特殊历史情境中、面对不同文明挑战的各个不同的“生命”所经历的真切的信仰焦虑与行动选择。

时代与历史不是主体的行动得以展开的基础与背景，恰恰相反，正是千千万万活生生的主体的选择与行动，最终形成了时代与历史。正是通过“做事”，“人”才得以被定义，生存性的关系——包括种族、贫富等规定，才得以从抽象的定义成为生命间真切的关联。“观念史与社会史方法”的核心主题，就是要从人作为一个主体而存在、作为一个行动者而存在的视角去审视、书写历史，通过关切“行动”，从“行动”中理解作为历史主体的人。

“行动”是“佛教观念史与社会史方法”最重要的关注点。“佛教徒”是由其在信仰选择上的“决断”所定义的，正是通过“选择”这一行动，其获得了主体意义；“佛教徒”的“践履”，使生活世界得以展开，这时“佛教徒”是复数意义上的，即多元主体；对于“佛教徒”生活的研究，依“文本—历史—观念—思想”的研究层次不断展开，四者之间亦具有互动意义。生活世界具有历史意义的时代性与真理意义的普遍性，“佛教观念史与社会史方法”的研究目的在于呈现佛教信仰者生活世界的情境、生命体验与时代生活，通过文本的解读，还原历史上的“生活”，揭示与发现宗教践履展开的“行动”规律，发现生活世界背后的观念，总结与诠释佛教作为世界性宗教的普遍真理意义。

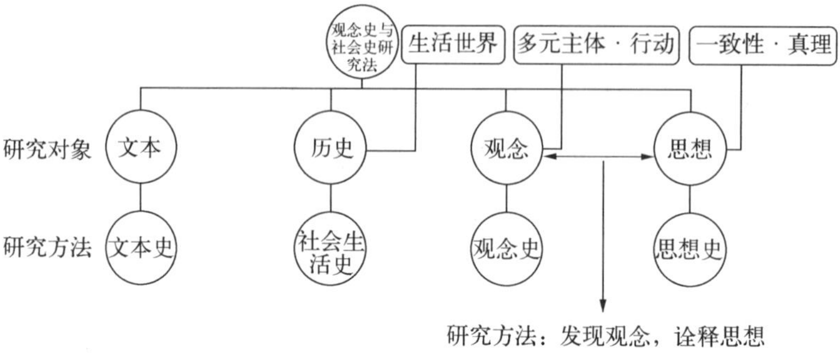

“佛教观念史与社会史方法”批判所谓“精英”和“大众”、“义理”与“实践”等二分对立的视角，强调历史中多元主体的互动，从“佛教整体”的视野理解个体信仰。生活的互动、人际的交往、观念的影响融汇于历史的情境中，这种历史情境可能是混沌的，但彰显了生活世界的真实。因此，作为我们了解过去之唯一凭据的文本，其“真实性”就变得非常重要，“文本”所经历的历史时空是考察文本真实性的重要依据，这正是“佛教观念史与社会史方法”首先强调“文本史”的原因所在。考证、辨伪等传统文献学方法，在“佛教观念史与社会史方法”中依然占有重要的一席之地。

但是，并非所有文本都能进入“佛教观念史与社会史方法”的视域。从“行动”的视角看，文本书写也是一种“行动”，既是生活世界的记录，亦是观念的展开。因此，“文本”既有可能是宗教践履主体“直接行动”的结果，也有可能是主体的行动“指导”。“佛教观念史与社会史方法”对“文本”的选择，着重关注的是其中具有行动意义的“宗教践履”者，非行动性的、不能指导践履的“文本”，基本不会被纳入考虑范围。

此外,“佛教观念史与社会史方法”在“文本”资源上不同于一般的社会生活史,留存至今的《大藏经》为佛教徒提供了稳定的观念资源,因此成为佛教徒最重要的“文本”;佛教相对稳定的观念与相续不断的生活,使当下与历史得以贯通,“当前”的佛教为观察历史上的“文本”提供了重要的参考与借鉴。佛教社会生活史中的这些特殊之处,是我们必须留意的。

佛教徒的宗教践履,既有个体生命的建立历程,也有时代的社会生活,也即我们所强调的社会生活史。一般的社会生活史研究聚焦于大量的“个案”研究,尽管其能在最大程度上还原史实,却未能与时代的观念思潮形成本质上的关联,无可避免地趋向碎片化。因此,“佛教观念史与社会史方法”从“行动”的视角对历史加以理解,以避免将历史刻画静态化、抽象化,而尽力还原生活世界的具体情境;同时,还要强调“观念”的“在先”,以确保历史刻画在充分考虑具体情境、多元主体的同时,不会流于碎片化与“失焦”。佛教徒的宗教践履虽然具有个体性,但仍然与佛教的观念传统、时代的观念思潮保持着“观念意义”上的一致。同时,多元主体的宗教践履的“当下性”与“机用性”,亦会促进佛教观念的转化与演进。这时,教义诠释、宗教践履等皆是“行动”的呈现,而非一种静态的、逻辑的思想概念自我展开与演进。

所谓观念史,就是注重作为“文本”的经典世界与作为“历史”的生活世界之间的互动,这种互动就是观念的诠释、体验与变迁。“观念”是最贴近“行动”的思想,在行动中不断得到丰富,同时呈现出主体性、相续性与统一性。佛教作为制度性宗教,佛教的宗教践履是“观念”先行的,佛教徒的生活世界即是佛教教义观念的呈现;同时,由于中国佛教徒必须面对印度佛教与中国文化的观念冲突,通过生活世界的“行动”与宗教践履的超越性,观念冲突与观念调适成为佛教中国化的核心命题。如佛教素食传统的形成,不仅是生活史的“吃什么”“怎么吃”，最关键的是“为什么吃素食”。因此，梁武帝提倡素食，涉及南北朝与印度佛教的生活传统、南朝佛教僧团的制度规范，更关涉大乘经典对“不杀生”的提倡，“不杀生戒”、修仙传统乃至梁武帝的信仰观念，是素食观念的来源；素食传统的形成，是社会生活与佛教观念互动的产物。

因此，观念不仅涉及佛教经典世界的“解”，亦关乎宗教践履的“行”，更涉及信仰心理的情感、意志等，同时亦成为主体世界所“证”的境界。同时，生活世界关涉宗教的经典世界，亦深受世俗世界的影响。在世界文明的长河之中，经济与政治虽然是极强大的力量，其所影响的观念却只与日常生活、制度规范有关。权力对隐性观念的影响有限，如信仰、幸福等是权力始终无法触及、无法规训的。经济只是实现生活的途径与工具；但是，作为观念的“经济”，如经济思想乃至财富观念，则是多元的、个体的、具有历史情境的。所以，政治、经济虽然在生活领域具有优先性，但进入“观念”领域的政治、经济与其他观念是平等的，这时信仰获得了与政治、经济等相抗衡的力量。于是，佛教徒的信仰生活、经济生活、文化生活、政治生活等主题，皆呈现出观念层面的“杂糅”与生活层面的“纠缠”。

最后，观念与思想的最大区别在于“行动”与“心理”。一般思想史方法通过文本解读，将历史刻画为静态概念的演进，忽视了具体行动者的生命践履。“历史”是由人的践履书写而成的，是一种动态的“层累”。思想与佛教的经典世界相关，佛陀的觉悟与“经典”是一种具有超历史性和普遍性的存在，成为统合多元主体、具体情境与特殊观念的一致性真理，成为佛教文明的内容与特质。但是，对于重视慧解脱的佛教而言，缘起、佛性等形而上思想仍然与佛教徒的宗教践履——“观”之间形成互动，这也说明了，统一性的思想与多元性的观念是不相违背的。如缘起既是存在的形而上“本体”根据，也是对生活世界的“观照”，更是日常生活中“随缘”观念的思想来源。所以，佛教观念史的研究是下贯社会生活史，上达思想史、哲学史的逻辑。只有从多元的差别中理解并开阐出一致的无差别，才能真正诠释出佛教的核心精神。

一切研究皆从“文本”开始，“作为文本的文本”需要扎实的考证，“作为历史的文本”需要时间、空间、生活等方面的理解，“作为观念的文本”需要经典世界的思想渗透与时代的历史性融合，“作为思想的文本”则需要呈现经典世界超时空的、普遍性的真理。如“佛性”“心识”等形而上主题与“判教”“末法”等观念主题，在文本的选择与诠释上有相当的区别。观念史视域中的“心识”“佛性”则会转化成“修心”“见性”等宗教践履主题。思想在于诠释，观念在于发现，二者有区别而又能互相转化。

一切皆从生活出发，最后无不还归生活；一切研究皆从文本出发，最后仍然要还归生活。所有的生活，皆是践履的行动；一切研究，无非是有关“他者”的生活体验。

2019年10月1日深夜

谨以此书

献给我的祖母胡金香（1928.2.13—2014.7.30）

目 录

导言 ………………………………………………………………………… 1

序章 从文本研究到哲学分析：印度哲学研究方法论反思 ………… 11

一、思想史、文献校译、文本解读：近代中国印度哲学研究路径 …… 11

二、由“比较”而“融合”：比较哲学方法论之演变 …………………… 25

三、以道观之：“大哲学”视域下的印度哲学研究 …………………… 34

结语 ………………………………………………………………………… 40

第一章 文本：《摄真实论(疏)》业因业果品 …………………………… 44

一、寂护及其著作 ………………………………………………………… 44

二、《摄真实论(疏)》业因业果品 ……………………………………… 53

三、《摄真实论(疏)》框架及其“次第道”论证特点 ………………… 58

结语 ………………………………………………………………………… 68

第二章 问题：“无我而有业因业果”与“刹那灭而有因果” ………… 70

一、问题一：无我而有业因业果 ………………………………………… 71

二、问题二：无常/刹那灭而有因果 …………………………………… 73

三、概念：“无常”与“刹那灭” ………………………………………… 78

四、概念:“我”与“无我” 85
五、概念:“业因业果”与“因果” 88
六、问题之源:业说的印度宗教哲学背景 89
七、部派佛教对业与因果的诠释 94
结语 98

第三章　诤议之始:有我论者的批评与论证 100
一、“所作散灭、未作自至”:童中尊对无我论的批评 100
二、“自我”的存在与表象:六派哲学的论证路径 104
三、正理派、弥曼差派之记忆证明说 108
四、正理派之主体统合说 111
五、弥曼差派之自知证明说 116
六、寂护:业因业果基于因果 120
结语 126

第四章　“作用”与“无作用”:因果关系本质之争 128
一、vyāpāra:“作用”与“生果作用” 129
二、“无作用”:寂护、莲花戒的六个理由 133
三、从“作用”到“无作用”的思想脉络 138
四、“一切法悉无作用” 144
结语 148

第五章　因与果的时间关系之争 150
一、断灭难:刹那灭说的困难 150
二、童中尊“三时难”:因何时生果? 154
三、寂护:“因在第一刹那、果在第二刹那” 158

四、异熟因："经久远而生果"如何可能？ …… 161
五、俱有因：寂护对同时因果说之批评 …… 164
结语 …… 168

第六章　因果作为共许方便 …… 172
一、缘起：因果之起点 …… 173
二、因与果的"无间限定" …… 179
三、因："生果力" …… 183
四、"共许方便"：因果作为一种观念 …… 188
结语 …… 192

第七章　无"我"而有"相续" …… 194
一、"相续"：一种非主体的主体 …… 195
二、寂护对记忆、主体统合、自知等问题的回应 …… 202
三、"相续"与"刹那差别"的张力 …… 210
四、不著因果：佛教徒的道德理由 …… 221
结语 …… 228

第八章　当代哲学视野下的佛教无我论 …… 230
一、个体同一性：自我问题的当代呈现 …… 231
二、主体如何存续：三种阐释方案 …… 238
三、自我与无我之间：佛教的立场 …… 248
结语 …… 255

第九章　当代哲学视野下的寂护因果论 …… 258
一、作为观念的因果：寂护与休谟 …… 259

二、佛教因果论：一种生成哲学 …… 266
三、由因到果的断裂与绵延 …… 274
结语 …… 281

结语 …… 285
一、寂护业论及其思想脉络 …… 286
二、无我而有业因业果 …… 288
三、刹那灭而有因果 …… 290

附录　《摄真实论(疏)》业因业果品译注 …… 294
一、目录 …… 294
二、正文 …… 297

重要文献缩略语及版本 …… 363

参考文献 …… 367
一、中文文献(以汉语拼音字母为序) …… 367
二、日文文献(以日语五十音字母为序) …… 374
三、西文文献(以拉丁字母为序) …… 382

后记 …… 397

导 言

饮食以求存活，从业多为谋生，养生而盼体健，戒烟以避疾病，笑脸迎人为使人际和睦……人类日常行为，常常具有或隐或显之目的性。这种目的性背后蕴含着一种对因果的信念：特定的行为能招致特定的结果。在佛教教法中，这一信念通过“业”（karma）这一概念而得到表达。业，意为“行为、行动”，指称人类一切可引致果报的行为。更具体地说，佛教业论的核心主张是“善有乐报，恶有苦报”。这也被称为业报法则，其隐含的意义是，存在着某种自然律：一切行动将会招致相应的果报。

虽然这一信念口耳相传，似乎不证自明，但从哲学的角度看，其中问题重重，并非表面上看起来那么令人信服。最核心的质疑是针对行为与果报之间的发生机制：人们的行为如何造就他们的境遇？某个行为具体如何招致果报？若加上佛教理论背景，情况更为复杂：佛法以“无常”（anityatā）、“无我”（anātman）为核心教法，无常说主张事物无法持久存续，无我论主张并无一成不变的“我”存在。由此，佛教徒从佛陀时代开始就面临如下问难：无常的、不能持续的行为如何在久远之未来引生果报？若无一成不变之主体，那么谁在将来受报？这被艾蒂安·拉莫特（Lamotte, 1988: 16-17）称为“果报机制问题”（the mechanism of retribution）及“轮回主体之性质问题”（the nature of the retributed entity)。本书将使用“无常而有因果”及“无我而有轮回”两个术语来指称这两个议题，它们是本书所关注的核心问题，也是全书开展的线索。

这两个问题旨在驳斥佛教无常、无我的基本教法。出于护法弘教的目的，佛教论师们在他们各自所处的历史语境中应机设法，针对这两个问题建立起不同的理论。在阿毗达磨时代，说一切有部(Sarvāstivāda)、犊子部(Vātsīputrīya)、正量部(Sāṃmitīya)、经量部/譬喻师(Sautrāntika/Dārṣṭāntika)等部派的论师们就给出了不同的回应。随后，中观派与瑜伽行派的论师也基于自身立场作出了解答。阿毗达磨及瑜伽诸师的核心观点皆被世亲(Vasubandhu，活跃于4至5世纪)收入《大乘成业论》(*Karmasiddhiprakaraṇa*)一书并加以检讨。世亲从瑜伽唯识学的立场出发，对阿毗达磨诸师的观点进行了批判。他认为，唯识学的种子说和阿赖耶识说是解决上述问题的关键。然而，世亲的理论并未消弭争端，针对佛教无常、无我说的上述批判，在世亲之后还在反复被提起。更有甚者，由于佛教的无常说在阿毗达磨时代发展成刹那灭说，对“无常而有因果”及“无我而有轮回”的批评更加甚嚣尘上。弥曼差派(Mīmāṃsā)论师童中尊(Kumārila Bhaṭṭa，活跃于7世纪)[①]在其《偈颂大疏》(*Ślokavārttika*)一书中就对佛教无我、无常说加以驳斥。正理派(Nyāya)论师乌底耶塔加罗(Uddyotakara，活跃于6世纪)在其《正理大疏》(*Nyāyabhāṣyavārttika*)中对此也有斥论。他们在这一议题上的观点被寂护(Śāntarakṣita, 725—788)收录在《摄真实论》(*Tattvasaṃgraha*)一书中，并在第9品业因业果品中进行了集中讨论。本书即以《摄真实论》及寂护弟子莲花戒的《摄真实论疏》

① 一般音译为鸠摩利罗，意译为“童中尊”“童中师”。慈怡(1988: 6426)于《佛光大辞典》中标记Kumārila为“童中尊”。

(*Tattvasaṃgrahapañjikā*)第9品为研究对象，以“无常而有因果”及“无我而有轮回”两个问题为线索，旨在对寂护的业论作一考察。由于本书对“无常而有因果”的讨论是基于倡导一切法随生即灭的刹那灭说的，所以，“无常而有因果”会被表达为“刹那灭而有因果”。

印度哲学学科因其自身的特点和历史渊源，在我国的发展进度远不及西方哲学等其他外国哲学门类。因此，汉语学界的印度哲学研究，被业界戏称为“做饭从种稻子开始”：要完成对某个印度哲学议题的讨论，完整的流程需要下列四个环节：校勘、翻译、义解、哲思。首先通过文本校勘确定一个可靠的底本，再经过梵文、巴利文或藏文翻译，然后才可能在译本基础上进行文本解读，最后在文本思想理清楚之后，方可进入哲学分析的流程。四个环节，环环相扣，逐步演进。此外，在这些精细工作开展之前，首先需要熟悉相关文本以及研究议题的思想史背景。每个环节所属的学科不同，需要的思想资源和学术技能也不尽相同。其中，文献校勘工作要求研究者有语文学的功夫，需要对一个或多个原始文本进行辨认、比对、勘误、缺失重构，最终整理出一个完整可靠的校本。翻译则是将校订完毕的原文文本从梵文、藏文、巴利文等古典语言翻译成现代汉语，其间不仅需要熟悉多种语言以便进行不同文本的比较，某些译语的确定还需要熟悉文本所在传统的思想脉络，了解国内外学界的已有研究成果。文本解读是在文本的思想框架和话语体系内部进行义理解释与思想考辨，需要在熟悉文本的知识社会史背景前提下，对文本自身观点及理论框架、外在之思想史脉络有深刻而熟稔的把握。哲学分析则是在前述工作的基础上，以当代哲学的思维框架和概念来对文本的思想内容作进一步的哲学解读，依研究旨趣的不同而分下列两种不同的理路：一种以文本释读为解释目标，借哲学概念来阐释文本，旨在让古奥难解之古印度思想进入现代哲学中；另一种以哲学问题或议题为解释目标，借古印度思想来解释当代哲学问题，以现代哲学为关注点，印度文本思想只是作为思想资源参与讨论。不管选择上述两者中的哪一种理路，这一类型的工作都需要写作者受过一定的哲学训练，熟悉多个哲学系统的思想和方法论，了解当代哲学界的相关议题和观点。

当然，上述分辨只是方便法门，在实际工作中，不同学科、不同环节的工作往往交织在一起。比如，文本校勘和翻译经常同时进行，因为若不懂文义，就很难进行文本的比对勘误。又如，文本解读和哲学分析也常需交替进行，受制于写作者自身所具有的学术背景和思想资源。而上文所说的哲学解读的两种理路，更是难分难解，大多数印度哲学研究作品，往往都是二者兼而有之，甚至连旨趣都是二者兼具。总之，在汉语学界做印度哲学研究，一项工作的完成或者需要参与者承担多种不同的工作，或者需要不同的研究人员以学术合作的方式共同完成。在“印度哲学”这个“旗帜”之外，从业人员很多时候是在“印度学”或者“东方学”这些更大的“旗帜”之下开展工作——在这个领域，依然遵循着“文史哲不分家”的人文学科运行逻辑。

本书的主要研究对象——寂护、莲花戒《摄真实论(疏)》〔后文单独提及时分别简称《摄》《摄·疏》，一并提及时简称《摄(疏)》〕已经有两个梵文精校本，并且全文有英译，绝大多数章节有日译。因此，本研究所涉及的环节，不包括校勘，而是主要涉及思想史、梵汉翻译、文本解读、哲学分析等。

一、思想史：主要体现在序章及第一、二章。

序章更应该称之为学术史，因为该章一方面对我国近代以来的印度哲学研究历史进行了回顾，另一方面对比较哲学研究方法论的演变过程进行了梳理。该章旨在说明，印度哲学在当今时代的开展需要找到更多的驱动力，而这种新的驱动力，其关注点必须是当下的世界、当前的哲学讨论。如今，印度哲学的基础研究已经成果斐然，而世界历史的新格局又呼唤新的哲学形态，印度哲学应该于基础研究之外，更主动地参与到当下的“世界哲学”“大哲学”讨论中。

第一章是对《摄(疏)》业因业果品这一文本相关背景的介绍，考察了文本作者及其著作情况，业因业果品大意及思想来源，《摄(疏)》全书主旨、框架结构及其“次第道”论证特点，旨在对本研究之考察对象的相关事项进行尽可能全面的梳理。

第二章是对佛教业论史上“无我而有业因业果”与“无常/刹那灭而有因果”两个议题的介绍。这两个议题构成了本研究的思想线索，它们根源于“业”观念和佛陀所证之无常、无我说之间的张力，从佛陀时代就不断被提出，其后部派佛教论师给出了种种解决方案，但均未平息净议。前贤们在这一议题上的探索是寂护业论的历史语境，其间所涉及的无常、刹那灭、我、无我、业因业果、因果等概念则从语义上限定了寂护业论的论域。因此，本章的梳理为理解寂护之文本做好了思想史的准备。

二、翻译：包括附录对《摄(疏)》第9品业因业果品的全文汉译以及正文写作中对所引用之梵文文献的翻译。

《摄(疏)》全书已经有加格纳纳斯·贾(Ganganatha Jha)的英文译本，绝大多数章节也有了一个甚至多个日文或英文的翻译，但《摄》及其疏至今没有完整的中文翻译，甚至没有任何一个完整的章节翻译，只有部分偈颂、段落在方丽欣(2013)、茅宇凡(2015)等中文研究者的论文中零散地被译成汉语。对中文学界的研究者而言，这些英文、日文译本很难获取，且并非母语，研究起来有诸多不便。本书尝试为第9品提供一个汉文译本，抛砖引玉，希望能为中文学界的寂护哲学研究提供一点便利。对《摄(疏)》第9品的翻译始于2015年，当时是在美国宾汉姆顿大学查尔斯·古德曼(Charles Goodman)教授的指导下，将梵文翻译成英文。2020年，我又在重新阅读、分析梵文原文的基础上，将之翻译成汉语。需要说明的是，本译并非直接从英文译本转译而来，但是前期的英文翻译工作无疑为本次翻译奠定了基础。对这部分的翻译，有下列说明：

首先，对于一些重要的字词，我在多方考量之后，选择了遵循古译。一方面，本品所涉及的业因业果、因果等话题在汉传佛教哲学的文本中有许多议论，虽然《摄(疏)》本身成书较晚，在历史上与中国汉传佛教的思想传统没有产生直接交涉，但是其所涉及的思想和概念却与说一切有部、经量部、中观派、唯识派等哲学有密切关联，而这些派别的重要文本多有汉译，采用古译能够方便读者在阅读译文时通过古译字词迅速联想到其他的经论文本，将瑜伽中观派与前面这些思想传统连接起来。另一方面，过去几年间，我在学术会议上汇报寂护研究相关成果时，多次被学界前辈提醒我的现代语翻译看起来"不太像佛教概念"。比如，我曾经将ānantaraya-niyama翻译成"有规限的即时伴随"，将vijñāna翻译成"意识"，前者有点佶屈聱牙，后者则容易和佛教唯识学八识中的第六识混淆。所以，尽可能地遵循古译，是一个比较便利的方法。

其次，重要字词用古译时，作为这些字词之使用环境的句子，也适合使用古代汉语语法，这样比较和谐。比如，现代汉语在表达句子之间的因果逻辑关系时，一般用"因为……所以……""因……而有……""因此"等连接词，但是《摄(疏)》第9品讨论的是因果关系，"因""果"二字往往是文本的议论对象，为防太多的"因"字互相混淆，在翻译hi或者表示因由的第五格(从格)时，本书一般遵古译，往往用"谓……""……故"等表达方式。

最后，对于部分字词，比如bhāva、sattā等，古译为"有""有法""事物"等，文中根据句子需要，在不提高理解难度的前提下用古译，其他时候则用"存在物""存在"等现代译语，因为古译所用的字词在现代汉语中的用法已经变化较大，为免混淆，尽量避免使用。

综合以上原因，本翻译的最终用语是半文言半白话，这是一个多方折中的结果。本文依循学术惯例，以方括号“[ ]”添补了一些字词，对原文缩略、模糊处进行了加工，以求将笔者所理解的文本深义更清晰地呈现出来。本书所使用之原文献，均将梵文原文附于相关段落之后，此举有两意：一者，方便读者进行梵汉对读，更好理解文义；二者，拙译粗疏之处，祈请方家指正。此外，由于笔者不通藏文，因此附录所涉藏文相关问题均得古德曼教授的帮助才得以完成，特此感谢。若有疏漏，则是笔者自身问题。

除了附录所录之《摄(疏)》第9品汉译外，本书于文本解读时，尽可能搜集寂护之论敌在相关问题上的表达，所以还涉及童中尊《偈颂大疏》、乌底耶塔加罗《正理大疏》等文本中的一些段落，对这些引文本书同样摘录原文并进行汉译。不过，笔者翻译《摄(疏)》第9品时进行了大量文献学工作，翻译比较仔细，但引用《偈颂大疏》《正理大疏》中的相关段落时，进行的是比较粗略的翻译，所以译文前均标“[大意：]”。这有几方面的原因：第一，引用的段落比较多，文献来源不一，受时间和能力所限，笔者没有足够的精力对相关段落进行细致的文献学考察，只在拆解语法的前提下进行了基本的翻译；第二，前面几章主要致力于对哲学问题的分析，对相关段落取其大意，足够保持哲学分析工作的连续性；第三，所呈现之“引文大意”有时与梵文原文不完全相应，有的根据上下文补缀一些内容，置于方括号中。若要穷究译文之准确性，需要再将上下文放进来讨论，这样一来篇幅大为增加的同时，也有损讨论之连续性。故而，我采取的方法是，在保证译文通畅可读的前提下，将梵文原文和必要的说明都放在脚注中，供读者参考。

此外，为了增强可读性，本书前几章即哲学分析的部分，尽可能减少脚注。正文涉及《摄(疏)》第9品内容时,仅引用笔者的翻译,标注颂数,其对应梵文和相关的文献学和语言学问题,均收于附录中,以梵汉对译和脚注的方式呈现。只有正文所涉及的其他文本或问题需要注释时,才会出现在正文的脚注中。本书脚注引用的原文献,一般采用“作品名,页码,(行数),颂数/品数.颂数”来标示,比如“《正理大疏》60-64(v.1.1.10)”指《正理大疏》第60—64页,第1品第1节第10颂;“《偈颂大疏》236, 11-12(Nirālambana v. 83)”指《偈颂大疏》第236页,第11—12行,Nirālambana品第83颂。由于所引文献规制不同,来源不同,标记也有所差别。少量文献本身没有清晰品数、颂数分别,故未标颂数/品数,另有少量文献来源于电子数据库,所以没有标页数。

三、文本解读、哲学分析:文本解读主要体现在第三章到第七章,而哲学分析则贯穿全书。

《摄(疏)》第9品是针对童中尊、乌底耶塔加罗对佛教的批评而展开的,要准确理解本章的内容,最好在充分解析所涉双方观点之余,再对观点的来源或思想史脉络加以分析,由此才得见双方歧见之渊源。此即本书第三章到第七章的主要任务。为了考察寂护在刹那灭说、无我论的前提下如何证成因果论、业因业果说,本书于第三章首先梳理论敌的批评和论敌基于自身立场对业因业果说的解释思路;接下来在第四章讨论六派哲学和佛教双方在“生果作用”存在与否问题上的分歧,并详释寂护、莲花戒的无作用说;然后,于第五章中以因与果的时间问题为主要关注点,介绍了寂护因果论的基本图景:因在上一刹那、果紧随其后在下一刹那;第六章可以认为是寂护因果论的核心,因为此章以“无间限定”“生果力”“共许方便”等几个关键词勾勒出寂护在因果这一问题上的核心观点;第七章再回到“无我而有业因业果”的问题,梳理寂护在证成因果之后,以相续说为依托对论敌之质疑给出的回应。同时,该章还指出,相续说并未能平息双方在形而上学层面的争议。然而，寂护、莲花戒并未在这一议题上继续纠缠，而是遵循佛教传统，转向修道论，主张于伦理道德层面，佛教为不同阶次的众生安立了不同次第的行善理由。无常、无我论并不会导致论敌所说的道德崩溃。此处可见佛教哲学的旨趣，其并无意于建立精巧细密的形而上学体系，而是将一切争论最终落实到人生论，指向众生之苦的解脱。

为求更全面地呈现当时六派哲学与佛教辩论的图景，本书在讨论童中尊、乌底耶塔加罗的观点时，尽可能于《偈颂大疏》和《正理大疏》等文本中找到他们相关看法对应的原文，加以引用和翻译，并在此基础上对双方观点进行解析。以双方对“自我”存在与否的争论为例，多数研究于此议题上一般以佛教无我说为主，但本书第三章则主要梳理了六派哲学家的“我论”，并解析了他们有关“自我”存在的几种证明思路。

寂护及其论敌们的争论虽然发生在一千多年前的印度，然而他们所关切之议题并不受此时空限制，在人类文明的历史中、在我们所生活的当下都有其普遍而永恒的意义。因此，本书的最后两章尝试以近现代哲学的视野重审寂护与其论敌们的观点，其中第八章主要对比考察当代哲学中个体同一说和佛教无我论，第九章则将寂护因果论与休谟因果说、柏格森绵延说进行比对研究，旨在以更大的视域来观察寂护的相关学说。这一考察最大的价值体现在以柏格森绵延说来阐释寂护刹那灭因果论中因与果之间的“断裂”问题：在刹那灭视野下，事物才生即灭，无有存留，由此论敌提出“所作散灭、未作自至”之难，质疑寂护哲学立场下存在物的存续问题，而寂护在自身哲学框架内并未给出清晰的阐释。本书以柏格森绵延说中有关“科学之时间”的有限性和“真实之绵延”的无限性为例，旨在阐明“共许方便”之可说与“缘起实相”之不可说二者之间的张力，进而揭示寂护因果论中所潜藏之中观空义。

总之，本书通过对寂护《摄(疏)》第9品这一文本的考察，试图以印度哲学论辩中的资源为人类长久思索的哲学问题提供一些新的思路。在佛教与印度六派哲学长达千年的论辩中，哲学家们不断进行理性的较量，在永无止境的求索中走向问题脉络的每一个细微触角。正是他们在争论中对相关哲学议题的无尽探索，才使得千年之后处于全新世界的我们在面临种种新问题时，依然可以将眼光投向过去，向古典哲学寻求思想资源。哲学问题存在的意义，可能并不是等待某个确定答案的出现，而在于提供一个反思的切入点。从个体的角度来看，每一次当我们从日常生活的奔忙中回过身去，对自己的困惑加以注意时，这些哲学问题以及前辈哲学家们业已形成的理论框架都能够给我们提供一个思考的路径、一个探索的方向。从人类文明的大图景来看，这些哲学问题之于我们广袤的世界，就像一盏盏路灯之于无垠的黑夜。人类通过自己思想的力量来点亮某一盏路灯，借用智识的光芒来让世界的轮廓变得更清晰一些。不同文化传统的合作能够为这些路灯提供更多的能源，使其散发更持久明亮的光辉，洞烛更多的黑暗。哲学的意义也许不在于寻求某种确定性，而是让疑问引领着我们前行，在疑问的驱动下不断探索自身和世界，并在这种探索中以更加充实和有意义的方式去度过人生。

序章
从文本研究到哲学分析：印度哲学研究方法论反思

一、思想史、文献校译、文本解读：近代中国印度哲学研究路径

早在两汉之际，佛教入华就已经让中国社会接触到包括哲学思想在内的印度文化。然而，我国近代学术意义上的印度哲学研究却是非常晚近的事，也有着区别于中国佛教传统的独立渊源。20世纪初，大量中国留学生远赴欧美、日本留学，他们在西方学术界的影响下关注到印度哲学，并以现代学术视野与方法对印度哲学展开研究。

从学术工作流程来看，印度哲学研究顺序应该是思想史→校勘→翻译→义解→哲思；我国近代印度哲学研究的历史过程，虽然并非完全刻板地遵循上述顺序，却也在大趋势上暗合此种逻辑：从概论和哲学史开始，然后有一些语言研究和翻译作品，至20世纪80年代，翻译、义解、哲学分析类作品才全面绽放。

(一)初现端倪:20世纪初的概论类作品

20世纪初,国外研究印度哲学的风气和成果被带回国内,知识分子们在东西文化比较的视野下用概论、思想史的方式为国内知识界初步描画了印度哲学的基本轮廓。

梁漱溟(1893—1988)先生1917年在北京大学开设关于印度哲学的讲座和课程,1919年该课程的讲稿出版为《印度哲学概论》,在勾画印度各哲学宗派之余,以本体论、认识论、世间论为篇,对印度哲学所涉之核心哲学议题以及各派不同观点进行了梳理、介绍。该书侧重介绍佛法,但诸宗之说皆备,开启了我国近代印度哲学研究之先河。在后续出版的《东西文化及其哲学》中,他又对印度哲学的基本面貌、印度文化的总体气质进行了概论式的描摹,认为印度哲学在形而上学方面与西洋为同物,但研究动机不同;在知识论方面研究颇细;在人生论方面将其归入宗教,几乎舍宗教之外别无人生思想。1935年,黄忏华(1890—1977)先生的《印度哲学史纲》出版,该书分别对包含吠陀哲学、净行书哲学、奥义书哲学在内的古代婆罗门哲学,包含数论、瑜伽、胜论、正理等派的婆罗门六派哲学和佛教哲学的概况进行了介绍。这两本书都属于印度哲学普及类作品,旨在展现印度哲学的大略图景。

由于佛教在中华文化中的地位,梵文的研习在我国有悠久的历史,但仅局限于佛学研究。率先突破这一研究窠臼的,应属汤用彤(1893—1964)先生。汤先生任教于北京大学哲学系,其作《印度哲学史略》是1929年为了讲课方便而编写成的印度思想史讲稿,1945年首次出版。该书是以现代学术方法研究印度哲学史的一部重要作品,书中所引的梵文、巴利文材料,部分从原文翻译而来,部分由英文转译。该书参考的主要是英语学界的资料和部分汉文佛经中关于印度哲学的材料,梵书、奥义书、耆那教书等重要典籍用的是牛津大学出版社出版的“东方圣书”（the Sacred Books of the East）、哈佛大学出版社出版的“东方丛书”（Harvard Oriental Series）等。（汤用彤，1988: 165-166）此外汤先生还有遗稿两部：其一为《汉文佛经中的印度哲学史料》。20世纪50年代汤先生就已经在收集整理这部作品，但遗憾生前未能出版，至1994年才得以出版。作品梳理了涉及印度各派哲学的名称含义、思想流变、主要观点的相关哲学史料。其二为《印度佛教汉文资料选编》。汉文佛经中保存了很多印度佛教的原典，由于其对应的梵文本早已失传，所以这些原典具有特殊的史料价值。汤先生于1954年前后以卡片记录和抄撰汇集的方式编选了这批材料，但一直未能面世，直到2010年，才由李建欣和强昱点校、整理出版。

这一时期从事梵文研究的还有陈寅恪（1890—1969）先生，其曾于1931年在清华开设佛典翻译课程。此外，还有吕澂（1896—1989）先生、虞愚（1909—1989）先生等，吕先生对《楞伽经》等佛教原典进行校勘，并撰写了《印度佛教史略》《因明纲要》等。虞先生出版有《因明学》《印度逻辑》《怎样识别真伪》等著作。二人成果均集中于印度佛教领域，且在新中国成立之后依然笔耕不辍，不断有新作产出。

综合来看，1949年前，我国的印度哲学研究尚处于萌芽状态，未成气候。一方面，只有受欧美学术视野影响的少数几位学者有研究成果面世，作品也不多；另一方面，相关作品都是概论、简史的形式，旨在对印度哲学的大略图景提供基本介绍。尽管如此，这一时期的启动和储备，为后来印度哲学研究的繁荣起到了铺垫作用。

（二）蓄势待发：新中国成立初期的印度哲学研究

新中国成立之后，中印两国关系的推进促进了我国的印度学、印度语言、印度哲学的研究，在“中印文化关系史论丛”中，季羡林(1911—2009)先生写于1956年的序言中提及：“将近七年以来，我们两国的政府和人民互相派遣文化使节访问我们的伟大的邻邦。这样的代表团几乎每年都有。”(季羡林, 1957: 6)季羡林先生于1935年开始留学于德国哥廷根大学，接受了良好的梵文、巴利文训练，主要从事语言学研究。1946年回国之后，考虑到中国印度学的旨趣，他把研究方向定为中印关系史和比较文学史。当时国内梵学研究风气不盛，他个人在1956年写作《原始佛教的语言问题》、1958年写作《再论原始佛教的语言问题》回应过美国梵文学者富兰克林·爱哲顿(Franklin Edgerton, 1885—1963)的一些观点之后，梵学研究几乎停滞。“此后，是一段长达二十几年的漫长沉默时期。我吃饭的碗数目越来越多，一不愁碗，二不愁饭，我几乎想不到佛教梵语了。”(季羡林, 1998: 508)直到改革开放之后，季羡林先生了解到1976年曾在联邦德国哥廷根举行主题为“最古佛教传承的语言”的佛教研究座谈会，便写了《三论原始佛教的语言问题》作为回应。随后，此文收入《原始佛教的语言问题》一书，其撰写的有关印度其他古代语言的若干篇论文则被收入《印度古代语言论集》一书。季先生的学术研究建立在语言学、文献学功底之上，他研究梵语几十年的主要指导思想是：除了找出语言发展的规律性的东西以外，还希望把对佛教梵语的研究同印度佛教史的研究结合起来。(季羡林, 1998: 512)季羡林先生不仅留下了丰富的翻译、研究作品，还培育众多后学，为中国印度学的发展打下了基础。

新中国成立初期的另一位梵学大家是金克木(1912—2000)先生。金先生曾在印度研习梵文，1946年返回祖国，其梵学成果结集为《梵竺庐集》，包括《梵语文学史》《天竺诗文》《梵佛探》三卷。其中，《梵佛探》收集了一些研究梵语语言学、印度哲学和佛学的单篇论文：《印度哲学思想史设想》对印度哲学史分期、篇目和需要着重探索的问题进行了提纲挈领的说明；《〈吠檀多精髓〉译述》对印度哲学的基本概况进行了介绍，强调印度宗教与哲学不可分，认为哲学化的宗教以及宗教化的哲学正是印度思想的特色。金先生还有《印度文化论集》一书，收集了其论述印度古代哲学和文学的一些论文，是他初涉印度哲学、文学领域的一些探索与思考。

这一时期还有其他一些印度哲学成果产出，部分到20世纪80年代才得出版，如李荣熙（1916—1997）1964年开始翻译的《印度教与佛教史纲》，是英国学者查尔斯·埃利奥特（Charles Eliot, 1834—1926）的作品，该译本为国内读者了解国际学界的研究成果提供了便利。

由于有季羡林先生对国际学界的参与，这段时间的印度哲学研究开始有一些思想史、哲学概论之外的研究作品，然而，就总体面貌而言，力量依旧单薄，研究方法论也未能脱离思想史、哲学史。不过，灯灯相传，文脉赓续，教界和学界均保存了不少开展印度哲学研究的力量，北京大学东方语言文化系梵巴语专业、北京大学东方哲学教研室印度哲学研究小组等机构的工作还在开展。1983年，中国社会科学院领导批准哲学研究所建立包括印度哲学研究在内的东方哲学研究室，从此，印度哲学研究正式列为国家哲学社会科学研究课题之一。[①]接下来，雨后春笋般的研究机构和四处开花的研究成果，共同造就了印度哲学在20世纪80年代以后的繁荣。

（三）全面繁盛：改革开放后的印度哲学研究

相较于新中国成立前和新中国成立初期少数学者尝试性的印度哲学史梳理、引介，20世纪80年代之后的印度哲学研究不论在数量上、

① 详见巫白慧，2000：1。

主题上还是方法上，都呈现出全新的面貌。除了一大批思想史、概论类作品的撰写和译介之外，学者们沿着梵文原典翻译、文本解读、义理辨析等路径出版了大量成果。

1. 思想史、概论类作品的空前丰富

改革开放后的新形势让印度哲学的引介和普及工作更加广泛全面，研究成果既有国内学者自行撰写的撰著，也有从国外学界引进的经典作品。1980年，黄宝生、郭良鋆翻译并出版了印度当代哲学家恰托巴底亚耶(D. Chattopadhyaya)的《印度哲学》，该作是一部在马克思主义思想指导下撰写的哲学史，作者在梳理印度哲学传统的同时，也运用唯物主义和唯心主义的框架对其进行剖析。1989年，黄心川先生出版了《印度哲学史》，对公元前3世纪到公元18世纪的古代哲学和中世纪哲学的历史概况进行了梳理，涉及早期吠陀、奥义书哲学，数论、瑜伽、胜论、正理、弥曼差、吠檀多等婆罗门教六派哲学，沙门思潮及之后的顺世论、生活派、耆那教、佛教等非婆罗门流派的基本哲学观点和历史流变情况，呈现了古典印度哲学的基本图景。他于同年出版的《印度近现代哲学史》将19世纪初至20世纪中叶约一个半世纪的印度近现代哲学和社会思潮发展史分为启蒙运动时期、民族主义运动兴起时期及民族和民主运动发展时期，对包括罗姆·摩罕·罗易(Ram Mohan Roy, 1772—1833)、达达博哈伊·纳奥罗吉(Dadabhai Naoroji, 1825—1917)、奥罗宾多·高士(Aurobindo Ghose, 1872—1950)、莫罕达斯·卡拉姆昌德·甘地(Mohandas Karamchand Gandhi, 1869—1948)等在内的近现代印度哲学家的思想和立场进行了梳理。除了关注印度传统宗教哲学家外，该书还讨论了印度近现代伊斯兰教思想家的观点；研究不仅涉及他们的哲学观点，还注重对社会、政治、宗教和伦理思想进行研究和阐述，同时，黄先生还将印度近现代哲学和西方近现代哲学思想进行比较研究。黄先生的这两部书共同展现了印度从古到今的哲学流变过程，首次为我国学界提供了一套完整的印度哲学史。1991年，朱明忠、姜敏翻译了印度学者巴萨特·库马尔·拉尔(Basant Kumar Lal)的《印度现代哲学》，对现代印度著名哲学家如斯瓦米·维韦卡南达(Swami Vivekananda, 1863—1902)、罗宾德拉纳特·泰戈尔(Rabindranath Tagore, 1861—1941)、莫罕达斯·卡拉姆昌德·甘地、奥罗宾多·高士等哲学家的生平和思想体系进行了介绍，在分析他们的哲学与古代印度文化的联系之外，还试图去提炼印度当代思想家们的精神创造，比如他们对世俗人生的关切、顺应当前时代而呈现的人道主义思想等。

姚卫群于1992年出版了《印度哲学》。这是一部针对高校学生的入门级教材，分为三个部分：第一部分是简史，对印度哲学几大派别的基本历史进行梳理；第二部分是概论，对印度哲学的一些核心议题进行简要的介绍，涉及议题包括转变说、积聚说、因果观、直觉思维方法、辩证思维方法、逻辑思维方法、量论、我论、解脱论等；第三部分是史料，摘取了吠陀、奥义书、顺世论、耆那教、佛教以及印度六派哲学的部分经典文献，以备入门阅读之用。同年他还出版了《印度宗教哲学百问》，以问答的方式对印度宗教哲学的基本面貌进行了勾画。2006年，他再次出版《印度宗教哲学概论》，从历史源流、核心问题介绍等不同侧面对印度的宗教和哲学进行梳理。2011年，孙晶的《印度六派哲学》在台湾地区出版，详述了印度自吠陀产生以来婆罗门教六派哲学的发展过程，在主要论述婆罗门教哲学思想渊源——吠陀和奥义书的哲学之外，也分别解析了六派哲学各自的理论特点。

这一类印度哲学通论还有许多，如朱明忠《恒河沐浴——印度教概览》(1994)，高杨、荆三隆的《印度哲学与佛学》(2001)，李建欣《印度宗教与佛教》(2013)等。这些概论式作品的书写和译介旨在普及印度哲学，为印度哲学研究的进一步细化提供了足够周翔细密的哲学史语境。

2. 梵文哲学典籍的翻译与义解

我国印度哲学研究的开展，有赖于精通梵文、巴利文的学者提供高质量的译本，如此国内学界则可直接阅读印度哲学的各种原著。新中国第一个梵文哲学典籍译本是徐梵澄先生所译的《薄伽梵歌》(*Bhagavad Gītā*)，于1957年在香港出版。为了尽可能地保留《薄伽梵歌》的诗歌形式，徐梵澄先生译文采用了骚体，古朴典雅，但相对来说比较晦涩。后来，《薄伽梵歌》又有了张宝胜译本和黄宝生译本，张译偏学术，黄译则文字通俗简单，重意译，在现代社会更具可读性，普及性更高。1984年，徐梵澄先生的《五十奥义书》译本出版，以古汉语体译出，每篇加引言和注释。这是中文学术界的第一部《奥义书》译本，至今仍然是从事印度古典哲学研究的必读文献。同年，徐梵澄先生翻译的《神圣人生论》出版，将现代印度最有影响的宗教哲学家室利·阿罗频多(Sri Aurobindo, 1872—1950)的巨著呈现给国内学术界。全书分成上下两卷，上卷包括“宇宙与遍在的真实性”和“明与无明——精神的进化”两个部分，下卷主题是“知识与精神进化”。作者通过对大梵、自我、明、无明等问题的讨论，展现了其被称为“精神进化论”的哲学体系。巫白慧先生1999年出版的《圣教论：蛙氏奥义颂》(*Āgamaśāstra*)一书，是对当代印度哲学主流派别吠檀多主义的早期奠基人乔荼波陀(Gauḍapāda, 约640—690)为《蛙氏奥义书》(*Māṇḍūkya-Upaniṣad*)所作注解的翻译，该作通过阐述“奥义书哲学”来构建新吠檀多体系，并表示吠檀多哲学在当代印度社会影响深远：“研究吠檀多哲学，特别是乔荼波陀和商羯罗的无差别不二论，对于了解印度人的思想，无论是它过去的渊源或现在的趋势，无论它是官方的或民间的，同样具有不容忽视的现实意义。”（巫白慧，1999：18）巫先生所译颂文采用七言格律，另附有详细而精到的释文，对重难点梵文字词、原书义理逻辑等均有解析。翻译往往与义解并列而行，最后的成果体现为译注，一般是译文之后附上注释，以徐梵澄《五十奥义书》和巫白慧《圣教论》为主要代表。另，黄宝生依据印度学者拉达克利希南（S. Radhakrishnan）的《主要奥义书》（*The Principal Upaniṣads,* 1953）中的梵文原文，将公认属于吠陀时代的十三种《奥义书》进行了翻译，提供了一部现代译文版《奥义书》。

印度婆罗门教六派哲学中有许多经典，从未被完整介绍到国内学术界。2003年，姚卫群出版《古印度六派哲学经典》，将六派哲学的根本经典从梵文译成中文，另将一些典籍依据英译本的节译转译成中文，并收录了我国的古译《胜宗十句义论》和《金七十论》。这本书呈现了六派哲学最核心的文献，至今仍然是印度哲学课程的必读教材。2005年，历时二十余年的《摩诃婆罗多》翻译项目最终完成出版。《摩诃婆罗多》是印度百科全书式的一部史诗级鸿篇巨制，一共十万多颂，内容丰富，堪称承载着印度民族之魂。《摩诃婆罗多》翻译项目的最早发起人为赵国华，金克木、席必庄、郭良鋆、葛维均等八位学者都曾参与翻译，20世纪90年代初赵国华过世后由黄宝生主持整个项目，又继续了十多年，才终得出版。2011年，孙晶的译著《示教千则》出版，将吠檀多派哲学家商羯罗的此作从梵文翻译成汉语。作品包括两部分：第一部分为韵文，商羯罗集中阐述了自己的哲学主张；第二部分为散文，商羯罗在其中批判了顺世论、佛教等非婆罗门教哲学派别的主张。除了印度婆罗门教哲学经典的翻译，佛教原典的翻译在这一时期也有一些成就，例如，法尊1980年依藏文将法称《释量论》翻译成汉语，并据僧成之疏文编译成《释量略解》。

梵文研究是印度哲学研究的基础，印度哲学的进一步发展有赖于梵文能力的普及和提高。我国梵学研究的主力来源于季羡林先生、金克木先生所开创的北京大学梵巴语专业。经过几十年的发展，这一中心已经开枝散叶，为梵学和印度学培养了诸多人才。

3. 全面展开的专题研究

改革开放之后，印度哲学研究全面展开，在诸多主题上都走向更深更专，各类成果层出不穷。具体而言，六派哲学研究愈加专精，当代印度哲学研究别开生面，佛教哲学研究和印度因明学的研究更是取得了长足的进步。

20世纪80年代之后，对印度婆罗门教哲学的研究走出了书写概论的阶段。2000年李建欣的《印度古典瑜伽哲学思想研究》出版，从历史与理论两方面对印度瑜伽哲学进行了系统的阐述，前半部分简要地梳理了印度瑜伽哲学思想发展的历史，后者对古典瑜伽哲学思想结构进行了系统的阐述和评论，并力图用现代解释学的方法对印度乃至世界宗教史上的瑜伽理论与实践作科学的阐明。2002年，孙晶出版《印度吠檀多不二论哲学》，该书上篇对印度吠檀多派两位主要哲学家乔荼波陀和商羯罗的哲学思想进行了述评，下篇则是前述《示教千则》的翻译及其注解。2005年，释刚晓的著作《正理经解说》出版，通过比较我国现存的几个《正理经》的汉译文本，从佛教的立场对正理派的逻辑思想、形而上学思想进行了梳理和讨论。2017年，吴学国五卷本的《奥义书思想研究》出版，从“自然的精神”“自由的精神”“本真的精神”“观念与实践”等方面出发，对奥义书思想进行了当代分析。除此之外，还有龙达瑞《大梵与自我》(2000)、江亦丽《商羯罗》(1997)等作，都对印度婆罗门教哲学思想进行了探讨。

古典哲学的研究之外，近四十年来印度哲学的一个研究重点在于对印度近现代哲学的关注。新中国首开近代印度哲学研究之先河的应该是黄心川先生。其出版于1979年的著作《印度近代哲学家辨喜研究》对于了解印度近代和现代的思想具有重要现实意义，因为辨喜是印度近代著名的哲学家和社会活动家。黄先生此作对辨喜的哲学思想、宗教、社会政治观点都进行了剖析，既肯定了其哲学中唯物主义、辩证法积极进步的一面，也指出了其理论的局限性。此外，黄先生还有前文已述之《印度近现代哲学史》，更是我国印度近现代哲学研究的一座高峰。1994年，朱明忠出版《奥罗宾多·高士》，对奥罗宾多的生平事迹、其所倡导的新吠檀多哲学之核心内容、其在印度当代社会中的学术贡献和社会影响等进行了介绍，重点解析了其"整体吠檀多"学说、"整体瑜伽"思想、社会进化理论和人类统一的思想。1996年，宫静出版《拉达克里希南》，分析了拉达克里希南的哲学与吠檀多不二一元论的关系，并对其神秘主义的直觉论进行了详细的讨论。此外，朱明忠的论文《论甘地的真理观》(1987)、《论甘地的道德伦理思想》(1988)对圣雄甘地的哲学思想进行了讨论。

佛教哲学在中国文化中有着比印度其他哲学学派更早的渊源，因此在我国印度哲学研究中有着非同一般的地位。新中国在印度佛教哲学研究领域的成果繁多，不胜枚举，以下仅拣一二略作简介。1979年，吕澂《印度佛学源流略讲》出版，对印度佛学的传译、典籍、宗派、思想渊源和传播地区等都作了全面系统的解说，是近几十年来中国印度佛教研究的一部典范之作。1986年，方立天《佛教哲学》出版，以佛教哲学问题为纲，按照佛教历史的发展进程叙述佛教哲学的演变，从而简略地勾勒出佛教哲学的体系。其目标人群是高校人文学科学生，侧重知识性和学术性。方广锠1998年的《印度禅》对印度禅学进行了梳理。2002年，姚卫群《佛学概论》出版，以戒律论、禅思想、空观念、心识观念、中道观念、二谛理论、无分别观念、佛性观念、因果观念等佛学概念为线索，梳理了从早期佛教到部派佛教再到大乘佛教几个不同阶段佛教哲学思想的流变过程。此外，随着国际学术交流的加强，国外学者的一些前沿的佛教哲学类研究著作也被译介到国内，比如李建欣、周广荣等所翻译的唐纳德·罗佩兹(Donald Lopez)的《佛教解释学》和彼得·哈维(Peter Harvey)的《佛教伦理学》等。

我国的印度哲学研究中，因明学是格外显眼的一支。由虞愚先生等开创的我国近代因明学研究几十年来不断推陈出新，成果斐然。改革开放之后，通论性的因明著作有以下代表：沈剑英的《因明学研究》(1985)，按照“立宗—辨因—引喻”对量式进行研究；吕澂先生讲授、张春波整理的《因明入正理论讲解》(1983)是根据吕澂先生的讲义整理而来；郑伟宏的《佛家逻辑通论》(1996)梳理了因明的总纲“八门二益”，研究了同品、异品的定义，认为陈那三支作法并没有改变类比推理的性质，是法称完成了新因明从类比到演绎的过渡。专题性的研究有巫寿康《因明正理门论研究》(2007)，以现代逻辑的方法对《因明正理门论》同品、异品的定义进行了考察。此外，出版于1989年的《因明新探》、1994年的《因明研究》等论文集也收录了诸多因明类作品。①

4. 由文本至哲思：新生代的尝试

近十多年来，一批受过中外学术训练的新生代学者加入了印度哲学研究队伍。这一代学者以80后为主，其研究方式受日本和欧美学界影响，对原文献非常重视，于哲学讨论时普遍使用原本的梵文概念，而非就译语进行释读。在研究成果的形式上，往往贯穿前文所述之印度哲学研究环节中的多个环节。代表者如叶少勇(2011a)《〈中论颂〉与〈佛护释〉——基于新发现梵文写本的文献学研究》，从西藏发现的《中论颂》及《佛护释》的十四页梵文贝叶写本残片出发，经过辨认、校勘，

---

① 更多因明学研究的详细情况参考汪楠，2017：22-37。

并基于新的写本重新检视《中论颂》的文本，对已有的普散、狄雍版校本进行勘误，最后在前述文本研究的基础上给出一个综合了抄录与精校方法，并加入部分重构梵文字词的可读校本。然后，在这一工作基础上，他同时出版了《中论颂：梵藏汉合校・导读・译注》(2011b)，辑录了梵藏本以及鸠摩罗什译本、吕澂译本，并加上作者自己从梵文翻译的现代汉语译注，为当代的《中论》研习者提供了一个资料详实同时也比较容易入手的文本。叶少勇此项工作从辨认写本开始，到校勘、定本、翻译，贯通了从写本校勘到梵文翻译的全部工作，体现出当前我国印度哲学研究新的阶段性特点。在此之后，另一个类似的成果是何欢欢2013年出版的《〈中观心论〉及其古注〈思择焰〉研究》，从贝叶抄本的辨认开始，结合多种校本，对《中观心论》及其古注《思择焰》中讨论数论、胜论、吠檀多派思想的三章梵文本进行精校，然后对照梵藏文翻译成汉语，并在此基础上进行文本解读，并对其中所涉之相关观点、立场和辩论手法进行总结分析。2018年，何欢欢又根据印度著名学者Muni Śrī Jambūvijayajī校订的梵本译出《月喜疏》(含《胜论经》)，并根据Nandalal Sinha校订本所载梵文翻译了商羯罗・弥施洛著《补注》中的《胜论经》经文。2020年，王俊淇在《法称〈正理滴论〉与法上〈正理滴论注〉译注与研究》中，将两个印度佛教因明哲学文本翻译成汉文，并以页下注的方式呈现了部分文本研究和义理解析工作。同样在2020年，朱成明《利论》(*The Kauṭilīya Arthaśāstra*)中译本的出版则将公元前400—前300年间印度政治家憍底利耶(Kauṭilya)的治术典籍带入当下的学术视野，该书的价值不仅在于其清晰的译文和大量注释中呈现的语言学考辨，更在于其走出了我国传统印度哲学仅限于宗教哲学的传统，将研究视野拓展至印度的政治哲学。

另外，值得一提的是，我国印度哲学研究逐渐有英文作品发表，在海外产生了影响。早期的有巫白慧(Wu, 1991)先生的英文专著《印度哲学与佛教》(*Indian Philosophy and Buddhism*)①，除了收录巫先生讨论吠陀经和奥义书的论文之外，还收录了其论述印度佛教哲学、印度因明逻辑、印度吠檀多哲学的论文十多篇。后续有成建华(Cheng, 2002)的《梵动经研究》(*A Critical Translation of Fan Dong Jing, the Chinese Version of Brahmajala Sutra*)，让中文译本的《梵动经》进入海外印度哲学研究的视野中。在当前全球学术一体化的大趋势下，新生代学者更是在日文学界、英文学界都有作品发表，比如何欢欢(2017, 2018b)、叶少勇(Ye, 2007, 2019)、王俊淇(2017)、茅宇凡(Mao, 2019)等，另笔者拙文(Fan, 2017a, 2017b, 2018)亦在海外杂志见刊。

从趋势来看，第一代学者主要做的是一般性的哲学史梳理、引介，是综合介绍性的工作，第二代学者开始对原典、某个特定的学派有较深入的研究，而新生代的学者则更细致和深入，在文本、语言、义理等多方面都有更专精和广阔的探索。新生代学者们之所以能够在这一领域有所推进，是由诸多因缘成就的：首先，我国印度哲学经过几十年的积累，前辈们已经基本把思想史脉络梳理清楚，这样面对文献时就很容易定位其知识社会史背景；其次，印度哲学学科的发展与成熟让新生代学者从一开始就受到了比较规范的文献学或者哲学、思想史训练，有比较优越的梵文、巴利文等古典语言学习条件，有互联网时代便利可得的一、二手资料及电子词典、检索工具、资源管理软件等更多称手的学术研究工具；再次，新生代学者大多数成长于20世纪90年代之后，基本都有海外留学或交流经历，熟悉英文、日文等现代学术语言，受过良好的现代学术训练，拥有国际学术视野，互联网的发展也使得全球学术界联系紧密，学者们能更好地利用国际学术研究成果。总之，这

① 2000年，巫白慧在对这一研究成果进行整理增补的基础上，加入部分新的研究成果，出版论文集《印度哲学：吠陀经探义和奥义书解析》。

一代学者站在前辈们业已铺就的平坦大道上，借助时代赋予的种种优势，工作开展起来更加得心应手。在某种程度上可以说，新生代学者身后的学术背景，不仅有国内历史悠久的佛教知识传统，更有近百年来由季羡林、金克木等前辈们创下的当代印度学、梵学研究基业，还有全世界范围内近两三百年的印度学和佛教学研究成果。和平稳定的经济社会环境，充沛的知识、思想资源，便利的研究条件，如此种种，共同滋养出当今我国印度哲学研究的繁盛。

二、由“比较”而“融合”：比较哲学方法论之演变

比较哲学有广义与狭义之别。广义的比较哲学应当被称为“哲学比较”，是一种文化和另一种文化相遇时自发通过比较、比附而达成理解的思想行为。我国最早的哲学比较就是中印哲学比较，发生在汉魏两晋南北朝时期，佛教的传入让我们中国文化第一次面对如何理解异质文化的问题。当时的知识精英阶层采取的是格义比附的方法——以中国道家传统文化中的概念去比附性地理解佛教的概念。虽然最初只是概念义理的草率类比，但后来却生发出卓越的智识成果，无论是南北朝时期的六家七宗还是隋唐的诸宗并立，抑或是宋明时期三家会通之后形成的思想高峰，都能体现出哲学之比较与会通所带来的智识成就。

据许苏民（2014: 2-3）考证，早在16世纪左右，在“欧洲观念的危机”影响下，西方掀起过一次“中学西渐”的潮流。传教士们将中国的汉语典籍进行翻译或整理，传播到西方，启蒙思想家们从中国思想中寻找对抗中世纪神学的思想资源，比如，以自然泛神论的观念批评基督教的至高神教义；以三教并立的宗教现象对比基督教的排斥异端现象；

以中国人对世俗生活的关注反对基督教的禁欲主义。这也可看作是东西方文化初次相遇时产生的自发比较行为。

在这种自发的哲学比较过程中,往往存在着不自觉的"判教"行为:以一种理论或思维作为标准来评判其他思想理论水平的高低。比如,最早的东方学就展现了西方学者的某种文化优越心态。爱德华·萨义德(Edward Wadie Said, 1935—2003)考证东方学形成的历史,撰写成《东方学》(*Orientalism*)一书,他在题记中引用马克思的名言"他们无法表述自己,他们必须被别人表述"来描述西方学者笔下的东方,并且认为这种书写方式最后造成的后果是:西方是意志,东方是表象。[①]换言之,"东方"这一概念产生于东方与西方的权力结构和力量对比中,产生于西方力量居绝对优势地位的前提下。东方没有话语权,没有发出自己的声音。西方替东方说话,一切关于东方的论说和描述都是在西方的论说模式中被呈现的。

20世纪初,知识精英们开始对这种哲学比较的行为进行反思和总结,尝试理解其特质并为之设立规范,才产生了方法论意义上的"比较哲学"。

> 比较哲学,即是将比较活动纳入哲学思考范围,并对比较的活动实质、特征方法及其可能性、可能的结果加以系统思考的哲学活动。比较哲学是文化比较、文学比较、文明比较的哲学思考,当然也是对哲学比较的一种更为系统的理论思考。
>
> 比较哲学当然离不开哲学比较,但哲学比较远不是比较哲学。比较哲学就其产生的社会历史基础而言,是"世界历史"出

① 萨义德, 1999: 150。中译本翻译成"愿望"和"表象",不甚准确,原文是引用亚瑟·叔本华(Arthur Schopenhauer, 1788—1860)关于意志(will)与表象(representation)的说法,参见Said, 1979: 115。

现的事实。“世界历史”将各民族连为一体，使得文化比较成为一种无法回避的思想任务，比较哲学因此应运而生。（吴根友，2019: 292-293）

方法论意义上的比较哲学产生的大背景是20世纪初，此前的几百年间，世界各文化传统之间已经有了充分的来往，文化之间的冲突与融合也成为现实，新的“世界历史”进程呼唤着更深层次、更广层面的互相理解，“文化比较成为一种无法回避的思想任务”，由此比较哲学得以产生。东西比较哲学经历几代人，有几种不同进路，代表者有马森·乌塞尔（Paul Masson-Oursel）、查尔斯·穆尔（Charles A. Moore）、拉朱（P. T. Raju）、中村元、卡尔·雅斯贝尔斯（Karl Jaspers）、约翰·普洛特（John C. Plott）、艾略特·多伊奇（Eliot Deutsch）、阿奇·巴姆（Archie Bahm）等。

法国学者马森·乌塞尔和美国学者查尔斯·穆尔是“比较哲学”的早期推动者。在他们的时代，西方世界对东方文化知之甚浅，并且主流上有一种西方优于东方的观念。所以他们进行的主要是普及的工作，试图告诉西方世界，东方文明之中的确有哲学存在，而非只有一般意义上的文明或者思想。乌塞尔第一个提出“比较哲学”的概念，认为中国、印度、西方哲学形态和气质的差别源于历史条件的不同。穆尔以一种学习的心态向西方世界引荐东方哲学，其态度是温和、谨慎、无批评色彩的。在这一时期，东西哲学的对话停留在较浅的层面。

随着比较哲学这一学科的开展，更多的学者以更多元的方法进行相关研究，拉朱的研究（Raju, 1962）持人本主义的立场，强调比较哲学需要有清晰的目标或宗旨，也即增加人类对于自身人性和世界环境的理解，以便于更好地开展行动和度过人生。在这一立场下，拉朱对中国、印度，以及西方哲学传统中的主要流派和核心观点进行了比较。雅斯贝尔斯(2005[1957])、普洛特(Plott, 1969)与中村元(Nakamura, 1992)则在全球哲学史视野下对东西方历史中同期出现的哲学家、立场相似的哲学流派等进行了比较和整理。他们进行哲学比较的宗旨在于扩展哲学研究的视野,提供一个比传统西方哲学史更大的图景。[①]至多伊奇才开始倡导以哲学问题作为线索来比较东西方哲学传统中对相似哲学议题的不同讨论,在其代表性作品《比较美学研究》(*Studies in Comparative Aesthetics*, 1975)中,这一路径表现明显。巴姆(Bahm, 1977)对比较哲学的内涵、方法都进行了讨论,并且作了一些具体的东西比较工作。这种比较研究的方法和视野越来越为哲学工作者接受和应用,比如在吉恩·布洛克(Gene Blocker)撰写的哲学入门教科书(Blocker, 1999)中,以哲学的子科目为章节框架,以哲学议题为线索,将中国、印度,以及西方的一些哲学家置于一处,进行比较性的介绍。布洛克找到东西方哲学中许多可堪对比的段落,某些在谈论同一个哲学议题,某些表达出类似的观点,某些使用了大致相似的思考路径。

总而言之,比较哲学领域的发展趋势是由粗到细,由文明气质比较、哲学观点、概念的比较走向以哲学问题为中心的比较研究。比较哲学的研究根据时代不同、研究者的目的不同、研究对象不同,有以下几种目标:(1)寻找比较之双方的相同点和不同点;(2)拓展我们的概念体系和问题视野;(3)通过引入另一传统中的概念或论证框架,增加某个特定的哲学议题的思考思路、视角;(4)通过引入另一传统中的概念或论证框架,来达到解决某个哲学议题的目标。

随着比较哲学的发展,"比较"不再是关注点,而是成为学术研究的一个环节,关注点回到哲学问题本身。弗兰克·霍夫曼(Hoffman,

---

① 普洛特启动了一个全球哲学史项目,称为"普洛特工程"(The Plott Project),其计划远比已经出版的五卷本更为宏大,但随着1990年普洛特的去世而不得不终止。参见Wallace Gray, 1999。

1998）总结，比较哲学旨在于不同文化传统中寻找问题的解决方法。在比较哲学的视域中，无须提前预设某一文化传统的优越性，也不脱离问题本身去显示对某个文化传统的忠诚和信任，而是就具体问题、具体解决思路去看待不同哲学方法、哲学观点的可行性。对于某些哲学议题，最好的解决思路可能来自东方哲学；某些议题则在西方哲学中探索得更为深入。在比较哲学中，关注点在具体的哲学问题和解决思路本身，而非我们取用智力资源的文化传统。所有的观点都是基于证据、逻辑的，某一哲学立场的达成是临时的，开放的，准备被挑战和修改的。只有这样，当代的哲学才能够最大限度地从不同文化传统的古典哲学中汲取资源并得到丰富和成长，现代人所面临的哲学问题才能够从不同的文化传统中去找寻解决思路，从而达成最优化的解决方案，人类在面对问题时才会真正具有全球文明的视野。

这种以哲学问题为中心的比较哲学研究方法，被美国学者马克·西德里兹（Mark Siderits）总结为"融合哲学"（fusion philosophy）。西德里兹此说的提出受到"融合音乐"（fusion music）这一术语的启发。融合音乐指的是，音乐家们用一种音乐传统中的元素（element）来解决另外一种音乐传统中的问题。2003年，西德里兹在《人空：个体同一性与佛教哲学》（*Personal Identity and Buddhist Philosophy: Empty Persons*）一书中首先提出"融合哲学"这一概念，即从一种哲学或者文化传统中寻找资源和思路，来解决另一种哲学或文化传统中未能得到圆满解决的问题。比较哲学多关注两种文化传统或者思想流派的异同，而融合哲学则更进一步，旨在"解决问题"（problem-solving），充分利用多元文化资源，用一种哲学传统中的方法或思路来解决另一种哲学传统中生发出来的问题，是"比较哲学"（comparative philosophy）的接续版或者进阶版，可以避免比较哲学很容易陷入的简单同异比较这种老套且无趣的做法。《人空》一书自身也是对这种旨在"解决问题"的融合哲学理念的一个尝试。西德里兹想表示，通过研究彼一文化传统中对相关议题的讨论，我们能够在解决此一文化传统中的某些哲学问题的道路上往前多迈一步。

对此，西德里兹(Siderits, 2003: xiii)有一个颇为形象的比喻：不同的哲学传统相当于不同的房子，我们在各自所处的房子中演化出彼此差异的生活形态，每一个房子中的主人都会创造出一些工具来解决他所碰到的问题。而融合哲学就是去别的房子中借来某些工具以解决自己房子中出现的问题。这一行为的可行之处在于：或者其他房子中对解决某一问题有了更深的领会，发展出了更好的工具；或者其他房子中的工具有着它们主人所尚未知晓的妙用，除了满足自己本身的功能之外，还能为其他房子中问题的解决提供思路或直接的帮助。

拥有类似的研究思路，但未必自称在做“融合哲学”的学者有许多，比如《比较哲学》杂志的主编牟博(Mou, 2010)、多伊奇[①]、南乐山(Robert Cummings Neville)[②]、乔尔·库普尔曼(Kupperman, 2002: 26–29)等。

西德里兹认为融合哲学可以被看作对比较哲学的承继或比较哲学发展的未来。在比较哲学的视域中，东方哲学和西方哲学分属不同的哲学传统，比较研究多数情况下是在预设二者差异性前提下进行同异比较，再寻求视域的融合。因此，比较哲学很容易落入两个哲学体系、哲学家、哲学立场的同异比较之窠臼，相较于此，融合哲学从一开始就是以问题和问题的解决思路为中心的。

西德里兹的观点提出之后，引起学界争论。例如，迈克尔·莱文

① 多伊奇的“创造哲学”(Creative Philosophy)与融合哲学有相似之处。参见Deutsch, 2002: 23–26。

② 南乐山的“综合哲学”(Integrative Philosophy)亦属此类，与融合哲学异曲同工。参见Neville, 2002: 20–23。

(Michael P. Levine)撰文批评，认为“融合哲学”要取代、接替(supersede)比较哲学，并成为分析哲学的继任者(successor)是不成立的。一方面，融合哲学继承了比较哲学广被诟病的几个问题：脱离文本环境，曲解文本原意，先入为主导致客观性不足等。其中脱离文本环境指的是，观点或者概念常常受制于它所生发的那个文本环境，有时候，它的含义仅仅在它原属的哲学语境中才能完整地表现出来。要理解某一个哲学论证，需要踏入其所生发的思想河流去全面观察，而不是将之捞出来进行打量。莱文认为，比较哲学经过多年的耕耘，对这一基本前提有足够的尊重，而融合哲学则不然，其往往轻率地将观念提炼出来，抽离出它本身所在的传统。而如果缺少对外文化传统中概念之深层含义和方法论的思考，我们可能并不能真正理解其辩论逻辑、修辞策略、理论诉求等等。曲解文本原意指的是，融合哲学强调以“问题”为中心，但是当代分析哲学关注的问题往往带着非常浓厚的西方哲学色彩，可以追溯到基督教哲学或者康德形而上学，那么，这些问题是不是有足够的普遍性来作为东西哲学比较时的中心问题？以这种视野来梳理东方文化中的资源，会不会让东方文化的呈现笼罩在一种文化殖民主义色彩中？先入为主指的是，融合哲学忽视文献学基础的特质，很容易导致这样一种结果：研究者以六经注我的方式，任意选择其他文本中的某些片段或者元素作为证据，最后佐证的是自己本身已有的预设，偏离了哲学研究的初衷。总而言之，莱文认为，融合哲学并没有在比较哲学基础上有所创新和推进，反而是将比较哲学的丰富内涵——文化交流、哲学视野拓展、方法论启迪等等——简化和退守到一个维度：对哲学问题的解答。这是比较哲学的退步，而非进步。此外，融合哲学对哲学分析的过度强调，对哲学问题的热衷，使得它倾向于忽视语言学、文献学的功夫。然而，在跨文化研究中，在传统的比较哲学领域里，强调对参与比较的文化传统均应有深入的钻研，对相关语言和原典应有足够的熟悉。融合哲学丢掉了比较哲学的这一宝贵“品质”,从而降低了比较哲学研究的门槛。所以,融合哲学所强调的哲学问题解答,只是比较哲学众多工作的一部分,谈不上超越,也不是什么新生事物。

在种种批评声音之后,西德里兹在2015年于《比较哲学抑或融合哲学?》(Comparison or Confluence Philosophy?)[①]一文中以Confluence Philosophy这一术语,重申了融合哲学之理念,并对于针对这一理念的诸多批评进行了回应。

针对脱离文本环境的说法,西德里兹认为,一个语言中最基本的语义单元应该是词语或者句子,而不是所谓的文化整体性。比如,亚里士多德的伦理学是亚里士多德哲学体系的一部分,而亚里士多德的政治哲学是精英主义立场,拥护等级秩序的。既然他对于德性、伦理的考量是在这种背景下进行的,与我们当代伦理中所拥护的平等主义立场有所背离,那么是不是亚里士多德伦理学就不能够进入我们当代伦理讨论的语境呢?此外,所谓的文化传统“整体性”并不是一个实体,更多的是我们观念的建构,一个“整体”中的各个成分到底在多大程度上贡献于这个整体性,本身也是值得考量的。在文化上尤其如此,哲学概念、论证、观点不仅在原生文化传统、文化脉络中有其意义,在普遍哲学的视域下同样有其意义。

在西德里兹的研究领域里,“扭曲原意”的批评主要来自以传统方法进行印度哲学研究的学者,他们可能会认为融合哲学中所讨论的印度哲学看起来太过陌生:“某某论师并没有这么说啊!”西德里兹认为,在融合哲学中讨论“对于某某问题某位哲学家可能会怎么回答”时,往往并不是直接从这个哲学家的作品中摘录出来,而是根据他的讨论推演出来,他的种种观点和立场表明他可能会持这样的意见。这个时

① 该文2015年网络版首先面世,两年后正式出版。参见Siderits, 2017。

候的重点并不是这位哲学家实际上说了什么或者怎么想，而在于这位哲学家的思想为所讨论的问题提供了新的思路和可能回答。

而所谓的不重视文献学、先入为主的批评，实际上涉及的是学术研究的整体进程和研究者个人的学术操作问题。只有在对某一种哲学有充分的了解，相关研究足以为哲学讨论提供思想资源时，融合哲学才有可能运行。带着偏见对某些哲学浅尝辄止就妄加评议，这实际上不是方法论的问题，而是研究者自身的能力或者态度问题。西德里兹也认为，融合哲学本身有其难以操作之处：当我们带着一种文化背景进入另一种传统的时候，很容易被自己的“前见”带偏方向，被不同的理论之间表面的相似性蒙蔽眼光，以至于忽略他们深层的差别，过度解读出外文化传统中其实并不存在的元素。所以，为了避免这种状况，我们需要尽可能地谨慎，在进行比较哲学或者融合哲学的研究时，一定要尽可能地深入所涉及的文化传统，尽可能透彻地理解所涉及的理论，然后再对不同理论中的元素进行使用。然而，哲学争辩中，误解是无处不在的，比如龙树被他的反对者认为是虚无主义者，而他自己却认为自己在实在论和虚无主义之间找到了一条中道。总之，不管融合哲学面临着哪些困难，都不能抹杀它作为方法论的价值。如同两个亲缘关系较远的物种之结合能够培育出更为优秀的后代，两种异质文化的碰撞，也可能会引发新的创造。实际上，在中国哲学中就有这种融合所带来的优秀成果，那就是融合了儒家和佛家，创造了中国哲学新高峰的宋明理学。

在融合哲学中，当我们思考哲学问题的答案时，考虑的是别人如何进入和考量这个问题，而非纠缠对方是否属于问题生发的同一哲学传统。因此，弥曼差派哲学家能够为自我意识的问题提供思路，而正理派哲学家可以为个体同一说提供辩护。甚至，在融合哲学的视野下，“融合哲学”这一概念本身也可以被摒弃，因为，实际上并没有什么“融合哲学”，只有“哲学”而已。

三、以道观之：“大哲学”视域下的印度哲学研究

从我国的学科分类来看，印度哲学属于“外国哲学”这一二级学科，再上一层，属于“哲学”这一一级学科。我国的“哲学”学科形成于近代，其框架范式依托于西方知识分类与学科分类，根源于古希腊知识传统。在中国文化传统和印度文化传统中，有类似于西方哲学探索的活动，但其内容、视域、旨趣与西方意义上的哲学并不完全重合。就拿“哲学”这一概念来说，在传统的西方哲学中，哲学(philosophy)一词由philo(智慧)与sophia(爱)组成，意为“爱智慧”。然而，据肖尔(Shaw, 2016: 2-3)考证，印度哲学中由三个不同的概念共同形成“哲学”论域，而这三个概念共同造就的哲学之境，其深度、广度亦为philosophy一词所不及。这三个概念分别是mokṣa-śāstra(解脱论)、ānvīkṣikī(论理学)、darśana(见)。其中，mokṣa-śāstra指涉一切导向解脱的智慧：印度哲学有着深厚的修道传统，主张离苦得乐，获得精神上的解脱，由此他们分析人生之苦的诸种来源，并发展出种种不同的实践哲学，在这一领域积累了丰厚的思想资源。ānvīkṣikī可被看作众科学的基础，讨论一切现代科学——物理学、生物学、数学、心理学——的基本问题。darśana原意是视觉所见，引申为我们心意识所思考的一切、对世间一切事物的理解。

然而，当我们进行“印度哲学”研究的时候，为了达成“哲学”范式下的对话，多数时候无法以印度传统中对知识的分类进行言说，因为在人类文明的发展过程中，依然遵循“先发优势”的原理：最早发生的事件规定后面整个事件的走向，比如说我们常用的QWERTY键盘顺

序最早其实是任意制定的，但人们养成使用习惯后就不得不一直保持这一字母顺序；又如火车的轨道宽度起初也是任意选择的，后来所有的火车、相关零部件、内部设计都不得不符合这一尺寸。修改的成本太大，所以“先发优势”可以长久地发挥影响。过去两三百年间，欧美的经济领先地位造就了其在文化上的话语权，原本属于欧洲地方性知识范式的“哲学”便成为全世界范围内的普遍思想范式。包括中国、印度在内的东方文化传统不得不臣服于这一思想范式之下，带着一种潜在的仰望心态去思考和回答“东方有没有哲学”“中国有没有哲学”[①]这一类的问题。如今，哲学已经成为一门学科、一种方法论、一种思想范式，一群人基于自身所开展的思想工作而产生身份认同……我们一切针对人性与世界本质的探索都被归诸“哲学”这一旗帜之下，我们已经无法走出“哲学”。

中国文化传统、印度文化传统进入“哲学”思想范式的方式是通过“比较哲学”而达成的。吴根友（2019: 3-14）根据研究目标的不同，将比较哲学研究分成两种：一种称为“判教式的比较”，旨在“求取信仰的正鹄”，是从自身所推崇的一种理论或思想出发来判定其他理论高低的学术活动。另一种称为“求知式的比较”，旨在“显示真相的取舍、别择”，是将两种或两种以上的理论相互作为对方的参照，寻找出其中的异同，进而析出其中的“异中之同”与“同中之异”，最终达到一种“视域的融合”。他倡导比较哲学应该采取第二种，遵循庄子所谓“以道观之”的方法，“观其异同、求其会通、探寻公是”，“基于一种理想性的整全角度来发掘万事万物各自具有的本性与独特价值”。近代中国哲

① 德里达（Jacques Derrida, 1930—2004）将“哲学”与“思想”区分来看，认为前者是“一种有限的历史关联”，起源于古希腊，是欧洲文化传统的产物，而西欧文化之外“同样具有尊严的各种思想与知识”并不能被看作严格意义上的哲学。参见《书写与差异》中译本上册卷首“访谈代序”。（德里达，2001: 9-10）

学的开端，就体现了“判教式的比较”特色，比如胡适的《中国哲学史大纲》依美国实证主义哲学建立框架，冯友兰的《中国哲学史》依新实在论思想建立框架，后来更有种种哲学教材依马克思主义哲学而设定框架。(吴根友，2019: 49)

吴根友所谓“显示真相的取舍、别择”的“求知式的比较”，实际上是走出“比较”，而走向“哲学”。比较哲学的使命，很长时间内都被定位为“会通”：沟通不同文化传统的哲学，以促进不同文明之间的相互理解。然而，如余宣孟(2005: 171)所示，这种“会通的原点”，在于“人自身的生存活动”。换言之，人在生存、生活中所遭遇到的问题，才是一切哲学的源头。实际上，这就回到了前述融合哲学所倡导的理念：各文化传统不再专注于彼此的同异，不再以分别的眼光对待彼此，而是作为战友、伙伴并肩而行，共同探索世界，共同拓展对世界的认知。我们所具有的文化传统，成为能够互相补充、彼此协作的思想资源。在这种视域下，我们可以反思西方意义上的哲学，反思暗含着“判教”思维的国别史、区域史哲学；我们可以扩大哲学，形成一种“大哲学”或者“世界哲学”(a world philosophy)。

所谓的“大哲学”或者“世界哲学”，其实就是以世界范围内人类普遍的生存境遇作为思考对象的哲学。庄子的“以道观之”，希腊德尔斐神庙上所刻的“认识你自己”，佛陀于菩提树下证悟到的缘起、业报，都体现了对人类普遍命运的关切，也彰显了一切哲学的终极旨归：求知，解惑，试图了解人性和世界运行的方式。虽然当前人类的哲学史尚未走出国别史或者区域史的局限，然而全球化的趋势势不可当，哲学也一定会由国别哲学变成世界哲学。实际上，大哲学和世界哲学的理念并非什么新鲜事物，早在东西文化相遇之初，哲人们就已然提出过这种设想并进行了相关的尝试。例如，《东西方哲学》(*Philosophy—East and West*)编者穆尔(Moore, 1946: 248)认为，将各有侧重的东西方文化传统的哲学思想汇集到一起，综合起来就能引向一种世界哲学；而世界哲学作为“通观全体”（total perspective）的哲学，合乎真正的哲学性质，因此不愧被称为“哲学”。

1957年，雅斯贝尔斯出版了闻名遐迩的《历史的起源与目标》一书，在其中，雅斯贝尔斯（1989: 15）主张，从轴心时代开始，人类文明就具有了某种普遍性和共通性：“从三个地区的人们相逢之际起，他们之间就可能存在一种深刻的互相理解。在初次相遇时，他们便认识到，他们关切同样的问题。尽管相隔遥远，但他们立即相互融合在一起。”这种“深刻的互相理解”，源自人类对自身命运的共同关切，源自人类所生存的共同时空，源自“人类命运共同体”的本质处境。因此，雅斯贝尔斯（1989: 297）倡导一种“统一”的世界历史观：“领悟历史的统一，即从整体上思考世界历史，是寻找历史最终意义的历史认识的推动力。”他认为，在19世纪时，人类已经进入了“真实的统一”进程，体现为“没有一处所发生的大事不会引起全体的关切”。（雅斯贝尔斯，1989: 159）全球化的现实下，人类无法再像以前一样各自为政，而是将无可避免地走出国别史时代的地区、民族烙印，必然地变成康德所谓的“世界公民”。如今，在互联网的推波助澜下，“世界历史”已然从理论变为现实，新的时代呼唤新的哲学。新的哲学应该是不同文化传统的哲学体系会通交融之后所生发的新的整体性哲学体系，面对新的历史阶段，面向当下的“世界历史”。

1959年，普洛特启动过一个全球哲学史项目，被称为“普洛特工程”，试图以一种全球视角来重写哲学史。他主张：“全球视角意味着去除地理、文化、时间、维度上的地方主义。”[①]普洛特工程并不是仅仅汇集不

① “Global perspective means absense of provincialisms—geographical, cultural, temporal, dimensional.” (Plott, 1987: ix)

同哲学传统的资料，成为一个内部彼此分裂的综合性资料库，而是试图通过比较、分析，进入事情的核心(the heart of the matter)，用共时(synchronological)而综合(integrated)之视角来处理全球哲学史。以《全球哲学史》第一卷第一部分为例，其涉及四个主题：神话时代(the age of myth)、经典时代(the classical age)、伦理探析(ethical speculation)、神(deity)。其中“经典时代”主题分为两章：一章“开创者”(openers)简介了老子、孔子、苏格拉底、佛陀等东西方的开创性哲学家；另一章“语境”(context)则对元素(elements)、意识(mind)、灵魂/自我(soul/spirit/self)、因果(causation)、量(pramāṇa)等一系列的哲学概念进行了介绍，具体介绍时并不偏重某一种哲学体系，而是兼而有之，梳理每一种体系中的相关思想和立场。普洛特工程汇集了全球范围内的许多力量，同样倡导建立一种“普遍思想史”的中村元曾为之作序。

前贤们呼吁世界哲学史，旨在建立一种普遍的思想范式。在今天世界历史已然成为现实的境况下，这种普遍思想范式的价值已经不只体现在对人类思想史的梳理，更体现在对人类当下境遇的思考和面对。当前学界对世界哲学的讨论已然不仅限于对哲学史的关注，而是试图建立直接回应当下人类生存境遇的思想框架。赵汀阳(2017: 2-3)以“天下”概念为讨论中心，倡导以整个世界为思考单位去分析问题，以便能够设想与全球化的现实相配的政治秩序，倡导构建一个具有普遍善意的、以整个世界为政治单位的共在秩序。吴根友(2019: 276-277)认为世界哲学的思考背景是人类社会一体化(Globalization)和全球地方化(Glocalization)的大趋势，并提出人类一体化的伦理问题、克隆人技术的伦理问题、国家还是自由人联合体问题、国家主权问题、多元文化的相处方式问题、生态主义与人类中心主义问题等十个当今世界哲学需要面对的问题。实际上，在过去的两年多时间里，让全球震动的新冠疫情更是让全人类更加真切地体验到什么是“同呼吸、共命运”，什么是“人类命运共同体”。

这种世界哲学或者大哲学的背景，对我们于当下思考印度哲学研究的方法论具有非常重要的意义。传统上中国的印度哲学研究动力主要是佛教的溯源冲动，西方对印度哲学的关注则主要是印欧文明的寻祖和探求东方奥秘冲动。这种寻祖溯源的冲动，可以作为一个学科生长、发生的动力，但是其视线是投向过去的，很难成为一个学科发展壮大并与现实社会交涉的机缘。换言之，印度哲学在当今时代的开展需要找到更多的驱动力，而这种新的驱动力，其关注点必须是当下的世界、当前的哲学讨论。过去百年间，印度哲学研究专注于文献学、思想史、语文学等方面，试图去进入印度哲学史，从内在视角观察这一哲学传统。在几代学者的辛勤耕耘之下，这种基础研究已经取得了非常丰硕的成果，也为进一步的发展打好了基础，可以为世界哲学、世界文明贡献更多价值。而这一切，需要印度哲学走出“作为佛教起源”“作为印欧文化起源”这种单薄的文化角色，在更大的语境中发声；也需要印度学研究者有更加清晰的学科意识，不断思考和总结印度哲学研究在新的时代环境中的价值，为印度哲学学科发展找到新的生长点。这种对印度文献、思想史进行哲学化解读的研究方法在英文、日文学界已经有了多年积累，汉语学界也早有尝试，方立天在《佛教哲学》中就以宇宙观、生成论等来析解印度哲学，汉译本的舍尔巴茨基《佛教逻辑》在汉语学界也影响深远。因明学领域从一开始就和当代的逻辑研究结合得非常紧密，实际上也为当代逻辑提供了许多思想资源。业师姚治华先生的《自证》一书被译成中文，于2020年出版，该书以“自知”这个当代哲学的问题为关注点，从佛教思想史的不同阶段中寻觅相关的解读资源。姚师的研究一直坚持以一种哲学的视角来观察印度六派哲学和佛学文献，在汉语佛教哲学领域有其独特价值。

比较哲学或者融合哲学的方法论从产生之际就颇受诟病，然而，不得不承认的是，不管这种方法论仍然存在多少缺憾，都无法抹杀它在当前世界格局中的重要地位——正如前文所示，这是一个世界历史的时代，需要一种着眼于世界格局的哲学。此外，对于包括印度哲学在内的一切古典哲学来说，需要思考的一个问题是：究竟是谁更需要比较哲学这个方法论？我们必须承认，即使是在当前的“百年未有之变局”之下，哲学领域依然遵循西方哲学的范式，东方哲学不得不借着比较哲学的方法进入哲学讨论的视阈。因为从文明交流的成本来看，将东方古典哲学引入当代哲学的讨论，其成本远远小于让世界人民学习东方语言后，再进入东方文化、东方哲学的讨论领域。在全球化过程的早期，西方文明处于绝对的强势地位，这使得全球化这一事件深深地烙印上西方文明的色彩，这一历史无法改变。因此，在东方哲学进入世界的时候，必须要搭乘西方文明已经建好的便车，用比较哲学的方法，用哲学的语言来阐释东方古典文明中的智识。具体而言，于古典哲学研究中加入当代哲学的视角，让古典哲学研究走出内在视角，走出思想史研究的局限，走进“世界哲学”“大哲学”的视野，参与到当代哲学的讨论中。印度哲学作为一种历史悠久、学派繁多、发展十分充分的哲学传统，也必然会为当前的世界历史提供丰富的思想资源。

结语

我国近现代意义上的印度哲学研究开始于20世纪初期，其后续的发展基本遵循思想史→校勘→翻译→义解→哲思的学术研究逻辑，从印度哲学概论和印度哲学史的撰写和翻译开始；然后有一些梵文、巴利文语言研究，部分经典被翻译成汉语；至80年代，翻译、义解、哲学分析类作品才全面绽放。从研究学人的角度来看：第一代老一辈学者主要做的是综合介绍性的工作，对哲学史进行梳理、引介；第二代学者在继续介绍工作的同时，也翻译整理了诸多梵文原典，将印度哲学的一些核心文献都译成了中文，并且在古典六派哲学研究、近现代印度哲学研究、佛教哲学研究和因明学研究等专题领域都成绩斐然；新生代的学者刚刚走上学术舞台，尚在成长之中，他们往往留学海外，受过良好的梵文、巴利文训练，与国际学界联系紧密，研究的问题更加专精。他们对于我国印度哲学研究的进一步推进，值得期待。

印度哲学这一学科有其自身独有的特点。首先，印度学研究需要跨越语言障碍，古典学研究需要梵文、巴利文基础，印度当代哲学研究需要印地语基础；当今印度学研究许多成果都用英文或者日文、德文、法文写成，参考他们的成果需要国际视野和较好的语言功底。其次，相对于马哲、西哲等其他哲学学科，印度哲学的研究节奏比较落后，许多重要的典籍尚未得到规范的整理，印度哲学研究经常不得不陷入文献学讨论，而影响哲学研究的进度。这与近现代国际政治、文化格局有关，也与印度本身的国力和文化输出能力有关。因此，过去百年间，我国印度哲学研究都呈现出一种古典研究或者基础研究的气质，学者们倾向于以回到文本、回到历史语境的心态和方法来研究印度哲学，旨在对文本原义有准确而周备的理解。此外，我国学界研究印度哲学的动力主要有两个方面：一个是中国佛学研究的溯源冲动，另一个则是近现代西方基于印欧文明寻祖以及探求东方奥秘的冲动。第二个驱动力首先造成了西方印度学的勃兴，欧美经济文化的强势地位又造就了文化上的话语权，才使得印度学辗转从欧美、日本传入中国。然而，印度哲学在当今时代的开展需要找到更多的驱动力，而这种新的驱动力，其关注点必须是当下的世界、当前的哲学讨论。如今，印度哲学的基础研究已经卓有成效，而世界历史的新格局又呼唤新的哲学形态，印度哲学的研究应该于基础研究之外，更主动地参与到当下的“世界哲学”“大哲学”的讨论中。

讨论印度哲学对于当代哲学——尤其是当代中国的哲学——的价值，需要比较哲学的方法论。作为方法论的比较哲学已有一百多年的历史，不同时期的学者面临的任务和使命都是不一样的。最早期，学者们试图证明东方也有哲学，尝试论证哲学比较的合理性和可行性。随后，学者们对东西文化体系、哲学理论、哲学家地位等方面进行粗疏的比较。时至今日，比较哲学已经进入非常具体的细节性的工作，更产生出“融合哲学”这种以哲学问题为关注点、以具体问题的哲学视域拓展为旨趣的方法论。若以哲学问题为关注点和切入点，文化传统就只是提供思想资源的智力宝库而已。这一思路不仅适用于印度哲学，也适用于中国哲学、日本哲学等一切东方哲学的分支学科，可以为一切古典哲学在现代社会的发展提供方法论的借鉴。在这种融合哲学中，我们从“观察”的心态转变到“取用”的心态。我们不再满足于梳理思想史的流变，寻找文化传统的相通或相异之处，以一个旁观者的身份去检视或评判某种文化；我们将采取更为积极参与的态度，以问题为线索，关注不同文化传统所给出的不同回答思路，我们的关注点是哲学问题能够在哪里找到最好的解决方案。如此，印度哲学、中国哲学等东方哲学与西方哲学，或者佛教哲学、儒家哲学、基督教哲学等等，都具有了平等的地位。在这种视域之中，将不会再有“东方哲学”和“西方哲学”之分，而只有“哲学”。在中国进行印度哲学研究的原因，是当代哲学研究需要从全人类的文化传统中汲取能量和资源，印度哲学作为一种历史悠久、学派繁多、发展十分充分的哲学传统，理应进入我们现代哲学学者的视野。

总之，随着时代的发展，这一领域的国际化程度只会越来越高，不管是对材料的使用，还是问题意识的生发，都越来越呈现出世界哲学的视野格局。哲学本身是一种公共知识，一切古典哲学研究的意义至少部分在于其能够进入现代诠释，成为当代哲学的一部分。若为了维持某个概念和理论的原初面貌，将之珍藏在"哲学史博物馆"，甚至是供奉在"哲学史神庙"之中，以至于曲高和寡、门庭冷落，这才是对思想、对哲学的真正戕害。以哲学问题为关注点，以比较哲学或融合哲学作为研究方法，为今日热议的哲学议题提供资源，积极参与当前世界的哲学讨论，才是印度哲学发展的前景所在。

第一章
文本:《摄真实论(疏)》业因业果品

本书的考察对象是寂护(Śāntarakṣita)论师《摄真实论》(*Tattvasaṃgraha*)及其弟子莲花戒(Kamalaśīla)《摄真实论疏》(*Tattvasaṃgrahapañjikā*)第9品业因业果品。在探讨思想内容之前,本章首先对这一文本的知识社会史背景作一梳理。

一、寂护及其著作

寂护是印度哲学史上一位颇有作为的佛教论师,却因为诸多历史原因,在近代学术界未受到应有的重视。寂护,也称静命,在藏传佛教文献中还常被尊称为阿阇梨(Ācārya)、菩提萨埵(Bodhisattva)。"寂护"这一名称由吕澂先生在1933年出版的《西藏佛学原论》中由梵文名Śāntarakṣita(另写作Śāntirakṣita,现代作品中还会被写成Shantarakshita、Santaraksita、Santiraksita等)翻译而来,而"静命"则是由法尊在1936年出版的译著《辨了义不了义善说藏论》中从ཞི་བ་འཚོ(Zhi-ba-tsho)翻译而来。[①]寂护的生卒年有多种说法,一般使用埃里克·伏劳瓦尔

① 这几个名称曾在佛学史上引起疑虑,宗喀巴和多罗那他都曾提出过,这些 (转下页)

那(Erich Frauwallner)的说法,即725—788年。[①]顾毳(2016a)根据赤松德赞执政时间、寂护进藏传法时间、印度佛教僧人训练的时间要求、桑耶寺建造时间、吐蕃僧诤时间等信息的比对研究,提出722—790年的说法。其他说法也大致在这一时段,相当于我国唐朝中宗、玄宗时期。

寂护出生于西孟加拉(Bengal)的萨霍尔(Zahor)(Ruegg, 1981: 88),但萨霍尔具体在哪里则不明确。史料显示,寂护本人可能与印度最后一个崇佛王朝波罗王朝有比较深的渊源。(顾毳, 2019)据称,寂护青年时期曾在那烂陀寺(Nalanda)学习和执教,但证据不是很充分。有关寂护在印度的生平资料寥寥无几,其入藏传教之后的情形则记录在藏传佛教各类史籍中,保存较多。[②]西藏一向信奉本土宗教苯教,相传在第二十七代王拉托托日蔺相赞王(Lha thothori gnyan btsan)时,佛教开始在西藏出现。到松赞干布(Srong-btsan-sgam-po)时期,其从汉地迎娶文成公主,从尼泊尔迎娶尼婆罗王女,两位公主都是佛教徒,从而释迦佛像被迎请入藏,佛教寺庙初次在藏地建立,藏王派人前往印

(接上页)名称所指称的可能是两个不同的人。顾毳考察了寂护异名在《拔协》、《弟吴宗教源流》、《娘氏宗教源流》、《布顿佛教史》、《红史》、《西藏王统记》、《汉藏史集》、《青史》、《新红史》、《贤者喜宴》、《西藏王臣记》、多罗那他《印度佛教史》、《如意宝树史》十三部藏文史籍中的流变过程后,得出如下结论:ཞི་བ་འཚོ(静命)是Śāntarakṣita(寂护)的藏文意译,而阿阇梨(Ācārya)、菩提萨埵(Bodhisattva)则是藏传文献对寂护论师的尊称。参见顾毳,2016b。

① Frauwallner(1961: 141-143)认为寂护首次造访西藏的时间是在763年。另说其生卒年为705—762年,享年五十八岁,参见Bhattacharyya, 1990: 14。关于其生卒年的讨论,还有Ruegg, 1981: 514–515。藏传佛教的史料中关于寂护生卒年的说法则更多,参见顾毳,2016a。

② 堪珠·贡觉丹增所著的《宁玛派源流》中有对“大亲教师静命”的小传;西藏人民出版社出版的《古印度中观释论精选》中收有一篇《大堪布寂护传》。西藏早期史书《拔协》因为完整记录了赤松德赞(742—797)的宗教改革,因此也记录了这一改革的参与者寂护在藏地的活动。本文仅简单介绍其西藏弘法事迹,更多详细信息,参见顾毳,2019。

度学习梵文并仿之造藏文，为佛法入藏之初。松赞干布三世之后，为赤德祖敦王(Khri lde gtsug btan)在位，其建造寺庙，并遣汉禅师四人往内地求法，但是求法归来后，赤德祖敦王已经去世，佛法并未得到弘扬。再到赤松德赞王(Trisong Detsen)即位后，其开始信奉佛法并大力扶持佛教，被后世称为吐蕃的三大法王之一。

赤松德赞在位不久，西藏史籍《拔协》(*sBa' bzhed*)作者拔·塞囊(Ba Salnang)在朝圣时结识寂护，并向刚刚掌握实际政权的赤松德赞建议迎请寂护进藏，而赤松德赞也需要佛教来压制境内苯教的势力，以实现集权化的政治转型，因此邀请寂护于763年左右第一次进藏。然而，在当时吐蕃王朝复杂的政治形势下，佛教传播受阻，寂护四个月后就不得不离开。770年左右，寂护在密宗大师莲花生(Padmasambhāva, 活跃于740—795年左右)的同行下[①]，再次进藏弘法。通过莲花生与苯教的神通比试和寂护与苯教的因明辩论，佛教打击了藏地苯教信仰传统，并在政权的支持下获得了发展空间。寂护的西藏弘法，于宗教组织建设方面成就有二：一是在赤松德赞的资助下，仿照印度瞿波罗王修建的飞行寺(Odantapuri)建立了藏地的桑耶寺(bSam-yas)。[②]桑耶寺建造时间大约是775—787年，寺中造像以藏人形象为原型。二是在寺庙落成之后，寂护担任第一任寺主堪布，并"预试七人"，为七位僧人进行了剃度，成立了首个藏人僧团。此外，在佛法弘布方面，寂护先是学会了以藏语传法，后又组织译场，进行佛经翻译，以其署名而留存的译作有《菩提堕论释》和《九宗轮》。(顾毳，2019: 72)在寂护去世

---

① 据Frauwallner(1961)考证，莲花生是在寂护去世后入藏的，时间大概是788年。但西藏史料《拔协》《韦协》《贤者喜宴》都记载莲花生在寂护第二次进藏时与其同行，参见顾毳，2019：70。

② 也有说法认为，桑耶寺的建寺原型是印度那烂陀寺(Nalanda)，且其佛教教学体系仿密宗寺院超戒寺(Vikramaśīla)而制。

之后，其弟子莲花戒(Kamalaśīla, 活跃于740—795年)受邀进藏，并作为印度中观派的代表参加了“吐蕃僧诤”，在与中土禅宗代表摩诃衍的对战中取得优势地位，奠定了西藏佛学以中观为尊的思辨传统。

寂护得以进入现代人的视野，需要归功于19世纪西藏的藏传佛教无教派运动(Rimé movement, 又称利美运动)。当时宁玛派学者嘉木扬·米庞(Jamgön Mipham)在其师蒋扬钦哲旺波(Jamyang Khyentse Wangpo)的教引下对大乘佛教哲学的主要论书作疏，以供宁玛派修道学院教学使用。借此机会，寂护的《中观庄严论》(*Madhyamakālaṃkāra*)得以第一次进入现代学术研究视野。①除了广为人知的《中观庄严论》和《摄真实论》，寂护还有许多其他著作。根据布鲁蒙索(Blumenthal, 2004: 28)及乔纳森·希克(Jonathan Silk)主编的《佛教百科全书》(Silk, 2019: 384-385)，寂护的著作有如下十一种：

1.《摄真实论》(*Tattvasaṃgraha*)：梵本与藏译俱存。

2.《中观庄严论》(*Madhyamakālaṃkāra*)：完整版仅有藏译，部分偈颂可见于《摄》外境品，以及狮子贤(Haribhadra)的《现观庄严光明》(*Abhisamayālaṃkārālokā*)和智作慧(Prajñakaramati)的《入菩提行论广疏》(*Bodhicaryāvatārapañjikā*)。②

3.《中观庄严论自注》(*Madhyamakālaṃkāra-vṛtti*)，仅存藏译。

4.《真实成就论》/《证得实相》(*Tattvasiddhi*)，梵本存。

5.《八如来赞》(*Aṣṭatathāgatastotra*)，仅存藏译。

6.《世尊赞吉祥执金刚歌》(*Śrīvajradharasaṅgītibhagavatstotraṭīkā*)，仅存藏译。

7.《从喜金刚生起作明佛母五大口诀》(*Hevajrodbhavakuruku-*

---

① 参见Mipham, 2010: 3。

② 详见Ruegg, 1981: 93。

llāyāḥ pañcamahopadeśāḥ)，仅存藏译。

8.《二谛分别论细疏》(*Satyadvayavibhāga-pañjikā*)，为智藏《二谛分别论》(*Satyadvayavibhāga*)作的注，仅存藏译。

9.《二十律仪注》(*Saṃvaraviṃśakavṛtti*)，为月官(Candragomin)《菩萨律仪二十论》(*Bodhisattvasaṃvaraviṃśaka*)所作的注，仅存藏译。

10.《诤正理论注细说义》(*Vādanyāyavṛtti vipañcitārthā*)，为法称(Dharmakīrti)的《诤正理论/论义正理论》(*Vādanyāya*)所作的注。梵文及藏译俱存。①

11.《胜义谛的确定》(*Paramārthaviniścaya*)，在寂护的自注《中观庄严论自注》和《摄真实论》中有提及，但具体情况未知。

顾毳(2016b)于西藏大藏经中找到寂护名下的著作有十二种，译作二种，署名有寂护、静命、菩提萨埵三种，且分属律部、大乘论典部、密宗三种。顾毳所列除上述第1、2、3、5、6、7、8、9、10种之外，还有《成立空性论》《一百零八佛塔供养仪轨》《广说七如来前祈愿差别记诵仪轨经中所摄》及译著《菩提堕论释》《九宗轮》。上述作品中，广为人知且研究比较充分的是《摄真实论》和《中观庄严论》，前者梵本与藏译俱存，后者仅存藏译和部分梵文。其中《摄真实论》的成书时间要早于后者。这两部作品，尤其是《中观庄严论》，是当前学界推定寂护思想立场时主要依据的资料。正因其在《中观庄严论》中所呈现的融合空有之思想特征，寂护被定位为后期中观派，又称瑜伽行中观派。

19世纪，嘉木扬·米庞撰写了第一部现代意义上的《中观庄严论》注疏，将寂护带入现代学术研究的视野。伏劳瓦尔那(Frauwallner, 1961)、梶山雄一(1979)、吕格(Ruegg, 1981)、一郷正道(1985)等认定智藏为瑜伽中观派的先驱者，同时厘定寂护、莲花戒等人的思想立场

---

① 更多讨论参考Sāṃkṛtyāyana, 1935, 1936。

是吸纳了陈那法称系量论基础上的瑜伽行中观派，并且认为二人的论辩体现出“见次第”的特色。寂护、莲花戒的生平信息、著作情况等基本信息也在这一代学者的探索下逐渐明朗。一鄉正道(Ichigo, 1989)、布鲁蒙索(Blumenthal, 2004)推出《中观庄严论》英文译本，随后米庞的注疏也在2010年被翻译成英文。

本书的主要研究对象《摄真实论》，又被译作“真理要集”“真理纲要”“摄真性颂”“真实义略”“实义要集”等。寂护的弟子莲花戒对此书进行了注疏，名为《摄真实论疏》(*Tattvasaṃgrahapañjikā*)。《摄》全文由偈颂体构成，文辞简约，但由于受制于偈颂的形式，故文义晦涩难懂。莲花戒的《摄・疏》以长行写成，对《摄》进行了详细的注疏，这对我们理解《摄》原文有非常重要的帮助。某些时候，《摄・疏》与《摄》的立场并不完全相符，但绝大多数时候，《摄・疏》是忠于寂护之原文的。因此，目前学界还是将二者视为一体来处理，并未加以分别。

《摄》与《摄・疏》现存梵文本有两种：其一保存在帕坦(Patna)耆那教寺庙中，安巴・克里希那玛查雅(Embar Krishnamacharya)于1926年将之校订出版，收入“盖克瓦德东方学系列”丛书(Gaekwad's Oriental Series, 以下简称GOS本)。加格纳纳斯・贾(Ganganatha Jha)根据这一版进行了英译，并于1937年出版。其二由乔治・比勒(George Bühler, 1837—1898)博士于1873年在贾沙梅尔(Jaisalmer)的耆那教寺庙中发现。达瓦里卡达(Dwārikādās)于1981年将之校订出版，收入“佛教巴拉迪系列”丛书(Bauddha Bharati Series, 以下简称BBS本)。两个版本的主要区别在于，GOS本认为梵本遗失了第526颂。因此，在GOS本和加格纳纳斯・贾的英译版中，偈颂第526号之后的标号，都比BBS本要大一个数字，如GOS本的第528颂对应于BBS本的第527颂。

该论及其疏亦有藏文译本，其中《摄》藏译*Dekho na nyid bsdus*

pa'i tshig le'ur byaspa 由 Guṇākaraśrībhadra, Dpal lha btsan po 及 Zhi ba 'od 翻译,《摄·疏》藏译 *Dekho na nyid bsdus pa'i bka' 'grel* 由 Devendrabhadra 及 Grags 'byor shes rab 翻译。两个文本都保存在丹珠尔中。藏译证实, BBS本的校订才是正确的,并不存在一个缺失的第526颂。本研究采用BBS本对第526颂的观点及其编号,必要时参考GOS本及藏文本。

在《摄》中,寂护将当时所流行的各派别之哲学思想都网罗进来,并一一进行批判。被检讨的学派包括数论派、胜论派、正理派、弥曼差派、吠檀多派、耆那教、顺世论等等。其中被提及最多的两位论敌是弥曼差派(Mīmāṃsā)的童中尊(Kumārila, 大约活跃于7世纪),以及正理派(Nyāya)的乌底耶塔加罗(Uddyotakara, 大约活跃于6世纪)。①

童中尊是前弥曼差学派的一位重要学者,传说曾经为了批驳佛教的教理而专门前往那烂陀寺学习佛法,与法称(Dharmakīrti, 活跃于6世纪至7世纪间)为同时代人,且有思想上的交流。②其代表性著作为《偈颂大疏》(*Ślokavārttika*),是对沙跋罗(Śabara)弥曼差经注释《沙跋罗注》(*Śabarabhāṣya*)的再注释。作为一名弥曼差学者,童中尊主张吠陀至上,认为有永恒自我(ātman)的存在。在《偈颂大疏》中,他有两品专门用来批驳佛教哲学,即"外境不实论品"(Nirālambanavāda)与"空论品"(Śūnyavāda);另外,在"声常论品"(Śabdanityatā)和"我论品"(Ātmavāda)中,他在论述己方观点之余,也对佛教在相关议题上的立场提出了批评。

乌底耶塔加罗是正理派论师,年代大约在佛教论师陈那(Dignāga, 480—540)和法称所处年代之间。正理派的主要思想贡献在量论方面,

---

① Bhattāchārya (1926: ix) 甚至说:"《摄真实论》很可能就是为了反驳童中尊及乌底耶塔加罗的理论而作的。"

② 法称在《释量论》第1品中有对童中尊的批评。参见王俊淇, 2020: 33。

与佛教量论有诸多交涉。正理派论师筏差衍那(Vātsyāyana, 4世纪)撰写《正理疏》(*Nyāyabhāṣya*)之后,受到了陈那、世亲(Vasubandhu, 4世纪)批评。为了驳斥陈那、世亲,辩护筏差衍那的《正理疏》,乌底耶塔加罗作了《正理大疏》(*Nyāyabhāṣyavārttika*)。

寂护师徒的《摄》及《摄・疏》,加上其主要对手的上述相关著作,展现了当时印度哲学论辩的大风貌,涉及当代哲学中仍然在讨论的许多问题,是一段非常值得研究的哲学史。《摄》被认为是印度哲学的一部集大成之作,这本书由于系统地对各学派的理论进行了批评,因此也成为当时佛教弟子学习与婆罗门教教徒辩论的教科书。综合而言,寂护在佛教哲学史上的地位,相当于托马斯・阿奎那(Thomas Aquinas)在基督教哲学中的地位;《摄》在印度哲学中的地位,则在某种意义上相当于《神学大全》(*Summa Theologica*)在西方哲学史上的地位。

如上所述,《摄》及《摄・疏》的梵文本直到1873年比勒博士发现之后才进入近现代学界的视野;至1937年才由加格纳纳斯・贾全本翻译成英文,虽然《摄》各品陆陆续续被译成日文,少数章节被二度翻译成英文,但完整版的现代语言版本至今仍然只有加格纳纳斯・贾的译本。各品现代译本情况如下:

全本英译:Jha(1937/1986)。

序论:渡辺照宏(1967)。

第1品:本多惠(1980a);今西順吉(1972);Liebenthal(1934)[德文]。

第2品:渡辺重朗(1977);木村俊彥(1973)。

第3品:本多惠(1980b)。

第4品:无。

第5品:中村元([1950]1981a)。

第6品:中村元(1956)。

第7品

第(1)节：龍山章眞(1937)；内藤昭文(1985, 1986a, 1987a)；田丸俊昭(1979)。

第(2)节：金岡秀友(1961)；服部正明(1976)；内藤昭文(1987b, 1988, 1989)。

第(3)节：内藤昭文(1983a, 1983b, 1983c)；本多惠(1980c)。

第(4)节：田丸俊昭(1979)。

第(5)节：中村元([1950]1981b)。

第(6)节：長澤實導(1939/1978)；内藤昭文(1985)；Schayer(1932)[德文]。

第8品：Chatterjee(1988)；清水公庸(1990)。

第9品：清水公庸(1983)。

第10品：菱田邦男(1970, 1971, 1974, 1975, 1977)。

第11品：菱田邦男(1981a, 1981b, 1981c, 1983)。

第12品：桑月心(1982)。

第13品：竹中智泰(1979, 1989, 2000, 2003, 2011)。

第14品：菱田邦男(1964)。

第16品：太田心海(1973)；伊原照蓮(1951)。

第17品：Funayama(1993)；石橋栄(1993)；服部正明(1960)。

第18品：志賀浄邦(2007, 2008, 2009)；Kunst(1939)；宇野惇(1980[《摄》1363—1378])；Balcerowicz(2003[《摄》1363—1378])。

第19品：島義德(1982)；Kellner(1994)。

第21品：Schayer(1938)；菅沼晃(1964)；佐佐木現順(1974)；志賀浄邦(2015, 2016)。

第22品：宮坂宥勝(1965/1984)。

第23品：菅沼晃(1981, 1985)；太田心海(1968, 1970)。

第24品:无。

第25品:石村克(2017)(翻译2810—2845颂)。

第26品:川崎信定(1975);渡辺重朗(1988);生井智紹(2004)。

二、《摄真实论(疏)》业因业果品

《摄真实论(疏)》第9品为业因业果品(Karmaphalasambandhaparīkṣā),在全书三千六百四十五颂中位于第476—545颂。由寂护所撰写的部分采用的是格式规整的偈颂体,梵文由两句颂文组成;莲花戒所造的注疏则采用散文的形式,对每一颂的大意、重难点字词、所讨论之问题的理论背景进行说明。《摄》一书的主旨在于证成缘起大义,而业因业果是佛教缘起说的核心内容之一,故可说该品属全书核心章节之一。①

该品论证了刹那灭说(kṣaṇika)和无我论(anātman)立场下业因业果说的可行性,一方面维护了无常、无我这两个佛教核心教法,另一方面也阐释了瑜伽中观派立场下的因果论。具体而言,寂护与其论敌——弥曼差派的童中尊以及正理派的乌底耶塔加罗——都认同人类产生行为之后会带来相应的后果,但是,关于行为如何招致果报,他们的观点则大相径庭。

对于婆罗门教哲学家童中尊和乌底耶塔加罗而言,行为需要在时

① McClintock(2010: 95-104)认为,在《摄》全书中,第9品的关键性体现为如下两点:第一,该品回应了刹那灭理论所面对的伦理困境:如果诸法刹那生灭,那么,人们的行动又怎么可能引生果报?世俗意义上的善行和宗教意义上的修行是否还有意义?第二,该品分析了因果之间如何在不需要媒介——对婆罗门教哲学家而言,这一媒介是"作用"(vyāpāra)——的前提下得以成立。

空中存续一段时间，才能在后时产生结果；若依刹那灭论，一切事物均不可存续，业因业果也就无法发生。此外，他们还认为应当有一个恒常存在的主体，于前时发起行动，于后时获致果报。该品的前半段，从第476颂至第500颂，主要呈现了论敌对佛教刹那灭说和无我说的批判。第501颂至第545颂则论证了刹那灭和无我立场下因果律成立的可行性，并论证业因业果的成立是基于一般因果律的。针对论敌的种种驳难，寂护和莲花戒也逐一给出了回应，驳难与回应颂文之间的对应关系如下：

表1 《摄真实论（疏）》业因业果品之驳难与回应对照表

<table>
<tr><th>驳难</th><th>回应</th></tr>
<tr><td rowspan="2">v. 476
总难：若刹那灭，则业因业果不成</td><td>v. 501-507
回应对无我说的驳难</td></tr>
<tr><td>v. 509-529
回应对“刹那灭而有因果”之驳难</td></tr>
<tr><td>v. 486-487
驳斥佛教无间相继说</td><td>v. 529-531
回应对无间相继说的驳难</td></tr>
<tr><td>v. 490-492
量论（pramāṇa）驳难：若刹那灭，对因果关系的认知不可能</td><td>v. 532-536
回应有关认识因果之量的驳难</td></tr>
<tr><td>v. 477-479
童中尊的“业力断灭”难：若刹那灭、无我，则有“所作散灭、未作自至”之失</td><td>v. 537-539
回应“所作散灭、未作自至”难</td></tr>
<tr><td>v. 480-481
童中尊的“道德崩坏”难：若刹那灭、无我，则无人行善，道德崩坏</td><td>v. 540-541
回应“道德崩坏”难</td></tr>
<tr><td>v. 493-495
童中尊的“识别”难：若刹那灭，则“识别”不可能</td><td rowspan="2">v. 542
回应有关“识别”与记忆之难</td></tr>
<tr><td>v. 500
论敌的记忆驳难：若刹那灭、无我，则记忆不可能</td></tr>
<tr><td>v. 496-499
有关系缚、解脱之驳难：若刹那灭，则系缚与解脱不可能</td><td>v. 543-545
回应有关系缚、解脱之难</td></tr>
</table>

童中尊是寂护与莲花戒的一个主要论敌，《摄（疏）》中的大多数

驳难都可以在童中尊的《偈颂大疏》一书中找到对应内容。例如,第480颂中"若事物刹那灭,则有'所作散灭、未作自至'之过"、第482颂中"若事物刹那灭,则没有时间来引生结果"的驳难都被莲花戒归为童中尊,均可于《偈颂大疏》中找到原文。除了几次直接提及童中尊的名号之外,莲花戒甚至在《摄》第527—528颂的注疏中直接引用《偈颂大疏》来证明己方观点。此外,《摄(疏)》其他驳难亦可在《偈颂大疏》中找到原文或者原观点①。

寂护与莲花戒的另外一个主要论敌是正理派的乌底耶塔加罗。莲花戒在第507颂之前引用乌底耶塔加罗的因果说,其说主张因生果的过程,是因的物质构造发生变化,产生了新的物质结构,从因到果,物质内容不变,只有结构发生变化,比如从种到芽,只是水、土等元素的组成结构有所区别。此说在《正理大疏》中是以奶及奶酪为例进行论述的。②这种物质结构转化的思路缘起于数论派。③寂护在第507颂中对这一观点提出批评。

对应情况如下表所示:

表2　《摄真实论(疏)》业因业果品与《偈颂大疏》《正理经》《正理大疏》之驳难对照表

《摄真实论(疏)》业因业果品之驳难	对应出处	
	弥曼差派	正理派
《摄真实论》480-482	《偈颂大疏》自我品 691, 8-9; 696, 6-8; 697, 1; 700, 4-5(Ātmavāda, v. 12, v. 32-33, v. 46)	《正理经》;《正理大疏》3.1.4
《摄真实论》480-482	《偈颂大疏》"外境不实论"(Nirālambanavāda, v. 181-183; 187-188)	

① 其中《摄》第428—433颂与《偈颂大疏》的对应关系可见于佐藤晃,2011: 56。

② 参见《正理大疏》393, 14-15, v. 3.2.15。英译Jha, 1983b, vol 3: 258。

③ 参见Jha, Ram Nath, 2009: 85。

续表

《摄真实论(疏)》业因业果品之驳难	对应出处	
	弥曼差派	正理派
《摄真实论》483	《偈颂大疏》841，1-2(Śabdanityatā v. 431)	
《摄真实论》484	《偈颂大疏》840，3-4(Śabdanityatā v. 428)	
《摄真实论》485	《偈颂大疏》840，7-8(Śabdanityatā v. 430)	
《摄真实论》486	《偈颂大疏》841，3-4(Śabdanityatā v. 432)	
《摄真实论》487	《偈颂大疏》841，5-6(Śabdanityatā v. 433)	
《摄真实论》488		《正理大疏》4.1.14-18
《摄真实论》489	《偈颂大疏》840，7-8(Śabdanityatā v. 430)	
《摄真实论疏》489		《正理大疏》4.1.18
《摄真实论》493	《沙跋罗疏》1.1.5;《偈颂大疏》716-724(Ātmavāda v.108-110, 115-119, 137-139);《偈颂大疏》822-823(Śabdanityatā v.363-364)	《正理经》;《正理大疏》1.1.10
《摄真实论》496	《偈颂大疏》236，11-12(Nirālambana v. 83)	
《摄真实论》500	《沙跋罗疏》1.1.5	《正理大疏》1.1.10;《正理经》《正理大疏》3.1.14
《摄真实论疏》507		《正理大疏》3.2.15

《摄(疏)》第9品的意义还体现在这一文本所呈现之哲学的现代性中。虽然该文本为一千多年前的论师所造，然而其所涉及的哲学问题依然为当代哲学界所关切，其所提供的思想资源对我们当代哲学相关议题的开展依然具有参考价值。比如，寂护因果论的基本立场和逻辑与大卫·休谟的因果说有诸多相似之处;《摄》第518颂中对乌底耶塔加罗观点的斥难可看作是对现代哲学持续论(Endurantism, Endurance Theory)的批评;《摄》第541及第542颂中所阐述的道德理由亦可看作是对当代伦理学问题“人为何行善”的一种回应。关于寂护因果说与当代哲学之间的比对,本书最后两章有专门探讨。

对《摄(疏)》第9品的研究目前已经有了一些初步成果,但还比较有限,且往往未能进入佛教哲学史或东方哲学史研究的总体图景。其原因在于,《摄(疏)》文本发现得比较晚,因此在近代东方哲学史早期没有得到足够的关注,直到20世纪才开始进入学者们的视野。该品曾由清水公庸(1983)翻译成日文,他主张,该品涉及弥曼差派童中尊、正理派乌底耶塔加罗和佛教寂护三家观点之较量,他们在具体问题上的不同观点实际上根源于他们形而上学立场之差异。清水公庸在此文中有一个重要贡献,即在梵藏对勘的基础上纠正了梵本的一些问题。人見牧生(2006)的研究提出,莲花戒是通过两种限定(niyama)来解释因果关系,对因的限定是“因之生果力限定”(kāraṇa-śakti-niyama),对果的限定是“无间限定”(ānantarya-niyama)。果对因之功能是“待”(apekṣā)。佐藤晃(2011)对该品第487颂以及第518—528颂中双方关于“刹那灭而有因果”这一问题进行了梳理,将莲花戒对同时因果的批评和对异时因果的论证进行了阐释,并通过几张图表将论辩中所涉及的对因果关系的几种不同观点呈现出来。森山清徹(1994)以杆秤喻为中心讨论了中观派和经量部的因果论论争,对双方在因果议题上的分歧和各自的理论发展进程进行了分析。维贾雅·拉尼(Rani, 1982)追溯了童中尊批判刹那灭说和无我论时所引用的佛教文本在佛教经论中的原初表达,然后对双方立场进行了简单的分析。虽然分析稍显简略,但是她的研究为理解佛教和弥曼差派的争辩点提供了一个比较简易全面的入门手册。童中尊的批评主要是针对部派佛教和瑜伽行派的理论主张,但是,由于寂护在业因业果说上的观点与辩驳思路承继经量部、瑜伽行派而来,因此拉尼的这种研究有助于呈现当时辩论双方的理论全貌。

三、《摄真实论(疏)》框架及其“次第道”论证特点

《摄》所论议题众多，涉及的哲学体系非常庞大，寥寥数言难以概括寂护在此书中的思想。不过，作为一名佛教论师，寂护虽然穿梭于众多哲学论议中，其关注点却是高度凝练的，他清晰地展示了一个相当自洽的体系，也明确地阐述了撰述此书的宗旨。如书名所示，其撰写此著，最核心的目的在于呈现世间所有真理/真实(tattva)。对他而言，这个“真实”就是佛法，更为具体地说，是佛教缘起论(pratītyas-amutpāda, Dependent Origination)，可以认为，《摄》一书的绝大部分篇幅都在直接或间接地为佛教缘起论提供论证。[①]

在《摄》序论的六颂开篇偈中，寂护介绍了全书的宗旨，显示了其撰写此著的一个旨趣：拒斥其同时代其他哲学派别的因果论，建立佛教以缘起论为核心的因果理论。

> [大意：]我撰此《摄真实论》，礼敬一切智(sarvajña)者，最胜说法者。其于无量劫中以大慈悲为性，意在利益众生，不取[吠陀]之自明、天启(svatantra-śruti)，说缘起法。[法为缘起]，非原质(prakṛti)[生]，非自在天(Īśvara)[生]，非[原质、自在天]共[生]，非我[生]，无作用(vyāpāra)，迁流无定(cala)。[缘起]为安立(vyavasthā)业因业果之基础。无德(guṇa)、实(dravya)、业(kriyā)、同(jāti)、和合

① McClintock(2010: 97) 持相似观点：可以将《摄》一书看作两个独立部分的结合，即前二十三品旨在驳斥关于真理的种种异见，以论证缘起说的真实；后三品则是驳斥关于“佛”的异见。《摄》主张，佛陀首先觉悟到并且弘扬了“缘起”这一真理。

(samavāya) 等限定(upādhi)。其仅以假立之行相(ākāra) 作为言语(śabda) 及认知的所行境,[实为]空。[缘起]为明确定义之二量(pramāṇa) 所确立,其性不为任何少分微小之物所混。[缘起]无移转(saṃkrānti),无始无终,如镜中像(pratibimba) 等,除一切戏论(prapañca) 总体。[此缘起法为]他人所未达(agata)。①

除序论外,《摄》一共二十六品,全书逻辑完整,所涉内容均已在上述开篇偈颂中提及。全书的展开可以看作是对这六颂的详细解释,各品内容分布如下表。

表 3 《摄真实论(疏)》全书内容分布解析表

品数	各品内容	分析	备注
序论	介绍全书宗旨[第 1—6 颂]		
第 1 品	数论派(Sāṃkhya)原质(prakṛti)作为世界生因的考察[第 7—45 颂]	对婆罗门教哲学家的各种世界生成说之批判	
第 2 品	正理派(Nyāya)、胜论派(Vaiśeṣika)自在天(Īśvara)作为世界生因的考察[第 46—93 颂]		
第 3 品	有神论数论派(Seśvara Sāṃkhya)原质、自在天均为世界生因的考察[第 94—109 颂]		
第 4 品	自性(Svabhāvika)作为世界生因的考察[第 110—127 颂]		
第 5 品	弥曼差派(Mīmāṃsā)声梵(śabda-brahman)作为世界生因的考察[第 128—152 颂]		

① 《摄》1-6: prakṛtīśobhayātmādivyāpārarahitaṃ calaṃ | karmatatphalasambandhavyavasthā ādi samāśrayam || guṇadravyakriyājātisamāvāya ādy upādhibhiḥ | śūnyam āropitākāraśabdapratyayagocaraṃ || spaṣṭalakṣaṇasaṃyuktapramādvitayaniścitaṃ | aṇīyasā api na aṃśena miśrībhūtāparātmakaṃ || asaṃkrāntim anādyantaṃ pratibimbādisannibhaṃ | sarvaprapañcasandohanirmuktam agataṃ paraiḥ || svatantraśrutinissaṅgo jagaddhitavidhitsayā | analpakalpāsaṅkhyeyasātmībhūtamahādayaḥ || yaḥ pratītyasamutpādaṃ jagāda gadatāṃ varaḥ | taṃ sarvajñaṃ praṇamyāyaṃ kriyata tattvasaṃgrahaḥ ||英译Jha, 1986: 1-2。

续表

<table>
<tr><th>品数</th><th colspan="2">各品内容</th><th>分析</th><th>备注</th></tr>
<tr><td>第 6 品</td><td colspan="2">原人（Puruṣa）作为世界生因的考察［第 153—170 颂］</td><td rowspan="7">对婆罗门教哲学家的各种世界生成说之批判</td><td></td></tr>
<tr><td rowspan="6">第 7 品</td><td rowspan="6">我论（ātman）之考察</td><td>正理派（Nyāya）的我论［第 171—221 颂］</td><td rowspan="6">无我</td></tr>
<tr><td>弥曼差派（Mīmāṃsā）的我论［第 222—284 颂］</td></tr>
<tr><td>数论派（Sāṃkhya）之迦毗罗（Kāpila）的我论［第 285—311 颂］</td></tr>
<tr><td>耆那教（Jaina）天衣派（Digambara）的我论［第 312—327 颂］</td></tr>
<tr><td>吠檀多派（Vedānta）不二一元论（Advaita）者的我论［第 328—335 颂］</td></tr>
<tr><td>犊子部（Vātsīputrīya）的补特伽罗（pudgala）思想［第 336—349 颂］</td></tr>
<tr><td>第 8 品</td><td colspan="2">存续性（Sthira-bhāva）之考察［第 350—475 颂］</td><td>认为存在物不存续（sthira），同时论证刹那灭论（kṣaṇika）</td><td>无常</td></tr>
<tr><td>第 9 品</td><td colspan="2">业因业果（Karma-phala-sambandha）之考察［第 476—545 颂］</td><td>论证业因业果说在刹那灭立场下成立</td><td></td></tr>
<tr><td>第 10 品</td><td colspan="2">实句义（Dravya-padārtha）之考察［第 546—632 颂］</td><td rowspan="6">对正理－胜论派的六句义说进行驳斥</td><td></td></tr>
<tr><td>第 11 品</td><td colspan="2">德句义（Guṇa-padārtha）之考察［第 633—690 颂］</td><td></td></tr>
<tr><td>第 12 品</td><td colspan="2">业句义（Karma-padārtha）之考察［第 691—706 颂］</td><td></td></tr>
<tr><td>第 13 品</td><td colspan="2">同句义（Sāmānya-padārtha）之考察［第 707—811 颂］</td><td></td></tr>
<tr><td>第 14 品</td><td colspan="2">异句义（Viśeṣa-padārtha）之考察［第 812—821 颂］</td><td></td></tr>
<tr><td>第 15 品</td><td colspan="2">和合句义（Samavāya-padārtha）之考察［第 822—865 颂］</td><td></td></tr>
<tr><td>第 16 品</td><td colspan="2">言语对象（Śabda-artha）之考察［第 866—1211 颂］</td><td>语言只是方便假立</td><td></td></tr>
</table>

续表

<table>
<tr><th>品数</th><th colspan="2">各品内容</th><th>分析</th><th>备注</th></tr>
<tr><td>第 17 品</td><td colspan="2">现量(Pratyakṣa-lakṣaṇa)之考察[第 1212—1360 颂]</td><td rowspan="10">各种量论之考察</td><td></td></tr>
<tr><td>第 18 品</td><td colspan="2">比量(Anumāna)之考察[第 1361—1485 颂]</td><td></td></tr>
<tr><td rowspan="8">第 19 品</td><td rowspan="8">其他量论(Pramāṇa-antara)之考察[第 1487—1708 颂]</td><td>(a)圣言量(śabda-pramāṇā)[第 1486—1524 颂]</td><td rowspan="8"></td></tr>
<tr><td>(b)譬喻量(upamāna)[第 1525—1585 颂]</td></tr>
<tr><td>(c)假设(arthāpatti 义准量)[第 1586—1646 颂]</td></tr>
<tr><td>(d)无体量(abhāva)[第 1647—1690 颂]</td></tr>
<tr><td>(e)推理(yukti)与非认知(anupal-abdhi)[第 1691—1697 颂]</td></tr>
<tr><td>(f)随生量(sambhava)[第 1698 颂]</td></tr>
<tr><td>(g)世传量(aitihya)与直觉(prātib-ha)[第 1699 颂]</td></tr>
<tr><td>(h)小结[第 1700—1707 颂]</td></tr>
<tr><td>第 20 品</td><td colspan="2">耆那教(Jaina)相对论(Syādvāda)之考察[第 1708—1784 颂]</td><td rowspan="3"></td><td></td></tr>
<tr><td>第 21 品</td><td colspan="2">说一切有部(Sarvāstivāda)三时说(Traikālya)之考察[第 1785—1855 颂]</td><td></td></tr>
<tr><td>第 22 品</td><td colspan="2">顺世论(Lokāyata)之考察[第 1856—1963 颂]</td><td></td></tr>
<tr><td>第 23 品</td><td colspan="2">外境(Bahirartha)之考察[第 1964—2083 颂]</td><td>唯识无境</td><td></td></tr>
<tr><td>第 24 品</td><td colspan="2">吠陀天启(Śruti)说之考察[第 2084—2809 颂]</td><td rowspan="2">吠陀被婆罗门哲学家视为最高真理;
这两品驳斥吠陀的权威性</td><td rowspan="3">对宗教权威的考察</td></tr>
<tr><td>第 25 品</td><td colspan="2">吠陀自明性(Svataḥ prāmāṇya,自立真理性)之考察[第 2810—3122 颂]</td></tr>
<tr><td>第 26 品</td><td colspan="2">超验知觉者(Atīndriya-darśi-puruṣa)之考察[第 3123—3645 颂]</td><td>论证佛陀一切智的可能性</td></tr>
</table>

《摄》是在破斥当时印度六派哲学谬见的基础上成立佛教哲学的真理性，因此花了许多篇幅批判婆罗门各哲学流派在本体论上的立场。数论派认为世间万物都是原质(prakṛti)的转化；正理、胜论认为万物均由自在天(Īśvara)所创；有神论数论派则取上述两者之综合，认为原质与自在天均为创造者；弥曼差派认为声梵(śabda-brahman)是万物的所依。此外，婆罗门教还以原人(Puruṣa)等作为万物创生之依据者。寂护对这些派别的本体论一一进行了辩驳。第7品则分六个小节，分别反驳了正理、弥曼差、数论、耆那教、吠檀多的自我(ātman)论，同时也批判了佛教内部与我论非常相似的补特伽罗(pudgala)说。这一品既可以看作是对婆罗门教哲学家之我论的批判，也可以看作是对佛教基本教法之一的无我论(anātman)之论证。

在批判我论时，涉及了"永恒之物不存在，因为恒存之物不可能发生变化"这一结论，因此在接下来的第8品，寂护集中论证了以刹那灭(kṣaṇika)为具体主张的无常说，并在这一立场基础上对事物"此生故彼生，此灭故彼灭"的缘起过程进行了描述和论证。在接下来的第9品中，寂护列举了论敌对无常、无我说的批评，在后续的偈颂中一一进行了回应，同时在这种回应中确立了无常、无我理论立场之上的业报轮回说。第7、8、9三品可看作是《摄》全书的核心，因为这三品通过对佛教的核心教理无常、无我以及建基于二者之上的业因业果说进行分析辩护，而论证了缘起论的真实性。

第1—7品所批判的都是实体意义上的存在物，从第10品开始，寂护开始批判一些教派所主张的观念实在论，第10—15品集中讨论了正理派、胜论派的句义说，重点驳斥了实、德、业、同、异、和合六种句义的实在性。

第16品开始，寂护由本体论转向认识论，首先讨论了语言的所指问题：若原质、自在天、各句义等不实，那么怎么解释我们使用相关语言名相的合理性呢？寂护引入陈那(Dignāga)、法称(Dharmakīrti)的遮遣(apoha)说，认为这些概念并非指向真实，而是以遮诠的方式指向一些人们所安立的假名。第17—19品这三品是对印度各种量论的检讨，其中第17、18品分别论证了现量与比量在认识真理上的可靠性，第19品则对圣言量、譬喻量等众多量论进行了驳斥。

接下来的三品自成体系，讨论了几种有关真理的理论：第20品认为同一事物不可以具有两种对立之体性，旨在批评耆那教的相对主义(Syādvāda)立场。第21品则批评了佛教说一切有部的三时说(Traikālya)，对几种不同阐释路径的三世恒存说一一进行了批评。第22品又对顺世论者所持的只有当下、没有过去未来的虚无主义立场进行了驳斥。

在上述二十三品中，寂护之讨论主要立足于部派佛学立场——或者更准确地说，立足于经量部立场。但是，从第24品开始，寂护则由经量部立场走向唯识立场，对色心二元论表示反对，论证唯识无境，否认外境的存在。

全书的最后三品，其探讨的方向与前面二十三品有所差异，以莎拉·麦克林托克(McClintock, 2010: 102)的话来说，这三品是对“宗教权威”(religious authority)的探讨。可以说，如果前二十三品讨论的是“法”的问题，专注于教理层面，那么这最后三品则讨论的是“教”的问题，专注于信仰层面。

《摄》一书的论敌虽然包括了当时众多印度哲学派别，但最主要的是弥曼差派，次为正理派。弥曼差派以尊崇吠陀为特点，认为吠陀为天启，非人作，永恒地具有不证自明的最高真理性。寂护在第24品驳斥了吠陀天启说，认为吠陀有其作者，且不具有永恒之真理性。在第25品则驳斥了吠陀的自明性(Svataḥ prāmāṇya，自立真理性)。在最后一品，寂护从两个方面讨论最高真理：第一，真知或者说一切智的可能性；第二，佛陀证知一切智的可能性。

由上可见，《摄》之撰写目的，在于辩驳他教，护持己教。莲花戒以下列三点来解释《摄》所期之效果：第一为“摄”（saṃgraha），也即将散落于不同哲学派别之论书中的有关“真实”（tattva）的讨论搜集起来，整合到此书中。第二是理解，旨在以清晰的方式将这些真理观表达清楚，以达至理解。第三是期望读者能通过对这些真理观的辨析获得世间利益，具体来说，包括指向世俗福报的上升天界（abhyudaya）或者指向觉悟解脱的最上善（niḥśreyasa）。①

在西藏佛教的宗义书中，寂护被归类为瑜伽行中观自立论证派（Yogācāra-Svātantrika-Madhyamaka），区别于以清辨为代表的经行中观派（Sautrāntika-Madhyamaka）。该学派是龙树所创之中观派、无著所创之唯识派，以及陈那、法称系的量论三者对抗与合流之后的产物。这一派别的先驱人物，一般认为是智藏（Jñānagarbha），而智藏被判定为瑜伽中观派的原因，一鄉正道（1985: 257）归为三点：(1)否定无形相知识论与有形相知识论；(2)认为有色等形相的东西只是识之显现；(3)关于实世俗的见解。后期中观派的人物除智藏外，还有寂天（Śāntideva）、寂护、莲花戒、狮子贤（Haribhadra）、宝作寂（Ratnākaraśānti）、解脱军（Vimuktasena）、几达里（Jitāri）、罗婆巴（Rava-pa）等。其中，寂护受学于智藏，而莲花戒和狮子贤被看作是寂护的后继者。在瑜伽行中观自立论证派中，根据对“相”（ākāra）真实与否的判断，又分为有相唯识派和无相唯识派，前者包括寂护、莲花戒、解脱军等，后者包括狮子贤、几达里、罗婆巴等。（一鄉正道，1985: 167）但是，目前的研究并不充分，这些论师具体的思想立场还有待进一步确认。

寂护的思想立场，体现为两个特征：一是融合了中观学传统、唯识

① 更多讨论见McClintock, 2010: 105-106。

学传统和陈那、法称所主导的量论传统；二是于行文立论中体现出动态而有次第的思想立场，呈现出由有部→经量部→有相唯识→无相唯识→中观的次第进程。这两者，都可以看作是后期中观派的重要特征。(Kajiyama, 1978)寂护对三家的融合，体现在对下列几个理论的接纳和论证中：中观思想方面，寂护在《中观庄严论》的讨论中明确采用二谛框架，将胜义谛与世俗谛分别开来；瑜伽思想方面，寂护在《中观庄严论》中对自证分说予以首肯，在《摄》第23品中对色心二元的有相论进行批判，以及对唯识无境进行论证；知识论方面，寂护在《摄》第16至19品采用陈那、法称的量论传统，认为语词并非指向真实，而是以遮遣(apoha)的方式进行表达，是一种方便假立，并且认为正确认知真理的途径即现量与比量。[①]因其哲学体系的综合性，寂护被认为是8世纪印度哲学集大成者，类似于西方哲学的阿奎那、康德等人物，其哲学思想成为后来藏传佛教思想之主要来源。

关于其思想呈现出的次第演进立场，《中观庄严论》是当前学界探讨相关问题时所依据的主要文献，此书篇幅不大，一共九十七偈，是寂护判教观的集中体现。这本书已经有英译(Ichigō, 1989; Blumenthal, 2004; Padmakara Translation Group, 2010)、中译(麦彭仁波切, 2017)。在该书中，寂护以“认识是否有形象”这一议题为主要关注点，对有部的无相见、经量部的有相见、唯识学的有相见和无相见四种思想立场进行了检讨，并在这一问题上最后成立了中观胜义“空”论。这一文本体现了寂护所持的“见次第”观[②]——有部、经量部、唯识、中观的理论由粗入细，由低阶至高阶。具体可参考下图[③]：

---

① 更多详细讨论参见Blumenthal and Apple, 2018。

② 对于寂护之“见次第”，学界已经有诸多探讨，详见梶山雄一，1980；一鄉正道，1985；曹志成，1999，2000；Blumenthal, 2004；尹邦志，2007。

③ 本图参考Kajiyama, 1978之分析而绘制。

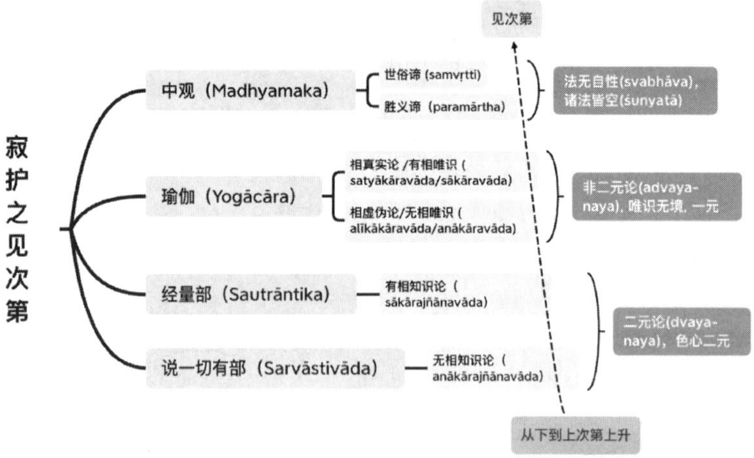

寂护的这种次第思想是后期中观学的特色:在奉中观为尊的同时,并不完全否定其他学派的思想,而是视之为抵达殊胜之义的前期阶段,倡导理论教法上的“见次第”和实践修行上的“道次第”,藏传佛教判教类著作“宗义书”即受此影响。道次第说首倡者虽为阿底峡,但思想渊源却可以追溯到印度佛教,包括寂护在内的后期中观派对藏传佛教次第设教的理念影响深远。①

与寂护的思想特点一致,《摄》也呈现出动态的、次第演进的理论立场。《摄》在论证中经常使用经量部的立场、概念和理论来批评异见,但是又不时转换到唯识立场,使用唯识的概念与思路来进行阐述。《摄》第23品更是从外境是否存在这一议题入手,批评了经量部色心二元论,辩护了瑜伽行派唯识无境的立场。然而,在经量部和唯识学两种显性立场之下,寂护、莲花戒其实还是未脱中观派的本色,并未将唯识学当作最高之阶次。②

① 更多对“见次第”的讨论参见尹邦志,2007。

② 因为《摄》并未正面阐述中观学的立场,所以有学者认为,在《摄》一书中,唯识学就是最高次第。比如Wood(1991: 219-221)就反对将《摄》看作是一个中观派的文本。

麦克林托克(McClintock, 2010: 87-91)列举了一系列的证据来试图说明《摄》与中观学的联系,除了一些文本上的细节之外,她所提及的两点值得留意:首先,《摄》的开篇偈在形式及内容上与龙树《中论》(*Mūlamadhyamaka-kārikā*)的开篇内容上有相似之处,均有"礼敬最胜说法者"(《摄》: gadatāṃ varaḥ;《中论》: vadatāṃ varam),均有"灭除戏论"(prapañca)的表达,并且均采用一连串的否定,以遮诠方式来阐释缘起论。其次,中观派的另两个文本——青目(Piṅgala, 活跃于4世纪)《中论青目释》及未详作者之《根本中论无畏疏》(*Mūlamadhyam-akavṛtti-akutobhayā*)的开篇内容与《摄》的开篇偈所阐述的撰著旨趣,其相似性也值得留意。

表4　《摄真实论》《中论者目释》《根本中论无畏疏》对照表

寂护《摄真实论》	青目《中论青目释》	《根本中论无畏疏》
我撰此《摄真实论》,礼敬一切智者,最胜说法者。其于无量劫中以大慈悲为性,意在利益众生,不取[吠陀]之自明、天启,说缘起法。[法为缘起],非原质[生],非自在天[生]、非[原质、自在天]共[生],非我[生],无作用,迁流无定。[缘起]为安立业因业果之基础。无德、实、业、同、和合等限定。其仅以假立之行相作为言语及认知的所行境,[实为]空。[缘起]为明确定义之二量所确立,其性不为任何少分微小之物所混。[缘起]无移转,无始无终,如镜中像等,除一切戏论总体。[此缘起法为]他人所未达。	问曰:何故造此论? 答曰:有人言万物从大自在天生、有言从韦纽天生、有言从和合生、有言从时生、有言从世性生、有言从变生、有言从自然生、有言从微尘生。有如是等谬故,堕于无因、邪因、断常等邪见,种种说我我所,不知正法。佛欲断如是等诸邪见令知佛法故,先于声闻法中说十二因缘,又为已习行有大心堪受深法者以大乘法说因缘相,所谓一切法不生不灭、不一不异等,毕竟空、无所有。①	所化有情以自在天、我、二者、时、原质(prakṛti, rang bshin)、本性、变化、极微[作为生]之因,而趋入颠倒——执着无因、不相顺因、断见、常见,见法身是隐秘,执着种种我见,为了[这些有情能]断除种种无因、不相顺因、断见、常见等,为了[这些有情能]证悟法身,五科断除我见,使大部分能净除,为具大心[智慧],可成甚深法器者,[佛陀]宣说缘起……②

上表引文中,青目首先否定了一系列的生成论——其中"大自在

① 《中论青目释》,《大正藏》第30册,第1页。

② 译文引自郑宝莲,2004: 92-93。仅"原质"一词有改动,原译为"本性",与后面的"本性"(svabhāva)重复。

天生”与寂护开篇偈重合——然后给出佛教的立场：诸法均是从因缘所生。《无畏疏》同样否定了自在天、原质、人我等作为生因的观念，然后同样引向对缘起论的宣讲。这与寂护开篇对撰述旨趣的表达十分相似：驳斥论敌的种种生成论，论证万法均由缘起的佛教立场。这种相似性能够帮助我们确认《摄》的中观派根基。而考虑到《无畏疏》的藏译是由寂护的老师智藏参与翻译而成的[①]，其思想上的传承性也就具有了更清晰的脉络。

除此之外，麦克林托克还提到，在寂护明确表达出从瑜伽走向中观之次第的《中观庄严论》自注《中观庄严论释》(*Madhyamakālaṃkāravṛtti*)中，他提及了《摄》一书，并显示出以《摄》作为《中观庄严论》之前期基础的意味。这可以证明寂护造论的一贯性，其并未因中观立场而废经量、瑜伽之立场，也就反映了其理论的次第性特征，不同的理论面对不同根机之众生，低阶次的教法也可看作是通向高阶次之教法的阶梯。

结语

本研究的考察对象是《摄(疏)》第9品业因业果品，为了解这一文本的基本情况，本章对《摄(疏)》的知识社会史背景进行了梳理。《摄》由寂护所作，为偈颂体；《摄·疏》则由其弟子莲花戒所作，为长行体。寂护是印度8世纪时一位佛教论师，他首次正式将佛法引入西藏，并建造寺庙，剃度僧人，为佛教在西藏的发展奠定了基础。在19世纪藏传佛教无教派运动的推行下，宁玛派学者嘉木扬·米庞将寂护的《中观庄严

① 关于《无畏疏》之作者和译者的信息，参见褚俊杰，1994。

论》引入近代学术视野后,《摄》等作品才逐渐进入学术研究领域。寂护作品目前已知有十余种,多数保存在西藏文献中,其中《摄》梵本、藏译俱存。在《摄》中,寂护将当时所流行的各派别之哲学思想都网罗进来,并一一进行批判。被检讨的学派包括数论派、胜论派、正理派、弥曼差派、吠檀多派、耆那教、顺世论等等。其中被提及最多的是弥曼差派的童中尊以及正理派的乌底耶塔加罗。寂护师徒的《摄(疏)》,加上其主要论敌的相关著作,展现了当时印度哲学论辩的大风貌,涉及当代哲学中仍然在讨论的许多问题,是一段非常值得研究的哲学史。

《摄》一书的主旨在于证成缘起大义,而业因业果是佛教缘起说的核心内容之一,因此业因业果品是全书核心章节之一。在业因业果品中,寂护在第476颂至500颂中首先介绍了论敌对无我说和刹那灭说的批评,然后在第501至545颂中论证了刹那灭和无我立场下因果律成立的可行性,并一一回应了论敌的批评。童中尊是寂护的主要论敌之一,业因业果品中的大多数批评都能在童中尊的《偈颂大疏》中找到对应处,少量批评可以在乌底耶塔加罗的《正理大疏》中找到对应处。

《摄》全书论及议题众多,所涉哲学体系庞大,但全书的关注点和宗旨是高度凝练的,也即"摄真实",具体而言,在于拒斥其同时代的其他哲学派别之因果论,建立佛教以缘起论为核心的因果理论。《摄》第1—6品破斥了印度婆罗门教的各种创生理论;第7品破斥我论,也可看作是论证无我论;第8、9品集中论证了佛教的无常说和业因业果论;后续各品批评了句义说,讨论了量论,批评了三时说,论证了唯识无境观,最后还讨论了宗教意义上的全知等问题。

从思想立场来说,寂护应被归为瑜伽行中观自立论证派,其思想有两个特征:一是融合了中观学传统、唯识学传统和陈那、法称所主导的量论传统;二是于行文立论中体现出动态而有次第的思想立场,呈现出由有部→经量部→有相唯识→无相唯识→中观的次第进程。

第二章
问题："无我而有业因业果"与"刹那灭而有因果"

《摄》第9品以论敌对佛教哲学的批评开端：

> 若一切实皆为刹那灭（kṣaṇika）无常性（anityatā）所毁尽（līḍhaṃ），如何有业因业果（karmatatphalasambandha）、因果（kāryakāraṇa）等？（《摄》476）

这一批评指向佛教哲学体系的两大张力："刹那灭而有因果"与"无我而有轮回"。佛教主张业报轮回说，认为行为会导致相应的结果，而结果可能在行为发出许久之后才呈现。然而，与此同时，佛教又于存在论上主张"诸法无常"，部派佛教更是倡导"诸法刹那生灭"（kṣaṇika），那么，随生即灭的行为又如何引生果报呢？这就是"无常/刹那灭而有因果"的问题。另一方面，由于诸法刹那生灭，就没有在时间中持续存在的自我（ātman），那么主体又怎样才能造作行动并于将来接收果报呢？这就是"无我而有轮回"的问题。

论敌提出这两个问题，表面上是直接驳斥佛教业论，认为业论与刹那灭说不相容，无法同时成立。上述偈颂"若一切实皆为刹那灭无常所毁尽”,指的是刹那灭论会走向虚无主义:若诸法随生即灭,就无法在时间中留下任何痕迹,遑论引生果报。既然业报说与刹那灭说不相容,而业报说又为印度各教派所共同接受,那么刹那灭说必然有误。因此,论敌的真实意图是要反驳刹那灭说,反驳无常说,他们指向的是佛教最核心的教法。寂护于此品开篇就摆出这两个问题,表明这是第9品的讨论核心。

本章首先简单梳理这两个问题在佛教哲学中的演变情况,然后对无常(anityatā)、刹那灭(kṣaṇika)、业因业果(karmatatphalasambandha)、因果(kāryakāraṇa)等概念详加解析,以求尽可能周全地呈现这两个问题的佛教思想史背景。

一、问题一:无我而有业因业果

“无我而有业因业果”或“无我而有轮回”这一议题质疑的是业因业果的承受主体问题。佛教对业报轮回的宣讲不断强调“自作自受”,但同时又主张诸业“无作者”,认为业报轮回建基于无我论之上。比如,在《第一义空经》中,有“有业报而无作者,此阴灭已,异阴相续,除俗数法”[①]的说法。这一说法在其他论师作品中得到重申和论证,如《俱舍论》云:“如胜义空契经中说:有业有异熟,作者不可得。谓能舍此蕴及能续余蕴。”[②]引文主张,事物才生即灭,此伏彼起,相续不断,这一过程即是业报辗转的过程,但是这一过程中并无真正的作者和受者存在。

然而,这一立场从佛陀时代开始就备受质疑。《中阿含经》中记载,

① 《杂阿含经》卷13,《大正藏》第2册,第92页。
② 《俱舍论》卷30,《大正藏》第29册,第155页。

摩揭陀国(Magadha)国王频婆娑罗王(Bimbisāra)向佛请法时问道:"若使色无常,觉、想、行、识无常者,谁活?谁受苦乐?"①《杂阿含经》中记载,某次集会时,佛陀说完无我法、五蕴法之后,有一位比丘心中起"恶邪见",对佛所说法生起怀疑:"尔时,会中复有异比丘,钝根无知,在无明起恶邪见,而作是念:'若无我者,作无我业,于未来世,谁当受报?'"②这两处质疑体现了当时佛教徒对这一问题的困惑。实际上,彼时已经有人尝试解决这一理论困难,比如《中阿含经》中提到一位嗏帝比丘,他认为"识"在轮回流转之中都保持自体同一:"今此识,往生不更异也……谓此识说、觉、作、教作、起、等起,谓彼作善恶业而受报也。"③他之所以持此观点,是因为其认为该识的各种行为——说、觉等——会产生善恶业并且接受果报,所以今日之识于往世也没有不同。类似的案例在四部《阿含》中还有很多。由此可见,从佛陀在世时开始,他所倡的无我法在佛教内部及其他教派中就因其逻辑上的困难而遭到误解或质疑。

至部派佛教时期,质疑更甚,世亲《阿毗达磨俱舍论》(*Abhidharmakośabhāṣya*)的破执我品中即有多次表述:

> 若定无有补特伽罗,为说阿谁流转生死?……若一切类我体都无,刹那灭心于曾所受久相似境何能忆知?……如何异心见后异心能忆?……忆念既尔,记知亦然。如辩忆知熟为能了谁之识等,亦应例释。④
>
> 若我实无,为何造业?……若无我体,谁之我执?……我体

① 《中阿含经》卷11"王相应品",《大正藏》第1册,第498页。
② 《杂阿含经》卷2,《大正藏》第2册,第15页。
③ 《中阿含经》卷54"大品",《大正藏》第1册,第767页。
④ 《俱舍论》卷30,《大正藏》第29册,第156—158页。

若无，谁有苦乐？……若我实无，谁能作业？谁能受果？作受何义？[①]

上文中提出异议的是犊子部论师，其不仅提到了轮回之主体成立与否的问题，同时也提到了刹那灭之后记忆生起的问题，还有"记知"也即识别行为等如何成立的问题。记忆是一个跨时间而发生的精神现象，似乎需要一个持续存在的主体作为支撑。当人经历某事，形成对这一经历的意识，后续还应该由同一人回忆起这一事件。如果无我论为真，那么记忆如何发生？

这些问题在部派佛教之后依然不断被提出，比如《成唯识论》中还在讨论"我若实无，谁于生死轮回诸趣？谁复厌苦求趣涅槃？"[②]这些疑问背后的逻辑是，一切行为都需要一个执行主体，一切苦乐遭遇也需要一个承受主体，而这一行动或者遭遇的主体就是"我"。这些问题旨在论证"无我"与"业报轮回"的不兼容性，从而质疑佛教的基本教法"无我"。若佛教徒不能证明无我前提下的轮回成立，则其基本教法"无我"就会失去合理性。

二、问题二：无常/刹那灭而有因果

相较于前述之"无我而有轮回"，"无常而有因果"这一议题在佛教思想史上的讨论则要少很多。究其原因，应该在于，佛教从一开始就明确地提出了"无我"这一哲学主张，与业报轮回并立，这很容易激

① 《俱舍论》卷30，《大正藏》第29册，第158页。
② 《成唯识论》卷1，《大正藏》第31册，第2页。

起大家对轮回主体的疑问。然而,无常说更多是基于经验观察的总结,比较容易为人所接受。不过,在早期佛教中,“无常而有因果”的问题也可见端倪,因为其涉及因与果之间的时间距离。佛陀对业因业果的描述往往横跨非常久的时间:三世果报,“虽远必相牵”。但是,事物却是“无常”的。人发出某种行动之后,行动很快就会消失,又怎么可能在久远的未来甚至是下一世产生果报?这一逻辑困难虽然潜在于佛教义理中,但一直没有引起太多注意,直到部派佛教时期论师们以“刹那灭”来阐释无常,才激起了诸多质疑以及激烈的讨论。

佛教之异熟果(vipāka-phala)概念即是这一问题的体现。异熟说在上座部七部论典之一的《论事》(*Kathāvatthu*)就有诸多讨论,比如下文:①

> (自)有业之时,有业积集(kammopacaya),由业积集而有异熟耶?
>
> (他)然。
>
> (自)业即业积集,是业异熟耶?
>
> (他)实不应如是言。

上述片段在论典中的语境是对业、业积集、异熟果三者的辨析。业的造作启动进程,然后有业之积集,最后才有异熟果在某个时间点产生。这种区分展现了佛教对因果运行机制的探索——试图设立某些概念来填补因果之间的时间距离。如帕克(Park, 2007: 254)所言:“佛教思想家似乎已经清楚地预见到,为了填补原始业力和久远后其果之间的差距,他们必须给出一个业力存续或积集的理论。换言之,根据他们的

① 《论事》,《南传大藏经》第62册,第253页。

说法，不是最初的业本身，而是这种业力的累积过程，一直持续到异熟果的产生。"

众贤论师（Saṃghabhadra，活跃于5世纪左右）在《顺正理论》（*Abhidharmanyāyānusāra*）中记载了一段论辩，论敌向佛教方提出以下疑问：

> [论敌：]既一切行皆刹那灭，如何业果感赴理成？
>
> [众贤：]如何不成？
>
> [论敌：]不相及故。谓曾未见种体已灭犹能生芽，亦非所许。然非诸业如种生芽，于正灭时（nirudhyamāna），与异熟果。又非无法(asat)可能为因。是故应无业果感赴。
>
> [众贤：]是彼宗过。何谓彼宗？谓譬喻宗。[1]

这是一个典型的批评，表面驳斥佛教业说，实际针对的则是刹那灭论。本书后续章节还会涉及许多由佛教之外的其他派别所提出的类似批评。在此引文中，论敌的意思是，若一切事物都刹那灭，那么业因在自己存在的那一刹那结束之后就消失了，业因与业果"不相及"，即无法在时间上有接触，也就无法构成业因业果关系，或者说，"业果感赴理"不成。

以种子生芽为例，种子是在自己灭坏的那一刹那生"异熟果"，如果"种体"已经灭坏了，就不可能生芽。而"无法"（不存在了的事物）是没办法作为因引生果报的。但是，在惯常的业因业果叙述中，因果

① 《顺正理论》卷34，《大正藏》第29册，第534—535页。Park（2007: 293）认为这是众贤对譬喻师的批评，笔者觉得此说不妥。因为文中的批评是针对"刹那灭"而展开的，而刹那灭为众贤所属之有部与譬喻师所共许。因此，上述驳斥应该是众贤所复述的他人对刹那灭的批评。

之间往往相隔甚久，甚至隔世相牵，在刹那灭理论成立的前提下，这种叙述就不合理。因此，刹那灭说与异熟果论看起来有不可调和处。

世亲的《大乘成业论》(*Karmasiddhiprakaraṇa*)也重点关注了这一问题。针对横跨几世的业力报应说，他提及了异熟果发生的两种不同机制。

> 彼说色业于命终位必皆舍故，如何由此能得当来爱(manojña)非爱(amanojña)果？……世尊何故自说"业虽经百劫，而终无失坏，遇众缘合时，要当酬彼果"？
>
> 谁不信受善不善(kuśala-akuśala)业，虽经久远而能得果？但应思择如何得果。为由相续转变差别(saṃtāna-pariṇāma-viśeṣa)，如稻种等而得果耶？为由自相经久远时安住不坏而得果耶？若由相续转变差别而得果者，义且可然。[①]

业一旦产生，必将于将来受报，此为佛陀教导，但佛陀未解释报应发生的机制。不管是否承认刹那灭说，人们都会认同，人死之时，其所做过的行为都会随之消逝。然而问题是，已经消逝的行动如何在人的来世，在人的身体和意识都已经迥然于此世的前提下引发果报？来世观念带有浓重的佛教信仰色彩，这里且不讨论这一观念的合理性，而只关注佛教徒如何处理这种长时段视角下的因果关系。世亲总结了两种可能的答案：其一是"业经久远时安住不坏"，直到结果出现。佛教徒无法接受这一说法，因为不符合"诸法无常"的基本教法。其二是业之结果逐步产生，就像稻种产生新芽，新芽产生稻株，稻株再产大米。世亲将这个过程称为"相续转变差别"(saṃtāna-pariṇāma-viśeṣa)，这一概

---

① 《大乘成业论》,《大正藏》第31册，第782—783页。

念在本书的后续章节中将有更多讨论。这是阿毗达磨论师对刹那灭而有异熟因果作出的尝试性解释。

在糅合印度十大论师之观点的法相唯识学著作《成唯识论》中，玄奘提及下列视角稍异的驳斥：

> 因现有位，后果未生，因是谁因？果现有时，前因已灭，果是谁果？既无因果，谁离断常？若有因时已有后果，果既本有，何待前因？因义既无，果义宁有？无因无果，岂离断常？①

论敌是从因果相依存在的角度提出批评的，因支和果支并不能独立地存在，只有对方存在了，才能成就此方。因此若因支刹那灭，与果支没有并行存在的时间，那么因果关系如何发生呢？论敌的意思是，因支与果支要产生因果关系，或者说因要生果，二者必须同时存在或至少并存一段时间。若刹那灭，这种并存就无法发生，因果关系也就无法成立。这一批评也是弥曼差派对佛教的主要批评之一，后面章节会有更多讨论。

中观派论师龙树在介绍不同佛教派别的思路前，首先引用了论敌的下列批评：

> [龙树：]业住至受报，是业即为常；若灭即无业，云何生果报？
>
> [青目释：]业若住至受果报，即为是常。是事不然。何以故？业是生灭相，一念尚不住，何况至果报！若谓业灭，灭则无，云何能生果报？②

① 《成唯识论》卷3，《大正藏》第31册，第12页。

② 《中论》卷3，《大正藏》第30册，第22页。

龙树的批评中,对业恒“住”和即“灭”两种情况进行了分析。如果业恒“住”,则为常,不符合佛教关于业是“生灭相”的规定。若业立即灭去,不再存在,也就不可能生果报,因为果报不能由非存在产生。龙树试图证明包括业在内的这些概念只是虚妄分别,而胜义真相为空。

综合而言,佛教无常说主张事物无法恒存,而刹那灭说则主张事事刹那生灭。不管是“无常”还是“刹那灭”,于多数案例中,在果报生起的时间点,因支都已然不存。因此,佛教徒必须回应“已灭之因如何在久远后生果”这一问题,这也就是无常/刹那灭而有因果的基本含义。这一问题很早就被提出,但是并未得到诸方共许的满意解答。

三、概念:“无常”与“刹那灭”

为解释《摄》第476颂“若一切实皆为刹那灭无常所毁尽”中的“刹那灭无常”,莲花戒于注疏中提出了两种无常,一种是“刹那灭无常”(kṣaṇika-anityatā),另一种则是“生灭有间之暂住无常”(kāla-antara-sthāyy-anityatā),他认为寂护使用kṣaṇika-anityatā这一概念的目的即在于区分这两种无常,同时强调刹那灭无常。

众所周知,无常(anityatā)为佛教三法印之一,是佛教思想体系中的核心概念。这一概念强调事物或者事件无法恒常存在,而是处于持续变迁中,且无可避免地会在某个时间点走向灭坏。变动(aññathatta)、灭尽(khaya)、衰变(vaya)等概念常常被用来描述事物的无常特点。这些描述更多是从经验观察的角度作出的直接判断,而非来自逻辑分析或者形而上学设定。早期佛教中并未将“无常”解释成“刹那灭”,没有在尼柯耶和阿含经中发现有“诸法皆刹那生灭”这种判断。据大卫·卡卢帕哈纳(Kalupahana, 1986: 103)考察，在巴利圣典《无闻经》(*Assutavā-sutta*)中，就区分了几种不同的变化，其中在心理过程中的变化是飞速发生的，而外在世界中的变化则是稳定的、缓慢的，比如人的物质身体由四大所成，可以存续一、二、三、四、五、十、二十、三十、四十、五十乃至百年。

直到阿毗达磨佛教时期，才出现直接以刹那灭(kṣaṇika)来解释无常的说法。这种解释倾向最早出现在上座部文本《大义释》(*Mahāniddesa*)中①，文本描述一切生命、苦痛、欢愉均在瞬间生起，又在生起之后迅疾湮灭。在巴利文藏经《论事》部之《刹那说》(*Khaṇikakathā*)②中，也有"一切法(dhamma)皆刹那灭(khaṇika)，如一心(ekacitta)"的论述。此外，在《因缘相应经》(*Nidānasaṃyutta*)中，心、意、识被描述为"日夜时剋，须臾转变，异生异灭"③。不过，在这些经典中，刹那灭观念的表达还只是借助于文学修辞，而非理论分析。阿毗达磨时代，这一问题才真正成为哲学问题。世亲在《俱舍论》中记录了毗婆沙师(Vaibhāsika)和日出论者/经部师(Dārṣṭāntika/Sautrāntika)之间的争论。随后，众贤(Saṃghabhadra)在其《显宗论》(*Abhidharmasamayapradīpikāśāstra*)及《顺正理论》(*Abhidharmanyāyānusāra*)中进一步讨论了毗婆沙师、室利罗多(Śrilāta)和世亲在刹那灭论上的不同观点。这些资料显示，毗婆沙师、日出论者/经部师和世亲都同意刹那灭论，但是对于刹那灭的具体内涵则略有分歧。

---

① 参见Karunadasa, 2010: 235。

② 参见Rospatt, 1995:18。

③ 《杂阿含经》卷12,《大正藏》第2册，第81页。

毗婆沙师主张，一刹那(kṣaṇa)是最小的时间单位，不可再分，[①]但刹那存在物有生住异灭的特性。阿毗达磨论师用极微(paramāṇu)、字(akṣara)及刹那(kṣaṇa)作为物质、语言、时间的最小单位。[②]不过虽然其时限最短不可再分，其时长却在某种程度上可以计算。[③]因其理解刹那的方式与毗婆沙师有异，日出论者/经部师被众贤称为"一刹那宗"。他们将事物存在的当下理解为刹那，认为事物随生即灭，不作停留。[④]他们不认可"生、住、异、灭"的进程，认为事物只有"生、灭"，[⑤]而生灭之间的区别则是模糊不清的。[⑥]只有"生""灭"可以被精确区别和描述：由非存在到存在，是获得其"体"的过程，可称为"生"；而变

---

① 《显宗论》卷18："刹那何谓？谓极少时此更无容前后分析。时复何谓？谓有过去、未来、现在分位不同。由此数知诸行差别。于中极少诸行分位，名为刹那。故如是说：时之极促故名刹那。此中刹那但取诸法有作用位。谓唯现在，即现在法有住分量，名有刹那，如有月子。"(《大正藏》第29册，第860页）这段话还见于《顺正理论》卷33，《大正藏》第29册，第533页。

② 《俱舍论》卷12(《大正藏》第29册，第62页）及《顺正理论》卷32(《大正藏》第29册，第521页)："今应先辩三极少量。颂曰：极微、字、刹那，色、名、时极少。"

③ 《俱舍论》卷12："刹那百二十为一怛刹那，六十怛刹那为一腊缚，三十腊缚为一牟呼栗多，三十牟呼栗多为一昼夜。此昼夜有时增、有时减、有时等。三十昼夜为一月，总十二月为一年。于一年中分为三际，谓寒、热、雨各有四月。十二月中六月减夜，以一年内夜总减六。"(《大正藏》第29册，第62页）依照《俱舍论》的这个算法，1刹那约等于现在的1/75秒。另外，《俱舍论》卷12称"如壮士一疾弹指顷六十五刹那，如是名为一刹那量"(《大正藏》第29册，第62页)，《顺正理论》卷32称"谓如壮士一弹指时，经细刹那六十五等"(《大正藏》第29册，第521页)，不算是很精确的时长描述。

④ 《顺正理论》卷33："大德逻摩，作如是说：以诸行法即所得体，于是处生，即于是处，此体还灭。故无行动。"(《大正藏》第29册，第533页)

⑤ 《顺正理论》卷14："然上座说：诸行无住。若行可住，经极少时，何故不经须臾日月时年劫住？"(《大正藏》第29册，第411页)《俱舍论》卷12："何等名为一刹那量？众缘和合法得自体顷。"(《大正藏》第29册，第62页)

⑥ 《顺正理论》卷20："彼上座言：一刹那顷，难说此是生时灭时。非法由因先生后灭，如杖持罝内蛇穴中系颈挽出方断其命。然体本无，由因故有。"(《大正藏》第29册，第450页）更多讨论参见Park, 2007: 300。

异和消失的过程，是失去其"体"的过程，可称为"灭"。①

世亲在这一问题上的立场与日出论者/经部师相类似，但他进一步将一刹那定义为法的存续，认为有"刹那法"，才说是"有刹那"。世亲还认为一切法在生起之后会自动入灭，无需他因引发，因为如果法此时不灭，那么后续也不会灭坏，因为其前后体性是不变的。②众贤在其《顺正理论》中对这种定义方式进行了批判，认为其是"宁举刹那、显刹那量"，犯了循环论证的毛病。③

到了世亲这里，刹那开始具有了指称最小存在形态的意义。后来又经过发展，在某些语境中成了指称终极实在的名词。舍尔巴茨基（1997: 211）用下面这段话来形容作为终极真实的刹那（kṣaṇa）："时间上无持续（kāla-ananugata），空间上无广延（deśa-ananugata）……它是实在之点，并且其中不再有可寻出前后位置关系的部分，它是无限小的时间，是一事物存在系列中的微分。它不可分（anavayavin），没有部分，是最终的单一。它是纯存在（纯有，sattā-mātram），是纯粹的真实（vastu-mātram），是严格局限于自身的事物的'自性'（sva-lakṣaṇa自相），是极端的具体和个别意义上的特殊（vyakti），是效能，且仅为效能而已

① 《顺正理论》卷33："又譬喻者，能起异端。曾所未闻，解释道理。执有为相是'起'及'无'。如是则应不成三数。谓有为法，得体名'起'；尽及异相，皆是体'无'。非后刹那，与前有异，少有所因。"（《大正藏》第29册，第533页）更多讨论参见Rospatt, 1995: 62。

② 《俱舍论》卷13："刹那何谓？得体无间灭，有此刹那法，名有刹那，如有杖人名为有杖。诸有为法才得自体，从此无间必灭归无……灭既不待因，才生已即灭。若初不灭，后亦应然，以后与初有性等故。"（《大正藏》第29册，第67页）《顺正理论》卷33对此也有记载："而经主言，刹那何谓？得体无间灭，有此刹那法，名有刹那，如有杖人名为有杖。"（《大正藏》第29册，第533页）

③ 《顺正理论》卷32："何等名为一刹那量？经主率意，作是释言：谓众缘合时，法得自体顷。如是所释，理不极成……故问'何量名一刹那'，应答'刹那其量如是'。法得体顷，彼谓刹那。宁举刹那，显刹那量。故彼所释，其理不成。"（《大正藏》第29册，第521页）

(artha-kriyā-kārin)。它激励知性及理性去构造表象与观念。它是非经验的，亦即先验的。它是不可说的。”

寂护在《摄》第8品中花了很长的篇幅来论证刹那灭，此品中他对刹那(kṣaṇa)、刹那灭(kṣaṇika)的定义与世亲颇为类似。

> [大意：]事物(vastu)自体无有持续，无间生起，称为刹那，有此刹那说刹那灭。④

对寂护而言，“刹那生灭”并不是事物的属性，一刹那也并非仅仅是最小的时间单位；相反，正是由于刹那生灭之事物的存在我们才能够理解刹那。事物于生起后立即入灭，此为其自体本性，或者说事物的存在本身就是一刹那，所以我们才称之为刹那灭。从形而上学角度来说，寂护是在以事物的存在作为刻度去度量“刹那”(kṣaṇa)这个概念的，因此“刹那”和“刹那存在物”二者等同。这一点可以由寂护在《摄》第9品的用词特点所佐证：他经常直接以kṣaṇa这个词来指称刹那存在物。这一定义在寂护的论证过程中十分关键，因为它意味着事物无需外因即可自行入灭。寂护的业因业果论建基于此种意味的刹那灭说之上，相应地，论敌对他的批评也针对这一点而展开。

刹那灭观念不仅否定了“恒常”“不变”的可能性，同时也否定了“存续”的可能性。寂护对刹那灭的论证分为两步。

第一步，驳斥“永恒之物”存在的可能性：⑤

(1)若某物恒常存在，则其存在将无始无终；

(2)该物不能发生任何变化，一旦变化，就无法保证同一性，也就

---

④ 《摄》388：utpādānantarāsthāyi svarūpaṃ yac ca vastunaḥ | tad ucyate kṣaṇaḥ so 'sti yasya tat kṣaṇikam matam || 英译Jha,1986: 246。

⑤ 参见《摄》第8品。

并非恒常不变；

(3)该物不可能有生因，因为若由他因产生，则有存在的开端，也就并非恒常；

(4)该物不可能生果，因为若此物有生果之力，则其恒常具备生果之力，则其恒常生果。

以自我为例，若自我恒常不变，则无法发出任何行为，产生任何果报，自身也不可以产生任何变化，因为"恒常不变"要求其在所历经的时空中都保持同一性。然而，这背离了人们的日常生活经验，因为我们可以观察到同一个人在不同阶段的变化。因此，严格哲学意义上的"永恒之物"实际上不可能存在，也违背我们的日常经验。

上述论证是寂护对"永恒之物"存在可能性的驳斥，只能视为对"无常"的论证，离"刹那灭"这个比较激进的立场还有一些距离。

因此，寂护又作了"刹那灭"论证的第二步：灭为法之本性。也即，法自行入灭，无需外在因缘。一切法在生起之时就注定了才生即灭。原因在于，"灭"指的是法在某一时刻不再存在这一事实，而非另有独立存在的"灭法"。因此，灭之发生不由外因促成，而是事物本性决定的。①

厘清"法"的内涵和使用语境有助于我们理解寂护的论证。"法"(dharma)在早期佛教中指的是世间一切事物，直到阿毗达磨时期，论师们开始对佛陀教法进行整理、归类、分析时，此概念才成为哲学概念。阿毗达磨论师们在许多问题上都有分歧，但是对于dharma概念的立场却基本一致。他们主张一切经验现象均由更为细小和基础的成分组成，

---

① 《摄》352-358：tatra ye kṛtakā bhāvās te sarve kṣaṇabhaṅginaḥ | vināśaṃ prati sarveṣām anapekṣatayā sthiteḥ ||…nirnibandhā hi sāmagrī svakāryotpādane yathā | vināśaṃ prati sarve 'pi nirapekṣāś ca janminaḥ ||…tathā hi nāśako hetur na bhāvāvyatirekiṇaḥ | nāśasya kārako yuktaḥ svahetor bhāvajanmataḥ || 英译Jha, 1986: 228-231。

这些基础成分比表面现象离真实更近。"法"就是一切经验现象中最为微细、基础和真实的成分。

佛教一向有将经验世界还原为更小组成部分的传统，这一传统起源于佛陀时代。例如，佛教为了驳斥永恒、不可分、不变之我(ātman)的存在，以五蕴(skandha)——色(rūpa)、受(vedanā)、想(saṃjñā)、行(saṃskāra)、识(vijñāna)来分析人。名、色、十二处(āyatana)、十八界(dhātu)等区分法也都在某种程度上体现了这一倾向。阿毗达磨论师对"法"的解释也显示出这种还原论倾向，对他们而言，"法"就是构成事物的基础粒子，是经验世界得以组建的砖瓦。从这一理论立场来说，"法"作为不可再进一步分析的基础粒子，是真实存在的；而所有的复合物，都是思维建构、世俗假立。"法"这一层面的存在代表真实世界，不能为感官直接把握；复合物层面的存在则是我们的经验世界，虽非胜义之真，但应世间方便而立，有其功用。对"法"的分析是阿毗达磨哲学的基础，且影响到不同阿毗达磨部派的理论发展。①

虽然寂护的最终立场是中观空论，但他在许多涉及"法"的讨论中，都采用阿毗达磨论师们的立场，将"法"看作是实事(vastu)存在物(bhāva)。在《摄》中，寂护常用"实事"(vastu)、"真实"(tattva)、"胜义"(paramārtha)等词汇形容"法"。"有"(sattva, sattā)、"所作"(kṛtakatva)、"有为"(saṃskṛta)、"刹那灭"(kṣaṇika)、"生果效用"(arthakriyā)等被认为是"法"之特性。与这些真实存在物相反的，则是可进一步分析的不具备真实性的复合物，在《摄》中以"世俗"(saṃvṛti)、"共许"(saṃketa)、"虚妄分别"(kalpita)、"无自性"(niḥsvabhāva)等术语加以形容。"法"的概念以及其所暗示的胜义真实与虚妄分别之间的张力，是寂护在与论敌往来辩驳时未加言明的理论背景。

---

① 参见Karunadasa, 1996: 1-6, 20-22。

再回到刹那灭的议题上。对寂护而言，"灭"指的是法不再存在的状态，其本身并非独立存在的"法"。因此，"灭"非所作，无因而发生，是"法"之自性的一部分。"自性"意味着"灭"内在于"法"，"法"自然拥有这一特性，无需外在条件促成。这意味着，只要某物存在，就一定会灭坏。若其不具有"灭"之特性，则不可被称为存在物。并且，寂护还主张，"法"一旦产生，就会立即灭坏，因为"灭"之自性与"法"同时生起。若一"法"不在产生之后灭坏，那在后续的时间点也就没有理由灭坏，因为"灭"并不需要其他因缘促成。寂护的才生即灭说采用的是经量部的立场，严格地说，这一立场与佛教传统的生住异灭说并不一致。早期佛教使用生住异灭来形容世界或者事物的四个阶段，这一说法中事物是有"住"这一阶段的，也就是可以持续存在一段时间的。

总之，寂护于佛教的无常说立场上采取的是最为激进的刹那灭无常说，认为诸法皆刹那生灭，才生即灭，不作停留，灭坏之后亦无有存留。这使得他在理论上面临着更加严峻的困难。

四、概念："我"与"无我"

印度婆罗门教六派哲学家和佛教哲学家在"自我"（ātman, self/soul）存在与否的问题上有着广泛而持久的争论，包括正理派、胜论派、弥曼差派、数论派、瑜伽派和吠檀多派在内的印度婆罗门教六派哲学家都持有我说，认为在终将朽坏的肉体和时时变化的意识世界之外，还存在一个永恒不变、在时间中保持同一的自我或者灵魂，叫阿特曼（ātman）。阿特曼常被翻译成"我""灵魂""神我""丈夫""士夫"等，在吠陀中就已有提及。在森林书中，阿特曼有时被解释为人的各种器官或气息，有时又被解释为遍布一切事物的万物创造原理。在奥义书中，阿特曼被阐述为人的本质、万物的内在神妙力量、宇宙同一的原理。奥义书中有“梵我同一”的概念，认为作为人内在本质的阿特曼同一于作为宇宙终极原因的梵，主张人应该通过修行去证得梵我的同一。如此，阿特曼逐渐被解释为本质、灵魂、某种永恒不变的精神性实体。①他们还主张记忆、识别、欲求、愿望等精神活动可以证明自我的存在，因为这些活动的运行都要求有一个在时间中持续存在的所依。比如，只有当经历者和忆念者是同一人时，记忆才可能产生。因此，他们认为在我们变动不居的物质、意识世界表象之下，还有一个精神性的、形而上学式的本体。对人而言，这个本体就是ātman。

佛教徒作为印度婆罗门教六派哲学的主要批评者，则持无我(anātman, no-self)论。无我论针对的是六派哲学的有我说，认为ātman不存在，强调在变动不居的表象下并无恒常不变、独立存在的本体。佛教对无我的论证主要有两种策略，一种基于时间维度，另一种则基于空间维度。这两种论证策略都可见于《弥兰王问经》(*Milindapañha*，又叫《那先比丘经》)。该经记录了希腊弥兰王和佛教僧人那先比丘(Nāgasena)之间的一些问答，其中有一段以马车比喻人，从空间的结构方面论证了无整一、独立之我的存在：

> 缘辕，缘轴，缘轮，缘车棒，缘车体，缘辐，缘有刺针之鞭，缘轭而现所言之“车”……与彼同，缘发，缘身毛，缘爪，缘齿，缘皮肤，缘肉，缘筋，缘骨……乃至……缘脑而言名“那先”现。然而若依第一义而言，则人我不存。②

---

① 参见黄心川，1989b: 57-59。

② 《弥兰王问经》,《南传大藏经》第63册，第43—44页。

从空间的角度来说，每一个日常接触到的存在物，不管是车还是人，都由更小的部分组成：车子是由辕、轴轮、车棒等部件构成；人是由发、身毛、爪、齿、皮肤等器官部件组成。我们在面对这些部件时，会形成一个整体印象，而这种整体性——作为人的那个统一性——实际上是我们的思维构造。除却这些构成物之外，并没有一个概念化的"车"或者精神性的"我"存在。换言之，恒常不变的"本性"是人类意识的建构，并非真实存在。自我这个观念背后，并没有其对应的形而上学实体。

基于时间的论证策略，以牛奶到奶酪的变化作为例子，从时间维度论证了无恒存不变之自我的存在：

> 譬如榨出之牛乳不久成酪，由酪而成生酥，由生酥而成熟酥。大王！如是而言："乳与酪是同一，酪与生酥是同一，生酥与熟酥是同一[必非真实]。"……法之相续是继续，生者与灭者虽是别异，非前非后而继续，如是不同亦不异，至于最后之识所摄。①

在时间的流变中，牛奶会败坏变成奶酪，奶酪又会变成生酥，生酥假以时日再变成熟酥，它们处在一个演变的链条中，虽然是从同一个源头演变而来，但在不同时间段呈现出完全不一样的状态，从而形成不同的事物，不能算作具有同一性。人也是一样，从时间的角度来看，过去之我成长为今日之我，其间发生了种种改变，二者存在种种区别，不应当认为具有同一性。

实际情况比这个粗略的区分要更为复杂一些，比如，佛教中有一些派别就显示出某种有我论的倾向，如持补特伽罗说的犊子部

---

① 《弥兰王问经》，《南传大藏经》第63册，第66页。

(Vātsīputrīya)。但综合而言,"有我论"和"无我论"这两个术语基本上可以概括婆罗门六派哲学和佛教哲学在"我论"上对立的理论立场。

五、概念:"业因业果"与"因果"

寂护进入"无我而有业因业果"与"刹那灭而有因果"这两个问题时,使用了两组不同的梵文概念:karma-phala-sambandha,字面意思是"业因与业果之间的关系";kārya-kāraṇa-tā,有时也写成kārya-kāraṇa-bhāva,字面意思是"因果性"或"因果关系"。从字面意思的区别可见,前者指涉的是一种特殊的因果关系——人类行动与其际遇之间的联系,而后者则指更为抽象的因果律。梶山雄一(1979: 149)将前者翻译为"道德因果"(moral causation),将后者译为"自然因果或物理因果"(natural or physical causation)。虽然并非直译,但梶山的翻译却指出了这两个术语的理论意涵有别。karma-phala-sambandha,一般译为业因业果,在佛教的语境中常常指善因乐果和恶因苦果,因此具有伦理意涵。不过,寂护在《摄》一书中使用karma-phala-sambandha这一概念时,对其伦理学意涵却少有涉及,他的讨论更多关注有因果关联的精神活动之发生机制,比如"知"(jñā)与后续的"识别"(pratyabhijñā)、经历与记忆等。本书在讨论业因业果、行为因果律等概念时,指的是karma-phala-sambandha,而讨论一般因果律、因果性、因果关系等概念时,指的是kārya-kāraṇa-bhāva。

在对上述概念明确有所区分的基础上,前述《摄》第476颂中论敌对业因业果论所提出的批评,大意可略述如下:一方面,若事物刹那灭,则其无法存续至久远后生果时,因此,我们所常见的种生芽这类因果关系无法成立。另一方面,若事物刹那灭,那么造业的主体也是刹那灭,无法持续存在，则造业与受果这两个行为不可能发生在同一个主体上，因此业因业果无法成立。

值得留意的是，这一批评虽未直接提及无我论，但其驳斥之意暗含其中。在寂护的哲学体系中，由刹那灭很容易推导出无我论：即便存在某种主体人，若诸法刹那灭，那么作为主体的人也是刹那生灭。此刹那存在的人迅疾逝去，新生成的存在者取代前一刹那的存在者。没有在时间之流中持续存在的主体。或者说，在时间的不同节点上存在着不同的、随生即灭的"阶段人"，这些"阶段人"之间互相差别，并不具有同一性。这就是刹那灭说所蕴含着的无我论：在时间之流中，"阶段人"所构成的续流并不具备真正的整一性。

六、问题之源：业说的印度宗教哲学背景

佛教哲学中之所以存在这种"无我而有业因业果""无常/刹那灭而有因果"的张力，原因在于，佛教业力说继承自婆罗门教思想体系，而其奠基于缘起说之上的因果论及无我说均为佛陀自身所证悟，属于不同的思想起源。井上善右衛門(1965)认为，在传统的印度婆罗门哲学中，业观念是与"自我"(ātman)观念相关联的，而以无我论为核心内容的佛教教法要引入"业"这一概念，就需要在自身体系中建立二者相容的逻辑。

佛教论及业报轮回时，常以种必生果为喻，这种"自耕自收"的朴素果报论在印度民间流传的诗颂中十分常见(Moriz, 1933: 57)。从思想史的视角，应该说业报轮回观念来源于印度传统宗教哲学，被佛陀引入佛教。

业说在印度传统宗教哲学中最初的起源尚无定论，但可以明确的

是，其在奥义书时代已经得到清晰的表达。在奥义书中，“业”一词具有多个层面的含义：第一，指由人之双手所造作的各种行为、责任、工作等；第二，指吠陀祭礼；第三，指善恶行为。此外，这一概念还指示业力法则，与轮回理论有紧密的联系。这意味着人的行为塑造人本身，高尚的行为塑造高尚之人，邪恶的行为则塑造邪恶之人。业观念被认为是奥义书中来世论的道德基础，其暗含着如下几个互相交织的观念：第一，人对其行为负有道德责任；第二，现世生活中之所以没有明显的善恶报应现象，是因为报应不一定于此生完成，而有可能跨越多世在轮回中完成；第三，业论与解脱论以及天堂地狱观相关联。前者指向最终的解脱，后者则为轮回的不同状态划分出高下。在这一时期，部分思想家们开始主张，真正的幸福不存在于俗世生活中，不可能靠欲求的满足来达到，而是只有在解脱后才能获得。

在奥义书中，梵我一体说是最基础的理论。所谓“梵”(Brahman)，指的是一切事物的本体，宇宙的最高实在，没有任何具体的属性，也称为“大我”。与之相对应的是“我”或者说“阿特曼”(ātman)，一般指的是个体的“我”“小我”，即人的身体诸器官的主宰体、人生命活动的中心。对人而言，“我”是个体的本质，是变化不定的表象背后那个恒常不变者。奥义书中还主张，解脱来自人对“我”的证知、对“梵我一如”的证知。也就是说，“业”这一概念和与之相应的轮回法则，本来就生长在一个实体论(substantialism)的环境中，其中有恒常不变的最高本体(“梵”)，也有作为变化支撑物的不变主体(“我”)。

佛教哲学以“三法印”作为标志，其理论环境与婆罗门教哲学大相径庭。三法印指的是“诸行无常”(anitya)、“诸法无我”(anātman)、“涅槃(nirvāṇa)寂静”。之所以被称为法印，是由于这三者是用来验证教说是否属于佛陀正法的标准，是区分佛教与其他宗教教说的关键，凡真佛法必须符合这三个基本立场。其中，“涅槃寂静”指的是超脱轮回，获得解脱，体现的是佛教的终极价值。佛教的一切教说、理论、修行方法，皆以此为最终旨归。"诸行无常"与"诸法无我"则是有为法的基本标志。佛陀之觉悟在于其对"十二缘起(pratītya-samutpāda)"的顺观与逆观，缘起说主张，万法均由诸缘和合而成，缘起则聚，缘灭即散，并无自性。佛教主张，对十二缘起支的观照，能助人了知无常和无我之真相，从而导人厌离世间，趣向解脱。无常和无我在佛教体系里是两个互相关联的概念，在《阿含经》中，佛陀反复宣说观无常、观无我能助善业增长。

早期佛教使用"业"概念来解释行为及其相应果报之间的因果关系。在《增一阿含经》卷23《怖骇经》中，记载了佛陀为生漏婆罗门(Jāṇussoṇi)去除怖畏的故事，佛陀忆及其于禅定中去除无明的三个阶段：在初明中见到自己过去世的轮回；在第二明中见到了众生依业流转的真相；在第三明中见到了涅槃解脱。而有关众生依业流转的情况，经文描述了身口意三业之善恶差别导致的地狱天界果报差别：

> 诸有众生身行恶，口行恶，意行恶，诽谤贤圣，恒怀邪见，与邪见相应，身坏命终，生地狱中。诸有众生身行善行，口修善行，意修善行，不诽谤贤圣，恒修正见，与正见相应，身坏命终，生善处天上。①

经文提示，众生造业受报的相状为佛陀在禅定中证知。在《阿含经》的其他篇章中，佛陀反复宣说业报这一基本教法。并且，作为对当时婆罗门种姓体系的反抗，他还主张，决定人之际遇、命运的是人们所造

① 《大正藏》第2册，第666页。

作的业，而非天生之种姓。鹦鹉[1]婆罗门向佛陀请教人之际遇高下的缘由时，佛陀表示：“彼众生者，因自行业，因业得报。缘业，依业、业处，众生随其高下处妙、不妙。”[2]《阿含经》中还有很多类似的宣说，但都止于重复的劝导，并未进入哲学分析。根据其诸多劝导，可以总结出佛陀业观念的基本特点如下：

第一，体现出佛陀教法的伦理关切。佛陀说法时，往往先宣说善恶业报的具体相状，然后劝导人们行善弃恶，过清净的生活。如佛陀规劝祖母去世的波斯匿王(Pasenadi)节哀时，就以“恶业堕地狱，为善上升天”来引导其“修习胜妙道，漏尽般涅槃”。[3]

第二，佛陀对业说的宣讲呈现出强调心法的倾向。一般而言，业分三种——身(kāya-karman)、口(vāk-karman)、意(cetanā-karman)，但意业常被置于更高的地位。有时三业会被分为两种：思业和思已业(cetayitvā-karman)。从这一角度来看，“业”不仅指表面的行动，更强调驱动行动的精神动力。佛陀曾在说法中表示“身、口业虚妄，唯意业真谛”[4]。《中阿含经》中记载，优婆离问及身口意三者中何者对恶业的启动与成熟负有最重要的责任，佛陀回答认为是意业，“此三业如是相似，我施设意业为最重，令不行恶业，不作恶业。身业、口业则不然也”[5]。这些简单的描述体现了原始佛教对业的基本定位，也显示出佛教在这一问题上的心法倾向。这种心法倾向对后续佛教业论的发展影响深远。在部派佛教时期，众论师在“业之体性”究竟为色法还是心法这一问题上有诸多争论。后来瑜伽行派则转向彻底的唯识学，完全

① 南传中部记载是首迦(Subha)婆罗门。参考Ñāṇamoli and Bodhi, 2005: 1053。
② 《中阿含经》卷44,《大正藏》第1册，第704页。
③ 《杂阿含经》卷46,《大正藏》第2册，第335页。
④ 《中阿含经》卷44,《大正藏》第1册，第706页。
⑤ 《中阿含经》卷32,《大正藏》第1册，第628页。

以心法来解读业。

第三，业一旦被造，必然生果。报应不一定当世兑现，其作用经久远后仍然能够产生。这一点在佛陀说法中也总是不断被重复，如："不思议业力，虽远必相牵；果报成熟时，求避终难脱。"①"若故作业，作已成者，我说无不受报。或现世受，或后世受。若不故作业，作已成者，我不说必受报也。"②

第四，业力的受报为自作自受，业的造作者与承受者是一致的，不失坏，更不会迁移。如《盐喻经》中佛陀教导弟子"随人所作业则受其报"③，《天使经》中阎王（Yama）对犯有放逸之过的人强调"汝此恶业非父母为，非王、非天，亦非沙门、梵志所为，汝本自作恶不善业。是故汝今必当受报"④。

第五，根据其善恶属性，业可分为善业、恶业，或者黑业、白业，或者福业、罪业等。佛经中论及业时往往相对而论，无须多引证明。

总而言之，业概念起源于印度传统宗教实体论的理论环境。佛陀在以无常、无我作为佛法之核心教法的同时，继承了这一业概念，将之引入佛法之中。早期佛教将业观念作为信仰之教条来对待，多有宣说。佛陀在不断重复的同时却少有分析，未能提供详细的阐释，这一点为后来佛弟子们的多种解释留下了空间，也为部派佛教在这一问题上的分歧和争论埋下了伏笔。争论的根源在于业说与无常、无我说于逻辑上有不调和处，不调和主要就体现在本书所称的两大难题中：无常而有因果，无我而有业因业果。舟桥一哉（1988）在追溯业说在印度传统哲学中的内涵，并分析有部、犊子部、经量部等佛教不同

① 《根本说一切有部毗奈耶》卷46，《大正藏》第23册，第879页。
② 《中阿含经》卷44，《大正藏》第1册，第706页。
③ 《中阿含经》卷3，《大正藏》第1册，第433页。
④ 《中阿含经》卷12，《大正藏》第1册，第504页。

部派中业概念的含义之后，认为业论在佛教哲学中的发展是由业说与无我论之间的张力所驱动的。业说与无常、无我、缘起等说逻辑上的不调和或者张力，某种程度上促进了佛教内外对这一问题的反思与争论，拓展和丰富了佛教哲学的论域，也深化了佛教哲学在因果等相关议题上的见解。

七、部派佛教对业与因果的诠释

“无我而有业因业果”“刹那灭而有因果”这两个问题推动了佛教业论的发展，具体体现于部派佛教不同派别对这两个问题给出了种种创造性解决方案。在讨论寂护与论敌们的争论之前，在此首先简单梳理部派哲学家们的相关回应思路。

佛灭之后，佛教徒分裂为许多部派，分裂的原因包括不同地域文化传承的差异、戒律的分歧、对佛法的不同理解和解释等等。尽管如此，只要他们还以佛教徒自居，就不得不面临业报轮回说与无常、无我说之间的理论张力。在这个佛教哲学大发展的部派时期，佛教论师们开始系统地为上述两大问题寻找解决方案。他们为这两大难题提出了诸多不同的理论，这些观点被世亲集中记录在《大乘成业论》之中。

针对无常而有因果这一问题，说一切有部(Sarvāstivāda)提出“无表业”(avijñapti)之说，认为人造身语业时，无表业伴随音身而生，并持续存在且推动果报的产生。说一切有部规定，这种“无表业”体性为能持续存在的色法，但是不可见，没有表征，所以称为“无表”。已经灭去的业所产生的无表业持续存在，直到因缘和合之时，通过“引果”(也叫“取果”，梵文为phala-grahaṇa或phala-ākṣepa)产生果报。世亲在《成业论》中引用有部下列观点：“此何非理(ayukta)？谓过去业其体(svabhāvatas)实有，能得当来(anāgatādhvany abhinirvṛttaḥ)所感(prayacchati)果故。"[①]这句话中的"过去业其体实有"展现了有部的形而上学立场，也即"诸法恒存，三世实有"。根据这一形而上学设定，业体也是三世实有的，表业消失后，还有无表业存续，并成为连接因果两支的中介。然而，他们的这一立场与佛教无常、无我教法并不十分切合，因此招致教内教外诸多批评，其无表业之说也并未得到广泛接受。

其他部派对这一问题另有其他解决之道，比如，正量部(Saṃmatīya)就提出"增长"和"不失法"(avipraṇāśa)说。他们主张，身语二业产生之后，会引发"别法"生起，该法其体实有，属于心不相应行法，可命名为"增长"。《俱舍论》中对其有记载："有二种业：一、造作业；二、增长业。何因说业名增长耶？由五种因。何等为五？颂曰：由审思、圆满、无恶作对治、有伴、异熟故，此业名增长。"[②]增长业并非一般意义上的业，而是在满足"审思"(充分审慎的思考)、"圆满"(业行完整、成熟)、"无恶作对治"(没有追悔等对治恶业的行为)、"有伴"(有助伴之业)、"异熟"(异时而熟)五大条件基础上的业之存续力量，与正量部"法体暂住"的思想一致。龙树的《中论・观业品》中则记载了正量部"不失法"的说法："不失法如券，业如负财物；此性则无记，分别有四种；见谛所不断，但思惟所断；以是不失法，诸业有果报。"[③]不失法就像债主的券一样，虽然暂时不兑现，但是其对应于财物如同业对应于果报，等到因缘和合之时，即得兑现。因此，印顺(2009: 106)认为："不失法与有部的无表色、经部的思种子，意义上非常接近。"

---

① 《大乘成业论》,《大正藏》第31册，第782页。对应梵文词参考Lamote, 1988: 52。

② 《俱舍论》卷18,《大正藏》第29册，第97页。

③ 《中论》卷3,《大正藏》第30册，第22页。

针对无我而有轮回这一问题，犊子部提出补特伽罗说，并规定其与五蕴不一不异，是造业感果、修行涅槃的主体。一般而言，部派论师们认为，某事物若与五蕴“一”，即是五蕴和合而成，则是假有；若与五蕴“异”，即是别立一体，则是实有。若是假有，则不可以有轮回主体的功能；若是实有，则近似于婆罗门派哲学所立之“我”。犊子部的这个“补特伽罗”概念模糊不清，有过于浓重的实在论倾向，因此接受度不高。

经量部的形而上学立场体现出观念论的倾向，具体思路是以业种子说和相续说来解决上述两大难题。他们继承了佛陀“意业最重”的倾向，并在此基础上于内在的意志活动中找寻业之体，认为身业、语业、意业本质上都是思业。其中，意业指与意相应的业；身业指的是以身为所依的思，即思依止于身而发挥其功能；语业则指的是以语为所依的思，思依止于语而发挥功能。那么身业、语业和意业之间又有什么区别呢？经部又将三业分为思业、思已业，思业指意业，思已业指身、口二业，认为思已业也是一种思，可称为“作事之思”，相较于思业的“思维之思”。“思”的根本含义是行为主体决定行为之前的思想准备。由于“作事思”的性质由“思维思”决定，影响后世果报罪福的从根本上来看是思业。经量部主张，这种以思为本质的业刹那生灭，此起彼伏，形成一个“相续”的过程，而这个“相续”承担了业报主体的功能。业种子生起→消失并引果→新的业种子继续生起，这个过程中，“相续”自身也会发生变化。整个过程被世亲称为“相续转变差别”。业之被造正如种子下地，在相续中留下痕迹并引发变化，如同种子破土生芽，变化不断发生，辗转相因，正如芽生株，株生花，花生果。正是以这种方式，无实体的“相续”和刹那生灭的业种子才使得业报因果成为可能。如同世亲在《大乘成业论》中所言：“心与无边种，具相续恒流，遇各别熏缘，心种便增盛。种力渐次熟，缘合时与果，如染拘橼花，果时瓤色赤。"[1]

在这一问题上，倡导唯识无境的瑜伽行派学者部分承继了经量部的理论，并通过设立阿赖耶识（ālaya-vijñāna）概念的方法对理论进行了发展。他们否认外境存在，认为一切皆由识造。识分八种，眼、耳、鼻、舌、身、意、末那、阿赖耶识。阿赖耶识又称藏识，有以下三功能：能藏，即能够含藏一切业种子；所藏，即是业种子所藏之处；执藏，即阿赖耶识一直被末那识执为实我。阿赖耶识感果的具体思路是，业被造之后，作为种子被储存在阿赖耶识中，业种子的产生本身也使阿赖耶识发生了变化。待因缘和合之际，业即感果，如同种子生果。显而易见，瑜伽行派这一果报机制看起来与经量部的种子论十分相似，阿赖耶识和相续一样，承担业报主体的功能。然而，唯识学业说从形而上学的视角来看与经量部还是有所差异，因为"阿赖耶识"比"相续"具有更多的实体意义。"藏"（ālaya，也即阿赖耶）这个词的使用让人感觉到业种子是被储存在某个地方的，而非刹那生灭。而将阿赖耶识定义为六识之外独立存在的识，且具有含藏种子的功能，则让它显得愈发靠近"自我"（ātman）的意涵。

综上，"无常而有因果"和"无我而有轮回"这两个问题一早就在佛教内外引发了许多关注与质疑，佛教徒也一直在试图建立理论，提供解释。然而，这些解释从未平息诤议。佛教的论敌不断重复或者提出新的异议，而佛教论师也不得不一次次回到这个议题，进行回应。

---

① 《大乘成业论》，《大正藏》第31册，第784页。

结语

本章介绍了研究所涉及的两大核心问题——“无我而有业因业果”与“刹那灭而有因果”，这也是寂护《摄》第9品展开的主要线索。其中，“无我而有业因业果”指的是“无我之缘起”和“有我之轮回”这两种理论之间的内在逻辑张力：如果诸法无我，则诸业行没有承载主体，那么，谁造业，谁感果，轮回流转的又是什么？“刹那灭而有因果”指的是“刹那灭无常”和“虽远必相牵”的因果关系之间的内在逻辑张力：若诸法刹那生灭，才生即灭，无有留存，那么，因果关系如何成立，我们如何确立相隔久远的两个事物之间有某种关联？这两个问题表面上是直接驳斥佛教业论，认为业论与刹那灭说不相容，无法同时成立；真实意图是要反驳刹那灭说，反驳无常说，批评佛教最核心的教法。

为了更好地理解上述两个问题，有必要对“无常”“刹那灭”“业因业果”“因果”等概念之间的微细区分有所了解。“无常”强调事物或者事件无法恒常存在，而是处于持续变迁中，而且无可避免地会在某个时间点走向灭坏。刹那灭说则持有一种更加激进的变化观：事物才生即灭，存在时间不超过一刹那。早期佛教一直宣讲的是“无常”，只有到部派佛教时期才开始有“刹那灭”的主张，世亲之后，“刹那”一词更是逐渐成了最小真实存在物的代称。“业因业果”指涉的是一种特殊的因果关系，即人类行动与其际遇之间的联系，而“因果”则指更为抽象的因果律。在寂护的哲学中，对“业因业果成立”的论证建基于对“因果成立”的论证之上。

佛教哲学中之所以存在这种“无我而有业因业果”“无常/刹那灭而有因果”的张力，原因在于，佛教业力说继承自婆罗门教思想体系，“业”概念和与之相应的轮回法则，本来就生长在一个实体论的环境中，其中有不变的最高本体（"梵"），也有作为变化支撑物的主体（"我"）。然而，奠基于缘起说之上的因果论及无我说均为佛陀自身所证悟，属于不同的思想起源。佛陀继承和宣说业论之时，并未加以解释，因此给后人的质疑和争论留下了空间。

部派佛教的不同派别对这两个问题给出了种种创造性的解决方案：说一切有部提出无表业说，正量部提出增长说和不失法说，犊子部提出补特伽罗说，经量部提出业种子说、相续说，瑜伽行派则在经量部的基础上进一步提出了阿赖耶识说。然而，这些理论并未平息诤议，佛教论师们也不得不一次次回到这个议题，作出新的回应。

第三章
诤议之始：有我论者的批评与论证

寂护对“无我而有业因业果”和“刹那灭而有因果”这两个问题的探讨，是在回应婆罗门六派哲学对佛教的批评中展开的，旨在护持己教，平息议论。因此，在讨论寂护自身立场之前，有必要首先了解婆罗门六派哲学所理解的业因业果论。对他们而言，业因业果现象是“自我”(ātman)存在的表征。

本章以《摄》第9品中的讨论为线索，首先简述婆罗门六派哲学家对佛教无我说的批评，再梳理他们论证自我存在的总体思路，然后对正理派、弥曼差派之记忆证明说，乌底耶塔加罗之主体统合说，童中尊之自知证明说三种证明理路加以分析，旨在展现有我论者的立场与思想旨趣。

一、“所作散灭、未作自至”：童中尊对无我论的批评

在“无我而有业因业果”和“刹那灭而有因果”这两个问题上，“无我而有业因业果”的关注度要远高于后者。这不仅因为无我论作为核心教法对六派哲学的梵我论形成了极大挑战，还因为其与佛教业报轮

回说之间的张力尤为显著，这种张力所导致的逻辑论难被童中尊总结为“所作散灭，未作自至”（kṛta-nāśā-akṛta-abhyāgama）。在《摄》中，寂护引述如下：

> 善等[业]之作者被计为刹那物(kṣaṇa)，果生起时，此[刹那物]却已然不在。[若]刹那物被说为受果者(bhoktā)，于果生时[受果]，则业非[此刹那物]所作，因其于前期[业生起时]不存故。如是，业因业果非同一作者(kartṛ)所摄，则有“所作散灭、未作[自]至”[之过]，甚相违(virodhinī) 也。(《摄》477-479)

童中尊此难在主客二分的思维方式下对佛教无我论展开批评。所谓主客二分，指的是童中尊对无我论的理解停留在时间的维度，认为“无我”指的是时间上没有一个持续存在的同一主体。虽然这只是佛教无我论的其中一个维度，但这是最容易被理解的维度，也是最常被批评的点。在童中尊的理解中，佛教无我说否定了“作者”和“受果者”之间的同一性。由此，隶属于“作者”的“善等业”和隶属于“受果者”的“果”所属主体不相同，各自独立存在。刹那生灭的“善等业”与“造业者”生起之后随即灭坏，无有痕迹，与后续的业果无关，所以有“所作散灭”；而“果”与“受果者”生起时，与前述的“善等业”与“作者”也无法产生联系，因为其“已然不在”，由此有“未作自至”。

童中尊此难旨在从佛教理论自身的矛盾出发来驳斥佛教的无我立场，他认为佛教无我论会导致有违常识的结论。例如，张三偷盗之后受到法律制裁，被关进监狱。若依无我论，“偷盗者张三”和“监狱犯人张三”是两个不同的个体，或者从刹那灭论的角度更为精确地说，“偷盗时刻的张三”和“监狱时刻的张三”是不同个体。偷盗行为属于“偷盗时刻的张三”，但他并没有受到惩处，由此有“所作散灭”；而关押惩戒属于“监狱时刻的张三”，然而这个人也并没有偷盗行为，由此有“未作自至”。

童中尊指出基于刹那灭论之无我说的一个弊病：将时间进行分裂式的理解，将事物的存在形态规限于分裂的时间视角中，由此撕裂了时间中人的连续性。这种撕裂不仅从理论上破坏了业因业果关系，同时也破坏了其他一切需要持续主体才能解释的精神现象。在对《摄》第9品第1颂的注释中，莲花戒就列举了诸多现象，它们是论敌用来反驳佛教无我论时的常用例证：

> 若许一切所生物(vastu-jāta)均为刹那灭无常也即刹那灭物之无常性所毁尽、摧灭，何由业因业果等得以确立，为世间、经论所周知？[颂中]“等”指证得因果之量(pramāṇa)，[如]，(1)因觉受而有识别(pratyabhijñāna)①，(2)因见一物而希求另一物，(3)因系缚而有解脱，(4)[因经受而有]记忆，(5)前有疑虑后有决定，(6)自己安置(nihita)[某物]再又寻找，(7)睹物后则稀奇心止……邪见恶慧者虚妄计执众多此类问难，囊括其中。(《摄·疏》475)

上述七种精神现象是弥曼差派、正理派等婆罗门教哲学家认为可以作为自我存在之佐证的重要案例，当然也可以作为无我说之反例。他们

① pratyabhijñāna相当于英文单词recognition，清水公庸(1983: 5)译为“再認する”“再認知”。宋立道、舒晓炜(参见舍尔巴茨基，2019: 108)将之翻译成“识别”，指的是人在见过某物之后，重见时认出此物，古译为“更知”。现代汉语语言一般把recognition译为“认识”或者“认出”，前者有太多不同用法，容易引起歧义，后者为动词，不太适合用来翻译作为名词的pratyabhijñāna；日译用“再认知”，虽不精确，勉强可用。为求论文文义简约通顺，本文使用宋立道等的翻译“识别”。

认为这种跨时间的精神现象之所以有因果关系，在于其背后有一个持续存在的实体自我作为支撑。上述引文主张，若刹那灭，则我们无法通过“量”或者说无法通过经验观察之“现量”来认知因果律。包括寂护在内的诸多佛教论师都认同，认知对象的存在本身应当被看作是现量生起的原因之一。论敌认为，若认知对象刹那生灭，持续不超过一刹那，那就无法作为现量生起的因。由此，对认知对象的现观就无法生起。此外，对因果关系的“识别”更是需要同一认知主体首先了知作为因的事物，然后了知作为果的事物，并将前后两个认知作关联理解。

案例(1)(2)(4)(5)(6)(7)的论证逻辑如下：欲望、期许、记忆与识别等精神现象均涉及发生于不同刹那的两个事件。“记忆”仅发生在某人早期经历某事后续又忆念其经历时。同样，“识别”也发生在某人前期了知某物，后时再次认出该物时。“欲望”和“期许”的发生机制略有不同，例如，某人有过吃橘子的经历，当他在未来某个时间点接触到与橘子有关的某事物时——如看到一段橘子的视频——会生起对橘子的食欲。这个过程涉及记忆、欲望、期许等等。论文主张，这些心理现象需要一个在时间中持续存在的主体，为时间线不同点位上的事件提供一个统一的支撑。若佛教无我论为真，那这些精神现象都无法解释。其中(1)(2)(4)最早为正理派所倡，弥曼差派沙跋罗和童中尊等则提供了进一步的详细论证，他们将这些现象视为自我存在的“表相”。案例(3)涉及无我说下的解脱论议题：当我们谈及某人获得解脱时，已经暗示了其曾经是处于烦恼系缚的状态，或者说，前时处于烦恼系缚状态和后时获得解脱者必须是同一个人。否则，由系缚到解脱的说法就没有意义了。然而，依无我论，在时间维度里并没有持续不变的自我，那么，受系缚者与得解脱者是两个不同的主体，前者无法获得解脱，后者也没有过系缚状态。如此，人们为了得解脱而进行修行也就只是徒劳了。

刹那灭说使得佛教徒经常被理解为断灭论者、虚无主义者，所有对刹那灭说的驳斥都是基于这一理解。在业因业果论的领域，刹那灭说会导致主体在时间中的断裂，无法连续存在。由此，一切需要连续主体作为支撑的精神现象都将无法解释，基于造业受报的一切理论乃至伦理要求都将崩坏。

二、“自我”的存在与表象：六派哲学的论证路径

在《摄》第7品中，寂护讨论了各派哲学家们不同的“我论”，其中正理派的观点被总结如下：

> [大意：]他宗[，即正理论师，]复谓：自我为欲等所依(samāśraya)；其性(rūpa)本来非知(cit)；然[众人]许其为恒有、遍有；为善行恶行之作者，业果之受者。因其关联于思(cetanā)，故有思觉性(cetana)，然此非其本性。说为识(jñāna)、勤勇(yatna)之作者(kartṛtva)，为苦、乐思维集起之受者。①

这段引文包含下列观点：首先，正理派哲学家认为存在一个恒常普遍的自我；其次，自我为独立之实存物，区别于心识；再次，自我不仅为“善行恶行之作者，业果之受者”，亦“为识、勤勇之作者，为苦、乐思

① 《摄》171-173: anye punar ihātmānam icchādīnāṃ samāśrayam | svato 'cidrūpam icchanti nityaṃ sarvagataṃ tathā || śubhāśubhānāṃ kartāraṃ karmaṇāṃ tatphalasya ca | bhoktāraṃ cetanā yogāc cetanaṃ na svarūpataḥ || jñānayatnādisambandhaḥ kartṛtvaṃ tasya bhaṇyate | sukhaduḥkhādisaṃvittisamavāyas tu bhoktṛtā ||英译Jha,1986: 139。

维集起之受者”。寂护的这段表述最早见于乔达摩的《正理经》，在其中乔达摩宣称：“我[存在]的标志(liṅga)是欲(icchā)、瞋(dveṣa)、勤勇(prayatna)、乐(sukha)、苦(duḥkha)及认识作用(jñānānya)。”[①]筏差衍那和乌底耶塔加罗系统性地解释了何以这些人类活动能够被看作是自我存在的标志。以“人产生吃浆果的欲望”这一人类活动为例：某人曾经体验到吃浆果的愉悦感；对于这一有关浆果的愉快经历形成认知并成为记忆；在未来的某一天，当他再见到浆果，他会回忆起从前的愉悦经历并认出——或者“识别”到——浆果；基于已有的愉快回忆，他产生对浆果的食欲。这一过程包括几个步骤：关于愉快经历的认知产生→记忆形成→识别发生→欲望生起。婆罗门教六派哲学家认为，这一系列步骤之所以能够相继发生，是因为有一个恒常的自我存在以支撑这些思维活动，由此，经历、记忆和最后的欲望才属于同一个主体。

弥曼差派对此有更详尽精细的论证。沙跋罗认为“正是从欲望中，自我才得以被窥见”[②]。他宣称，欲望的生起需要双重的同一：主体的同一和客体的同一。

> [大意：]仅当所欲(abhiprete)者为从前所见时，才有欲；若从前未见[某物]，则无[对彼之欲]。即如，若我等去往梅鲁山北，从前未曾尝得此美味花树浆果，则我等对彼[浆果]无欲(icchā)。若某对境(viṣaya)仅为他人所见，此人未曾得见，则[此人对其]无欲。他日得见[此浆果]，将来之日才有欲。由此可知，其[欲者]与见

① 《正理经》60, 7(v.1.1.10)：icchādveṣaprayatnasukhaduḥkhajñānānyātmano liṅgam || 翻译来自姚卫群，2003: 65。

② 《沙跋罗疏》1.1.5: icchayā ātmānam upalabhāmahe ||英译Jha, 1933, vol 1: 28。

者必为同一行为者(kartṛ)。①

沙跋罗表示，欲望的生成机制关涉一个在时间中保持同一的主体和一个维持不变的客体。他以一种稀有水果为例说明，若某人从未见过某种事物，则不会对它产生欲望，因为他无法知晓其存在；他人见过某物而此人未见，则此人对此物无欲；曾经见过某物的人和随后对此物生起欲望的应该是同一主体。

从现代科学的角度来看，以欲望这种现象来证明主体同一似乎有些弱，因为很多时候欲望的生起可能并不需要前期经历。欲望更像是进化过程中形成的机体本能，埋藏在潜意识甚至更深处，常常绕过意识直接起作用，这点在食色之欲上表现得很明显。所以，本书将不对欲望的发生机制作更多讨论。但是，沙跋罗的这一段阐述对本书仍然有意义，因为其对欲望的描述其实关涉的是记忆的问题。据童中尊所释，沙跋罗之所以提出欲望这一话题作为自我存在的证明，是因为欲望的生成机制涉及记忆的问题，记忆的生起要求一个持续不变的主体。②

《摄·疏》494中，莲花戒记载佛教对上述责难有如下回应："识别"的发生是基于相似性。比如，我们一次又一次剪头发、指甲，但总是

---

① 《沙跋罗疏》1.1.5：upalabdhapūrve hy abhiprete bhavati icchā, na anupalabdhapūrve | yathā merum uttareṇa yāny asmaj jātīyair anupalabdhapūrvāṇi svādūni vṛkṣaphalāni, na tāni praty asmākam icchā bhavati | no khalv anyena puruṣeṇa upalabdhe 'pi viṣaye 'nyasya anupalabdhur icchā bhavati | bhavati ca anyedyur upalabdhe 'paredyur icchā | atas tena upalambhanena samānakartṛkā sā ity avagacchāmaḥ || 英译Jha, 1933, vol 1: 28。

② 《偈颂大疏》715, 5-8(Ātmavāda v.104-105): upalabdhimanāśritya smṛtyā eva icchā upajāyate | upalabdhisamāno 'syāḥ kartā na ekān tato bhavet || upalabdhyanusāreṇa smṛtyātmā punar iṣyate | samānas tena kartā asti tad arthaṃ punar ucyate ||欲仅起于[关于所欲之物的]记忆，而非[直接]依于知见 (upalabdhi)。故而此[欲]与彼"知见"之作者未必同一。又，随顺(anusāra) 知见，自我才有记忆，由此，[记忆与"知见"]有同一作者。出于此因由，[《沙跋罗疏》]复说[记忆]。英译Jha, 1983a: 401。

会认为这些头发、指甲是“再生”的，依然将它们“识别”为我们的头发、指甲。这里，虽然严格来说新头发和旧头发间存在着质的差异，但是由于二者的相似性，我们认为它们是同样的。佛教这一“基于相似”的辩护策略有其合理性，因为在绝大部分的“识别”现象中，我们并不是重新认知从前见过的那个事物本身，而是与之相似或者属于同一类的事物。在上述关于浆果的例子中，主体也并不是认出“与所吃的浆果完全同一的浆果”，而是“我吃过的那一种水果”。换言之，识别并不要求有“同一”之客体，只需要“同类”之客体。因此，通过这一相似策略，沙跋罗“同一客体”之论点不成立。

然而，沙跋罗的另一“同一主体”论点依然是成立的，即需要有一个在时间相续中不变的认知主体存在，上述整个吃浆果到最后欲浆果的步骤才得以发生。寂护引用了论敌的一段批评，如下：

> 若事物刹那湮灭，则“识别”(pratyabhijñā) 难成，谓一人所见之物不能为他人所“识别”。若知者实为同一，[实际]相异之毛发等可因[表面]相似而有“识别”，然若[见者、所见者]双重差别(dvibheda)，则[识别]无凭依处(anibandhana)。(《摄》493-494)

前文“双重同一”指的是，识别的发生需要主体和客体均相续，某一特定主体于过去认知某物，同一主体当下再次认知此物。而此文中“双重差异”则完全相反，指的是主体与客体都不同，故而识别不可能发生。

在这里，论敌退让了一步，认为客体只要具有相似性就可以被识别，但是我们依然需要一个同一主体来完成整个的“识别”过程。若如佛教宣称之无我，那就没有一个在时间中持续存在之主体来完成这一识别进程。换言之，佛教所持无我教法与此处所需要的同一主体之间存在矛盾，佛教哲学家需要对此作出回应。

总而言之，以正理派和弥曼差派为代表的婆罗门教六派哲学家认为，在“识别”的过程中，需要一个在时间中持续存在的主体。具体而言，“识别”涉及下列三个思维现象：记忆、对众感官的统摄以及自知。以上述吃浆果事件为例，在形成对浆果的“识别”过程中，主体会“忆起曾经吃过的浆果”，并且“知道是‘自己’吃过浆果且是同一个‘自己’现在又想吃浆果”。而且，在吃浆果时，浆果的美味、香味、球状外形等统一起来，共同形成主体关于浆果的观念。印度婆罗门教六派哲学家认为这三个现象能够证明自我的存在。出于论述的方便，这三个论证在下文被称为记忆证明说、主体统合说以及自知证明说。

三、正理派、弥曼差派之记忆证明说

对记忆证明说的直观表达最早见于《正理经》：“作为我之德(guṇa)，[记忆]实存，故汝不可破我论。”①这句话的意思是，记忆是自我的性质或特征，因为记忆是可见的、实际存在的，所以自我之存在不可以被破斥。筏差衍那和乌底耶塔加罗对此有进一步论证，分别见于《正理释论》和《正理大疏》的相关经文注释。乌底耶塔加罗的论证大意如下：记忆并不直接从所记忆之物产出。在原初识产生和后续回忆生起的这个时间空当里，它必须要被贮存在某处。这个贮存物不能是感官，因为感官是无常可变物，且原初识的产生并不只依赖感官；贮存物不能是所忆念之物，因为在记忆生起时，该物通常已经消失不见

① 《正理经》341, 5(v.3.1.14)：tadātmaguṇasadbhāvād apratiṣedhaḥ | 此版本中sadbhāvād误写作sabhdāvād。Jha, 1983b, vol 3: 75。

了；贮存物也不能是身体，因为身体的属性都是可见的，并未见到记忆的贮存处。因此，它只能贮存在一个持续不变的灵魂中，否则我们就无法解释整个记忆流程。①总而言之，记忆的存在标志着自我或者灵魂的存在。

前述吃浆果的案例有助于我们理解此论证。记忆是识别浆果过程中一个核心步骤，要想实现对某物的识别，首先需要记忆来呈现过去所形成的认知内容。所以，问题在于：记忆如何产生？具体而言，在原初识和后续记忆之间的空档期中，发生了些什么？我们的经历如何在时间中存续直到在记忆中被重新呈现？哲学家们认为记忆并不是过去所产生的原初识的“再现”，而是一个以原初识为资源的新认知的产生。②即便如此，他们还是需要解释，为什么过去产生的原初识能够持续到当下，成为产生新认知的材料因。六派哲学家对此的回应就是：识被储存在自我之中。正因如此，记忆现象的存在可以被看作是自我存在的标志，这就是所谓的记忆证明说。这一论证的逻辑非常直观：需要一个持续存在的贮存器皿，支撑原初识度过时间的空当，直到人们重新提取这一认知，发起“回忆”这一动作，记忆才得以呈现。仅当产生原初识的那个主体和产生记忆的主体是同一个人时，这一过程才有可能发生。“[记忆]仅存于内我（pratyag-ātman）中，非他处……由此，除此[识]外另有他物，‘我’（ahaṃ）之用语正是此物。”③沙跋罗之所以认为识之外的“他物”是自我，是由于记忆只有被贮存于这样一个永恒存在物中，才能够将过去识携带的信息传递到当下，并在后续的时间中呈现。

---

① 参见《正理大疏》341-342(v.3.1.14)。Jha, 1983b, vol 3: 75-80。

② 对记忆的讨论，参见Yao, 2008: 219–234。

③ 《沙跋罗疏》1.1.5：pratyagātmani ca etad bhavati, na paratra | … tasmāt tadvyatirikto ’nyo ’sti, yatra ayam ahaṃ śabdaḥ ||英译Jha, 1933: 28。

若依佛教之刹那灭无我论，人作为事物的一种，才生即灭，并不能在时间中持续存在，就无法作为贮存物在时间之流中保存记忆。昨日见物之人和今日忆起该物之人严格来说并不是同一的，这就违背了“经历者即是忆念者”这一常识。正如沙跋罗所言：

> [大意：]“无有[对某物之]记忆而欲求之”——此说不成；若从前未曾见[某物]，亦无[对此之]回忆。是故，若仅有识蕴(vijñāna-skandha)刹那生灭，则记忆不成……仅当某人曾见[某物]，其于后时才有“我曾见此”之认知(pratyaya)。①

简而言之，仅当过去见物之人和今日忆物之人为同一主体时，记忆才可能发生。寂护可能会提出进一步的论点：无我论不只否认时间维度上永恒自我或者持续自我的存在，而且否认在识之外有一个独立的主体存在，不管其是否在时间中持续。换言之，认知主体完全不存在，存在的只有认识。所谓的认知主体和认知对象之分实际上只是虚妄分别，认知主体并不真实存在。存在的只有携带着不同信息的识，生灭起伏。

婆罗门教六派哲学家对此也不能认同，如沙跋罗所叙：

> [大意：]若所见仅有识(vijñāna)，其[无常，]已灭，后时怎有欲起？复次，若识之外另有恒存识体(vijñātā)，则将许此见者与后时

① 《沙跋罗疏》1.1.5：na hy ‘asmartāra icchanti’ ity upapadyate | na ca adṛṣṭapūrve smṛtir bhavati | tasmāt kṣaṇike vijñānaskandhamātre smṛtir anupapannā iti | … anyedyur dṛṣṭe ’paredyur ‘aham idam adarśam’ iti bhavati pratyayaḥ || 英译Jha, 1933: 28。

> 欲者同一。若非如此，欲将不成。①

这段话虽然在讨论欲的问题，然其逻辑依然适用于记忆。沙跋罗的观点是，即便拒绝承认主体的存在，佛教依然要面临同一个问题。根据刹那灭理论，一旦识生起，便瞬间进入毁灭，不作丝毫逗留，也无痕迹遗留。这使得原初经历与后续记忆之间的联系更加难以成立。沙跋罗认为，没有恒常自我的支撑作用，识就像一堆乌合之众，散乱无系，彼此毫无关联。这种情况下，记忆或者欲望应该永不生起，因为原初识才生即灭，无法跨过时间的鸿沟。

四、正理派之主体统合说

于"识别"这一议题上，正理派尤为重视感觉器官——眼、耳、鼻、舌、身、意六根——所发挥的作用。他们认为不同感官所形成的感知由同一主体统合为"我的"感知，而这个主体，就是"自我"(ātman)。自我起到了"主体统合"的作用。

乌底耶塔加罗主张，实现对某物的识别需要"三重同一"：认知主体同一，认知对象同一，感官同一。

> [大意：]此[识别]及记忆均[与从前之认知]有同一对境(viṣaya)，由此可成立(pratipādayanti)，[此识别与从前认知亦有]同

① 《沙跋罗疏》1.1.5：yadi vijñānamātram eva idam upalambhakam abhaviṣyat, pradhvaste tasmin kasya aparedyur icchā abhaviṣyat | atha vijñānād anyo vijñātā nityas, tata ekasmin ahani ya upalabdhā, aparedyur api sa eva eṣiṣyati | itarathā icchā anupapannā syāt | 英译 Jha, 1933: 28。

> 一作者(kartṛkatva)。若作者(kartṛka)相异，对境(viṣaya)相异，根机(nimitta)[①]相异，则无有众认知(pratyaya)之统合(pratisandhāna)[②]。
>
> [若对境异，]则无有色、味、香、触之认知的统合(pratisandhīyante)，无有"此触为我所见色"。[若根机异，]无有"'其见(paśyāmi)色者'为'其感知(aspārkṣa)触觉(sparśa)者'"。亦无有"天授(Devadatta)所见之对象由祠授(Yajñadatta)之统合所见"[，此中作者相异故]。[③]

文本中之"根机"(nimitta)指的是不同的感觉器官。对乌底耶塔加罗而言，认知有其认知主体、认知对象和感官。以见浆果→认出浆果的过程为例，主体是两次"见"的执行者，对象是前后两次的浆果，而涉及的感官则是"见"的工具，即眼睛。先有某主体通过某一感官感知到某对象，随后同一主体通过同一感官再次感知到此对象，才有"识别"的发生。其中，感官对象是需要保持同一的：如果主体过去仅通过触觉摸到过浆果的表皮，当下不可能仅通过视觉或嗅觉等其他感官

① 原意为动因、动力因，此处指的是眼、耳、鼻、舌、身、意六根；为求上下文流畅，此处参考内藤昭文(1985:13)，译为"根机"。

② Jha(1983b, vol 1:220)将pratisandhāna翻译成recognition，将prati+saṃ+√dhī词根派生的动词翻译成recognize或者recall，有过度翻译的意味。prati+saṃ+√dhī词根有"和合、连接、接续"等含义，在此语境中指的是"自我"将众认知，统合为"我的认知"的过程，因此笔者将之翻译成"统合"。Matthew Kapstein(2001: 148)将之翻译成synthetic cohesion，更符合原意。然而，统合作用发生之时，的确意味着识别的生起——自我对从前各感觉器官所引生之识进行统一的识别，所以Jha翻译成recognize、recall也有其逻辑上的合理性。这也是内藤昭文(1985: 13)在翻译中使用"結びつけること"(连接)，同时在括号中标记"想起"一词的因由了。

③《正理大疏》60, 14-19(v.1.1.10)：yasmād ete smṛtyā saha ekaviṣayā bhavanti, tasmāt ekakartṛkatvaṃ pratipādayanti | na hi nānākartṛkāṇāṃ nānāviṣayāṇāṃ nānānimittānāṃ ca pratyayānāṃ pratisandhānam asti | na hi rūparasagandhasparśapratyayāḥ pratisandhīyante | na hi bhavati yad rūpamadrākṣaṃ so 'yaṃ sparśa iti | na api bhavati yat sparśam aspārkṣaṃ tad rūpa paśyāmi iti | na api devadatta dṛṣṭe 'rthe yajñadattasya pratisandhānaṃ dṛṣṭam | 翻译参考 Jha, 1983b, vol 1: 220。

“识别”它。

然而，我们确实有“我正在触及我所见到的事物”“昨天吃到了好吃的浆果，今天看到浆果照片就流口水了”等经验。也即，虽然感官之间并不能直接互通，但是有某种力量将不同感官所形成的感知统合到了一起。正理派主张，行使这种统合作用的是一种独立存在的实体，也即“自我”。对这一统合，《正理经》中即有论及，筏差衍那和乌底耶塔加罗则在对此经的注释中有更详细的解释：

[大意：]谓同一事物为视觉、触觉所摄受故[，可证明“自我”存在]。[——乔达摩][1]

[大意：]为视觉所摄受(gṛhīta)者亦为触觉所摄受(gṛhyate)。——“我眼所见者亦为我触觉所触知。我触觉所触知者亦为我眼所见。”此二认知被统合(pratisandhīyete)为有同一对境、同一作者；此二认知并非以聚合(saṅghāta)为作者，亦非以[眼、身等]根(indriya)为单一作者。此[二认知]，经眼、皮肤根[二者]摄受同一对象而成，此[二认知虽]根机(nimitta)相异，[但]另有作者(kartṛka)统合(pratisandadhāti)[此二者为]对同一对境之认知。此[作者]为自我(ātman)，与[聚合、眼、皮肤根等]为全然不同之物。[——筏差衍那][2]

---

① 《正理经》319, 3(v.3.1.1)：darśanasparśanābhyām ekārthagrahaṇāt | 英译Jha, 1983b, vol 3: 26。

② 《正理经释》710-711(v.3.1.1): darśanena kaścid artho gṛhītaḥ sparśanena api so ’rtho gṛhyate — yam aham adrākṣaṃ cakṣuṣā taṃ sparśanena api spṛśāmi iti, yaṃ ca aspārkṣaṃ sparśanena taṃ cakṣuṣā paśyāmi iti | ekaviṣayau ca imau pratyayāv ekakartṛkau pratisandhīyete, ca imau pratyayāv na ca saṅghātakartṛkau, na indriyeṇa ekakartṛkau | tad yo ’sau cakṣuṣā tvagindriyeṇa ca ekārthasya grahītā bhinnanimittāv anyakartṛkau pratyayau samānaviṣayau pratisandadhāti so ’rthāntarabhūta ātmā || 英译Jha, 1983b, vol 3: 26。

> [大意:《正理经》3.1.1颂中]“视觉”(darśana)一词指由此而见者,也即眼(cakṣu)。“触觉”(sparśana)指由此而触知者,借此我可触知对象,即所言之皮肤根(tvag-indriya)。经视觉而见物,可通过触觉而识别(pratyabhijānāti)。“我所见者即为我所触知者”“我所触知者即为我所见者”之说统合了对同一对境的两种认知。所谓“统合”,[指的是]经由记忆,具有同一对境[之认知得以统一]。[——乌底耶塔加罗][①]

上引之经文及两处注疏对“主体统合”的发生机制进行了阐释:面对同一认知对象,不同的感觉器官——眼睛、皮肤等——作为不同的根机,会形成不同的认知——视觉认知、触觉认知等。所谓的“统合”,指的是这些视觉、触觉认知,在产生之后都会被赋予主体性,成为“我的”认知。也即,不同感官对同一对象的认识合而为一,形成对该事物的单一整体印象。这种统合作用之所以发生,是因为另有独立存在之作者,也即“自我”。其逻辑关系如下图所示:

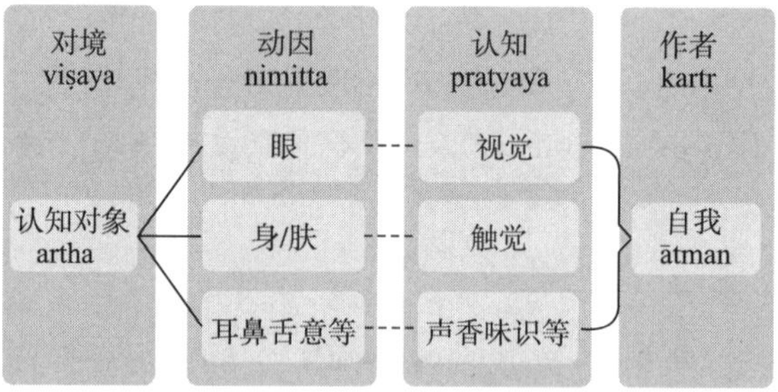

① 《正理大疏》328, 4-7(v.3.1.1): dṛśyate ’nena iti darśanaṃ cakṣuḥ | spṛśaty anena ātmā spraṣṭavyam artham iti sparśanaṃ tvag-indriyam ucyate | darśanena dṛṣṭam arthaṃ sparśanena pratyabhijānāti yam aham adrākṣaṃ tuṃ spṛśāmi yam asprākṣaṃ tuṃ paśyāmi iti ekaviṣayāv etau pratyayau pratisandhīyete | pratisandhānaṃ ca nāma smṛtyā saha ekaviṣayatvam || 英译Jha, 1983b, vol 3: 27。

这种将之命名为“我的”的过程，是认知进入记忆，后续产生识别、生起其他一切相关“我的”精神现象的基础。如果没有统合作用，那么诸认知就只是一堆散乱的心识，无所依凭，互不相关。为了说明这一问题，正理派使用了一个“舞姬蹙眉”的喻例，寂护在《摄》第7品中引用其论证如下：

> [大意：]一切色等之认知（pratyaya）中，应有一个（eka）及多个（aneka）动因（nimitta）①，[此众认知均被]统合（pratisandhāna）为“由我”所认知故。正如舞姬蹙眉时众[观众之]认知，不然，无有根基（anibandhanam），统合不生。②

据莲花戒对此二颂的阐释，上述颂文中“色等之认知”指的是对色、声、味、香、触等的认知。“有一个且多个动因”的意思包括下面两层：一方面，由于这些认知由不同感官造成，所以应有多个因，比如眼、耳、鼻、舌、身；另一方面，由于这些认知都被判定为“由我”所认知，所以同时应有单一之因，也即“自我”。

文中的案例“舞姬蹙眉”（nartakī-bhrū-latā-bhaṅge）来自印度传统中的一个习俗：舞姬在为观众表演舞蹈时，会在某一时刻蹙眉抛媚眼，观众就在此刻抛掷绫罗绸缎等高级布料作为礼物。在“舞姬蹙眉”的时刻，现场所有抛掷礼品的观众会同时生起“我看到了舞姬蹙眉抛媚眼”的认知，众多认知主体的认知和“舞姬蹙眉抛媚眼”这单一认知对象形成了多因与一因俱存的结构，或者说，众多认知主体的认知被

---

① 寂护此处之nimitta不仅指六根——所谓“多个”，还指认知对象——所谓“一个”。

② 《摄》180-181：rūpādipratyayāḥ sarve 'py ekānekanimittakāḥ | mayā iti pratyayena eṣāṃ pratisandhānabhāvataḥ || nartakī bhrūlatābhaṅge bahūnāṃ pratyayā iva | anyathā pratisandhānaṃ na jāyeta anibandhanam || 英译Jha, 1986: 141。

舞姬蹙眉这单一事物统合为一体。[①]正理派认为，当多种事物被统合为一时，这多种事物必然有某种共性，比如具有共同的所依。换言之，诸认知需要一个独立于认知之外的事物将它们联合起来，统合为一体。而执行这个统合功能的，就是“自我”（ātman）。

五、弥曼差派之自知证明说

除了时间上的存续和空间上的统合之外，弥曼差派还认为，“我”之存在可由自知现象得到证明：记忆、识别等精神活动涉及前后两次“自知”现象——以对浆果的记忆和识别为例：“过去吃过浆果的人是我”和“现在看见浆果的人是同一个我”。弥曼差派认为，这种自知是对“自我”的觉知，可以证明“自我”的存在。因为(1)每一个行动都对应一个行动者；(2)过去的认知者和后来的记忆者应该是同一个主体；(3)我们过去和现在都对自己的行为有自知，或者说，我们能够觉知到这个“自我”；(4)主体不能是身体、器官或者各部分之简单集聚。对于这一观点沙跋罗阐述如下：

> [大意：]我等并不利用此语词“我”[在语言中的使用来证成自我的存在]，于他事上，我等依因（hetutva）宣说（vyapadiśāma），虽则其用语离于“识别”（pratyabhijñā）、“认知”（pratyaya）。我等用此事[为证：]“他日为我等见此物，今日忆念此物者亦为我等。”由此，我等知此事：“昨日之我等即为今日之我等。”昨日已谢灭

① 对“舞姬蹙眉”的解释，参见莲花戒的对《摄》180-181的颂前注疏，英译Jha, 1986: 141。对此案例的讨论，还可参见Kapstein, 2001: 146-151。

(āmī) 者，今日不可再被灭坏(vinaṣṭa)。①

理解这一段落，我们需要区分两个概念："自知"（self-cognition）和"对'我'的认知"（the cognition of "I"）。"自知"指的是"前日为我等见此物"，也即认知发生时，能够觉知到自身的存在。"对'我'的认知"通常指的是通过感官直接认识或者推理间接认识到"自我"的存在。上文中沙跋罗所讨论的是"自我识别"（self-recognition），也即我们能够认知到"前日为我等见此物，今日忆念此物者亦为我等"。并且，沙跋罗将"自知"与"对'我'的认知"关联起来，认为前者的发生蕴含着后者的发生，因为昨日发生的认知将认知者认定为"我"，今日发生的识别又将认知者再一次认定为同一个"我"。从这一对自我的识别中，我们能够推断出自我的存在。

这一论证比较绕，下面我们用吃浆果的案例再梳理一遍。此处，这一案例应该重新表述如下：昨日我反思(或者自知到)到是我拥有吃浆果这一认知，今日我反思到是同一个我拥有对浆果的识别。换言之，当我在做某事时，我知道自己在做此事。并且，我还能知道过去是同一个我做过某事。因此，"自知"是自我存在的证明，因为它可以被看作是对"我"的认知。②

童中尊进一步宣称，这里的"我"指的就是永恒自我，因为这个"我"在时间的流变中保持同一，只有这种永恒自我才能够成为这个认知者和识别者：

---

① 《沙跋罗疏》1.1.5：na vayam "aham" iti imaṃ śabdaṃ prayujyamānam anyasmin arthe hetutvena vyapadiśāmaḥ, kiṃ tarhi śabdād vyatiriktaṃ pratyabhijñāpratyayam | prati imo hi vayam imam arthaṃ "vayam eva anyedyur upalabhāmahe, vayam eva adya smarāma" iti | tasmād vayam imam artham avagacchāmo "vayam eva hyo, vayam eva adya" iti | ye ca āmī hyo 'dya ca, na te vinaṣṭāḥ || 英译Jha, 1933: 29。

② 更多有关弥曼差派"自我识别"（self-recognition）之讨论，参见Taber, 1990。

[大意：]对其他对境(artha-viṣaya)之记忆、识别，或可由熏习(vāsanā)而来。对知者(jñātṛ)之识别(pratyabhijñā)却难[因熏习]成。“我知”之“我”(aham)指觉性(buddhi)，可证得有知者(jñātṛ)[存在]。此知者或为[佛教徒所言之]识(vijñāna)，或为能持(ādhāra)此[识]者——人我(pumān)。①

[大意：]若知者仅为刹那灭之识，则此时无有对从前知者(jñātṛ)的识别(pratyabhijñā)。从前有“我今有此知”，现在亦有“我知此”——今[于此“识别”]，安立(parikalpyatā)何等刹那识(jñāna-kṣaṇa)为其对境？②

此处，童中尊以佛教瑜伽行派为主要论辩对手。vāsanā这个概念主要为瑜伽行派所用，通常被翻译为“熏习”“习气”“系习”等。瑜伽行派持唯识无境说，认为只有识真实存在，外境不实有。他们将识分为八种，前五种为眼、耳、鼻、舌、身感官之识，第六识意识，第七识末那识，第八识为阿赖耶识。其中“阿赖耶识”逻辑上由“相续”这一概念发展而来，二者有诸多相似之处。阿赖耶识又称藏识，能含摄、保存一切其他识。也就是说，跟“相续”一样，它也指称诸多基本原子微粒的集合。

在上述引文中，童中尊先在理论上作出退让，承认一般性的记忆

① 《偈颂大疏》716, 7-8; 717, 1-2(Ātmavāda v.108-109): smaraṇapratyabhijñāne bhavetāṃ vāsanāvaśāt | anyā arthaviṣaye, jñātuḥ pratyabhijñā tu durlabhā || ahaṃ vedmi ity ahaṃ buddhir jñātāram adhigacchati | tatra syād jñātṛvijñānaṃ tadādhāro ’tha vā pumān ||英译Jha, 1983a: 402。

② 《偈颂大疏》719, 1-3(Ātmavāda v.115-116): yadi syād jñānamātraṃ ca kṣaṇikaṃ jñātṛ tatra vaḥ | na bhavet pratyabhijñānaṃ pūrva jñātari saṃprati || jñātavān aham eva idaṃ pura idānīṃ ca vedny aham | tasya jñānakṣaṇaḥ ko nu viṣayaḥ parikalpyatām || 英译Jha, 1983a: 403。

和识别可以在不预设自我存在的前提下成立，因为佛教的自证说和阿赖耶识熏习说可以解释这一点。佛教的理论是，行为动作发生之后，会留下习气，熏习成为业种子，贮存在阿赖耶识中，阿赖耶识由此发生转变，在因缘成熟时形成果报。原初的认知和后续的记忆是两个不同的识，但均有反身自知功能。在吃浆果的例子中，原初吃浆果的经历及由之产生的识是因，该因辗转生果，使阿赖耶识发生转变，条件成熟时，关于这一经历的记忆或者识别活动生起。由于前后之识皆可反身自知，因此这一认知过程并不涉及外物。

然而，童中尊表示，佛教阿赖耶识说无法解释一种特殊的“识别”现象，即“对认知行为的识别”。昨天是“我”在想“我在认知”；今天，还是“我”在想“我在对我昨天观察过的东西进行识别”。认知和识别都由同一个认知主体发出，而我能够认知到这个认知主体，认知主体变成了识别的对象。然后，童中尊发问，除了永恒自我之外，何种刹那生灭之识能够充作对境，作为认知和识别活动的对象？

接着，他对佛教的识刹那说提出批评，大意如下：如果只有刹那生灭的识存在，则过去的认知者和当下的识别者将会是不同的主体，那么“我识别出此物是过去曾见之物”这一说法就没有道理可言。

[大意：]于从前认识之对境，可说“我有此知”(jñātavān)；“[今]我知(jānāmi) 之”之说不存在，当下无对其之认知(vetti) 故。

若现在[有知者对“对境”]的摄受 (grāhya)，才生“[今]我知(jānāmi) 之”之说；然“我有此知(jñātavān)”之说不存在，已谢灭者(sīda) 不可知(ājñā) 故。

若[同时有]此二摄受 (grāhya)，则二[认知]均虚妄非实 (anṛta)，因其既非于过去[同时]知 (jñātavanta)，亦非于今时[同时]知

(jānīta)。[①]

这一论证看起来比较复杂,因其涉及两个层面的识:“我知之”之识和“我自知我知之”的自知。如果再加上时间的维度,那么就有四个层面的识:(1)对昨日之事的识别“我曾知之”;(2)对此识别的自我意识“我曾自知我知之”;(3)对当下之事的“我知之”;(4)自我意识“我自知我知之”。根据常识,对当下之事的“我知之”之“我”与对昨日之事的“我曾知之”之“我”,这两个“我”应当是同一个人。在上文中,童中尊认为,这一“我”不能是一个生灭无常的识,而应当是一个永恒之“自我”,因为无常之识瞬间湮灭,若两个“我”都只是无常之识,则二者不可能等同。换言之,对“曾经之认知”和“当下之识别”进行自我认知需要一个独立的、恒存的实体,而非某种无常法。因此,童中尊认为,“识别”过程中所需要的这种跨越时间的自知证明了“自我”的存在。

总而言之,从弥曼差派的观点来看,识别过程中产生的过去未来双重自知证明了永恒自我的存在。正是这一自我从过去延续至现在,作为认知和识别主体,使得认知和识别能够自知到自身的存在。

六、寂护:业因业果基于因果

为了回应论敌以上批评,寂护主张业因业果的成立并不需要背后

① 《偈颂大疏》719, 5-10(Ātmavāda v.117-119):pūrvavṛtte hi viṣaye jñātavān iti sambhavet | jānāmi iti na satyaṃ syān na idānīṃ vetty asau yataḥ || yadi idānīntano grāhyo jānāmi ity upapadyate | jñātavān ity ado ’satyaṃ na eva ājñā sīda yaṃ yataḥ || ubhayagrāhyatāyāṃ tu dvayam apy anṛtaṃ bhavet | na hy etau jñātavantau vā jānīto vā adhunā punaḥ || Jha,1983a: 403-404。

的统一支撑，只需要因果律存在即可。他以植物类比人来回应驳难，并捍卫佛教的无我论立场：

> 正如种子等，虽不与持续 (anvayi) 自我相应，有限定 (niyata) 芽等[生起]之力，其内在(adhyātmika) 安立如此。(《摄》502)

adhyātmika通常指涉相对于个体外部世界的内部世界相关事物，在印度传统语境中，与灵魂、精神、自我、自性等相关。但是，佛教徒并不认可恒常自我的存在，所以古译中被翻译成“自、内”等，是一种比较粗略的说法，指人的身体、意识、情绪等内在世界，对应于种子、芽等可见的外在物质世界。

通过这一类比，寂护试图说明主体内在意识世界的运行方式与外在物质世界相似。虽然争辩双方对自我存在与否这一问题存在歧见，但双方都认可器世界中的无情物没有自我，只是物质元素的复合体。他们也都认可从种到芽的不同植物阶段之间存在因果关系。在这一前提下，寂护主张人与植物一样，在其物质和精神组成部分之外，并无独立存在之自我，而不同时间点的“阶段人”之间——比如造业者和受果者——也可以有因果关系存在。换句话说，业因业果建基于因果关系之上，并不需要一个独立持续存在的自我作为支撑。正如苹果种子的生果力使得其一定结出苹果，业行的生果力也使得其一定会招感某种果报。因此，只要因果律存在，业因业果就可以无碍成立。

寂护不是第一个将外在物质世界与内在精神世界进行类比理解的论师。早在世亲的《大乘成业论》中，就记录了日出论者/经部师使用植物譬喻来辩护刹那灭说与无我论视域下的业报轮回理论，他们认为外在物质世界的法则与内在精神世界的法则是一致的：“如紫矿汁

(lāksāra-sarakta)染拘橼花(mātuluṅga-puṣpa)，相续转变至结果时，其瓤色赤，内(ādhyātmika)法熏习(bhāvanā)应知亦尔。"[①]通过干扰性的变量来观察因果是人类常见的一种确证因果关系的方式，此文的植物实验使用的就是这种思路：紫矿是一种豆科乔木植物，其树皮和花都可榨出红色汁液，可做染料。枸橼是一种常绿的灌木，花色比较浅，里层白色外层紫色。用红色紫矿汁涂染白色枸橼花之后，后期结出的枸橼果就会呈现出红色的内瓤。枸橼果树并无自我，然而其生长不离因果法则，在新的变量加入之后，整体相续发生转变，到生果的时间点，就会产生区别于寻常状态的一个结果：红色内瓤的果实。世亲和寂护都认为，精神世界的熏习过程与植物的这种因果进程相类似，在植物生长的过程中，"并无任何细小幽微之实我(ātmaka)随行(anugama)"(《摄》506)，精神世界的运动也无需自我作为支撑，业行产生之后，人的身心相继发生转变，最后在某个时间点产生果报。

论敌对此有异见，他们认为在植物生长的过程中，可能并没有一个持续不变的自我，但是有某种其他的"续流"(anvaya)。比如，乌底耶塔加罗认为，在植物中，物质元素是持续存在的，植物生长中所发生的改变在于元素的构成方式：

> [大意：]芽之因并非为"种灭"，[情况]却是：[组成]种子的成分(avayava)以某种构造(vyūha)集合。当其前在构造谢灭，后来之构造生起。由此后来之构造，芽方得显现(āvirbhavati)。[②]

---

① 《大正藏》第31册，第783页。

② 《正理大疏》431, 7-10(v. 4.1.17)：na bījanāśo 'ṅkurasya kāraṇam api tu vyāhatavyūhānāṃ bījāvayavānāṃ pūrvavyūhanivṛttau vyūhāntaram utpadyata iti vyūhāntarād aṅkura āvirbhavati iti | 英译Jha, 1983b, vol 4: 26。Jha的翻译与Thakur的梵本有出入， (转下页)

这一论证或可看作是论敌对其永恒本质说的某种退让。乌底耶塔加罗主张，在从种到芽的植物发展进程中，土、水等物质成分保持不变，只是基本元素的排布、构造方式发生变化。由此，事物内部的质料始终如一，仅外在形式发生更替，植物内部实现了某种持续性。在不断变迁的表象之下，事物的质料承担了维持同一性的功能，将时间线上不同形态的事物联系起来。乌底耶塔加罗还借用佛教牛奶、奶酪的案例，来说明这种同一性："非乳（kṣīra）谢灭，亦非乳酪（dadhi）生起；而有实（dravya）之持存（avasthita），前法谢灭，后法生起。说此为一。"①

据筏差衍那《正理经释》记载，这一观点最早源于数论派，正理派认同此说，且乔达摩还在《正理经》中引用以驳斥佛教徒的立场。在因果论上，数论派以因中有果论（sat-kārya-vāda）而闻名，主张果一直潜在于因之中，在生果作用发生之前就已经存在。比如，陶罐潜存于陶土中，乳酪潜存于乳汁中。乌底耶塔加罗则对这种潜存的方式进行了阐述，认为物质质料提前潜存，新事物的形式则是后生的。

与正理派相似，弥曼差派也试图对事物之不变本体和流变表象作出解释。童中尊认为，人在时间线上，部分属性保持不变，也有部分属性不断演变：

> [大意：]是故，由[全然断灭及全然恒存]二者之舍除，人应持[此义：]自性之[部分]退灭（vyāvṛtti），[部分]持续（anugama），如环状[、条状]等[不同形态]中之蛇(sarpa)。

（接上页）这段话在Thakur的梵本中标记为4.1.16，在Jha的翻译中标记为4.1.17。通过阅读比对，应该是Thakur的梵本有误，将第16和17混在一起，并且遗失了第17颂疏文的大部分。《摄·疏》中，莲花戒在第506颂中引述了正理派这个说法。

① 《正理大疏》393，14-15(v. 3.2.15)：na evaṃ kṣīraṃ vinaśyati na api dadhyutpadyate | api tv avasthitasya dravyasya pūrvadharmanivṛttau dharmāntaram utpadyata ity eke varṇayanti || 英译Jha, 1983b, vol 3: 258。

作者、受者[等角色]亦非依止于[人之]“分位”(avasthā)①,[而依止于]此二分位中之真实(tattva),是故,总由作者得享(āpnoti)其果。

且,于新分位生起时,前[分位]并未究竟灭坏,而是随顺新[分位],隐没(līyate)于共有(sāmānya)之自我(ātman)中。②

于童中尊而言,人在时间中既非全然断灭,亦非整体性地维持不变,而是有所持续,有所舍弃。持续的部分即恒常不变的本体,而舍弃的部分则是表面的属性,比如颜色、形状、大小等等。童中尊使用蛇喻来阐释这一问题:蛇或卷或直,其形态虽异,作为蛇的体性却未发生变化。蛇之为蛇,在于其有蛇之体性,这一点就是变动表象下的同一性所在。

童中尊的蛇喻和上文乌底耶塔加罗的物质质料构造说略有差别,乌底耶塔加罗理论中事物之不变性体现在物质元素的前后一致,而童中尊则设立了一个恒常不变的体性或者本质,是精神性的形而上的存在。对童中尊来说,蛇也好,人也罢,其中持存不变的部分是自我(ātman),是本质。正是由于这种本质的同一性,今日之我和明日之我,其实是同一个人的不同“分位”(avasthā)而已。avasthā,有“状态、场合、居、所住、住其间”等含义,在本文的语境中指的是流变中的个体在某

① avasthā由前缀ava与√sthā组合而来,这一词根组合有“安住、静止、固定”的意思。丁福保《佛学大辞典》(1984: 365.1)解释,分位指的是“时分与地位”,即事物发生变化之时分与地位。比如,波浪为水的“鼓动分位”,水鼓动时则呈现为波浪的状态。因此,分位的呈现是一种假立,依事物自身而立,“无别体性”。

② 《偈颂大疏》695, 7-10; 696, 1-2(Ātmavāda v. 28-30): tasmād ubhayahānena vyāvṛttyanugamātmakaḥ | puruṣo 'bhyupagantavyaḥ kuṇḍalādiṣu sarpavat || na ca kartṛtvabhoktṛtve puṃso 'vasthāsamāśrite | tena avasthāv atas tattva karttā eva āpnoti tatphalam || na ca avasthāntarotpāde pūrva atyantaṃ vinaśyati | uttara anuguṇatvāt tu sāmānyātmani līyate || 英译Jha, 1983a: 387。

个时间点上的状态。如果把时间看作是一条横坐标，世间事物坐落在这个时间坐标上，那么当我们截取其中一点，做一个时间切片，所得到的就是“分位”，一种即时的阶段性状态。

童中尊认为，“作者”“受者”的区别只是表面的角色变化，是“分位”的差别。这些角色根植于同一个不变之主体，由其主体之同一性，可以认为是同一人先造业后受果。并且，童中尊还认为，“分位”生起之后，并非全然灭坏，而是有所留存，并且随顺新的分位，最后隐没于自我中。在这个过程中，自我维持不变，新的“分位”不断生起，属性时时更新。

寂护对此提出批评，他认为，若自我是恒常不变的，那就应该在时间线上维持完全的同一；只要发生了变化，不管多么微小，都意味着恒常性被打破，新事物产生。在回应乌底耶塔加罗植物质料不变、仅构造变化的论辩时，寂护表示：

> 若于种、芽、藤等中，地大等无异，则[种、芽、藤等之]差别不应理，因其同一性故。如是则“非持续”(niranvaya) 可证。(《摄》507)

寂护的意思是，如果种、芽、藤等同一，则其所有属性——包括其组成元素的排布或者构造——均应保持不变。若有任何差别，那么同一性就不能成立。因此，由其外表及名称的差别可见，他们之间没有同一性，也不存在有任何持续存在的事物。这一驳难同样适用于上文童中尊的蛇喻：本体不变、相状变化这种事情不能成立，只要发生变化，就是新事物的诞生，同一性即遭破坏。

寂护关于变化的观点与其刹那灭论立场是相一致的。《摄》第8品对恒存之物的讨论中，寂护花了大量篇幅证明事物无法恒存以及事物无法存在超过一刹那的时间。[①]一切事物均刹那灭，一切现存之物都是新生之物。

简言之，针对论敌“所作散灭、未作自至”难，寂护以植物为喻，主张业因业果之成立并不需要恒常自我的存在，而只需因果律成立即可。针对论敌“事物部分不变、部分变化”或者“事物本体不变、相状变化”等让步回救观点，寂护则以刹那灭论回应，主张任何细微的改变都会破坏同一性，这种事物之间的区别实际上应该被理解为旧事物的谢灭和新事物的生起。于寂护而言，持续不变的本体并非业因业果成立的必要条件，只要因果律成立，记忆、识别等精神现象即可无碍存在。

结语

本章梳理了正理派、弥曼差派等有我论者对佛教无我论的批评，并对他们论证有我说的思路进行了分析，最后介绍了寂护捍卫无我论的思路：内法亦如外法，业因业果的成立基于因果律的成立。

寂护对“无我而有业因业果”和“刹那灭而有因果”这两个问题的探讨，是在回应婆罗门六派哲学对佛教的批评中展开的，旨在护持己教，平息议论。六派哲学家们的主要批评是：若无我，在时间上没有一个保持同一的主体，则有“所作散灭、未作自至”之失——“作者”与所作之业散灭而无有后报；“受果者”无端受果，果报“未作自至”。六派哲学家们认为，佛教的这种主张会导致欲望、期许、识别等精神现象无法成立，因为其缺少背后的同一支撑。这些活动是自我存在的表象。

以识别活动为例，其涉及下列三个思维现象：记忆、对众感官的统

---

① 参见本书第二章第三节。

摄以及自知，相应地，六派哲学家以记忆证明说、主体统合说以及自知证明说三个论证来证明自我的存在。记忆证明说为正理派和弥曼差派共同倡导，主张我们需要一个承载者来存储记忆，这样人才能够在随后的时间里调取这一记忆，产生回忆。主体统合说为乌底耶塔加罗所提出，认为不同感官所形成的感知由同一主体统合为“我的”感知，而这个主体，就是“自我”。弥曼差派的自知证明说认为识别现象中涉及自知，而自知需要自我存在才能发生。在“识别”中，我们知道过去是“我”见某物，现在依然是同一个“我”见此物。这两个“我”不可能指代除了永恒自我之外的其他存在。总之，自我的存在使得识别等精神活动成为可能，因为这些精神活动的发生需要一个承载者，而这个承载者就是永恒自我。正是这个永恒、不变的自我储存住记忆。自我的存在作为一个基础，是其他精神现象发生的必要条件。

作为对论敌之批评的回应，寂护主张业因业果的成立并不需要背后的统一支撑，只需要因果律存在即可。他以植物类比人，认为内法（人的身体、意识、情绪等内在世界）对应于外法（种子、芽等可见的外在物质世界）。正如植物生长过程中没有自我，只有种子、芽、植株等不同阶段间的因果关系，人也不需要一个恒常存在的自我，记忆、识别等内在世界的精神现象也可以通过不同阶段间的因果关系而成立。

第四章
"作用"与"无作用":因果关系本质之争

寂护主张业因业果的成立建基于因果律的成立之上,所以,于佛教立场上证成因果律就成了他的重要任务:"是故,若要证明业因业果等存在与否,他人应致力证明因果律之存在[与否],足矣。"(《摄》508)也正因如此,寂护在《摄》第9品中,对"刹那灭而有因果"这一议题所倾注的笔墨远远高于"无我而有业因业果"。

然而,在因果律问题上,婆罗门教六派哲学家和佛教的观点又有着很大的分歧。六派哲学家以"作用"(vyāpāra)为因果成立之关键,而寂护对此不认同,坚持要在"无作用"(nirvyāpāra)的立场下建立因果论。在《摄》业因业果品中,寂护考察并回应了婆罗门教哲学家对佛教因果论的批评,然后提出了自己的因果论。他在论证自身因果论之前,首先反驳了论敌的因果论,并重点对vyāpāra这个概念提出了批评,"无作用"(nirvyāpāra)一语即来源于此。

本章关注的重点是寂护如何建立无作用说。具体而言,首先解析vyāpāra一词的语义和在本研究中的含义,然后梳理寂护对婆罗门教哲学家作用说的批评。为了更好地理解寂护的"无作用"立场,本章还对佛教哲学中从"作用"到"无作用"的思想脉络进行了讨论,最后对寂护"一切世间悉无作用"(《摄》528:nirvyāpāram idaṃ jagat)以及莲花戒“诸法无作用”（《摄・疏》517：nirvyāpāram eva idaṃ viśvaṃ）的思路进行了解析。这种比较激烈的表达建基于寂护刹那说：若诸法刹那生灭，则无一物有作用。

一、vyāpāra：“作用”与“生果作用”

vyāpāra一语从前缀vi及ā加词根√pṛ演变而来，vyāpāra有“就业、作事、行动、经营、家业……”等意思，vyāpṛti有“用、有用”的意思。[①]在《摄》一书中，vyāpāra以及由vi+ā+√pṛ演变出来的vyāpṛtya、vyāpriyante等概念多数时候指的是“有目的的活动”，比如，《摄》419中将vyāpāra解释为“志求有效作用（arthakriyā）的活动”。[②]在第419颂的释文中，莲花戒还表示，一切有智识者的活动背后都有目的驱动，如果我们认为某一活动为某主体驱动，那么就需要解释其目的。然而，据姚治华（Yao, 2021）考察，寂护、莲花戒对vyāpāra一词的使用，涉及更为宽泛的语义。除了“有目的的活动”之外，还有“作用、功用、功能”义，指涉“看、理解、指称”等一般意义上的活动。在这些情境下，可能没有自带目的的有智识者，然而一定会有一个发出活动的主体。不过，在《摄》中，vyāpāra最普遍的用法是指婆罗门哲学中所倡导的“生果作用”。

一些婆罗门哲学家认为因果关系的发生，其核心在于因对果产生了“生果作用”。然而，寂护在《摄》的开篇表明全书宗旨时就表示，《摄》旨在驳斥婆罗门哲学家们所倡导的以作用说为基石的因果论，建立佛

① 参考荻原云来，1979: 1297。

② 《摄》419：sarvaś ca artha vicārādi vyāpāro ’rthakriyārthinaḥ | nirākula dhiyo yukto na unmattakatayā punaḥ || 中文 Jha, 1986: 261。

教的因果论。

> [大意：]我撰此《摄真实论》……说缘起法。[法为缘起]，非原质[生]，非自在天[生]，非[原质、自在天]共[生]，非我[生]，无作用，迁流无定。[缘起]为安立业因业果之基础……[1]

上文是全书开篇偈的一部分，明确地表示撰写该书的宗旨即在于说"缘起法"，也即展示佛教对世间因果的解释。这种因果解释通常表述为下列缘起偈："此有故彼有，此无故彼无。此生故彼生，此灭故彼灭。"[2]该偈描述了因果关联的现象，但是并未进行形而上学的解释。上面的开篇偈中，寂护特意提及缘起法是"无作用"(nirvyāpāra)的，此间的"作用"即指婆罗门教所认为的"生果作用"。数论派认为原质(prakṛti)为世界之本源；《自在奥义书》(*Īśopaniṣad*)等文本将"自在天"(Īśa)描述为至上神，而正理派则认为神创造世界的方式如同建造师创造寺院等建筑的过程。[3]上述所有理论都主张有一个原初的根本因和因生果的"作用"(vyāpāra)机制存在。在对颂文的注疏中，莲花戒如是解释此"作用"："此等之'作用'，指其因属性(kāraṇabhāva)。"[4]也就是说，对婆罗门教哲学家而言，事物的因属性由"作用"来定义。

弥曼差哲学家童中尊是作用说的拥护者。寂护在《摄》第487颂

---

① 《摄》1-6：prakṛtīśobhayātmādivyāpārarahitaṃ calaṃ | karmatatphalasambandhavyavasthā samāśrayaṃ || … yaḥ pratītyasamutpādaṃ … kriyata tattvasaṃgrahaḥ || 英译Jha, 1986: 1-2。

② *Bahudhātuka Sutta: Majjhima-Nikāya Sutta* 115: imasmiṃ sati idaṃ hoti | imass' uppādā idaṃ uppajjati || imasmiṃ asati idaṃ na hoti | imassa nirodhā idaṃ nirujjhati || 巴利文引自Chalmers, 1899: 63.

③ 《摄》&《摄・疏》61。英译Jha, 1986: 80。

④ 《摄・疏》1：teṣāṃ vyāpāraḥ kāraṇabhāvaḥ || 英译Jha, 1986: 16。

中全文引用了童中尊的下述表达:"仅当在先之物可见有生果'作用',方可[许其]为因。仅无间相继不能[作为因果关系成立之所依]。"①童中尊明确表示,只有看见"作用"生起时,才可以确定因果关系。其中隐含了两种主张:其一,存在某种"作用",可作为因支与果支二者之中介;其二,该"作用"是两件事物得以被认定为因果关系的关键,是因果关系的本质。由此出发,童中尊批评佛教的刹那灭说,认为若事物刹那生灭,则"作用"无法产生。

回看前章已经引用的《偈颂大疏》下述引文,其以瓶为例对刹那灭论作出批判,认为"作用"必须存在:

> [大意:]此[新瓶]有时,彼[旧瓶]已全然不存(atyantāsat),以至于(tāvad)未能(kṣama)起作用(vyāpṛti)。[新瓶现起时,旧瓶]自身已为非存在所噬(daṣṭatva)故,其于何时发起作用(kariṣyate)? ②

在佛教刹那灭的理论立场下,我们看着不变的瓶也处在变化中。从微观的层面,组成瓶的极微在不断生灭变化,因此,作为整体的瓶也在时时变化。每一时刻都有旧瓶消亡和新瓶生起,前瓶是后瓶的因,二者的相似性使人误认为它们维持不变。然而,童中尊认为,若要旧瓶生起新瓶,二者需要共时存在一段时间,这样生果"作用"才有一个合理的存在时间。这个论证可以看作是童中尊对上述因果定义的进一

---

① 原文见于《偈颂大疏》841, 5-6(Śabdanityatā v. 433):tasmāt prāk kāryaniṣpatter vyāpāro yatra dṛśyate | tad eva kāraṇaṃ tasya na tv ānantaryamātrakam || 英译Jha, 1983a: 483。此颂某种意义上可看作童中尊对因果关系的定义:我们之所以将A与B看作因果相关,正由于见到A生B的"作用";仅由A存在于B之前,并不能判定二者的因果关联。

② 《偈颂大疏》840, 5-6(Śabdanityatā v. 429):atyantāsann asau tasmin na tāvad vyāpṛtikṣamaḥ | svayaṃ ca abhāvadaṣṭatvāt kasmin kālo kariṣyate || 英译Jha, 1983a: 482。此颂在Jha译本中标记为第430颂。

步阐释。

童中尊之外，还有其他哲学家也从不同角度给出了对“作用”的论证，《摄》及《摄·疏》中引用了数论派对因中有果的论证：

> [大意：]“未显(avyakta)[之果]有待于已显现(vyakti)[之因]。”①
>
> [大意：]于“能立”(sādhana)和合之前，已有决定；而此“能立”并非虚妄无用(vaiyarthya)。由此，[决定之思]前时未显，于后时“能立”时得显现。是故，“能立”即作用(vyāpriyante)于“显现”，如此，非虚妄无用(anarthakya)。②

上述引文的背景是寂护在讨论数论派的因中有果论(sat-kārya-vāda)，使用的喻例是量，即正确认知手段，和“决定之思”二者之间的因果关联。第一小段是寂护在颂文中引用数论宗关于因果论的说法，第二段则是莲花戒对此颂文的解释。整个引文解释了数论宗对因果发生机制的理解，他们认为，果在产生之前已经预先以“未显”的形态预存于因中，由此才有特定因引发特定果的现象。关于具体的因果作用机制，数论派的理解是：果在因中，因作用于果，使其从“未显”走向“显现”，上文使用vyāpriyante这一动词来指称这一“作用”，果之显现即是在“作用”的协助下才得以发生。

总而言之，就婆罗门教哲学家的立场而言，因果关系的核心在于“作用”的存在。仅当一物引生另一物之“作用”可见时，我们才能确

① 《摄》26：avyakto vyaktibhāktebhya || 英译Jha, 1986: 46。

② 《摄·疏》26：athā api syād yady api prāk sādhanaprayogāt sanneva niścayaḥ tathā api na sādhanavaiyarthyaṃ yataḥ prāganabhivyakto 'sau paścātebhyaḥ sādhanebhyo 'bhivyaktim āsādayati | tasmād abhivyaktyarthaṃ sādhanāni vyāpriyanta iti na anarthakyam eṣām || 英译Jha, 1986: 46。

立二者的因果关系。

二、"无作用":寂护、莲花戒的六个理由

正如《摄》开篇偈所示,寂护不认可"作用"之存在。《摄》第1品到第7品分别反驳了原质、自在天、自我等概念,拒绝承认婆罗门教哲学家所认可的"根本因"之说。他对这些概念的拒斥分两步:首先,并没有所谓的"根本因",上述这些概念并非指向真实存在;其次,根本因生果的"作用"亦非真实存在。在第9品里,寂护系统地检视了支撑"作用"这个概念的逻辑理路,并一一破斥,提出六个批评理由:

其一,针对论敌所谓"作用"可见之说,寂护表示,我们并没有真正见到所谓的"作用":

> 此被计为可见[之"作用"],我等未尝得见;何由我等可认其与之有关联?(《摄》526)

这一批评针对童中尊"仅当在先之物可见有[生果]'作用'(vyāpāra),方可[许其]为因"之说而言。童中尊明确表示"作用"可见,但是却未曾详述其如何得见。寂护则在此指出对方的思维漏洞,强调可见者唯有事物先后依次出现的现象,如芽随种;除了这种相继出现现象之外,别无所见。(《摄》523)莲花戒进一步以"随伴"(anvaya)和"离反"(vyatireka)来解释因果,认为果是通过这种随伴关系或者离反关系和因连接,而非通过所谓的"作用"。(《摄·疏》523)其中,"随伴"指的是"此有故彼有",而"离反"则指的是"此无故彼无"。

这是建立在量论(pramāṇa)之现量(pratyakṣa)基础上的批评。寂

护的认识论立场承继自陈那、法称，与当代哲学中的经验论者有类同处，认为可靠之量唯有两种：现量以及比量。也即，一切可靠知识或来自我们的感官认识，或来自推理。而上述批评即在说明，“作用”之存在不为现量所证，无法通过感官认知得到确认。

其二，寂护的第二个批评在于说明“作用”之存在亦不为比量所证，对这一概念的计执全无事实根据。

> 若妄执不见生果力(śakti)者为因，何不计他物为因？则此物有何殊异？(《摄》524)
>
> 若妄执“作用”为因，则亦可妄执他物[为因]。在不见生果力[之事上]，[二者]无有区别。如此，则亦将有无穷过。今，不妄执他物[为因]，以无关联故。则此中亦不宜有对“作用”之妄计，[与他物]同样，无关联故。(《摄·疏》524)

此处寂护提到“生果力”(śakti)概念，本书后文将另有讨论。在这个语境下，寂护、莲花戒主要强调的是，如果认为“作用”是事物生起之因，需要有充分的理由。如果没有见到其显示出生果之能力，就妄执其为因，那么我们亦可任意计执其他事物为因，因为“作用”和世间任何其他事物一样，都没有显示出其与所生之物的关联。如果任意计执，则有无穷过，也即，每一件事物都可以被看作是所生之物的原因。

在寂护、莲花戒自身所倡的因果论中，因果之间的关联是通过“随伴”(anvaya)和“离反”(vyatireka)关系来确认的：“除随伴离反之外，并无其他途径了知因果关系。”(《摄·疏》522)

“作用”和所生之物的联系无法确定，还在于“作用”本身不可见，那么也就不可能观察到“作用”和所生之物二者间是否有随伴和离反关系。综上，认为“作用”对果的生起有协助作用只是没有根据的设定；

或者，更进一步说，“作用”的存在就是没有根据的设定。接下来，寂护还试图证明，这种设定是无用的。

其三，寂护提出质疑：为什么需要预设“作用”的存在？论敌似乎不能接受一件事物的存在直接引发另一件事物的存在，而认为其中必然需要一个中介，于是设定了vyāpāra的存在，是为“作用”。然而，这其实导致了更深一层的问题，如莲花戒所说：

> 此“作用”是由自身[直接]生果？抑或借(samāveśa)“中介作用”(vyāpāra-antara)[而生果]？若借“中介作用”[而生果]，则因性属于“中介作用”，而非[此]“作用”。至于彼“中介作用”之因性，吾等可有同样质疑[：其是否再需另一“中介作用”引果？]若妄执因性归于“中介作用”，则有无穷过。(《摄·疏》524)

若未预设“作用”之存在，那么因果关系的发生过程就是从“作为因的事物”到“作为果的事物”，此处简写为A到B。若预设“作用”之存在，那么发生过程就是从A到“作用”，再到B，也即在因果之间增加了一个中介。那么，“作用”和B之间需不需要进一步的中介呢？A需要在“作用”的协助下来引发B，那么“作用”引发B需不需要“作用二”的协助？如果需要，那么“作用二”是否需要“作用三”，“作用三”是否需要“作用四”……这样会有无穷倒退过失。如果不需要，“作用”可以直接到B，无需进一步中介，那么“作用”本身作为A与B之间的中介是否有存在的必要呢？简言之，若“作用”到B无需中介，那么A到B也无需中介，对“作用”存在的预设并非必要。

其四，从过、现、未三时观之，“作用”没有存在的合理时间。在《摄》中，寂护论证，“作用”只能与“作为因的事物”同时存在，其他存在时间均不合理。

> 生起时刻之外，[生果]“作用”于此中何效益之有？[因之]存在是仅有之[生果]“作用”；若此有，则彼有；由此，果得以生起。(《摄》520)
>
> 果已紧随因存在之后生起故，在因生起之后存在的[生果]“作用”，于果[之生起]无甚功用。如此，“因之[生果]‘作用’”名号所指为何？[所指者为]果之生起紧随[其因]之后，也即果紧随因存在之后而生起。“作用”一语仅指因之存在而已！何须于因之生起外另假立一“作用”？(《摄·疏》520)

若以“作为因的事物”之存在为“现在刹那”，那么“作用”应该在哪一刹那？根据寂护的刹那灭理论，因在果先，果紧随其后在下一刹那产生，二者存续时间均为一刹那，二者之间没有时间间隙。

“作为因的事物”在“现在刹那”，那么“作用”不可能在“过去刹那”，此时因尚未生起，又如何有“作用”？然而，在接下来的“未来刹那”中，果已经紧随因后而生起。若“作用”在“未来刹那”与果并存，那么其存在毫无意义，因为此时果已然生起。或者，“作用”本身就指称的是“果之生起”这一现象，那么就不能将之看成“由因发出”或者“因果之中介”，也就无法将其视为因果的本质或者因果关系的形而上支撑。

由此，“作用”不可能存在于“过去刹那”或者“未来刹那”，只能在“作为因的事物”存在的“现在刹那”，那么“作用”作为一个独立存在物，与“作为因的事物”之间的关系是什么呢？这由此引发了寂护的下一个批评：“作用”与“作为因的事物”之间没有一个合理可解释的关系。

其五，在寂护的哲学中，两个独立存在的事物，或者相同，或者相异，没有第三种情况。如果“作用”与“作为因的事物”同时存在于一刹那，那么二者之间也是或同或异的关系。

若二者相异，那么被视为因者应该是“作用”，而非“作为因的事物”，后者与“作为果的事物”之间没有任何关联。此说甚谬。所以二者只能是相同，故而“作用”仅仅是对“作为因的事物之存在”的一种描述而已。如寂护所言：

> 仅依“此有故彼有”，假立[生果]“作用”。是故，宁可只将此“有[作用]者”[——而非“作用”——]视为有因性者。(《摄》522)

“作用”之设立是基于人们对“此有故彼有”现象的观察，是一种人为的假立，并非胜义为真。但是，这种假立会使得“作用”和“有作用者”，也即作为因的事物之间的关系不可解释，所以，毋宁直接将“有作用者”视为因。正因如此，寂护才会说：“因之存在是仅有之‘作用’。”(《摄》520)

其六，最后一个理由基于例证，以觉知的生起为例。寂护认为，在因果生发机制中，并不需要“作用”的存在，正如在觉知生起的进程中，也没有“作用”存在。寂护和童中尊关于觉知生起过程有如下共识：感官及认知对象是觉知或现量生起的原因，并且，在这个“感官+认知对象”生起“觉知”的因果机制中，唯一发生的活动就是认知的生起，并无所谓“作用”。童中尊还在《偈颂大疏》中表示，存在其他形式的因果关系，在其中，除了果之生起外，还有因之“作用”。他认同在觉知中没有“作用”，因为觉知是刹那生灭、无有存续的。[①]针对童中尊在这一问题上的理论让步，寂护再次强调佛教的刹那灭论：

> 正如觉知为刹那灭，其他生起之物亦如是，此正如已证者。

---

① 《偈颂大疏》150-151(Pratyakṣa, v. 53-56)。英译Jha, 1983: 76-77。

是故，一切世间悉无作用。(《摄》528)

此颂可看作是寂护对其“无作用”论证的总结：世间诸法均与觉知同样刹那生灭，由此，一切因果关系均“无作用”。此颂中，寂护提出了“一切世间悉无作用”(nirvyāpāram idaṃ jagat)的论断，这一表达比“无作用”之说要强很多，应该作何理解？容后文再叙。

总而言之，在寂护对作用说给出的六个批评中，其一与其二是从现量和比量两个角度来证明“作用”的存在缺少认识论方面的根据。剩余四个论证则是从不同角度直接给出了“作用”不可能存在的理由：假立“作用”存在毫无意义；在因果生发机制中，没有“作用”存在的合理时间；“作用”和“作为因的存在物”之间没有合理的存在关系；如同觉知的生起机制中无需“作用”，其他一切因果生发机制中，均无需“作用”。

通过上述论证，寂护想要证明，因果关系并不需要预设形而上学的本质，不需要假立生果“作用”。由此，寂护还提出了“一切世间悉无作用”的论断。

三、从“作用”到“无作用”的思想脉络

寂护给出的“一切世间悉无作用”说这一论断如何理解？此说仅在表达“一切世间的因果关系悉‘无作用’”，还是如字面意思所示，给出了一个更为强势的论断？要回答这个问题，需要理解寂护观点的内在逻辑。寂护对这一论断给出的理由是：“其他生起之物如觉知一样，为刹那灭。”那么，诸法刹那灭的基本立场能否导向“一切世间悉无作用”的激进论断？《摄》第9品的语境仅限于因果关系，然而，在《摄(疏)》全书中，寂护与莲花戒多次直接或间接提及这种比较强

的“无作用”立场。在讨论他们的立场之前，下文首先对佛教思想史上的“无作用”观念进行简单梳理。

佛教哲学中对生果作用的讨论十分丰富繁杂，一些学者试图把vyāpāra概念与arthakriyā、kāritra、śakti等同样指涉事物生果活动或者生果能力的概念联系起来理解。比如，清水公庸（1983: 27, 注释7）主张，人们之所以预设因果之间“作用”（vyāpāra）的存在，在于kāraṇa（因）和kārya（果）这两个词语的词根是√kṛ，意思是“做、行动、施行”等。姚治华（Yao, 2021）讨论了世亲（Vasubandhu）、众贤（Saṃghabhadra）、法称（Dharmakīrti）以及陈那（Dignāga）等佛教论师对“效果作用”（arthakriyā）、“作用”（kāritra）、“作用”（vyāpāra）、“无作用”（nirvyāpāra）等概念的使用，认为vyāpāra一词大多数时候指的是事物的自性作用（intrinsic activity of factors），但有时则与kāritra一词混用，指任何形式的作用。并且，“无作用”（nirvyāpāra）一词最初的提出，是为了对kāritra这一概念进行否定。秋本勝（Akimoto, 2004）一文则探析了佛教思想史上kāritra和arthakriyā两个概念的亲缘关系，认为后者是前者的演化。

在说一切有部使用kāritra一词描述事物的“引果功能”（phala-ākṣepa-śakti）以及“与果、取果”（phala-dāna-grahaṇa）能力时，vyāpāra和kāritra有某些共通之处。然而，vyāpāra与arthakriyā的区别比较大。arthakriyā在法称的哲学中经常被翻译成“效果作用”，事物是否具备“效果作用”，决定了其是否为实存物（vastu）或者胜义存在物（paramārthasat）。[①]寂护和莲花戒对arthakriyā的使用继承自他们的思想先行者法称。在《摄》及《摄·疏》中，他们明确认可arthakriyā（《摄》1807-1808；《摄·疏》1834）[②]以及śakti（《摄》438, 502, 503, 512）的存

① 更多讨论参见Mikogami, 1979。

② 更多对寂护的arthakriyā用法之讨论，参见Yao, 2021。

在，对vyāpāra说则提出系统的批评。受能力及篇幅所限，本章主要着力于对vyāpāra的讨论，不对这几个概念之区别作细微探析。

显然，寂护并非第一个提出无作用说的论师，在《大般若波罗蜜多经》卷四就有无作用说，并且给出了解释："一切如来应正等觉，无不皆依甚深般若波罗蜜多，觉一切法皆无作用，以能作者无所有故。"[①]经文意思是，作用的前提是有作者，如果无作者，那就没有作用的发出方，也就无作用了。在《大般若波罗蜜多经》中，"一切法皆无作用"之说出现八次之多，其梵文原文可能为*nirvyāpārāḥ sarvadharmāḥ，或*nirvyāpāratvāt sarvadharmānām。[②]《大般若波罗蜜多经》各篇章成书时间不一，大约在公元前1世纪及后续几百年间。

据世亲与众贤的记载，经量部/日出论者对这一概念也有诸多讨论。《俱舍论》和《顺正理论》中都记载了"无'看见'作用"的观点：

> 经部诸师有作是说，如何共聚楂掣[③]虚空？眼色等缘，生于眼识。此等于见，孰为能、所？唯法、因果，实无作用(nirvyāpāra)。为顺世情(vyavahāra)，假兴言说："眼名能见，识名能了。"智者于中，不应封著(abhiniveṣṭavya)。[④]

① 《大般若波罗蜜多经》卷423，《大正藏》第7册，第232页。

② 《大般若波罗蜜多经》卷2："一切法无行者、无见者、无知者、无动、无作。所以者何？以一切法皆无作用，能取、所取性远离故。"（《大正藏》第6册，第783页）

③ 疑是"揸掣"，指在虚空中攫取、抽取，试图有所得、有所安立。梵文中用的khādyate，意为"食瞰、咀嚼"，意思可以理解为咀嚼虚空，以求有所得。

④ 《阿毗达磨俱舍论》卷2，《大正藏》第29册，第11页。梵文AKBh 31, 13-15: atra sautrāntikā āhuḥ | kim idam ākāśaṃ khādyate | cakṣur hi pratītya rūpāṇi ca utpadyate cakṣur vijñānam | tatra kaḥ paśyati ko vā dṛśyate | nirvyāpāraṃ hīdaṃ dharmamātraṃ hetuphalamātraṃ ca | tatra vyavahārārthaṃ cchandata upacārāḥ kriyante | cakṣuḥ paśyati vijñānaṃ vijānāti iti nātrābhiniveṣṭavyam ||《顺正理论》卷7有与之相同的一段："譬喻部师，有于此中妄兴弹斥，言：何共聚揸掣虚空？眼色等缘生于眼识。此等于见孰为能所。唯法、因果，实无作用。为顺世情，假兴言说：'眼名能见，识名能了。'智者于中，不应执着。"（《大正藏》第29册，第367页）更多讨论参见Gold, 2015: 79。

该引文的背景是对眼识生起机制的讨论。毗婆沙师认为，能见者是眼根而非眼识。而达摩罗多(Dharmatrāta)则认为“见”属于眼识而非眼根。在展示完双方不同的观点后，文章给出了经部师/日出论者对双方观点的统一批评：二者的争论如同在虚空中抓挠，试图于虚空中找到东西，因为所谓的“见”根本就不存在。

经量部认为，“眼能看见，识能了别”之说只是“顺世情”的“假说”，而实际上只有法，也即眼根和色境的存在。依缘起法则，眼识得以生起，没有作用，也就是说，没有“见”或者“了别”这种动作性的“作用”。

姚治华(Yao, 2021)认为这段引文明确否定了“见”的存在。并且他认为“眼能见”(paśyati)、“识能了”(vijānāti)在经量部的视角来说可以作世俗谛解，其中“见”和“了”只是用于指涉某种特定的觉知产生过程。总之，寂护的无作用说可以追溯到经量部/日出论者，或者至少可以追溯到世亲论师。

世亲之外，其兄长无著所出的瑜伽行派根本大论《瑜伽师地论》(*Yogācārabhūmi-śāstra*)中更是直接表述“诸法无作用”，但是并没有使用vyāpāra一词。

> [大意：][经中]虽说“诸法皆无作用(niṣveṣṭā)”，而未宣说云何无用。故次说言诸行(saṃskārā)皆刹那，住尚无，况用(kriyā)? ①

这段引文在《瑜伽师地论》中是在引用下列这段经文后进行的解说：

> 都无有宰主，及作者、受者。诸法亦无用，而用转非无：唯

① 《瑜伽师地论》卷16，《大正藏》第30册，第364页。Ybh 175, 6-8: dharmāḥ sarve 'pi niṣveṣṭā ity uktaṃ na tūktaṃ kathaṃ niṣveṣṭā iti ata āha: kṣaṇikāḥ sarvasaṃskārā asthitānāṃ kutaḥ kriyā iti || 梵文转引自Yao, 2021。

> 十二有支，蕴处界流转。审思此一切，众生不可得。于内及于外，是一切皆空。其能修空者，亦常无所有，我我定非有，由颠倒妄计。有情我皆无，唯有因法有。诸行皆刹那，住尚无，况用？即说彼生起，为用为作者。眼不能见色；耳不能闻声；鼻不能嗅香；舌不能尝味；身不能觉触；意不能知法。于此亦无能，任持驱役者。法不能生他，亦不能自生；众缘有故生，非故新新有。法不能灭他，亦不能自灭；众缘有故生，生已自然灭。①

这段经文被标识为“胜义伽他”（gāthā），也即瑜伽行派所认可的胜义真理。经文中先说“诸法亦无用”，然而有十二缘起之流转。然后，在谈及“众生不可得”“一切皆空”“有情我皆无”之后，给出了一个看似是在解释为何“无作用”的偈颂：“诸行皆刹那，住尚无，况用？”紧接着，颂文对眼、耳、鼻、舌、身、意对应的所有“作用”都进行了否定——“眼不能见色；耳不能闻声；鼻不能嗅香；舌不能尝味；身不能觉触；意不能知法”，然后又谈及法的生灭非由他生他灭，而是自然得生，自行灭坏。接下来，文本对诸法无用说进行了一个详细的区分。

> 一无作用用(kāritra-niṣveṣṭatā)。谓眼不能见色等。
>
> 二无随转用（anuvidhāna-niṣveṣṭatā)。谓于此亦无能任持驱役者。如其次第宰主作者俱无所有故。无有能随转作用。
>
> 三无生他用(utpādana-niṣveṣṭatā)。谓法不能生他。
>
> 四无自生用(utpatti-niṣveṣṭatā)。谓亦不能自生。
>
> 五无移转用（saṃkrānti-niṣveṣṭatā)。谓众缘有故生。非故新新有。

① 《瑜伽师地论》卷16,《大正藏》第30册，第363页。

> 六无灭他用(vināśana-niṣveṣṭatā)。谓法不能灭他。
>
> 七无自灭用(vinaṣṭi-niṣveṣṭatā)。谓亦不能自灭。①

这段对“诸法无用”的解释非常全面地列举了世间常见的几种“用”，并且对其进行了否定。这是刹那灭论基础上的空性立场，只有缘起生灭，没有事物的动作，或者说“用”。然而，这个段落并没有进一步讨论为什么刹那灭论会导向“诸法无作用”。

陈那的《集量论》(*Pramāṇasamuccaya*)对此也有讨论。

> [大意：]如此，依托于[自]证识之众相，假说“此为量(pramāṇa)”，“彼为所量(prameya)”。然一切法实无作用(nirvyāpārā)。②

这一文本的语境是对认知方法“量”，以及认知对象“所量”之关系的讨论，陈那主张二者之间的分别只是假立，并非胜义真实。二者之间并没有“作用”。陈那对这一论断亦并未进行进一步的解释。

总而言之，“无作用”一说在佛教哲学史上早有渊源。在《大般若经》《俱舍论》《瑜伽师地论》《集量论》等文本中都可见痕迹，“诸法均无作用”这种比较强的论断也有出现，然而基本上都是给出论断，

---

① 《瑜伽师地论》卷16，《大正藏》第30册，第364页。

② 《集量论自注》1.9d：evaṃ jñānasaṃvedanaṃ anekākāram upādāya tathā tathā pramāṇaprameyatvam upacaryate. nirvyāpārās tu sarvadharmāḥ || 梵文转引自Yao, 2021。Hattori (1968: 107, 注释1.66) 认为陈那的这一观念源于佛陀关于无常的根本教说，而经量部等部派所倡之刹那灭说使得从逻辑上事物没有时间发生任何作用 (vyāpāra)。这一思路与童中尊批驳佛教刹那灭说时的思路一致。另一量论论师Prajñākaragupta(约750—810) 在其作品*Pramāṇavārttikabhāṣya*(又称*Vārttikālaṁkāra*) 中有一个相同的表达：nirvyāpārāḥ sarvadharmāḥ。

不作解析。并且,在讨论“无作用”时,往往不是仅指涉因生果的“作用”,还包括眼见物等更为普遍的“作用”,《瑜伽师地论》中更是列举出七种“诸法无用”,约略涵盖全部的“作用”形式。实际上,在寂护《摄》及莲花戒的《摄·疏》全篇中,“作用”的使用也沿用了佛教思想史上的这些特点。

四、“一切法悉无作用”

在反驳数论派因中有果论时,莲花戒给出了一个非常类似于陈那的论证:

> [大意:]事物得自相前不可了知,已成就者(niṣpanna)亦不得再受生为果。[事物于]生起之前不存在。其说为“所生”,仅由其产生之际有[被认为是]因[的事物]之邻近(sannidhāna)而已,所示如此。并无任何物由进入(samāveśa)“作用”而成“所生”。一切法无作用故。①

莲花戒于此颂中对因中有果说提出了三点理由:第一,果不在因中,因为我们无法了知其存在——事物在进入存在、获得自相之前不可被了知。并且,若果已经提前存在于因中,那么它就无法再次“被产生”,因为同一事物只能生起一次。第二,人们之所以将果看作是因所生,

---

① 《摄·疏》31:tac ca vastu upalabdhilakṣaṇa prāp tasya anupalabdher niṣpannasya kāryatvānupapatteḥ prāg utpādād asad ity ucyate yasya ca kāraṇasya sannidhānamātreṇa tattathābhūtam udeti tena tat kriyata iti vyapadiśyate na tu vyāpārasamāveśāt kenacit kiṃcit kriyate nirvyāpāratvāt sarvadharmāṇāṃ | 英译Jha, 1986: 53。

仅仅因为果生起之际，因正好在时间上处于邻近而已。第三，“作用”不存在。最后，莲花戒以“一切法无作用故”结尾，给出了一个比单纯拒斥因生果“作用”更强的一个论断。

莲花戒在注疏中多次重复这一论断。并且，在使用的场景中，vyāpāra所指涉者不限于生果“作用”，而是有更广阔的含义，比如“生起(jāti)作用”“引生(janana)作用”“摄取(grahaṇa)作用”“指示(abhidhāna)作用”等等。

在一个讨论觉知的语境中，莲花戒认为在觉知过程中无有作用：

> [大意：]青色之证知(saṃvedana)非为黄色[之证知]。对境认知的确立仅关联于对象的相似性(arthasārūpya)，而非其他。经由这一确立状态，而非“所生”(utpadya)与“能生”(utpādaka)的状态，作为“所证立”(sādhya)与“能证立”(sādhana)[的因果关系]得以确立。作者(kartṛ)、作具(karaṇa)等非胜义真实故。一切法均为刹那灭，无作用故。①

这段文本的语境是寂护和童中尊关于量(pramāṇa)及量果的争论。二者之间的关系通常被理解为因果关系。对婆罗门教哲学家而言，是由量来引发识的产生。准确地说，是由主体通过量——比如现量——来引生识。然而寂护和莲花戒不认可其中有由主体发出、客体接收的“引生作用”。据莲花戒上文中的解释，识和现量之间的关系并非“所生”

---

① 《摄·疏》1346：nīlāsya idaṃ saṃvedanaṃ na pītasyeti viṣayāvagati vyavasthāyā arthasārūpyam eva nibandhanaṃ na anyad iti vyavasthāpakatvabhāvena sādhyasādhanavyavasthā na utpadyotpādakabhāvena, yasmān na pāramārthikaḥ kartṛkaraṇādibhāvo 'sti, kṣaṇikatvena nirvyāpāratvāt sarvadharmāṇām | 英译Jha, 1986: 669。其中 nīlāsyedaṃ 是根据藏文本而来，在Dwārikādās及Krishnamacharya的版本中均写作nīlāspadaṃ。

(utpadya)与"能生"(utpādaka)的关系,而是"所证立"(sādhya)与"能证立"(sādhana)的因果关系。换言之,并非由现量的引发动作而导致识的生起。如同上面所引的各段落,在引文结尾,莲花戒也重述了"诸法无作用"的观点,并且同样给出了"诸法刹那灭"作为理由。

在另一语境中,莲花戒表达了"摄取作用"不存在的观点:

> [大意:]一切法悉无作用。胜义而言,无有一物为另一物所摄取(grahaṇa),识首先如光之体性一样,说为[识]自身之所摄(grāhyakam)。[1]

这段引文的语境是讨论识如何了知事物。论敌认为,在了知过程中识有"摄取作用",对认知对象的形相进行抓取。通过这一"作用",事物之形相才得以进入识。然而,莲花戒认为这种"摄取作用"是不存在的,存在的只有识。——究竟为何识能够彼此区别,显现不同事物特点而生起,属于另一个问题。此处的关键是,莲花戒强调"摄取作用"不存在。

不管vyāpāra指称什么样的"作用",都被"诸法悉无作用"这句断语所否定,甚至包括"指称"这个动词。在讨论一个词语如何"指称"(abhidhāna)某事物时,莲花戒主张"指称"本身不牵涉任何形式的由外物发出的"作用",而是仅仅指事物观念的显现。

> [大意:]除耽着外境,生起分别计执之影像外,言语无有"指

① 《摄·疏》2034-2035: nirvyāpāratvāt sarvadharmāṇāṃ na paramārthataḥ kasyacit kenacid grahaṇaṃ kevalaṃ prakāśarūpatayā tathā prathamānaṃ vijñānam ātmano grāhyakam ucyate || 英译Jha, 1986: 967。

> 称”(abhidhāna)外境之“作用”。一切诸法悉无作用故。[1]

这段话的语境是莲花戒在解释陈那的遮诠(apoha)和“指称”这两个概念。于陈那而言，语词之含义的确定是一种观念活动，通过对其他存在物的排除来间接指示某物，比如“苹果”这个词是通过排除梨、草莓、桌子等其他一切存在物来确定其所指的。这里的“指称作用”指的是语词对与其对应之外物产生的“作用”，莲花戒主张这种作用不存在。在《摄·疏》1222中，莲花戒还阐述了名称和事物之间文法上的“对应(yojanā)作用”不存在。

如同之前的佛教论师，寂护、莲花戒对“诸法悉无作用”之论断给出的理由也是“诸法刹那灭”，但如何理解“因为‘刹那灭’，所以‘诸法悉无作用’”？寂护、莲花戒并未给出详细的论证过程。然而，结合“法”与“刹那”的定义，其中的逻辑不难探析。

如本书首章所示，寂护、莲花戒继承了部派论师们以“法”(dharma)为不可再分之极微(paramāṇu)的立场，而刹那灭说则主张诸法才生即灭，无有暂住。由此，世间一切事物以法之聚合体的形式存在，作为事物组成元素的诸法刹那生灭，存续时间不超过一刹那。在这短暂的一瞬时间里，法无法有任何动作，或发出任何作用。除了诸法的短暂存在，以及恒久不息的前赴后继之外，世间并无其他“作用”。

一切暗指某种“作用”存在的动词，比如“引生”“看见”“指称”，仅为方便言说，对某种关系或者现象进行描述。“引生”描述了一物跟随另一物生起的现象；“看见”描述了根境和合时，觉知生起的现象；“指称”则描述了概念对事物的反映。简言之，一切世间无有“作用”。

---

① 《摄·疏》1017：na śabdasya bāhyārthādhyavasāyivikalpapratibimbotpādavyatirekeṇa anyo bāhyābhidhānavyāpāraḥ sambhavati | nirvyāpāratvāt sarvadharmāṇām || 英译Jha, 1986: 538。

概括而言，寂护和莲花戒在《摄》及《摄·疏》中反复阐述的“一切世间悉无作用”这一论断，比在讨论因果关系时所说的无“生果作用”要强很多，其含义也更为丰富多元。

结语

概念是思维的工具。在哲学体系中，某些关键概念像旗帜一样，有指引理论体系方向的作用。在寂护的因果论中，无作用(nirvyāpāra)就是这样一个关键概念，从这个概念出发，我们能有一条达至其整个因果论系统的大道，因为无作用说是其缘起论论证中的关键一步。

本章对寂护、莲花戒的无作用说进行了考察。一方面，寂护系统性地拒斥了婆罗门哲学家所倡导的作用说，并且认为在缘起的世界中没有“作用”的存在。另一方面，寂护、莲花戒提出“诸法悉无作用”，并且主张这一论断成立的基础在于诸法刹那生灭。

具体而言，该章首先检视了童中尊和寂护之间关于“作用”的讨论，这一争论在《摄》第9品中颇占篇幅。作为一名婆罗门教哲学家，童中尊是作用说的拥护者，主张因果关系的本质在于因果之间的“作用”。仅当可见因发出生果“作用”时，才可以确认因果关系。为驳斥“作用”一说，寂护给出了以下理由：没有可以证明其存在的现量或者比量原因；相反，有充分的理由可以证明其不存在。对这一概念的安立多余而无益。因的存在本身就足以引发果的生起。

接下来，为了理解寂护的“一切世间悉无作用”这一论断，本章检视了佛教思想史中的“无作用”观念，讨论了《大般若经》《俱舍论》《瑜伽师地论》等文本中的相关论述，最后对莲花戒在《摄·疏》中的几次“诸法悉无作用”表达进行了分析。寂护、莲花戒对这一论断给出的理由是“诸法刹那生灭”，文章解析了其间的逻辑。

如前文所述，无作用说在《摄》第9品的主要任务在于拒斥因果关系中的生果“作用”。寂护的论述彰显了其于认识论上的经验论立场：承继自法称，寂护认为有效的认识途径仅为现量和比量。在因果关系中，感官可以感知到的只有“作为因的事物”和“作为果的事物”二者的存在。“作用”只是我们观念的建构，不可感知，也无法兼容于寂护哲学的整体框架。

寂护提出的“一切世间悉无作用”说以及莲花戒对这一论断的阐述，对“无作用”这个观念所涉及的领域进行了大大拓展，远远超出因果关系这一议题的论域。虽然寂护、莲花戒认为“无作用”的原因在于诸法刹那生灭，但并未进行详细的论证，然而根据其理论框架，其中逻辑不难理解。因果论作为世间万象中的一种现象，无有例外，也遵循这一“无作用”的基本规则。

总之，无作用说是寂护刹那灭论的逻辑必然，可以看作是寂护因果论的题眼，对其因果论理论框架起到了指示方向的作用。对这一概念的解析，有助于我们更准确恰当地理解寂护的因果论乃至其整个哲学体系。

第五章
因与果的时间关系之争

寂护驳斥作用说，旨在拒斥异见，建立自己的因果论。然而，刹那灭而有因果之说亦饱受斥难。其中最常见的批评被称为“断灭难”，寂护于第9品中花大笔墨进行讨论的还有童中尊所提出的“三时难”，后者是在前者的基础上提出。

两个责难都质疑刹那灭说对存在物的理解：刹那灭说倡导事物随生即灭、无有存续，这种时间观以一种断裂的方式来理解存在物，无法解释我们所体验到的世界的连续性。其中“三时难”更是涉及因与果的时间关系问题：若事物刹那生灭，那因和果的时间关系是什么样的呢？本章将首先介绍论敌提出的这两个责难，然后解析寂护对三时难的回应。至于更为基础的断灭难，对其的回应有待后续章节讨论。

一、断灭难：刹那灭说的困难

断灭难是针对佛教论说的一个常见驳难，不仅见于其他学派对佛教无常说、刹那灭说的批评，亦见于佛教内部的质疑与讨论。如本书第二章所示，早在世亲的时代，就已经对“事物全然湮灭，是否会导致断灭见”这一话题有所争论，持断灭见者以虚无主义来理解刹那灭说，认为刹那存在物湮灭之后彻底消亡，不着痕迹，也无有因果，不会对后物的生起产生任何功用。寂护在《摄》中引述如下：

> 若汝妄执前一刹那物灭尽无余，则后时无物生起，无动因(animittatva)故。(《摄》484)

此颂展示了“断灭难”的基本逻辑：在刹那灭说的理论框架下，事物存在一刹那后灭坏，无有留存，故而没有任何事物可以作为因促进果之生起。此难是婆罗门哲学家对刹那说提出的一个常见驳难，在不同的婆罗门教哲学派别中得到不同角度的论证。例如，正理派论师乌底耶塔加罗提出，否定与消亡不可以作为任何事物的生起之因。

> [大意：]经文旨意显此事：“于湮灭之物中，无物生起。”芽之因非为“种之灭”，而为种之要素，由此[种之要素]摒弃前在之构造故。①

于乌底耶塔加罗而言，若前一刹那之事物彻底消亡，无物留存，那么仅有的存在是“湮灭”②，而“湮灭”并没有生果能力。若某物从湮灭而起，则其没有物质性的原因。更有甚者，若事物可从非存在产生，则有一

① 《正理大疏》431, 13-15(v.4.1.17)：asya ca arthasya jñāpanārthaṃ sūtraṃ, “na vinaṣṭebhyo ’niṣpatteḥ” | iti | na hi bījavināśoṅkurasya kāraṇam, api tu bījāvayavāḥ pūrvavyūhaparityāgena | 英译Jha, 1983b, vol 4: 26。莲花戒在《摄・疏》507中引用了这一论断。

② 在寂护时代的讨论文本中，“湮灭”经常被实体化，作为一个存在物来讨论。然而，寂护自身并不认同这种将非存在作为实体的立场，在《摄》第8品中有其对这一问题的分析。有关正理派将“湮灭”作为独立之实体，以及寂护对“湮灭”的立场，参见方丽欣, 2012: 19-37。

切物引生一切物之过失，因为任何事物的“湮灭”都是相同的，莲花种子的湮灭和玫瑰花种子的湮灭都指向同样的空无、非存在。那玫瑰花可能从莲花种子而来，因为玫瑰花生起时种子已然湮灭，那么种子自身的任何属性也就不会影响果的形态了。愚蠢懒惰者可以坐享其成，因为勤奋聪慧者的努力转瞬即逝，并不会影响结果。按照乌底耶塔加罗的观点，传统的因果对应关系在这种状态下会完全崩塌。

另一与此相同的批评记录于吠檀多派——又被称为前弥曼差派——的根本经典《梵经》(*Brahma Sūtra*)中。在《梵经》中，跋达罗衍那(Bādarāyaṇa)宣称佛教十二缘起中的各支无法形成因果关联，也即无明不能缘行，行不能缘识，以此类推。①因为后一支生起时前一支已然湮灭，因此出现了一个逻辑错误：果起源于因之湮灭，或者说起源于非存在。而我们日常所见到的事物均为一物从另一物生起，上述这种情况与我们的常识不符。童中尊作为后弥曼差派的代表性论师之一，在《偈颂大疏》中对此也有论述：

> [大意：]瓶等之刹那湮灭[为上文]所破，不成立，由有“识别”[此刻之瓶同于从前之瓶]故；所见[之瓶等]无有损灭(bādhate)。②
>
> [大意：]若计前一刹那物全然湮灭，无有存留(niranvaya)，则后[刹那物]之生起不可得，无动因(animitatva)故。③

---

① 《梵经》2.2.20-21, 27-27。Radhakrishnan, 1960: 379-383。

② 《偈颂大疏》839, 7-8(Śabdanityatā v. 426)：kṣaṇabhaṅgo ghaṭānāṃ vāryastair eva sādhanaiḥ | tathā eva pratyabhijñānād yāvad dṛṣṭaṃ na bādhate || 英译Jha, 1983a: 481。此颂在Jha译本中被标记为第427颂。

③ 《偈颂大疏》840, 3-4(Śabdanityatā v. 428)：pūrvakṣaṇavināśe ca kalpyabhāne niranvaye | uttarasya animittatvād utpattir na upapadyate || 英译Jha, 1983a: 482。此颂在Jha译本中被标记为第429颂。

上述引文有其思想背景：对佛教刹那灭说的一个常见驳难是，刹那灭说与人们的日常经验不符，因为我们在生活中可以观察到持续存在的事物，比如瓶子、桌子、山川大河等等。从前见某瓶，今日还能识别此瓶，如上述引文中所述，“所见之瓶未有湮灭”，我们并没有看到事物立即毁灭。佛教对这种日常经验的解释是，事物实际上时时在发生变化，以瓶为例，其表面的油漆在随着氧化不断变色、脱落，同时吸附空气中的水汽、灰尘，其底部随着使用不断磨损、变薄，整个瓶身也随着时间日久而变硬、变脆……总之，瓶作为一个整体，之所以看着变化不大，只是由于后起之果与前在之因非常相似，所以我们会认为它们还是同一个事物，没有变化。然而，从微观的角度来看，形成瓶的诸多极微刹那湮灭，新的极微又刹那生起。从这个角度，我们可以说，有一个由诸多极微构成的瓶之“相续”刹那生灭，时时更新。只是由于这种更新是微观的、肉眼不可见的，瓶之表象才在时间的流变中维持着比较稳定的表象。人们才会错以为新生起的瓶与旧有之瓶是同一事物，以为瓶可以在时间中持续存在。

然而，童中尊不接受这种相似说，他认为若事物刹那生灭，则上一刹那事物湮灭之后，由于缺少新事物生起的物质因，后一刹那的事物无法生起，也就不存在后一刹那生起物与前一刹那存在物“相似”这种情况了。

综合而言，断灭难可以总结如下：湮灭之物无法引生新的事物。若诸法均为刹那灭无常，则其生起之后立即入灭或者随后即入灭，那么就无法在后时引生果报。虽然断灭难并非《摄》第9品讨论的重点，然而可将其看作是童中尊批评佛教刹那灭因果论的一个起点。

二、童中尊“三时难”：因何时生果?

童中尊的三时难是建立在对刹那灭说持断灭见的基础之上的，其主张之核心是：若诸法刹那生灭，则因没有一个合理的时间点来生果。童中尊在《偈颂大疏》中批评瑜伽论师识刹那生灭说时提出此难，认为刹那灭说和因果论不能相容，用意在于证伪刹那灭说。

> [大意：]前一识(jñāna)未起时，不能生果；其已灭时亦不能[生果]；已成就者(niṣpanna)无有任何一刹那之持存。由[识]才生即灭故，亦无有刹那发起(ārambha)[生果作用]。①

寂护将其论说复述如下：

> 未生法、过去法均不能生果，现在法亦不能久住如许之时[及至果生]。(《摄》482)
>
> 不得计执未得自性者有他果(parāṅgatva)，已灭者、未生者均不能生果。(《摄》483)

此颂文约义丰，下面举例说明：如果我们以当下的时间点为t，在此之前的时间依刹那为单位标记为t_{-1}，t_{-2}，t_{-3}……以此类推，在此之后的时间点为t_1，t_2，t_3……以此类推，那我们就可以得到以下时间坐标：

---

① 《偈颂大疏》263, 2-4(Nirālambanavāda, v. 187-188)：pūrvajñānaṃ tv anutpannaṃ kāryaṃ nārabhate kvacit || na vinaṣṭaṃ, na tasya asti niṣpannasya kṣaṇaṃ sthitiḥ | tena utpannavinaṣṭatvān na asty ārambhakṣaṇe ’pi hi || 英译Jha, 1983a: 146。

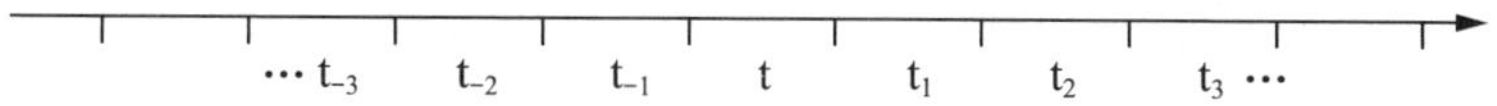

图中每一个线段对应于一刹那，在这个时间区隔里，刹那存在物完成其从生到灭的进程。若假设因（也即"作为因的事物"）存在于时间段t，那么其于何时生果？在t时，还是之前的t_{-1}，或者是之后的t_1？这个问题就是童中尊驳难的起点。如果因于t_{-1}时生果，此时因自己尚未产生，是为"未生法"，这种情况被称为"未生法"生果。如果因于t_1时生果，由于因刹那生灭，已然在t时入灭，到t_1时就是"已灭法"，这种情况被称为"已灭法"生果。而这两种情况都不符合常识，因为尚未存在的和已经灭坏的事物都是不存在，不存在的事物如何有生果之力？因此，剩下的选项就是因于t时生果，在自身存在的一刹那中引生果报，方符合常识与逻辑。

过去、现在、未来这种对时间的三时区分，在寂护和童中尊的思想体系中都是常识。这种区分方式将事物的存在方式分为三种时态：从现在的视角看，过去之物曾经存在，已然湮灭，此刻已经不存在；未来之物将会存在但是尚未获得其存在性，此刻也不存在；只有现在之物正现前，此刻存在。寂护和童中尊均认同过去之物和未来之物为非存在，不具有生果效能，不可能在当下引生果报。能引生果报者只有现在之物。至此，无有争议。

然而，对"现在之物如何生果？"这一问题，童中尊和寂护之间开始有不同意见。如上文所示，童中尊认为，若事物刹那灭，在生起之后随即灭坏，则其无法存续足够的时间以引生果报。更为具体地说，事物没有足够的存续时间，于这一时间段中发起生果"作用"（vyāpāra）以引果。换言之，童中尊认为在因果现象发生的进程中，需要有一个时间段，于此时段中，因存在并发起"生果作用"这一动作，同时果也存在且接受"生果作用"。这意味着因与果需要共存一段时间，使得二者在时间线上得以“相遇”。这在童中尊的《偈颂大疏》中有清晰的表达：

> [大意：]此[新瓶]有时，彼[旧瓶]已全然不存(atyantāsat)，以至于(tāvad) 未能(kṣama) 作(vyāpṛti)。[新瓶现起时，旧瓶]自身已为非存在所噬(daṣṭatva) 故，其于何时发起作用(kariṣyate)? ①

本章前一小节已经引用《偈颂大疏》中对佛教刹那灭说进行驳难的颂文，这两颂是前文所引之段落的接续，亦可看作是童中尊对“三时难”的表达。与寂护之表达的区别在于，童中尊清晰地说明了因果关系的基础在于因对果之“作”(vyāpṛti)。对童中尊而言，这一“作”是真实存在的，仅在因果二支均存在时才能发生。童中尊对因果现象的描摹如下：一物对另一物发起生果作用，前者为因，后者为果。仅当二者同时存在，这种“作用”才得以被发出和接收。若二者中有一物不存在，不管是尚未产生还是已经湮灭，“作用”都不能发生。童中尊常用陶工和陶罐的案例来说明因果，陶工制作陶罐即是对陶罐的生起产生“作用”，故而陶工为因，陶罐为果。

在刹那灭论的背景下，两个刹那生灭的存在物先后存在，没有同时存在的机会，所以“作用”没有生发的时间：若“作用”发生于第一刹那，此时后一存在物尚未产生，“作用”无法对其产生影响；第二刹那时，前一存在物已然灭坏，也不可能再发起“作用”。总之，在刹那灭的逻辑背景下，没有合适的时间点来安置“作用”这一存在物。

童中尊在驳难瑜伽行派的熏习说时，采用了类似的论证方法。熏习(vāsanā)说是经量部和瑜伽行派用来和“种子”(bīja)这一概念一起

① 《偈颂大疏》840, 5-6(Śabdanityatā v. 429)：atyantāsann asau tasmin na tāvad vyāpṛtikṣamaḥ | svayaṃ ca abhāvadaṣṭatvāt kasmin kālo kariṣyate || 英译Jha, 1983a: 482。此颂在Jha译本中被标记为第430颂。

解释业力说的，认为业行产生之后，有“业力”对后续的“识”产生影响，并进而对“相续”（santāna）或者阿赖耶识（ālaya-vijñāna）产生影响，是为“熏习”。童中尊认为，由于习气与所熏均为刹那生灭之物，没有共时而存的机会，所以前者对后者的熏习不可能发生。在前一识存在时，后一识尚未产生；后一识存在时，前一识已然灭坏。习气与受熏者未能同时存在，而熏习无法产生于存在物和非存在物之间，所以熏习无法发生。①

童中尊对刹那灭而有因果说的非难立足于其自身对因果关系的界定：因对果所发出的“作用”是因果关系的本质。若要因果关系成立，需要从逻辑上给出“作用”生发的时间和机会，由此，因果二支在存续时间上至少需要部分重合。并且，按童中尊的逻辑，二者不能完全重合，完全重合即是同时存在，同时存在的事物无法有因果之区分。因此童中尊关于因果时间关系的基本立场是——因果共时而存：因与果的存续时间有一定的重合但并非完全重合，区别于因果完全同时。童中尊并未直接表述“因果共时而存”，但这一观点蕴含在他关于因果关系的讨论中。实际上，“断灭难”和“三时难”两个驳难的基点是一致的，二者均质疑，刹那灭论所倡导的这种刹那和极微说会不会形成逻辑上的时空断裂，会不会产生断灭见？这两个批评涉及佛教的核心教法，关系到佛陀教说的合理性。

作为回应，寂护检视了因果两支之间所有可能的时间关系，并认为因果之间只有以下一种时间关系是合理的：因存在于第一刹那，果

① 《偈颂大疏》261，1-6(Nirālambanavāda, v. 181-183)：saṃvityā jāyamānā hi smṛtimātraṃ karoty asau | kṣaṇikeṣu ca citteṣu vināśo ca niranvaye || vāsyavāsakayoś ca evam asāhityānna vāsanā | pūrvakṣanair anutpanno vāsyate na uttaraḥ kṣaṇaḥ || uttareṇa vinaṣṭatvānna ca pūrvasya vāsanā | sāhitye ’pi tayor na eva sambandho ’sti ity avāsanā || 英译Jha, 1983a: 145。

存在于第二刹那，二者之间没有时间间隙。

三、寂护："因在第一刹那、果在第二刹那"

寂护在回应这一问题时，没有使用童中尊所采用的已灭法、现在法、未生法等术语，而是直接对刹那灭理论下的因果时间关系进行了精确描述：

> 此中所言如是：果生于第二刹那；因生于第一刹那，其时未灭。(《摄》509)
>
> 是故，果从未灭之因而生，因存在于第一刹那，正由其生果力(śakti)，[果得以]在第二刹那[生起]。(《摄》512)

寂护的回应立场鲜明：因在果前，二者时间紧密相接，但是没有重合。以前面的时间坐标图来说，如果因在t刹那，则果在紧随其后的t_1刹那。寂护的明确表达并没有排除"断灭见"的批评——因果不共时，果生时因已灭；那么，因是不是断灭，果是不是无因而起？以童中尊的观点来看，不管因果之间是没有时间间隙还是有比较长的时间间隙，问题都是一样的：因果二支不共时，因无法对果发起生果作用，因果关系不能成立。

莲花戒在《摄》第485颂的注释中引用了"杆秤喻"来回应这一问题：

> 如杆秤两头，同时上下，[我方]许因果之生灭[亦如是]。由[我方]许现在法尚未灭去，故其将助果法生起，非无动因也。(《摄·疏》485)

“杆秤喻”是佛教常用的一个喻例，意思是“因灭”与“果生”这两个动作是同时的，如同杆秤的两头，此起则彼伏。此处“杆秤喻”所指涉的因果关系不同于“同时因果”：如果将因果过程以“因生”“因灭”“果生”“果灭”四个节点进行描述，杆秤喻指的是第二个节点与第三个节点，也即“因灭”与“果生”同时；而“同时因果”则指的是“因生”与“果生”同时，“因灭”与“果灭”同时。[①]莲花戒的论证可以重构如下：因灭、果生同时发生，无有间隙。果存在于第二刹那，由第一刹那时未灭之因的生果效力所引生。

“杆秤”喻最早见于《佛说稻秆经》，用来说明十二因缘既“非常”又“非断”，“非常”在于一缘灭后，另一缘才生；“非断”则在于其生灭过程“如秤高下，此灭彼生”[②]。经量部论师称友（Yaśomitra）在《阿毗达磨俱舍论疏》（*Abhidarmakośavyākhyā*）中对这一喻例进行了解释，并指出了杆秤喻的两重意味：第一，杆秤一端之下沉正是另一端高昂的原因；第二，一端之下沉与另一端之高昂同时进行。[③]他认为因果关系也是同样如此，在因果现象中，因之毁灭与果之生起这两个事件

---

① 若进一步考量，这涉及一个问题：在刹那灭论的前提下，一刹那已经是最小时间单位，是否还可以将因生、因灭分成两个时间节点？“因灭果生”同时是不是就意味着因果同时？

② 《佛说稻秆经》，《大正藏》第16册，第818页。据森山清徹（1994: 152-153）考察，莲花戒《般若波罗蜜多能断金刚经释》（*Prajñāpāramitāvajracchedikāṭikā*）、《中观光明论》（*Madhyamakāloka*）等文献中都有对“杆秤喻”回应断灭难的具体分析。

③ “杆秤喻”很容易导致这一发散思维：在杆秤左右两端的上下中，除了上下同时之外，还有一重隐含意味：一端的向下正是另一方升起的原因。换言之，“因灭”不仅与“果生”同时，还恰恰是“果生”的原因。不过“以灭为因”不符合寂护、莲花戒的哲学立场，因为他们均以灭法为非存在。然而，从现代哲学的视角来看，或许可行。因为寂护、莲花戒哲学的论域中，作为“因”的一定要是“法”，即实体的物质存在（being），而在现代哲学中，作为“因”的，可以是事件（event）。更多关于“杆秤喻”的讨论，参见Park, 2007: 320-322。

(event)同时发生并且具有因果关联。[①]从经量部论师的视角来看，唯一的真实存在是当下现起的事物，当下事物现起之后立即灭坏，并在灭坏的同时作为因引生后果。[②]

此外，安慧《大乘中观释论》、无著《大乘阿毗达磨集论》以及《瑜伽师地论》等文本中都有对这一喻例的引用和解释。论师们认为，这一喻例可以用来回应断灭难，对“刹那生灭”进行重新解释：一方面，考虑到因灭果生，刹那存在物之后有新的存在物生起，不应该认为“刹那存在物全然湮灭，无有痕迹”；另一方面，如果“全然湮灭”仅指称因支本身，则是可行的。不管如何，刹那灭说并不能排除新事物的生起。

童中尊并不认同这一喻例可以解除断灭难的指控。寂护引用了其论证：

> [若许]生灭同时，则[因果两支]非相待[而生]，二者不具因性果性，[因支]未能增益(anugraha)[生果]“作用”(vyāpāra)故。(《摄》485)

这一颂文引自《偈颂大疏》[③]，童中尊认为，即使因灭、果生同时，前后

---

① AKVy 281: 2-3: bījāṅkuranirodhotpādanyāyena aikasminn eva kṣaṇe bījaṃ nirudhyate 'ṅkuraś ca utpadyate tulādaṇḍanāmonnāmavan nāśotpādayoḥ samakālatvāt || [大意：]种芽生灭恰在同一刹那，种灭芽生正如秤端低昂，生灭同时故。梵文转引自Park, 2007: 320。

② AKVy 167: 11-16: na samanantaraniruddhasya astitvaṃ brūmaḥ api tu vartamānaṃ cittam ātmano 'nyacitta hetubhāvaṃ vyavasthāpya nirudhyate 'nyac ca utpadyate tulādaṇḍanāmonnāmavat | tac ca niruddham aparaṃ ca cittam utpannaṃ bhavati ity anantara niruddhāc cittāc cittāntaram utpadyate ity ucyate || [大意：]吾宗(经部师)未说无间断灭之“非存在”，而[说]一现有心识，成就因性[、引生]他心识，[同时]断灭。他心识之生起如秤端低昂。[现有心识]断灭，后有之他心识生起。如此可说，“他心识从‘此无间断灭之心识’而生”。梵文转引自Park, 2007: 321。

③ 《偈颂大疏》840, 7-8(Śabdanityatā v. 430): nāśotpādasamatve 'pi nairapekṣyāt parasparam | na kāryakāraṇatve stas tad vyāpārānanugrahāt || 英译Jha, 1983a: 482。此颂在Jha译本中被标记为第431颂。

两刹那的事物实际上是互不相待、彼此独立的存在物，因为前一刹那的存在物未能助益后一刹那存在物的生起。对他来说，前一刹那物"助益"后物的这种"作用"，才是因果关系的核心。

除童中尊的驳难外，乌底耶塔加罗也在《正理大疏》中对杆秤喻提出了他的批评。他认为，杆秤两端一上一下的现象不应当视为两个同时进行的动作，而应该看作是一个动作，是杆秤这个单一物体的倾斜。因此，以"同时"来描述杆秤两端的动作是荒谬的，因为本来就只有一个动作，何来同时之说？此外，如果硬要将杆秤两端的上下视为两个动作，那它们也不能看作是同时的，因为若两个事物同时存在，则它们的因也必须同时存在。然而，下降端是由重力所致，而上升端则是重力加上机械作用所致，二者因不同时，所以不可能同时存在。①

总而言之，针对因何时生果的问题，寂护明确地提出了"因在上一刹那、果在下一刹那"的观点。并且寂护还对因果相隔久远和因果同时的情况提出了批评。

四、异熟因："经久远而生果"如何可能？

在日常经验中，许多我们界定为"因果关系"的现象都是有时间间隔的，少则几分钟，长可达数年甚至数十年。然而，我们日常生活中很少从"刹那"这种微观的视角去观察世界，反而无法看到前一刹那

① 《正理大疏》385-386(v. 3.2.12)。英译Jha, 1983b, vol 3: 234-236。乌底耶塔加罗在此处倡导的是一种"因中有果"的因果观，认为因果的关系是容器和存储物的关系，比如瓶和瓶中之奶。而如果两件事物不共时而存，就无法形成这种存储关系，也就无法形成因果关系。由于寂护《摄》第9品未对同时因果多着笔墨，所以此处不加详析。

因后一刹那果的因果关系。常见的因果关系有种子生芽、吸烟致癌、勤俭致富、锻炼强身等等。从寂护的定义看，这些现象无法构成因果关系，但是，不管寂护自身所持的哲学立场是什么，都需要为大众眼中的因果关系提供哲学解释。

回到本书语境中童中尊的因果逻辑，如果刹那灭成立，将有断灭之谬；第三刹那及之后的果无法生起，因此“经久远而生果”的因果时间关系不能成立。寂护则以“异熟因”(vipāka-hetu)这一概念间接地表示了自己的立场：“若果于第三刹那或之后从已灭之因生起，正如，果从已经灭坏的异熟因生起。”(《摄》513)于《摄》第9品中，寂护对此仅作了这一简单表述，然而在《摄》第21品对三时说的讨论中，寂护分析了事物存在于过、现、未三时的情况，同时对这种因果相隔比较久的情况进行了解释：

> 生果者为异熟因(vipāka-hetu)，而非过去之物(atīta)。[业行]经识之续流(prabandha)熏习(vāsita)，才许有果[之生起]。①

如上文所示，即使生果之因在久远之过去，也不能认为是灭坏之物引果。实际发生的是因通过一种间接的熏习方式，辗转而生果。早在巴利文圣典《论事》(*Kathāvatthu*)中，就开始以“异熟因”这一概念解释因如何在久远之后生果了。vi意为“区别、差异”；pāka源于词根√pac，意为“成长、成熟、煮熟”。因此，“异熟”(vipāka)指异于因而成熟的事物，也即果。其中“异”字所指的一个重要的差异点就是因果所处的时空不同。如世亲所言，“从彼后时异熟方起，非俱、无间”②。其中“非

① 《摄》1849: vipākahetuḥ phalado na atīto ’bhyupagamyate | sadvāsitāt tu vijñānaprabandhāt phalam iṣyate || 英译Jha, 1986: 883。

② 《俱舍论》卷6,《大正藏》第29册，第35页。

俱”，意为非俱时而起，排除了果在第一刹那；“非无间”，意指非无间相继而起，排除了果在紧随因后的第二刹那；“后时方起”，只能在第三刹那之后了。

此颂第二句“[业行]经识之续流熏习，才许有果[之生起]”是在解释异熟果的发生机制。其中续流（prabandha）——常写作相续（santāna）、流（pravāha）——指的是由此起彼伏的刹那生灭存在物组成的整体，其内部处在不断流变中，然而却维持着表面的整体性，如同河流。刹那生灭的业行——此处标记为m^1——产生之后随即灭坏，灭坏的同时产生一个等流果（niṣyanda-phala）——可标记为m^2，m^2灭坏之后再产生m^3，随后m^4、m^5……最后，在某个特定的时间点上，异熟果m^n生起。所有的这些刹那灭存在物，共同形成因果链或者因果续流。其中的每一个刹那存在物都是前一刹那物的等流果以及后一刹那物的等无间缘。并且，从m^1到m^{n-2}都可看作是m^n的异熟因，从m^3到m^n都可看作是m^1的异熟果。m^1和m^n之间的异熟因果关系不在于直接的引生关系，而在于二者处在一个因果链上，前者是后者的源头，而后者是前者的发展。由此可说，异熟果是业行经续流之熏习所致。如世亲所言：“异熟果无与业具，非造业时即受果故。亦非无间，由次刹那等无间缘力所引故。又异熟因感异类果必待相续方能办故。”①

众贤在《顺正理论》中以放火烧村的例子对此进行说明：有人想要放火烧别人村庄，先用火把点燃村庄的一个小草堆，火势渐大，四处蔓延，最后整个村庄都在火海之中化为灰烬。在追究责任时，放火者辩解：我只是用火把点燃了一个小草堆而已，点燃草堆后，我的火把就熄灭了，并未去点燃村庄的其他部分，所以我只需要赔偿一个草堆，不需要为整个村庄的烧毁负责。然而，在我们的世俗常识和习惯中，这

① 《俱舍论》卷6，《大正藏》第29册，第33页。

种辩解不被接纳，点燃草堆者要为整个村庄的火灾承担责任。正所谓“如是诸蕴相续转变所生诸果，应知皆是初蕴为因展转而起，是故诸业与所依蕴虽久谢灭，而于后蕴彼果得生，亦无有失”①。

综合而言，在佛教哲学的传统上，跨时间段的因果关系就常被单独解释，“异熟因”是用来解释这种现象的一个概念。在众贤的《顺正理论》和世亲的《俱舍论》中，还记录有许多其他的相关概念，比如譬喻师(Dārṣṭāntika)使用“亲因”与“传因”，室利罗多还使用“邻近”与“辗转”；世亲在解释异熟生果机制时经常用到的概念是“相续转变差别”②，如此种种，容后文再叙。

此处需要理解的是异熟因的作用机制：初因生果，果再生果，绵延不绝。被称为“因”“果”的两个事物并非独立无依的存在物，而是处在一个因果链条中。它们之所以被选择性地视为异熟因和异熟果，是由于主体基于自身的某种需求而形成的视角，投射到这个绵延不绝的生灭链之上，赋予其作为因和作为果的角色，并命名为因果。

五、俱有因：寂护对同时因果说之批评

在寂护的刹那灭论背景下，童中尊所倡之两件事物共时而存是不可能发生的，因为事物存在的时间只有一刹那，而刹那是最小的时间单位，不可再分。所以，如果事物共时，那就完全同时，不可能有时间部分重合的情况。并且，寂护也不认同因果同时之说，而对此提出了下列几点批评。

---

① 《顺正理论》卷34，《大正藏》第29册，第535页。

② 《俱舍论》卷6：“由相续转变差别其体得生。”(《大正藏》第29册，第33页)

首先，仅存在物有生果效能（sāmarthya）。生果效能只有在事物进入存在之后才会具足。如果两件事物同时存在，并且它们各自的生果效能也都在它们自身进入存在之后才会产生，那么这两件事物的生果效能都无法影响到对方，因为一物的生果效能产生时，另一物已然存在。所以，这种情况下，二者无法构成引生与被引生的关系，也就无法形成因果关系。

其次，若因果二支同时存在，那因之生果效能还能否发生功用？一方面，如果因之生果效能依然有功用，那么它是不是会"永无止息"（《摄》511）地生果，犯无穷过。另一方面，若"彼时果已从[因]生起"（《摄》510）；果已生起，那因就没有生果效能，或者其生果效能无用武之地。那因还能成其为"因"吗？是否违背了因果关系的基本界定？

于寂护而言，两件事物同时存在就像钳夹的两支或者交欢的双方（《摄》516-517），在时间上同步，在空间上对称，二者无法构成因果关系。因此他认为，同时因果"有相违过"（virudhyate），"不应理"（yukti）（《摄》514，515）。此难排除了下列两种因果时间关系：其一，因存在于第一刹那，并且在此刹那生果，且在第一刹那与果俱时而存；其二，因持续存在至第二刹那，并在第二刹那生果且与果在第二刹那共存。

其实，在同时因果的问题上，寂护的论敌并不是童中尊或者其他婆罗门教哲学家，而是部分佛教哲学家，如莲花戒在《摄·疏》第514颂中所言，俱有因是"毗婆沙师所宗"。《俱舍论》中记载有毗婆沙师（Vaibhāṣika）和经量部之间在这一问题上的争辩，寂护对同时因果的驳难所使用的逻辑和喻例都与经量部一致。

毗婆沙师在因果论上继承了说一切有部的六因（hetu）、四缘（pratyaya）、五果（phala）说，其中俱有因（sahabhū-hetu）是六因之一。sahabhū一词由saha（同时、一起）与bhū（存在）组成，顾名思义，sahabhū-hetu

即指同时存在的因。毗婆沙师使用这个术语来指涉下面三种“同时”的情况：其一，两事物同时存在，共同作为因引生同一果；其二，两事物同时存在，互为因果；其三，两事物同时存在，其中一物依另一物而起，比如灯与灯光。①

在毗婆沙师众贤与经量部室利罗多的争辩中，因果同时存在的情况被称为“俱生因”（sahajāta-hetu）。sahajāta由saha和jāta组成，其中jāta意为“生起、生发”，sahajāta意为“同时生起”。在刹那灭论的框架下，事物均只能存续一刹那，两件事物同时生起意味着二者同时生起，同时存在，同时灭坏。换言之，俱生因与其果有相同的生起时间、持续时间和消亡时间，二者完全同时。众贤与室利罗多争辩中的俱生因指的就是这种因果同时存在状态下的因。

对众贤而言，因果同时存在且互为因果，就可以称为“俱生因”。因为要形成二者互相依待的因果关系，两件事物必须同时生起。如同两块互相支撑着维持站立的木板，其中任意一块的站立都是另一块保持站立的原因，此时，因果同时且互相依待。

“俱生因”也可能在因果不互为因果的情况下成立。例如，在灯与所发出的灯光之间，灯是灯光的因，灯光存在时，灯与之俱存。人与自己的影子之间，人是影子的因，影子产生之后，人与影子俱存。在这两个案例中，果都是依待因而起，但是二者却有共时而存的状况。

俱生因（sahajāta-hetu）和俱有因（sahabhū-hetu）这两个概念为经量

---

① 法光（Dhammajoti, 2003）对《阿毗达磨大毗婆沙论》（*Abhidharmamahāvibhāṣaśāstra*）、《俱舍论》（*Abhidharmakośabhāṣya*）、《顺正理论》（*Abhidharmanyāyānusāra*）以及《入阿毗达磨论》（*Abhidharmāvatāra*）四个文本中有关同时因果的表述进行了比对研究。他认为众贤（Saṃghabhadra）的《顺正理论》对说一切有部同时因果论的表述最为清晰。在对毗婆沙师众贤与经量部室利罗多之间对俱生因（sahajāta-hetu）的争论进行考察后，他提出，对俱生因的争论是对同时因果争论的一部分，因为前者是后者的基础。

部所不许，众贤在《顺正理论》中记载了一个室利罗多对此的批评。

> [室利罗多：]云何俱起诸法聚中有因果义？
>
> [众贤：]何故知无？
>
> [室利罗多：其一，]俱起诸法于将生位，既非已生，[俱起之二法]并应未有。如何可说[二者为]"能生"以及"所生"？[其二，]又[经中]说，有因则有果故。若未来世诸法能生，应有诸法恒时生过。[其三，]又俱生法此果此因[二者]，无定因证，如牛两角。[其四，]又诸世间种等芽等极成因果相生事中，未见如斯同时因果。[1]

上述段落中，经部师室利罗多批评俱生法说，给出了四个理由：

其一，在将要生起尚未生起的时候，俱起之诸法同样属于非存在，如何能进行"能生"及"所生"的区分呢？也就是说，在未生之前，二者都是无，不可以作因果之别。

其二，室利罗多引用经中之"有因则有果"之说，认为俱生之二法生起之后，因应该还会继续生果，如此则有无穷过。

其三，室利罗多以牛之两角为例，说明因果关系无法在同时存在的两个事物之间发生，因为我们无法辨明二者中何者为因，何者为果。

第四，室利罗多给出了一个认识论的理由：在世间我们许为因果的现象中，并未见因果俱生的情况。

与上文对比可见，寂护对同时因果的驳难几乎是室利罗多此难的翻版，不仅逻辑上基本一致，而且使用的案例也相似：寂护用钳子的两支，而室利罗多用牛之两角。

此外，虽然寂护是在回应童中尊的三时难中提出上述驳斥，然而

① 《顺正理论》卷15，《大正藏》第29册，第418页。

对同时因果的驳难却不是驳斥童中尊，因为童中尊也是该说的反对方。在《偈颂大疏》中，童中尊还与室利罗多一样用动物两角之例来说明因果关系的同时性不能成立：若两件事物同时成立，则如同动物的左右两角，各自独立，无法形成“此为因、彼为果”的区分。[①]所以，他也不认同互为因果说，主张两个事物互相依待、互为因果是不可能的。

总之，同时因果之论为毗婆沙师等佛教派别所倡，寂护和童中尊均对此有反对意见。寂护驳斥了此说，其批评理路与经量部的立场和论辩方式都非常接近。

结语

寂护在《摄》第9品中主张，业因业果的成立是建基于因果律成立的基础之上的，因此，对因果律的证成是寂护论证的一个重要部分。本章讨论了寂护“刹那灭而有因果”这一立场所面临的两个重要批评——“断灭难”和“三时难”，并分析了寂护对三时难的回应，从而呈现了寂护在“因与果的时间关系”这一问题上的立场：因在第一刹那，果在第二刹那。

具体而言，童中尊和寂护所讨论的因果两支时间关系一共有四种可能性：(1)因前果后，时间部分重合；(2)因前果后，时间不重合但也没有间隔，紧密接续；(3)因前果后，时间上有间隔；(4)因果同时，时间完全重合。为便于理解，下面辅以图示，图例如下。其中箭头方向代表时间演进的方向，左边是过去，右边为未来；线条上的分段代表以一刹那为单位的时间分段，每段代表时间的最小分际，即一刹那；正方

① 参见《偈颂大疏》310, 1-3(Śūnyavāda v. 152-153)。英译见Jha, 1983a: 166。

形代表存在物，这里以实线正方形指代作为因支的存在物，虚线正方形代表作为果支的存在物；存在物在图示时间线条上所占的宽度代表其所占用的时间长度。

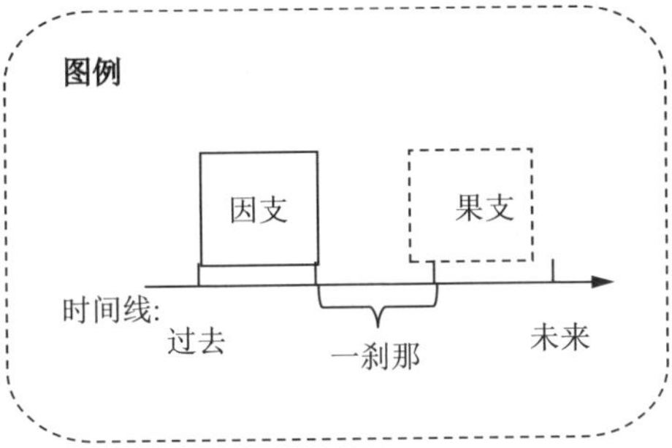

(1) 因果存在时间部分重合：因先生起→因还在存续期间果生起→因灭坏→果后续灭坏。因果存在的时间不完全一致，但是部分重合。如图 1 所示，存在物存续时间超过一刹那，在存续期间生果，并与果共存一段时间，然后与果先后灭坏。此说未直接见于寂护或童中尊的表述，但是为童中尊的逻辑所暗示。从他的阐述中可以推知，他对因果时间关系的看法是，因果要先后存在，且时间上有所重合，既非完全同时也非完全异时。由于这种时间关系是从其论述中推论而知的，因此没有专门的术语进行表述，寂护也没有直接去回应这一说法，然而这种主张不符合刹那灭论对事物存在方式的规定，因此很容易推知，寂护对此说不赞同。

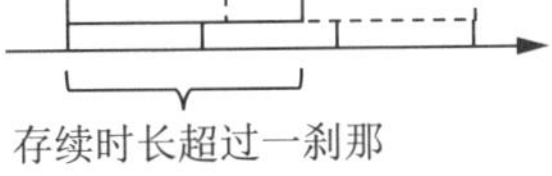

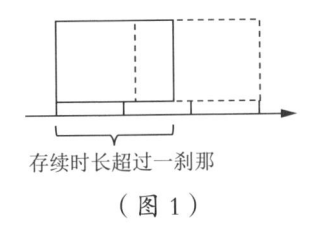

（图 1）

(2) 因在果前，因果无重合时间。因支果支接续而存在，存在时间均为一刹那，随即灭坏，二者时间上无有重合。如图2所示，因支存在物处于第一刹那，果支存在物处于第二刹那，中间没有时间间隔，因支灭坏和果支生起是同时的。此说为寂护所倡，但是受到童中尊及其他婆罗门哲学家的批判。针对论敌的断灭难，莲花戒提出“因灭”“果生”二者同时，所以前者之生果效能得以引生后续之等流果。为了证明这一因果时间关系的合理性，寂护还用排除法先证伪了下文(3)(4)所指涉的两种因果时间关系。

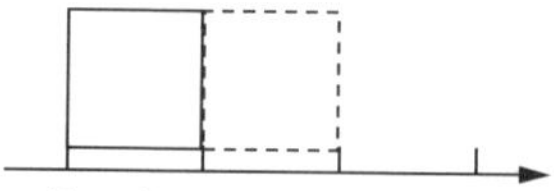

(图2)

(3)因在果先，因果之间有时间间隔。在刹那灭论的框架下，指的是因存在于第一刹那，果存在于第三刹那及之后。因果是相继出现但并非接续而起。如图3所示，因支存在于第一刹那，果支则在稍晚的时间，因果之间有时间间隔。寂护认为这种情况应该视为异熟果(vipāka-phala)，并且在世俗谛的意义上为真，不应当视此果为此因直接产生，而应该看到因通过“相续”辗转生果的过程。然而，寂护的论敌对此提出驳难，认为在刹那灭论的大背景下，这种因果就犯了“所作散灭，未作自至”之过。

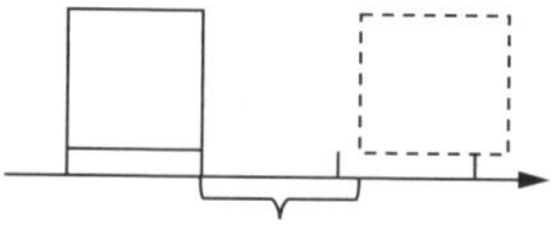

(图3)

(4)因果同时，时间重合。如图4所示，因果同时存在，存续时间均为一刹那。这一观点为佛教毗婆沙师所宗，但是寂护和童中尊均不认同。

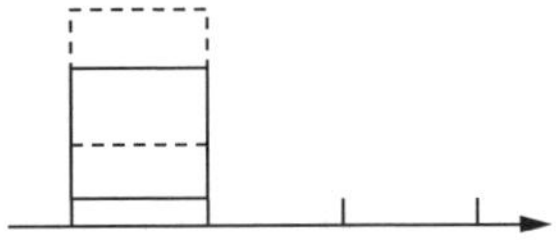

（图 4）

总而言之，于寂护而言，唯一合理的关系是“因在果前，因存在于第一刹那，果存在于第二刹那”。然而，寂护对于因果时间关系的条分缕析很容易让人产生如下疑问：为什么寂护要在因果时间关系这个问题上如此大费笔墨？除了回应童中尊的“三时难”之外，这一周密的论证是否另有深意？寂护是不是倾向于以因果两支的时间关联来解释因果？在后文对寂护自身因果论进行考察之后，我们对这一问题可获得更清晰的视野。

第六章
因果作为共许方便

凡涉因果，哲学家们都需回答以下问题："因果关系"到底指的是什么？当我们说两个事物之间存在因果关系时，我们所描述的到底是什么情况？播种发芽，击球球动，将它们认定为因果现象，我们有何凭依？对这一形而上学难题，西方文化传统中的哲学家们提供了非常多的思路，以至于我们碰到相关话题时习惯性地想到休谟、康德等。实际上，印度哲学家也对因果关系问题有着丰富的讨论，能够为这一话题在当代社会的展开和深入探讨提供思路。如本书前面章节所示，针对"'因果关系'到底指的是什么？"这一问题，一些印度婆罗门教哲学家提出了生果"作用"（vyāpāra）说。根据这一说法，"作用"充当着因与果之间的媒介，被认为是因果关系的本质所在。

寂护在这一问题上持不同见解，他拒斥生果"作用"观念，并且给出了对作用说的系统性批评，然后为因果问题提供了一个中观派的解答。寂护因果论可以从几个不同层级来理解，这在他对童中尊的驳论中逐次被展现。本章将通过对"无间限定"（ānantarya-niyama）、"生果力"（śakti）及"共许方便"（saṅketa）等概念的讨论来检视寂护的因果理论。

一、缘起：因果之起点

在《摄》全书的开篇偈颂中，有一颂解释了寂护因果理论的基本立场，其论证因果的起点是佛教缘起(pratītya-samutpāda)说：

> [大意：][法为缘起，]非原质(prakṛti)[生]，非自在天(Īśvara)[生]，非[原质、自在天]共[生]，非我[生]，无作用(vyāpāra)，迁流无定(cala)。[缘起]为安立(vyavasthā)业因业果之基础。①

在引文中，寂护显示了他撰写此论的一个旨趣：拒斥其同时代的其他哲学派别之因果论，建立佛教以“缘起”为核心的因果理论。佛教缘起论常常被表述为十二缘起说，有顺逆、杂染清净等不同的观察视角。杂染顺观是烦恼世界生起的过程：无明缘行，行缘识，识缘名色，名色缘六入，六入缘触，触缘受，受缘爱，爱缘取，取缘有，有缘生，生缘老死。清净逆观则是从烦恼世界解脱的过程：老死灭由生灭，生灭由有灭，有灭由取灭，取灭由爱灭，爱灭由受灭，受灭由触灭，触灭由六入灭，六入灭由名色灭，名色灭由识灭，识灭由行灭，行灭由无明灭。这种对缘起因果链的描述虽然蕴含着深刻的哲学意涵，但并非对因果的论证，而更像是基于经验的观察和描述。虽然十二缘起说展示了佛教对人类业因业果图景的理解，但终究限于经验的描述，未进入抽象的哲学讨论，因此其解释力也有限。

缘起论更为抽象的版本可称为“缘起偈”：此有故彼有，此生故彼

① 《摄》1–6：prakṛtīśobhayātmādivyāpārarahitaṃ calaṃ | karmatatphalasambandhavyavasthāsamāśrayaṃ || … yaḥ pratītyasamutpādaṃ jagāda gadatāṃ varaḥ ||英译Jha, 1986: 1-2。

生;此无故彼无,此灭故彼灭。[①]缘起偈使用两支之间的关联方式来描述因果关系,所揭示的因果观适用于更广泛的现象。对缘起偈之两支的理解有下面两种:第一种将之理解为两个“事件”(events)——“此有”与“彼有”、“此生”与“彼生”、“此无”与“彼无”、“此灭”与“彼灭”。但是,“有”“无”“生”“灭”是否可以看作是谓词,从而使“此有”“彼有”“此无”“彼无”等构成一个个“事件”?这点尚需讨论。第二种理解将缘起偈的两支视作两个“事物”(entities):“此”和“彼”。在佛教的惯常语境中,“此”和“彼”经常指的是十二缘起支中的各分支,而因果关系则指的是“作为因的事物”和“作为果的事物”之间的关系。

在早期佛教文本中,缘起偈反复出现。从上文所引的巴利文原文可见,缘起偈前后两句的语法是有差异的,“此有故彼有”(imasmiṃ sati idaṃ hoti)和“此无故彼无”(imasmiṃ asati idaṃ na hoti)中,用巴利文第七格位格组成句子。位格是一个指示方位的格,不仅指空间的方位,也包括时间以及事情演变进程而呈现出的“方位”;尤其主词谓词都使用位格时,形成“绝对位格”(locative absolute)格式,意思是“当××时”。这也是一个条件句,体现了逻辑蕴含关系。而另两个从句“此生故彼生”(imass' uppādā idaṃ uppajjati)以及“此灭故彼灭”(imassa nirodhā idaṃ nirujjhati)则采用的是主格和第二人称单数动词,没有使用条件句的语法。然而,在中文的翻译中,后半段与前半段的句法一样,都使用了代表条件句的“故”,从严格的语法来说,有过度翻译的嫌疑。从巴利原文来看,此生和彼生之间仅仅只有先后关系,可以从逻辑蕴含和时间相继两个角度来进行解释。而中文翻译以“故”来对二者进行连接,就把二者的关系限定为逻辑蕴含关系了,抹去了原文所呈现

---

① *Bahudhātuka Sutta: Majjhima-Nikāya* 115: imasmiṃ sati idaṃ hoti, imass' uppādā idaṃ uppajjati; imasmiṃ asati idaṃ na hoti, imassa nirodhā idaṃ nirujjhati || 巴利文来自 Chalmers, 1899: 63。

的其他可能性。这种微细的差别，从宗教的角度来说也许无伤大雅，但从哲学分析的角度来说则可能影响巨大。如果严格按照语法对此缘起偈进行翻译，那么应当译成："此有故彼有；此生，彼生；此无故彼无；此灭，彼灭。"虽然早期佛教中没有对因果的精细解释，但从上述用语中可以推断出如下信息：(1)因果关系被描述为两支之间的关联；(2)关联方式可能是时间相继或者逻辑蕴含；(3)这一表述中没有直接或者间接提示存在某种形而上的因果本质。然而，早期佛教在此问题上的模糊处理，也为后辈论师留下了充分的阐释空间，形成了诸多不同的解释，并在此基础上产生了不同版本的佛教因果论。世亲在《俱舍论》中就列举了几个对"此有故彼有，此生故彼生"的不同解释。

何故世尊说前二句？谓"依此有，彼有"及"此生故彼生"。

[一]为于缘起知决定（avadhāraṇa-artham）故。如余处说：依无明有诸行得有，非离无明可有诸行。

[二]又为显示诸支传生（aṅgaparaṃparā）。谓依此支有彼支得有。由彼支生故余支得生。又为显示三际传生(janma-paraṃparā)。谓依前际有中际得有。由中际生故后际得生。又为显示亲传二缘。谓有无明无间生行，或展转力诸行方生(sākṣāt pāraṃparyena)。

[三]有余师释：如是二句为破无因（ahetuvāda）、常因二论。谓非无因诸行可有，亦非由常自性我等"无生(anutpatti)因"故诸行得生。若尔，便成前句无用。但由后句此生故彼生，能具破前无因、常因故。

[四]然或有执有我(ātman)为依，行等得有。由无明等"因分"生，故行等得生。是故世尊为除彼执，决判：果有即由生因，若此生故彼生，即依此有彼有，非谓果有别依余因，谓无明缘行，乃至如是纯大苦蕴集。

[五]轨范诸师(Pūrvācārya) 释，此二句为显因果不断(aprahīṇa)及生。谓依无明不断，诸行不断。即由无明生故，诸行得生。如是展转皆应广说。

[六]有释，为显因果住 (sthiti) 生 (utpatti)。谓乃至因相续 (kāraṇa-srotas) 有，果相续 (kārya-srotas) 亦有。及即由因分生故，诸果分亦生。此欲辩"生"。何缘说住？又佛何故破次第说，先说住已而后说生？

[七]复有释言，依此有彼有者：依果有，因有灭。此生故彼生者：恐疑果无因生。是故复言，由因生故，果方得起，非谓无因。经义若然，应作是说：依此有彼灭无。又应先言因生故，果生已后，乃可说依果有因灭无。如是次第方名善说。若异此者，欲辩缘起，依何次第先说因灭。①

第一个解释认为世尊说此偈是为了"于缘起知决定"："依无明有，诸行得有，非离无明可有诸行。"意思是，在无明缘行这一个缘起中，无明是诸行生起的必要条件，离开无明就不会有诸行，对诸行的生起而言，无明的存在有其必要性。②

第二个解释被普散及桑布(Poussin and Sangpo, 2012: 999)归属为经量部论师大德罗摩(Bhadanta Rāma)。此释认为缘起说有以下几重意味：首先，为了"显示诸支传生"，十二缘起支中，依第一支而有第二支，依第二支而有第三支，如此传递到最后一支，形成一个由十二事构成的因果链。其次，为了显示"三际传生"，此处"三际"指的是过去-

① 《俱舍论》卷9,《大正藏》第29册，第50—51页。其中梵文词标注及文中各释之作者归属的讨论参见Poussin and Sangpo, 2012: 999-1001, 1176。

② Poussin and Sangpo(2012: 999) 认为此处还意味着无明并非诸行生起的充分条件，此说存疑。

前际，现在-中际以及未来-后际。“依此有，彼有”中的“此”“彼”既可以指涉刹那视域下的微观过、现、未法，也可以指宏观的过去、现在、未来世界。最后，为了显示“亲传二缘”，其中“亲缘”指无明缘行是“无间生行”，直接生起，中间没有时间间隙。“传缘”指无明到识、名色、六入等后面各支，是依“展转力”而生。

第三个解释，文中说是“余师释”，普散及桑布（Poussin and Sangpo, 2012: 1000）认为“余师”指的是婆数跋摩（Vasuvarman）。他认为“此有故彼有，此生故彼生”两句是为了破斥“无因”“常因”两种理论，主张事物并非无因而起，亦非从自性我、原质、自在天等婆罗门哲学家所主张的这种无生因的恒常之物生起。世亲不太赞同，因为若要破无因、常因，第二句“此生故彼生”就够了，前面一句就成了无用的表达。

第四个解释来自非佛教徒，其认为无明等“有我为依”，即有恒常之自我（ātman）作为所依，然后才有行等后续之缘起支生起。比如有主体因无明而造恶业，后面又因此而受苦报，整个过程中自我作为主体是行为和果报的所依。这种观点应该是来自婆罗门教哲学家，为佛教所不容，所以文中说世尊为了破除这种计执，强调因果关系仅是“依此有而彼有”，果并无“别依”“余因”。

第五个解释来源不详，世亲说是“轨范诸师”（pūrvācāryāḥ）。该释认为缘起偈是为了“显因果不断及生”，即在缘起支中，有无明就有诸行，无明不断则诸行不断，后续的各支也会依序生起。也即因不会妄起，不会无故消失，一定会引生后续果报。

第六个解释，普散及桑布（Poussin and Sangpo, 2012: 1000）主张来自室利罗多（Śrīlāta）。该释认为上述缘起偈在于说明因果关系的“住”和“生”，其中“此有故彼有”是在说“住”——有因相续，则有果相续；“此生故彼生”是在说“生”——由“因分”之生起，而有“果分”之生起。世亲对这一观点不太赞同，提出了两个质疑：第一，为什么要说“住”？

第二，一般都说生住异灭，生在住前，为什么此处佛陀会破常规次第，先说住后说生？

第七个解释还是来自室利罗多，其认为偈文中“依此有，彼有”意思是有果之后，因已灭坏；而为了破果从无因而起的疑惑，特地说“此生故彼生”。世亲对此亦不甚赞同，认为如果经义是这个意思，那么不会说“依此有，彼有”，而会说“依此有，彼灭无”；而且，如果是这个意思，偈文的顺序应该颠倒，变成“此生故彼生；依此有，彼灭无”，这样才符合这一解释的说法次序。

除上述世亲所列举的诸种解释之外，众贤还提供了一个基于说一切有部立场的解释，将这一偈颂与六因五果说联系起来，认为“依此有，彼有”指的是俱生因（sahaja-hetu），而“此生故彼生”指的是前生因（agraja-hetu）。①

当今学者们依然在对这一偈颂提出新的诠释，比如大卫・卡卢帕哈纳（Kalupahana, 1986: 97）认为偈颂中的“有”（sati）和“生”（uppādā）并不是简单的重复，而是对因果关系不同侧面的强调，其中“此有故彼有”强调的是因与果的惯常相继出现现象；而此生故彼生则强调的是新事物的生起（productivity）。

简言之，佛教以缘起论来解释世间事物的因果关联，十二缘起说是其最常见的论述方式，而缘起偈则是一个更为抽象的版本。由于其本身的含义并不十分明确，佛教论师们对此给出了不同的解释，寂护、莲花戒同样也给出了他们的解释。

---

① 《顺正理论》卷15：“引薄伽梵处处经说：‘依此有，彼有；此生故彼生。’与此相反，非有非生，如是名为因果总相。此中初显俱生因义，后文复显前生因义。”（《大正藏》第29册，第419页）

二、因与果的“无间限定”

寂护和莲花戒在讨论因果论时，频繁提及这一偈颂。在《摄·疏》第503颂讨论业因业果论的所依时，莲花戒表示“作者不可得”，主张并不存在一个独立于业因业果而存在的自我主体作为所依，只有因果相续的诸法生起：“此有故彼有，此无故彼无。”在反驳论敌因果“作用”的观念时，寂护表示，唯一存在的因果“作用”就是作为因的事物之存在，并不需要预设形而上学意义上的因果“作用”来解释因果关系：“[因之]存在是仅有之[因果]‘作用’；若此有，则彼有；由此，果得以生起。”（《摄》520）莲花戒在该颂的注疏中表示，因果“作用”仅仅指称果紧随因之后生起这一现象。也即，因果关系的界定在于因果两支之间的惯常随伴。莲花戒在《摄·疏》第521颂中进一步表示：“除‘随伴’(anvaya)和‘离反’(vyatireka)之外，并无其他途径了知因果关系。”此处，“随伴”指的是“此有故彼有”和“此生故彼生”，而“离反”指的是“此无故彼无”和“此灭故彼灭”。在随后的《摄》第522颂中，寂护写道：“仅依‘此有故彼有’，假立[生果]‘作用’。”类似的表达，寂护和莲花戒重复了多次(《摄》520-522; 530-531)。然而，将因果关系定义为“此有故彼有”并不能终结对因果的讨论，依然有诸多问题尚待回答。寂护面临的下一个问题就是偈颂中“此”和“彼”的关联问题：这一缘起偈到底意味着“此”与“彼”之间什么样的联系？

据材料显示，寂护并没有直接回答这一问题，但是其对因果问题的阐释却显示出下列倾向：强调因与果的时间关联，甚至似乎仅以时间相继关系来解释因果律。寂护在《摄》第9品花大量篇幅讨论因与果的时间关系，并且论证二者之间只有一种时间关系合理：因在上一刹那，果在即刻相继的下一刹那。他反复强调，因果关系中我们唯一能看到的只有二者的相继出现。[①]虽然寂护并没有直接表述“时间上的相继关系是因果关系的真相”，但莲花戒却有此类表达。在为介绍《摄》第486颂而撰写的注疏中，为了回应论敌“需要设定因果关系的存在，否则因无法促进果的生起”的观点，莲花戒直接表示：“即使无生果‘作用’，因果关系依然存在，仅由间(antara)、无间(ānantarya)相继[即可证]。”(《摄·疏》486)在第528颂的注疏中，他有一个更强的表达：“因果法则之建立基础仅在无间相继，而非‘作用’。”(《摄·疏》528)有鉴于此，至少从寂护、莲花戒的论述中，我们可以看出，他们倾向于仅以时间上的邻近来描述因果关系。实际上，这种倾向并非始于寂护、莲花戒，早在经量部哲学中就有体现。经部师认为存在物的存在状态仅可分为两种：“生”(utpāda)和“灭”(vyaya)。事物才生即灭，此起彼伏。生灭序列中，事物的因果关系仅基于其即时相继性。[②]

显而易见，这种对因果关系的界定太简单，不太站得住脚。童中尊在其《偈颂大疏》中对此曾多次提出批评。他所使用的两个喻例——瓶不同属性之间的前后相连，以及牛马等不同动物的先后出现——在《摄》486和《摄·疏》529-530中都有被引用，原文如下：

> [大意：]瓶之色法灭坏之时，香等生起，但并未许其为彼[色法]之果。是故，如[此例]，[瓶之]后来色法亦如是[，不应看作是前色法之果]。[③]
>
> [大意：]实无此果彼因[二者]彼此辗转相依故，仅“此有彼

---

① 参见本书第五章，其中讨论了寂护对因果时间关系的详细论证。

② 对经量部这种理解因果关系倾向的讨论，参见Kalupahana, 1986: 151-152。

③ 《偈颂大疏》840, 3-4(Śabdanityatā v. 432): jāyamānaṃ ca gandhādi ghaṭarūpe vinaśyati | tatkāryaṃ na iṣyate yadvat tathā rūpāntarāṇy api || 英译 Jha, 1983a: 482。此颂在Jha译本中被标记为第433颂。

> 有”，如何计执其为因。因果关系之体相（lakṣaṇa）不在事物之前后关系（paurvāparya），牛马前后相继时，并无此种[因果关系]，亦如瓶中色[香]等刹那，先后生起于相续中，[无因果关联]。是故，前已证成。①

童中尊明确主张，因果关系之本质不能仅仅是二者的“前后关系”。时间上的相继关系并不能成为保证因果关系存在的充分条件。简单地以时间上的相继关系来界定因果，犯了过度泛化的谬误。在日常生活中，我们可以观察到很多前后相继出现的事物，但是它们之间并不能构成因果关系。他提出了两个反例：瓶子的色香属性前后相随，牛马前后相随。

瓶子属性的反例论证可重构如下：若刹那灭，则瓶的诸多属性刹那生灭，前后相继：颜色刹那C^1、C^2、C^3……C^n；气味刹那S^1、S^2、S^3……S^n；触感刹那F^1、F^2、F^3……F^n；第一刹那中的颜色C^1灭坏消失之后，第二刹那中颜色C^2、气味S^2、触感F^2等等接续生起，然而只有颜色C^2是C^1的等流果，其他气味、触感等刹那存在物虽然时间上也紧随其后，但并不是颜色刹那C^1的果。②

另一个反例更为直接：在我们的日常经验中，我们可以看到许多先后出现的事物，但并不是所有先后出现的事物都可看作有因果关联，

---

① 《偈颂大疏》310, 4; 311, 1-4(Śūnyavāda v. 153-155): idaṃ kāryam ayaṃ hetuḥ dvayaṃ na anyonya saṃśrayāt | tadbhāvabhāvitāmātraṃ hetuḥ kena eva kalpyate || paurvāparya vinirmuktaṃ kāryakāraṇalakṣaṇam | gavāśvasya tathā na asti paurvārpaye ’pi tat tathā || yugapaj jāyamāne ’pi santaty antaraje kṣaṇe | rūpādiṣu ghaṭe yadvat tasmāt pūrvam avasthite || 英译Jha, 1983a: 166。

② 童中尊期待佛教会认可这一喻例，因为他以为佛教徒会认可事物的色、声、香、味、触等大种所造物之间不可能互为因果。然而，寂护并不认同这一喻例的批评，并且宣称“香[及瓶之其他特质，如色]等，由其生发于[同一]续流（prabandha）故，被许互为因果”（《摄》529）。不过，寂护认可童中尊所提出的牛马喻例，并且对自身因果理论进行了修正。因此，他对这一喻例的反对并不影响对方驳难的有效性，而在正文中不作多言。

比如，烟随火出现，我们可以认为火生烟；但牛随马之后出现，我们不会认为马生牛。此证为常识，无须多言。

简言之，童中尊认为，单纯的时间相继关系并不能成为因果关系成立的保证。事实上，童中尊的批判有着更大的理论野心：既然时间上的即时相继不足以确认因果关系，那么因果连接的形成一定有更深的原因，也就是他所认为的因果“作用”。

寂护不认可因果“作用”的说法，但是他认同论敌提出的反例，纯粹的时间相继不足以确定因果关系。因此，他作出退让，加入了一个限制条件，宣称“无间限定”（ānantarya-niyama），也即“带有限定性的无间相继现象”是因果关系的标志。

名词niyama以及被动词niyata，来源于前缀ni及词根√yam的组合，有“限制、决定、抑制、阻止”等含义。在《摄》第521颂中，寂护表示：“只有‘无间限定’（ānantarya-niyama）才可以被视作是‘待’（apekṣā），因之‘作用’在于其恒常存在于果生起之时。”在《摄》第530颂中，他表示：“某物存在于另一物之前，仅时而为因。正是因其‘限定’（niyama）才被视为[因]。”在《摄》第531颂中，寂护表示：“若此有，则彼一定（niyata）有，则许此为[彼之]因。”反复出现的这些表达标志着寂护认可在因果关系中存在着某种限定性。换言之，事物的即刻相继现象并非任意出现，而是体现出某种规律性：特定的事物总是跟随着另一些特定的事物一起出现，如同苹果种子总是结出苹果。这种限定性使得因总是引发产生特定的果。这也就是所谓的规律性，或者用寂护的术语，“无间限定”。

综合而言，寂护的论证包含两个不同层级的主张：第一步，因果关系意味着时间上的即刻相继，上一刹那的存在物是因，紧随其后的下一刹那存在物是果。第二步，针对论敌提出的“马跟随牛出现”这一反例，寂护加入一个限定条件，宣称“无间限定”才是因果关系的标志。

这一方案并不能终结对因果问题的探索，我们可以继续追问：这种“无间限定”是如何产生的呢？为什么某些因会限定性地产生某些果呢？

三、因："生果力"

在回应上述质疑时，寂护用到了śakti这一概念，似乎暗示，是因为“生果力”的存在，才会有特定因总是导致特定果的现象。

śakti来源于梵文词根√śak，意为“能……”，有时会翻译成“力、功能、作用”等。婆罗门教哲学家认为有某种原初的宇宙力在整个宇宙中运行，而这种力就被称为śakti。并且，śakti还被用来指称婆罗门教的一位具有湿婆（Śiva）之女性能量的女神。综合而言，这一概念用来指称创造力、创生力、生育力、能量、力量等事物。很多时候，其与vyāpāra、arthakriyā等概念的翻译混淆纠缠。在本研究的语境中，śakti仅被翻译为“生果力”，因为它在这一语境中指的是因引生特定果的能力。下面的引文可以看作对“生果力”的一个定义：

> [大意：]因之“生果力”限定其[引生]限定果；由此，纵然果不存在，其仍为某所作果，非如空花[，全然空无]，某能生总是有其所生。而非任意之某事物。[或者说，]由某堪能(samartha)者——而非任意某物——有某[果]；而非一切因导致一切果。①

---

①《摄·疏》11: kāraṇānāṃ pratiniyateṣv eva kāryeṣu śaktayaḥ pratiniyatāḥ tena kāryasya asatve 'pi kiṃcid eva kāryaṃ kriyate na gaganāmbhoruhaṃ kiṃcid eva upādānam upādīyate | yad eva samarthaṃ na tu yat kiṃcit kiṃcid eva tu kutaścid bhavati na tu sarvaṃ sarvata || 英译Jha, 1986: 30。

这段引文强调，特定因总是引生特定果，且我们据此可说这一特定因有引生特定果的“生果力”。在《摄》第9品，śakti经常被用于指涉生果力或者引生特定果报的潜能。例如，寂护论证种子的“生果力”只局限于产生芽等(《摄》502)；正是存在于第一刹那的因之“生果力”使得果在第二刹那生起(《摄》512)；行为和果报之间的因果关系之所以可能，正在于事物有产生另一事物的“生果力”(《摄》503)。莲花戒在注疏中经常使用“生果力之限定”(śakti-pratiniyama或śakti-niyama)这一术语。①从《摄》及《摄・疏》来看，似乎对于寂护和莲花戒来说，是生果力促使因引生果报。甚至可以更进一步说，是“生果力”促使特定的因引生特定的果，如苹果种子产出苹果。

看起来，似乎寂护在通过“生果力”的设定来确立某种形而上的、比事物表面规律性更深层次的存在。而且，“生果力”与印度六派哲学家所设立的因果“作用”概念有诸多相似之处：它们都在因果关系中充当连接因与果的媒介，都回应了特定因生特定果的问题，看似都在试图挖掘因果现象背后更深层次的真实。换言之，寂护似乎一边在拒斥形而上学意义的因果“作用”，一边另立了一个具有形而上学意味的“生果力”。或者，至少可以说，他对这一概念的使用，似乎表现出某种对因果关系进行形而上学探索的意图。若如此，他对因果“作用”之拒斥和批判的说服力会大大降低，而其自身因果论的合理性也会受到质疑。

那么，寂护是否确实在倡导一种自相矛盾的因果理论呢？

答案是否定的。

实际上，对寂护而言，除了因这一事物之存在本身之外，śakti并不

① 除了śakti，莲花戒在注疏中也使用sāmarthya来指涉生果之力。例如，他有论证非存在“没有生果力／生果效能(sāmarthya)”，因此无法引生果报。(《摄・疏》484，515)

指称其他任何事物。他使用该术语仅仅是为了强调其作为因的这一角色功能。《摄》第8品中的两个偈颂能帮助厘清这一问题。

> [大意：]此后，所生之特定诸法为其所作，由其色法本性，有此功用(upayoga)。刹那刹那，此中真实之物[生起]，具限定性(niyata)、不可思议(acintya)之生果力(śakti)，无可置疑(anuyojya)，如火(dahana)中有燃烧之力(śakti)。①

这两颂的思想背景是论敌提出的一个驳难：若刹那灭，因才生即灭，如何对果的生起产生限定作用？为何特定因总是引生特定果？为什么苹果树上不能结出草莓？上述两颂即是对这一问题的回应，其中第437颂的论证可重构如下：当特定事物Y相继另一物X时，Y为X所生，因为X之"色法本性"就会使其具有产生Y这一存在物的"功用"。第438颂中，寂护进行了更进一步的阐述，他宣称，每一刹那里，事物都会跟随着"具限定性、不可思议之生果力"而生。此外，他还认为事物具有生起某种特定事物的潜能，正如火有燃烧的潜能。总而言之，寂护的主张有三个要点：其一，事物有某种特殊能力，也即生果力，使得事物具有引生某种特定事物的潜能；其二，这种生果力是不可思议的；其三，这种生果力来自事物的本性，正如火的燃烧能力来自其本性。

在对第438颂的注释中，莲花戒更添笔墨，进一步阐释了其中第三点：特定因引生特定果的这种生果力无须反驳，因为其为事物之自性(svabhāva)，而"事物之本性不应非难(paryanuyoga)"。事物之自性各各不同，其生果力也各各差别，因此能够引生对应于其自性的特定果。

---

① 《摄》437-438: tataḥ prabhṛti ye jātā viśeṣās te tu tatkṛtāḥ | tadrūpaprakṛtitvena teṣāṃ tad upayoginām || niyatācintyaśaktīni vastūni iha pratikṣaṇam | bhavanti na anuyojyāni dahane dāhaśaktivat ||

虽然在同一相续中的事物——尤其由等无间缘引生的前后刹那之事物——彼此之间十分相似，但他们的自性实际上是不同的。莲花戒认为此为特定因引生特定果的原因："由此，一物为另一物之因，而非一切物为一切物[之因]。"①换言之，是事物之自性决定了特定因引生特定果。

在上述段落中，寂护莲花戒似乎将"生果力"与事物的自性等同，但这种描述方式让人觉得事物是"生果力"与自性的归属处。然而，寂护并不止于此。在另一个语境中，寂护清楚地表示因与"生果力"是一回事，且实际上预设"生果力"的存在是没什么用的。②

> [大意：]此中，除具"生果力"者外，并无任何名为"生果力"[的独立存在者]，[对"生果力"之]意解(avagamyeta)是由推测(arthāpatti)而来；而具"生果力"者，则由[眼]见(adhyakṣa)而得。燃烧等之因可见(samīkṣyate)为火等，无有相违颠倒。因此，"生果力"还能为其他何物？若[作为因的事物与"生果力"]相异，则于果[之生起]有功用者为此["生果力"]，而[作为因的]事物将非作业者(akāraka)。若有功用，则[作为因的事物与"生果力"]不能相异。谓"生果力"之体相(lakṣaṇa)即在其自身之体性(svarūpa)能(samarthaṃ)有"效果作用(arthakriyā)"。此物如是自性(evam

① 《摄・疏》438：tena kiṃcid eva kasyacit kāraṇaṃ na sarvaḥ sarvasya iti yat kiṃcid etat || 英译Jha, 1986: 267。

② 在和宾汉姆顿大学(Binghamton University)的查尔斯・古德曼教授私下讨论中，他指出了一个非常有意思的问题：śakti是因之自性所在，且其除了指涉因自身的存在外，并不指涉其他任何事物。鉴于寂护对因果的讨论是在阿毗达磨系统之"法"(dharma，最小微粒)概念之上进行的，也就意味着在寂护所使用的阿毗达磨理论框架中，"法"等同于其自性。Siderits的解释也说明了这一点，参见Siderits and Katsura, 2013: 157。

> ātmā）分别，由现量(pratyakṣa）确证。无有任何量法能证成[此“生果力”]之其他体相，纵然有[其他体相]可知（jñāta)，也没有意义(artha)，果已由[事物之]体性(rūpa）证成故。[①]

这段论证的逻辑与第四章中所讨论的寂护对生果作用的批评非常相似：寂护证明了生果“作用”仅仅指事物的存在本身，并无其他。在这段颂文中，寂护排除了下列可能性：“生果力”是一个独立存在的、异于因的事物。因为若如此，这个“因之角色”应该归于“生果力”，而非事物自身。因此，他认为“生果力”并非异于事物自身的存在。此外，他主张，“生果力”除了指称因自身之存在以外，并无其他特质可言。即使它有其他特质，也是无用的，因为因自身的存在就能够引发果的生起。换言之，预设“生果力”为另一独立存在物毫无功用。

莲花戒更进一步表示，只有在因果关系已经确证之后，才能够据此去描述“生果力”。“若一物为另一物所生(abhinirvartyeta)，此时方可确立使他物生起(nirvartaka)者之‘生果力’，并且确证它为被引生者(nirvartya)之因(karaṇa)——而非其他。”[②]也即，只有在看到事物之果被引生之后，我们才可以认为该事物有“生果力”，已经发生的因果关系让我们对处在这个关系中的事物进行描述，将时间在先者描述为因，

① 《摄》1607-1611：tatra śaktātirekeṇa na śaktir nāma kācana | yā arthāpattyāvagamyeta śaktaś ca adhyakṣa eva hi || dāhādīnāṃtu yo hetuḥ pāvakādiḥ samīkṣyate | asaṃśayāviparyāsaṃ śaktiḥ kānyā bhavet tataḥ || vyatirikte tu kāryeṣu tasyā eva upayogataḥ | bhāvo ’kāraka eva syād upayoge na bhedinī || arthakriyāsamarthaṃ hi svarūpaṃ śaktilakṣaṇam | evaṃ ātmā ca bhāvo ’yaṃ pratyakṣād vyavasīyate || anyalakṣaṇasaṃsiddhau pramāṇaṃ na ca kiñcana | jñātena api na tena artho rūpāt tat kāryasiddhitaḥ || 英译Jha, 1986: 791。

② 《摄·疏》21：yadi hi kenacit kiṃcid abhinirvartyeta tadā nirvartakasya śaktir vyavasthāpyate | nivartyasya ca karaṇaṃ sidhyet | nānyathā || 英译Jha, 1986: 44。

且界定其具备“生果力”。而我们之所以认同两件事物是因果关系，并不在于我们看到了某种“生果力”，而在于我们看到了两件事物之间限定性的相继关系，也就是前文已述之“无间限定”。“无间限定”是我们眼睛可以直观看到的生发现象，而“生果力”则是我们根据可见现象对一事物之能力进行的描述。

概括而言，文本证据表明，寂护仅用“生果力”这一概念来强调事物作为“因”的角色，强调特定因引生特定果的特点，比如苹果树只会结出苹果。可能这一概念看起来似乎指向某种形而上的存在物，但这只是语言使用造成的错觉，在寂护的体系中，它仅仅指称事物的因属性，只是因的异名而已，并不指涉因自身存在之外的任何事物。

四、“共许方便”：因果作为一种观念

我们还可以继续追问，设立“生果力”的依据是什么？为什么寂护要接受这一概念？

就笔者所见，寂护并未直接陈述他使用“生果力”概念的原因，但是根据寂护的论证逻辑，他很可能会回答，“生果力”之使用是出于“共许方便”，它只是“作为因的事物”的方便异名，且我们并不需要为其寻找形而上学的根据。佛教有“假名”一说，强调世界种种名相为方便假立。或者说，语言表达并不指涉最高之真实，而只体现人们自身的意识建构。人们对语言的运用有其任意性，对概念的使用是依据他们的愿望而非事实的本来状况。在《摄》第8品中寂护有如下表达：“谓言语得成，仅在共许方便(saṅketa)，为[人之]意欲(icchā)所作。”①

① 《摄》389：icchāracitasaṅketamātrabhāvi hi vācakam || 英译Jha, 1986:246。

在注疏中，莲花戒进一步阐述了这个观点，表示人们是根据他们自己的意愿来使用某些声音指涉某些事物。在语词和真实世界之间并没有真正确定的关联。有时甚至在表面的语言背后，完全无真实可言。

saṅketa，有时也会写作saṃketa，是由梵文前缀sam加上词根√cit衍生而来。sam意为“共同、一起”；√cit作为词根，其基本意思是“认知、知道、了解”。因此，由二者结合引生而来的名词saṃketa，意思是“共同知道、协议、共许”，学界有时会翻译成“俗数”“印定”“施设”“假”等。总而言之，它强调这是一个依据大家共同的知识或者意愿、公认许可而设定的说法，是为了生活的方便，与佛教“世俗谛”的概念有相似处，因此本文翻译成“共许方便”。

后世之佛教文法学家纳戈吉·巴塔(Nāgeśa Bhaṭṭa, 1730—1810)认为，语词和其所指物之间的这种“被指称—指称关系”(vācya-vācaka-bhāva-aparaparyāyā, signified-signifier relation)之建立，在于我们对语词和所指物之间同一关系的主动施设：“同一性(tādātmya)建基于摄持(grāhaka)此物时忆念另一物，此即‘共许方便’(saṃketa)。”[①]简单来说，如果我们都认同某些语词可以对应于某些事物或现象，在人们的心中形成惯性的连接，那么这种“指称—被指称”关系就得以形成。在人类文化的流变中，这些指称会植入大多数人的观念，形成固定的思想，达成某种共识，这个时候“共许方便”就成立了。

在“生果力”这个问题中，当所有人都认可使用这一术语来指涉特定因总是引生特定果的事实时，那么其用法就是合理的。只要人们不认为其意味着某种形而上学的存在，这一说法就是无误的。实际上，

① tad grāhakaṃ cetaretarādhyā samūlaṃ tādātmyam | tac ca saṃketaḥ | 参见Arnold, 2006: 430。

从寂护的视角来看，不仅是"生果力"，整个关于因果律的观念都是出于共许方便，仅仅为了服务于人们的现实需求。正如其在《摄》第519颂中所言，"纵然实无作用(vyāpāra)，人们仅凭意志依然可说此生彼，随顺共许方便(saṅketa)故"。

由此，寂护主张，因果观念只是一种协议共识，相应于这一共识，人们才针对某些特定的现象使用"此生彼""生果力""因果关系""因果律"等概念。寂护拒斥任何形而上学的设定，比如预设在我们观察到的因果现象之上有因果"作用"实存。他认为，实际存在的仅仅是共许之方便——一种语义上的协议共识，用来描述某些特定现象。它可能并没有形而上学的基础，但是却被证明有实际的功用。

莲花戒在第519颂的注疏中进行了如下设问："谁人如是言说['此生彼'等]？"然后他又回答说："无视外部真实，基于言说欲，合于共许之方便，行为者如是言说、行动。"

莲花戒的注疏包含以下三层含义：第一，有关因果的表达是基于人们的意愿进行的自由言说；第二，人们如此言说是出于实用的需求；第三，重申寂护的观点，认为没有形而上学意义上的因果"作用"，对因果的表达都只是基于"共许方便"。

第三点无须多言，对于前二者需要有所解释。第一点强调，因果关系是体现人们意愿的一种方便言说。这种观点并非由寂护、莲花戒首创，在法称的哲学中就已有论及。

[大意：]此中，人可自主用一种或多种语词说[其所指之事]。于众多[事物]用单一名号，此由言说者(vaktṛ)意愿(abhiprāya)、意志(vaśa)故，于此不应有驳难。[单一名号]并非不能指涉众物，[名称之指称力]依止(adhīna)于意欲(icchā)故。谓若非由言说者

(prayoktṛ) 之意欲，如何有一事可[由言语所]指？[1]

引文意思很明确，法称宣称某一言辞或表述能够指称许多事物，或者指称某些特定的事物，均基于人们自身的意欲(icchā)。若将这一主张应用于本研究所关切的因果议题，那莲花戒所说的“基于言说欲”就很好理解了：“此生彼”之类的表达之所以用来指称事物之间有限定性的相继现象，纯粹因为人们愿意这么做。

而要理解这种“意欲”的合理性，需要理解佛教的“相续”(santāna)概念。“相续”，此处可以理解为因果链。也即，在更大的因果关系图景里，看到的将不只是“种子→芽”这种由两件事物或者两个事件构成的因果关系，而是“……种子→芽→植株→花→果……”这样一个漫长的因果链序列。我们根据自身的意愿或者需求选择其中两个节点，比如“种子→芽”“花→果”，甚至“种子→果”，将之描述为因果关系。

当我们进行选取的时候，往往是根据自身实用的目的，为便利我们的生活而进行描述。婴儿喝奶能够止饿，三岁小儿触火手疼，学生从书本上了解到吸烟可能致癌，化疗可以治疗癌症……终其一生，人都在不断地获取各种有关因果现象的知识，这些知识帮助我们更好地生存于世间。我们可能并不知道一件事情如何“导致”另外一件事情的发生，但是规律性出现的现象足够让我们总结成知识并描述成因果关系，广而告之，以服务于人类生活。我们并未找到有关因果的形而上学终极真理，是这种规律性出现的现象让我们有了作为共许方便的“因果”观念。

---

① 《释量论自注》1.142：ta ekena vā śabdena codyeran, bahubhir veti svātantryam atra vaktuḥ | tad iyam ekā śrutir bahuṣu vaktrabhiprāyavaśāt pravartamānā na upālambham arhati | na ceyam aśakyapravartanā | icchādhīnatvāt | yadi hi na prayoktur icchā katham iyam ekatra api pravarteta || 梵文引自Gnoli, 1960: 67。英译Dunne, 2004: 354-355。

总之，虽然寂护使用了“生果力”这一概念来讨论因果关系，但它仅为因之异名，所指称的也唯有“作为因的事物”之存在本身而已。这一概念乃至于“此生彼”、因果关系等观念的使用都仅仅基于“共许方便”，是对特定事物之间经常性相继现象的一种总结与描述。

结语

本文探讨了寂护在因果关系问题上的立场。他驳斥了因果作用说，不认为在因果关系的表象之外有某种形而上学意义的真实存在。寂护以佛教缘起偈作为解释因果的基础：此有故彼有，此无故彼无；此生故彼生，此灭故彼灭。他在讨论因果律时频繁回到这一偈颂，还将之解释为“无间限定”，强调特定的因总是引生特定的果，且因果之间的时间关系是即时跟随。对寂护而言，“因果关系”这个概念所指称的仅仅是我们能够观察到的这种即时跟随关系。

针对“无间限定”之“限定”如何发生这一质疑，寂护回答那是基于因的“生果力”。然而，这种“生果力”所指的只是事物自身而已，并未影射某种形而上学的存在。换言之，对于问题“为什么因总是引生特定的果？”，寂护的答案只是：“因的性质就是如此。”他没有提供在可观察现象之外的任何解答，他于可观察的事物相继现象之外拒斥任何形而上学的设定。他理论中出现的“生果力”，看似是某种形而上学预设，实际上只是因自身的一个异名而已。它的使用仅仅是在强调特定因生起特定果这一事实。更有甚者，寂护宣称“此生彼”的这些有关因果关系的表述仅仅是“共许方便”，基于人们自身的意愿和现实的需求而施设。

如此，寂护将“因果律是什么？”这一问题还原为“因果关系指称的是什么？”。前者是一个形而上学的追问，后者则是一个知识论的探索。对他而言，“无间限定”是探索因果问题的终点。我们能够知道的是，这种相继现象并不是任意发生的，而是呈现出某种规律性的。然而，即使这种规律可能隐含着某种限制因素，但它到底是什么，我们无法知晓。在对因果律所进行的探索中，我们已经穷尽了人类的知识，即使有更深一层的真实，我们也无法企及。我们能做的就是回到现实人生，关注人类实用的需求，满足于对因果律进行的描述，也即寂护所说的“无间限定”。

第七章
无“我”而有“相续”

《摄》业因业果品全篇之主旨在于证成佛教的业因业果说。如本书第二章所示，一切佛教业论都必须对无我而有业因业果的问题作出回应：若无永恒自我存在，如何理解业论所主张的“业力不失，所作必将受报”？这一质疑在佛教内外均激起广泛讨论，本书第三章介绍了弥曼差派、正理派论师的质疑，并梳理了他们基于有我论的解释思路。他们认为，记忆、识别、造业受报等等的发生需要一个持续不变的自我作为承载者；若无我说为真，则以上种种事项均不能发生。寂护则认为，这些业因业果现象的基础并非永恒不变之自我，而是因果律；只要因果律得成，一切即相应得成。

第四到六章已经梳理了寂护对刹那灭而有因果的论证，本章将进一步解析寂护于《摄》第9品中对无我而有业因业果的论证。具体而言，寂护采用相续说来回应本书第三章记忆证明说、主体统合说、自知证明说三个哲学主张所提出的问题，对记忆、识别等业因业果现象给出佛教立场上的解释。然而，相续说并不能真正平息论敌的质疑，论敌对“相续”与“刹那差别”之张力提出疑问，寂护则对此张力表示认同，并转入对于道德理由这一议题的讨论。寂护主张，凡夫愚痴者出于对“我”之执着而依善恶报应之说行善，觉者则基于慈悲心而行善。由形而上学争论到转向伦理学、修道论分析，实际上体现了佛教业因业果论的真正旨趣：无意于形而上学的终极追寻，更关切众生苦乐。

一、“相续”：一种非主体的主体

无我论者需要解释一个问题：若并无持续存在之“自我”，那如何解释“我昨日见此物”“我认出此人”“我记得一月前曾去那里”等世间常见表达，这些世俗说法的合理性在哪里？

正理派、弥曼差派都将“我”“我所有”“我的”等表达视为“自我”存在的标志。乌底耶塔加罗就认为“我”这个概念的使用即是“自我”独立存在的证明。

> [大意：]语词“自我”(ātman)之对境有异于语词“色[受、想、行、识]蕴”所说之境。其为单一文句(padatva)，是故，有别于色蕴等，如瓶等。称呼“我”(aham)之解释亦适用此。①

在这一文本中，乌底耶塔加罗主张“自我”有别于色、受、想、行、识等概念，后者仅指涉个体某一侧面的状态。他认为，一切语词概念皆有其对境，总是有其具体指涉的事物。我们之所以有“自我”的概念，在于我们能够现观到“我”的存在。“自我”概念所对应的外境有其独立之所指，不同于色受想行识等构成要素的所指。他主张，“自我”概念

① 《正理大疏》325, 7-8(v. 3.1.1)：rūpādiskandhavācakaśabdaviṣayavyatiriktaviṣayātmaśabdaḥ rūpādiśabdebhyo ’nyatve sati ekapadatvād, ghaṭaśabdavad iti | etena ahaṃpratyayo vyākhyāt | 英译Jha, 1983b, vol 3: 17。《摄》及《摄・疏》182-183中有相对应的引文，参见Jha, 1986: 141-142。更多针对“我”的讨论，参见《正理大疏》1.1.10，3.1.19。

所对应的是一个独立的实体；并且，佛教徒的“无有‘自我’”（ātma na asti）之表达在文法上就有问题，并不能否定“自我”的存在，反而是印证其存在。因为“不存在”“无有”等描述只能对时空状态进行描述，比如“房间没有灯”指这个空间里没有灯光，“杯子里没有水”指当前时间杯子是空的。当人想用“××不存在”来彻底否定某事物的存在性时，其自身就互相矛盾了：××这个命名首先肯定了其存在，后面“不存在”又对前面的肯定进行否定。如果它从来不存在，那又如何有此命名呢？①

童中尊持类似观点，认为“我的身体”“我的眼睛”等表达说明“我”是区别于身体整体或者身体部分的某种存在，且这某种存在就是实体性的“自我”。②此外，佛教经论中也有“此人造业，更有何人受果”（《摄・疏》504）等说法，佛教徒也认同“我忆起当年之事”等表达的合理性。正理派、弥曼差派论师认为这些表达中的“我”不可能是指涉某种刹那生灭的存在物，因为若如此，这些句法本身就有文法问题。总之，他们认为日常语言中“我”“我的”“我所”等语词的使用充分证明了某种独立实体的存在，这种实体即为“自我”。佛教徒在主张无我论的同时，需要对日常语言中这些表达的合理性作出解释。

作为对这一驳难之回应，寂护表示，这些看似暗示某种主体性的概念实际所指涉的是“相续”（santāna）。

> “作者”等之确立，旨在说明相续(santāna)之一性(aikya)。意在虚妄安立(āropita)，而非实义之确立。(《摄》504)

在详解这段引文之前，有必要对佛教哲学的还原论思维模式略作回顾。

---

① 这一观点见于《正理大疏》320-321(v. 3.1.1)，英译Jha, 1983b, vol 3: 4-5。《摄・疏》中与之相应的引文在第212颂，英译Jha, 1986: 155-156。

② 《偈颂大疏》720-722(Ātmavāda 125-132)，英译Jha, 1983a: 405-406。

佛教哲学在理解世界时，惯于将复合性的事物还原为次生的组成成分。比如早期佛教认为人可以分解为五种要素，也即五蕴（skandha）：色（rūpa）、受（vedanā）、想（saṃjñā）、行（saṃskāra）、识（vijñāna）。到部派佛教时期，极微（paramāṇu）和法（dharma）被认为是构建复杂事物的基本元素。佛教传统一以贯之地认为，相对于复杂事物而言，这些构成元素更为真实；前者的整一性基于意识的建构，而后者则是不可再分的实在。以人为例，其并非某种跨越时间而保持恒存不变的单一实体，而是由众多基本色法、心法元素构建而成的“相续”。这些构造元素是刹那生灭、此起彼伏的；而“相续”则是思维的构建，具有世俗谛层面的整一性。

“相续”之说广泛见于佛教经论之中，指的是众多色心二法在时间中流变而形成的续流整体。续流之中的诸法处于彼此相接的因果链中。“相续”中的因果分为直接因果和间接因果两种。

> 若某物有生果力[引生]他物，或邻近（sākṣa）[引果]，或辗转（pāramparya）[引果]，则业因业果等关系均得成立。（《摄》503）

寂护此段以因果关系的发生模式来说明业因业果的成立方式，相续之中，因果关系的发生分为两种：一种是直接引果或者邻近感果，也即等无间缘所感之果，旧事物谢灭之后，新事物紧随其后，无间生起；另一种则是间接引果或者辗转生果，旧事物谢灭之后，新的事物不断生起，形成因果链，在某个比较遥远的时间点，辗转引生异熟果。

《顺正理论》中记载的日出论者/经部师对这一感果过程的描述更为详尽：

> 故彼宗[，即日出论者]说：如外种果感赴理成，如是应知业果

> 感赴。谓如外种，由遇别缘，为亲(sākṣa)、传(pāramparya)[二]因。感果已灭，由此后位，遂起根、芽、茎、枝、叶等诸异相法。体虽不住，而相续转。于最后位，复遇别缘，方能为因，生于自果。
>
> 如是，诸业于相续中，为亲、传[二]因。感果已灭，由此于后自相续中，有分位别异相法起。体虽不住，而相续转。于最后位，复遇别缘，方能为因，生于自果。
>
> 虽彼外种非亲为因令自果生，然由辗转。如是诸业，亦非亲为因令自果生，然由辗转力。内外因果相续理同，外谓种、根、芽等不断名为相续。内法相续，谓前后心，恒无间断。故无外道所难过失。①

本书第三章第六节论及日出论者/经部师使用植物譬喻来辩护无我论视域下的业报轮回理论，这一引文即在此相同语境下展开，论敌对日出论者的植物譬喻说进行质疑，认为业因业果不同于从种到芽的植物发展进程，因为种芽在时间上邻近，种在未灭时可以生果；而业因业果之间往往在时间线上相隔甚远，甚至相隔数世。这意味着植物的喻例可能无法有效解释业因业果之间的关联。

日出论者/经部师以上面这段话回应对方的疑问，详述了内法和外法如何通过邻近感果和辗转感果完成因果关系的过程。文中将从种到果的过程中加入了根、芽、茎、枝、叶等不同的"分位"。假设这些"分位"是存在物的最小阶段，那么从种到根，从根到芽，从芽到茎这种邻近的因果就是"亲因"所感之直接果，而种与茎、枝、叶之间的因果关系就是"传因"所感之间接果。这种由亲因和传因共同构建起来的因果链，即为相续，在这个过程中，种子"体虽不住，而'相续'转"，虽然没有

① 《顺正理论》卷34，《大正藏》第29册，第535页。

常“住”的种子本体，却有不断变化，也保持一定整体性的“相续”。业因业果的内法世界，运行方式与此相类，业行产生后，作为亲因感果，随即谢灭，但在后来的“自相续”中，有不同分位的“别异相法”生起，同样是“体虽不住，而‘相续’转”，到最后位，在某种别缘的促发下，才生自果。

此中，内外相续道理相同：在外，种、根、芽因果相连，延续不断，称为“相续”；在内，前念生起后念，无有间断，称为“相续”。

对业行经相续最后感果过程描述得最为清晰的，是世亲的相续转变差别说，世亲对业行于相续中转变差别生果的过程描述如下：

> 如是虽言从业生果，而非从彼已坏业生，亦非从业无间生果，但从业相续转变差别生。
>
> 何名相续转变差别？谓业为先，后色心起，中无间断，名为相续。即此相续，后后刹那异前前生，名为转变。即此转变，于最后时有胜功能无间生果，胜余转变，故名差别。①
>
> 此中何法名为种子？谓名与色于生自果所有展转邻近功能，此由相续转变差别。何名转变？谓相续中前后异性。何名相续？谓因果性三世诸行。何名差别？谓有无间生果功能。②

上文是从业行感果的角度来解释相续转变的过程的。引文首先明确说业行感果是从相续转变差别而生，不是直接从久远之前已经灭坏的业而生，也不是从一刹那之前的业无间而生——因为大多数情况下业因业果之间有一定的时间间隔。“相续转变差别”由三个词复合而成：相

---

① 《阿毗达磨俱舍论》卷30,《大正藏》第29册，第534页。

② 《阿毗达磨俱舍论》卷4,《大正藏》第29册，第22页。

续(saṃtati / saṃtāna / santāna)、转变(pariṇāma)、差别(viśeṣa)。业行造作之后,随之起色心二法,前刹那法灭,后刹那法无间而生,此伏彼起,因为中间无有间断,形成一条绵延不止的续流,作为一个整体被称为“相续”。这种相续并非胜义谛上的真实存在,其整体性是我们的思维构造,是一种世俗安立。在这个相续之中,后后刹那所生之法相异于前刹那之法,业行的产生又为相续提供新的成分,更是有别于最初的业行,所以说有“转变”。在这个不断转变的“续流”中,在某一时间有“胜功能”加入,无间生果,这时发生的“转变”要殊异于前序之其他“转变”,所以说生果的那一刹那是“差别”。因此,从时间的维度来看,我们并没有一个在时间之流中持续不变的“自我”,我们拥有的只是一个处于演变中的“相续”,其整体性只是一种世俗安立。

此中描述果生起时所需要的“胜功能”——有时也用“别缘”一词——是比较模糊的说法,未见详释。若依寂护对因果的理解而言,应当指的是主体对这件事情的关注,也即,意识的投射。因为因果关系的考量要通过具体因果现象,而因果现象是人们对处于因果链上的两件事物进行的描述。以种子发芽生果为例,在种→芽→茎→枝→叶→花→果的过程中,芽、茎、枝、叶、花、果都可以视作是种子所引之果,如果从更为微观的角度来看,种子之后每一刹那生起之法都是种子之果。我们之所以要把“种子生芽”“种子生果”等挑选出来单独讨论,是因为人类自己的观察需求,出于不同的目的而有不同的投射。业行感果的过程亦如是,在张三盗窃→被捕入狱→改过自新成为一名上进青年→出书反思自身成长心路历程的过程中,入狱、改过、出书都可以看作是盗窃行为的结果,但是基于不同的关注需求和叙事角度,需进行不同的因果表达:在我们进行违法犯罪警示教育的时候,会选择“盗窃→入狱”这一因果序列进行讲述;在我们讨论“自我救赎”议题时,会选择“入狱→改过自新→出书”这一因果序列进行表达。这种诠释是从认识论的角度，将因果关系理解为一种观念的。这种解释也恰恰符合寂护的立场——取消因果关系中的形而上设定，将之视作认识论上的观念，视作一种“共许方便”。

此外还需留意的是，佛教的相续说并不基于主客二元对立的立场，不涉及“造业者-业行”这种主客区分。引文中只说“业为先”，没说“业被造”——实际上，即使说“造业”，也只是一种方便说法。其意义在于，业行之生起是前在之色法、心法引生的结果；业行生起之后，又引生后续之色心二法。前前后后之色法、心法所形成的相续与色法之间是相依相存的关系：一方面，业行本身由相续中的因果转变而生；另一方面，业行的生起又会引发新的因果转变过程。或者说，业行本身就是相续中漫长因果链的一环，是我们的意识投射才使之成为观察重点，成为被拣选出来专门讨论的因果起点。而实际上，从佛教常规的叙事而言，业报轮回没有起点，无明之生起是从“无始以来”。

如此，寂护依循部派佛教以来对无我论的辩护传统，解释了没有持续同一主体条件下业因业果的运行方式。“相续”虽然并非持续同一的实体，但某种意义上承担了常识中的主体作用，充当了不同刹那之业行业果的联系桥梁。虽然业行刹那生灭，但作为众色法之集合的相续随之改变，从而保证了时间中的连续性，避免了断灭见。可以说，佛教论师提出相续说，是在尝试弥合刹那灭说所造成的时间断裂。

以上文张三盗窃为例，“盗窃者张三”与“入狱者张三”为不同之“分位”，但是属于同一“相续”。“相续张三”由无数不同“分位”组成：婴儿张三、学生张三、大学新生张三……这些不同的“分位”因果绵延，形成整体。然而，此整体性仅为意识之构建，是基于不同“分位”之相似性和因果关联性进行的构建。相续并不是在时间中持续不变的实体，而是由不断生灭变化的色法、心法形成的聚合。日常语言中的“我”“作者”“受者”等有关主体性的表达实际上所指涉的只是这个“相续”。人们受无明所蔽，才会误将其看作是恒存之自我。

总而言之，寂护认为日常语言中的“我昨日见此物”“我认出此人”“我记得一月前曾去那里”等表达是合理的，但是这些表达中的“我”并不指涉某种永恒“自我”，而是指色心二法因果绵延所形成的“相续”，业行通过相续之中的转变差别而感果。而且，并无造业者和业行之间的主客对立，业行之生起是先前之色法心法引生的结果，业行所在的这个因果“相续”就是我们惯常所说的造业者。这一观点体现了佛教的中道立场，既不认同绝对的有，拒斥恒常“自我”之说；又不认同断灭之空，所以设立一个时时变化又具有某种整体性的相续。也可以认为，这是佛教论师们对自身刹那灭说的一个折中退让，为了避免断灭见的误解和批评，而从自己的刹那灭论立场上向婆罗门教的有我说迈了一步，承认了主体观念在使用中的合理性。

二、寂护对记忆、主体统合、自知等问题的回应

寂护对“无我而有业因业果”的论证思路是：由因果律成立，所以相续说得以成立；由相续说成立，记忆、识别、造业受报等一切业因业果现象也得以成立。本书第三章的记忆证明说、主体统合说、自知证明说三个有我论主张，在寂护的相续说框架下，亦可在无我的前提下得到相应解释。

1. 对记忆证明说的回应

这一回应可从寂护对“相续”的阐述中推论而来：正是由于相续中诸法因果相接，记忆才得以可能。也正因如此，我们并不需要设立

一个永恒自我来解释记忆。

> 诸心识仅由有果者与差别果之关系[，也即因果关系]限定。由此，记忆等无碍而遍成。(《摄》542)
>
> 于胜义谛上，并无“谁人经历、恰为谁人记忆”之[同一]记忆者、经历者。为何？记忆等种子，由其势力强劲，植于相续之中，后后时差别转变，接续刹那而生。记忆等正生起于此[相续]中，而非他处，[由有]因果律之限定性故。(《摄·疏》542)

寂护颂文主张，记忆之生起是由于因果关系的限定性。莲花戒的注疏首先强调没有记忆者或经历者的存在，换言之，没有主体。然后他揭示了佛教无我立场下记忆发生的过程：记忆之种，也就是原初的经历，被种植于“相续”之中；接着，这一种子生果，果再生果……新的果接连依序生起；最后，在某个特定时间点，这一种子的果报——比如记忆——才得生起。以吃浆果的经历和记忆为例，当吃浆果的经历发生时，一个有关此经历的识产生；该识在产生之后迅即灭坏，但是会促使一个新识紧接着产生。依此形式，识不断灭去，新的识不断产生，吃浆果的经历这一信息通过这个因果链被传递到新的识中。在某个特定的时间点，当人们因为某些因缘的刺激——比如看到了浆果——注意到这个因果链时，这一信息被关注，“记忆”也就产生了。虽然原初的识已经消失，但新的“识别”或者记忆能够回溯到有关这一经历的原初识。记忆并不是原初识的重现，而是它一个间接的果报。记忆之所以发生，并不依赖某个恒常的主体，而是由于因果链上相续生起的识。

如此，佛教哲学家在不预设永恒自我之存在的前提下为记忆提供了一个解释。记忆产生于“相续”中识的辗转变迁，其中原初识是最早的动因。正因为这种相续呈现出某种程度上的整体性，人们才会误认其为恒常存续的实体，并称之为“自我”。换言之，并不是“自我”的存在使得记忆能够发生，而是由于记忆这一现象，人们才会生起虚妄计执，认为有“自我”的存在。

值得一提的是，佛教的这一观点与近代哲学家约翰·洛克(John Locke)颇有共通之处。洛克认为，个体同一性的标准在于意识，一个人在其意识或者记忆延伸的范围内保持同一性。记忆是个体同一成立的充分必要条件。只要某人保有关于其经历的意识或记忆，在这一时期中他就依然还是这个人。

> 意识构成人格的同一性……人格同一性就完全依靠于意识……因为同一的自我所以成立，乃是因为含灵之物在重复其过去行动的观念时，正伴有它以前对过去行动所发生的同一意识，并伴有它对现在行动所发生的同一意识。因为它所以在当下对自我是自我，即是因为它对当下的思想和行动有一种意识，那么这个意识如果能扩展及于过去的或未来的行动，则仍然将有同一的自我。(洛克，1983: 311)

洛克这段话看起来似乎与第三章的正理派、弥曼差派记忆证明说有些相似，但是洛克的个体同一理论不涉及一个永恒精神实体，他对人的定义是：一个思维着的存在物，能够推理、反思，能够将在不同时空下思维着的自己认定为同一个自己。洛克认为是记忆和自我认知这些现象决定了这个人是同一个人，具有同一性，而不是先有同一主体的存在，才将发生在这个主体上的精神活动称为“同一个人的经历和记忆”。从这个角度来说，洛克的观点与佛教的立场不谋而合。

2. 对主体统合说的回应

针对正理派提出的主体统合说，寂护质疑其喻例的说服力。因为喻例中的“舞姬蹙眉”是认识对象而非认识主体，以认识对象的统合作用来说认知主体的统合作用，是否贴切？此外，寂护还认为：

> [大意：]于胜义(paramārthata)上，“舞姬蹙眉”并非单一[实体]，而是由多个极微(aṇu)所成之聚合态(samūhatva)。其“一性”(ekatva)为妄执而成。由单一之作事(kārya)功用(upayogitva)故，约略说为一(eka)。若此所证为汝宗所希求，则[吾宗]所证(siddha)得成(prasādhanam)。①

寂护的批评由对方所用之喻例开始：正理派认为，观众的认知为“舞姬蹙眉”这独立之标志所统合。然而，“舞姬蹙眉”实际上并非某种单一实体，而是由众多极微所构成的聚合，非真实存在，其整体性或“一性”是基于观念的构建，人们是出于实用目的而将之视为和称为“一”。

正理派以“舞姬蹙眉”来比拟众认知的统合者，恰恰暗合了寂护方的主张：并没有所谓的独立存在物来统合众认知，所谓的“统合者”“作者”实际上指涉的是众识之聚合而已。所以，在上述引文的结尾，寂护说“若此所证为汝宗所希求，则[吾宗]所证得成”，其中的“吾宗所证”指的就是寂护方对主体的主张：所谓主体，并非实体，而是色心众法的聚合。

---

① 《摄》200-201：nartakībhrūlatābhaṅgo na eva ekaḥ paramārthataḥ | anekāṇusamūhatvād ekatvaṃ tasya kalpitam || ekakāryopayogitvād ekaśabdasya gocaraḥ | sādhyo ’py evaṃ vidho ’bhīṣṭo yadi siddhaprasādhanam || 英译Jha, 1986: 150。

3. 对自知证明说的可能回应

就目前材料来看，寂护在《摄》中并没有对自知证明说进行过直接的回应，但是佛教相续说可以很容易地破解这一论证：识别过程中那个对“我”的认知并不是对永恒灵魂的认识，而只是对“相续”的认识。这一回应策略在童中尊的《偈颂大疏》中有所提及：

> [大意：]昨日心(mati)摄持为“我”(aham)的知者(jñātṛ)，今日亦随行(anuvarttate)。由[昨日之知者]被了知为对“我”(aham)的认知(pratyaya)，正如今日之知者(boddhṛ)。或者[今日之]知者为昨日[之知者]，具知者性(jñātṛtva)故；或者，如其上所言，如同昨日之知者[被了知为对“我”的认知]。彼等诸认知亦得成立。
>
> 昨日今日一切关联于同一相续(eka-santāna)之知者(jñātṛ)对“我”(aham)的认知(pratyayatva)，均有同一对象(tulya-artha)，[即“相续”①，]如同一之觉性(eka-buddhi)。②

---

① Jha在其翻译中表示，此处之同一境(即同一之对象)指的是自我(ātman)，应为误。本段应该被看作童中尊引用佛教观点用来回应弥曼差派自知证明说。至少有两个理由：第一，在该段的前一颂中，童中尊表示会给出一个关于自知证明说的反论：“如此，我有拒斥自我不存之说，以人人可感之识别为例。下述为反论……”Jha自己的英文翻译是：“Thus then, we would have a rejection of the theory of the non-existence of the Soul, by means of the aforesaid Recognitions(of the Soul), experienced by all persons. And the following are the counter-arguments(against the arguments, brought forward by the other side, to deny the existence of the Soul).”参见Jha, 1983a: 407。第二，本段引文中表示“一切关联于同一相续之知者对‘我’的认知，均有同一对象”，意思是一切有关“我”的认知实际上是有关“相续”的认知。

② 《偈颂大疏》724, 3-8(Ātmavāda v. 137-139)：hyastanāhaṃ matigrāhyo jñātādyāpy anuvarttate | ahaṃpratyayagamyatvād idānīntanaboddhṛvat || eṣa vā hyo bhavej jñātā jñātṛtvāt tata eva vā | hyastanajñātṛvat, teṣāṃ pratyayānāṃ ca sādhyatā || ekasantānasambandhijñātrahaṃ pratyayatvataḥ | hyastanādyatanāḥ sarve tulyārthāś ca ekabuddhivat || 英译Jha, 1983a: 407。

童中尊表示，这一段话是针对弥曼差派自我存在说的一个反论。前半段是在解释弥曼差派的观点：昨日的认知主体和今日的认知主体应该是同一主体。接下来是佛教的回应，即使自知被认为是对“我”的认知，这个“我”指的只是“相续”而已。也即，“我认知到是我拥有这个吃浆果的认知”中的“我”不是什么永恒自我，只是“相续”。这样，自知现象也能够在不预设永恒自我的前提下得到解释。

实际上，除了这一简单策略之外，佛教自身对于自证的讨论也可以为回应上述自知证明说提供另一种思路。“自我识别”这一话题涉及如下这个重要的哲学议题：心识如何知晓自己的存在？这一议题在佛教中的术语为“自证”或“自证知”（svasaṃvedana, svasaṃvitti; self-cognition, self-awareness, self-consciousness），在佛教哲学的发展史上得到深入研讨。在佛教的语境中，“自知”指的不是“有关‘自我’的认知”，而是识的自我觉知，或者说识认知自己的功能，这样自知才能与佛教的无我论相容。从这一角度，佛教方可以从另一个角度来驳斥弥曼差派的自知证明说。寂护在他的另一著作《中观庄严论》中有一段论述，可以作为对论敌的反驳。

> “于无分一性，三性非理故，彼之自证者，非是能所事，是识自性故，可堪自证识。”①
>
> [白话翻译：]心识本性为一，没有部分，于实理上无有三性之分；自证并不意味着有“所证”（认知对象）和“能证”（认知主体）的真实区分。因为，识之本性自有“自证”之功能。

---

① *Madhyamakālaṃkāra* 17–18a: gcig pu cha med rang bzhin la | gsum gyi rang bzhin mi ’thad phyir || de yi rang gi rig pa ni | bya dang byed pa’i da ngos por min || de’i phyir ’di ni shes pa yi | rang bzhin yin pas bdag shes rung || 藏文引自 Blumenthal, 2004: 301-302。翻译见宝僧，2004:100。

引文中的“三性”指的是见分(即认知主体)、相分(即认知对象)和证分(即认知行为)之区分。寂护主张,“心识”或者“识”本性为一,不可作更细的区分,所谓的见分、相分、证分之区别并不是究竟之真实。在这个问题上,寂护显示出瑜伽行派的立场,该派主张识是单一独立之存在,而见分、相分的区别只不过是思维的建构而已。因此,即使将“我认知到我看到了浆果”分为见分“我”、证分“认知到”、相分“我看见了浆果”,这三者也其实是同一个识,只是人们出于实用目的从不同角度加以描述而已。也就是说,“我认知到我……”只不过是“我看见了浆果”这一个识的自知功能而已,并不牵涉其他存在物。换言之,当任何一个“我看见了……”发生时,该识都会立刻自动地认知到自身的存在。识于自身生起时觉知到自己的存在是识的本性,是其自有的功能,并没有一个其他的主体来执行自我认识这一功能,因此,自知不能证明永恒自我的存在。

寂护在自知这一问题上的立场与瑜伽行派的论师们相一致。佛教哲学史上,对这一话题探讨比较彻底是陈那(Dignāga, 约480—540)和护法(Dharmapāla, 530—561)。陈那认为有四种量(有效的认知手段):现量(感官认识)、比量(推理)、自证(自知),以及瑜伽量(瑜伽师在禅定中达到的觉知)。这四者中,后三者都属于识的功能。自知能力意味着识能够内在自觉到自身的存在。护法则提供了对自知的另一种解释,他认为,包括八识在内的一切识都可以分成四分:见分(darśana),即认识主体;相分(nimitta),即认识对象;自证分(svasaṃvedana),即识的自知;以及证自证分(svasaṃvitti-saṃvitti),即对自知的认知。比这一观点更早的是瑜伽行派,他们将识分成主客两分,也即见分和相分。护法则认为,自证分是见分和相分得以存在的基础。①

① 参见姚治华, 2020: 175-199。

他们甚至用记忆这一现象来论证自知的存在。陈那认为记忆是自知存在的证据。有趣的是，他的论证过程颇类似于弥曼差派用记忆来证明自我存在的过程。这一论证被月称（Candrakīrti, 600—650）记录在其《入中论释》（*Madhyamakakāvatārabhāṣya*）中。

> 即便那些不接受[自证]的人，也必须承认自证之存在。不然的话，就不能于后时生起记忆来忆念其境并说“它先前已见”，或忆念“能领受境者”并说“我先前已见”。所以者何？因为忆念只缘取曾经领受的境。如果智并未领受过此境，就不能有此境的忆念。由于没有自证的缘故，此[智]不能领受其自身。①

佛教虽不赞成自我存在，却赞同记忆关乎过去经历之事物。他们也认同“它先前已见”及“我先前已见”为合理之表达。更甚者，他们与弥曼差派都认为记忆的发生需要自知，这样人们才能够知晓自身的经历。护法直接表示，若无自知，对过去精神活动的记忆便不可能：“此若无者，应不自忆心心所法，如不曾更境必不能忆故。”②这里“此”指自证，意思是如果自知不存在，则人不能回忆起其心识或精神活动，正如人无法回忆自己未曾经历之事。由此可见，弥曼差派和佛教都同意记忆和识别需要自知，而他们的分歧在于如何理解自知。弥曼差派认为自

① 《入中论释》VI.73：gang zhig mi’dod pa des kyang gdon mi za bar rang rig pa khas blang bar bya dgos te | gzhan du ma mthong ngo zhes dus phyis ’byung ba’i dran pas yul dran pa nyid dang | ngas mthong ngo snyam du yul gyi nyams su myong ba dran par mi ’gyur ro || de ci’i phyir zhe na | dran pa ni nyams su myong ba’i yul can yin na shes pa yang nyams su ma myong bas dran pa yod par mi ’gyur ro || rang rig pa med pa’i phyir na re zhig de nyid kyis de nyams su myong ba yod pa ma yin no ||中文及藏文均转引自姚治华, 2020: 155。

② 《成唯识论》卷2,《大正藏》第31册，第10页。

知即是对自我的认知，而佛教认为自知只是识的一个功能而已。

不过，在这场关于自知的辩论中，很难说哪一方完全获胜，因为没有一方说服另一方，而双方观点也与他们自身的理论立场相容无碍。姚治华(Yao, 2009: 158)指出，这种分歧也见于西方哲学，比如康德哲学。康德认为，自我意识可以有两种理解方式：对意识的意识和对自我的意识。最能支持弥曼差派观点的西方哲学派别是笛卡尔及其后学。笛卡尔倡导“我知故我在”(cogito ergo sum)，认为“我知”是自我存在最强有力的证据。佛教的路径则与当代认知科学呈现出诸多相似之处，都主张搁置超验主体，而专注于识之具体特性之研究。

三、“相续”与“刹那差别”的张力

童中尊并不认同“相续”概念可以平息他对佛教无我论的质疑。对他而言，要解决“所作散灭、未作自至”的问题，佛教必须找到造业者和受果者的“共同依止”，如同他和其他婆罗门哲学家倡导的“自我”。当佛教提出相续说时，他自然就将这一概念看作是佛教方提出的“共同依止”，基于此判断，他提出一系列的批评。

童中尊的第一个驳难是，相续说与佛教自身的立场不相容。

> [大意：]若相续(santati)与“相续之构成物”(santānin)为一，则[二者]无差别；二者应同时具差异(bheda)与非异(abheda)，正如能取(grāhaka)、所取(grāhya)。[①]

① 《偈颂大疏》699, 1-2(Ātmavāda v. 41)：ekā ca avyatiriktā ca santānibhyo ’tha santatiḥ | bhedābhedau prasaṅktavyau grāhyagrāhakayor yathā || 英译Jha, 1983a: 389。

[大意：]若业行跨长时段存在，其作者(kartṛtva) 难成。若[相续中]有识成千上万，则如“族群劫”(kula-kalpa)，[其中单一业行跨长时段由前后多个族群共同完成]。若许相续[与众识]无有差别(vyatirikta)，则无有任何作者可得，相续为无常(anityatva) 故。①

他认为，“相续”与“组成相续的诸法”之间关系是一是异，这个问题不明确。若二者是一，则相续只是刹那生灭之诸法的异名，那么相续也将如诸法一样，有刹那灭之特性。如此，则相续也如同刹那生灭之诸法，不可能作为业行跨时段感果之所依。此外，从逻辑来看，作为整体的相续，也不可能与“组成相续的诸法”同一。由于组成相续的诸法众多，若相续与之同一，那么，或者诸法之间也同一，此不应理，也不符合佛教对相续的规定；或者单一之相续与众多不同的诸法同一，更为荒谬。

然而，二者也不可能是异。因为若相异，则意味着“相续”是不同于诸法的独立存在。那就要面临下一问题：相续是否刹那灭？

[大意：]若相续刹那灭，则其亦[受相同之驳难]；然[若相续]非刹那灭，则有害[汝宗]宗义(siddhānta)，亦将另有新实体(dravya)。②

童中尊认为，不管相续是否刹那生灭，其均不可充当“造业者”角色，成为业行之所依。若刹那灭，则应受到前文“业行断灭难”相同的批

① 《偈颂大疏》697, 7-10(Ātmavāda v. 36-37)：kartṛtvam eva duḥsādhaṃ dīrghakāleṣu karmmasu | satsu jñānasahasreṣu kulakalpopamaṃ hi tat || vyatirikto hi santāno yadi na abhyupagamyate | saṃtāninām anityatvāt kartā kaścin na labhyate || 文中kula-kalpa之翻译参考Jha, 1983a: 388。

② 《偈颂大疏》698, 5-6(Ātmavāda v. 40)：santānakṣaṇikatve ca tad eva akṣaṇikastvatha | siddhāntahānir evaṃ ca so 'pi dravyāntaraṃ bhavet || 英译Jha, 1983a: 388。

评——刹那生灭之存在物不可作为业行之所依。若非刹那灭，则相续指称一个独立存在的实体，与佛教的无我论立场相违。由此，童中尊认为相续应当是部分刹那灭而部分持续存在。[①]换言之，童中尊将“相续”视作“自我”的异名，因为对他而言，“自我”就是部分持续存在部分不断变化的独立实体。

总之，于童中尊而言，“相续”概念或者有逻辑错误，或者只是“自我”的异名。寂护在《摄》中的下列表达可以看作是对这一驳难的回应，他认为相续并非实体，而只是一种基于观念建构的“方便真实”：

> [大意：]“不应说[作用(kāritra)与法]为类别同一(tattva)或相异(anyatva)。”如此说时，则作用(kāritra)莫非将如相续等，为方便真实(sāṃvṛta)？如此则其仅为虚妄分别(kalpitatva)，于果无有作用，如相续。仅实存物(vastu)有生果效用(arthakriyā)故。[②]

引文的语境是对“作用”(kāritra)说的讨论，在论及作用性质时，谈到若作用与法的关系既非同一也非相异，那么就如同相续一样，为世俗谛。从讨论中，我们可以推断寂护关于“相续”的几个隐含立场：首先，相续与法之间既非同一又非相异，因为相续并非某种实体；其次，相续为方便真实(sāṃvṛta)，属于虚妄分别，没有生果效能，仅为思维之建构。在对此颂的注疏中，莲花戒多次用“无自性”(niḥsvabhāva)一语来描述相续。对他们而言，相续并非某种独立的实体，而只是法的集合，

---

① 《偈颂大疏》697-701(Ātmavāda, 35-49)。英译Jha, 1983a: 387-390。

② 《摄》1806-1807: tattvānyatvaprakārābhyām avācyam atha varṇyate | santānādīva kāritraṃ syād evaṃ sāṃvṛtaṃ nanu || ataś ca kalpitatvena tat kvacin na upayujyate | kārye santativad yasmād vastv eva arthakriyākṣamam || 参考菅沼晃(1964: 90-91)之翻译。Jha(1986: 871)译文不准确，漏译部分内容。更多关于“相续”是世俗谛，方便真实的表达，参见《摄・疏》680，《摄》《摄・疏》1875-1876。

是对因果绵延之诸法整体的一个代称。佛教传统从不将这种由众多元素组成的集合看作是实体。如寂护所言：

[大意：]实义而言，其[——聚合（samūha)]全无自性（niḥsvabhāva)，如虚空之莲花。其无有任何限定（niyata）之属性（dharma）成立，只为虚妄计执也。①

本文的语境是对“聚合”（samūha)的讨论，所以引文梵文中的tasya一词指的是“聚合”，也即众多具有不同属性的次一级存在物所形成的整体。“聚合”是对众多事物的统称，所以其自身并非实体，“无自性”，就像虚空中的莲花一样，仅为思维的构造，并不对应真实的存在。当我们使用这一词语时，我们实际所指涉的是其构成要素。“相续”作为色心等法的聚集，是“聚合”的一种，具有“聚合”的基础性质：非实体，仅为众多元素形成的整体。寂护在下列颂文中对此有明言：

[大意：][相续]被妄执为一，无有自性（niḥsvabhāva)，[与相续中诸法]既不可说为同一，又不可说为相异，如同虚空之莲花排列。此[相续]为无始无终，如何此安立不能得成？②

[大意：]相续中，无有其他分位(avasthā)，其非实体(avastu）故。此中，为何[有其他分位]安住之他世界为真实存在？非也。“相续”一词之使用，仅[指涉]刹那之“相续之构成物”（santānin)，为

① 《摄》679：niḥsvabhāvatayā tasya tattvato ’mbarapadmavat | na siddhā niyatā dharmāḥ kalpanāropitās tu te || 英译Jha, 1986:385。

② 《摄》1877-1878：ekatvena avakḷptatvān niḥsvabhāvatayā matā | tattvānyatvādyanirdeśyā viyatkamalapaṅktivat || sā ca anādir anantā ca na siddhiṃ katham ṛcchati | … 英译Jha, 1986: 95。

求简便，笼统开显 (prakāśyante)，如同“森林”等[，单一语词指涉众多树木]。[①]

上文彰显了相续的几个特点：首先，相续非实体，但被“妄执为一”。换言之，这种“一性”、整体性是思维的构造，并非真实。其次，作为非实体，其不具任何属性：无始无终，所以无法界定其存在的特定时空；没有分位；也不可与其他物进行同异之比较。最后，相续仅仅是一个为求简便而方便安立的名相，指涉众多色法心法所构成的整体，如同我们用“森林”一词来指涉众多树木构成的整体。

在这一立场下，童中尊的驳难就可以得到回应了。相续和组成相续之诸法之间的关系是聚合和成分之关系。他们既不相同，也不是毫无关涉地互相区别。作为成分的色法心法是实存物，而作为整体的相续则只是思维的建构。

论敌可能会问，若相续并非实体，且没有恒存之自我，那么我们基于什么理由用种种名相来指称这些“全无属性的非实体”？换言之，我们怎么可以用“我”“相续”这些看起来指涉某种形上实体的概念来指称并不真实存在的事物？寂护在《摄》第7品中检视正理派之我论时对此给出了解答：出于“共许方便”(saṅketa)，为了人们生活的便利。

[大意：]此说仅出于“共许方便”(saṅketa)，此[“共许方便”]于何处不和合(saṅgata)？“自我”(ātma) 等语词之本来相(prakṛti)，

---

① 《摄》1875-1876：santater nanv avastutvān na avasthāntarasambhavaḥ | tatra avasthāpito lokaḥ paro vā tāttvikaḥ katham || na eva santatiśabdena kṣaṇāḥ santānino hi te | sāmastyena prakāśyante lāghavāya vanādivat || 英译 Jha, 1986: 893。参考日译宫坂宥勝，1965: 280。

亦未对对象(artha)有任何开显(prakāśana)。[1]

[大意：]谓“共许方便”(saṅketa)仅出于人自身之意欲(icchā)，语词亦仅为表达此“共许方便”而已。于其流布(prasara)使用(pravṛtti)，又将有何妨害？[2]

寂护认为，“自我”等词语的使用都只是基于共许方便，而非指涉某种超验存在。前一章已详释“共许方便”一语，此处仅略说其大义。“共许方便”的梵文对应词saṅketa / saṃketa字面意思为“共同知道”，也即大家所共许的知识。因为是人群的共识，所以有时被翻译为“言语协约”(内藤昭文, 1987: 17)；因为非胜义真实，所以古译为“假”[3]。总之，人们使用该词，仅出于他们自身之意欲，满足现实生活中的实用目的。概念本身并不预设某种形而上学实体的存在。只要人群对语词与指涉对象之间的关联达成共识，二者之间的能指-所指关系即得成立。语言仅仅是人们生活中的工具，建立于人们的共识之上，服务于现实的目的。

在上述引文中，寂护主张，涉及主体的各种用词比如我、作者、造业者等，均建立于共许方便，并不指涉某种恒常之本体自我。莲花戒进一步解释，这种共许方便的建立是基于人们的意欲和需求。换言之，人们之所以使用“我”“我所”“我的”等词，不在于其背后有形而上学的支撑，而在于语词的现实功用满足了人们的生活需求以及意愿。

语词的现实功用很容易理解。例如，在向外宾介绍北京时，我们

---

① 《摄》206：saṅketamātrabhavinyo vācaḥ kutra na saṅgatāḥ | na eva ātmādipadānāṃ ca prakṛtyā arthaprakāśanam || 英译Jha, 1986: 153。

② 《摄·疏》206：svatantrecchāmātrabhāvī hi saṅketaḥ; tanmātravācinyaś ca vācaḥ tatkatham āsāṃ kvacid api pravṛttiprasararodho bhavet || 英译Jha, 1986: 153。

③ 参见本书附录中《摄·疏》503颂的脚注。

可以用“北纬39°54’、东经116°23’”这种精确的地理概念来进行描述，也可以用“地处中国北部、华北平原北部，东与天津毗连，距渤海102千米，其余部分均与河北相邻”这种粗略区位界定来描述，还可以指着一幅中国地图说：“看，中国地图像一只公鸡，北京就在那鸡脖子处。”这种种不同描述是基于不同场景的不同需求而设立的，不管是经纬度还是鸡脖子的比喻，都只是一种人为设定的描述方式，并不能彰显北京的“区位本质”。

相同地，在人的案例中，我们的多数称呼也是出于实用的方便设定。比如，为了避免“那个由色、受、想、行、识诸刹那灭法所组成的聚合体”这种繁复的表达，我们可以简单地说“那个人”。这就是为什么佛陀主张无我，佛经中却依然有许多关于“我”的表达。这些表达是遵循世间法的运动规律，应众生之根机而说。

童中尊的另一个批评关注点在于作为“造业者”的“相续”以及作为“受果者”的“相续”之间的同一性问题，他认为，即使有“相续”，佛教徒依然无法证明“造业者”和“受果者”二者同一。

[大意：]纵然业果之受者辗转而生(pāramparya-jāta)，[造业者与受果者]仍无同一性。则分明有“所作散灭、未作自至”。①

[大意：]即便无有此[因果关联]，汝仍将立他说，以释[造业者与受果者之同一性]，[造业者与受果者]居于同一大地、均为识等[属性]，[于一切识均]无差别。此同一(samāna)之说不可能，无有单一之随逐者(anugama)故。据此而言，此相续(santāna)属彼心识起(cittaja)者，此为虚妄之言。彼(yat)此(tat)之用语不能运用

① 《偈颂大疏》700, 3-4(Ātmavāda v. 46)：tat pāramparyajāte ’pi bhuñjāne karmaṇaḥ phalam | tādātmyena vinā spaṣṭau kṛtanāśākṛtāgamau || 英译Jha, 1983a: 389-390。

于不同实体(vastu)①，是故，持“相续”论者亦需许有单一之自性(ātmakatā)。②

童中尊认为，如果将相续作为业行和业果之所依，那么作为“造业者”的相续和作为“受果者”的相续应当是同一的。由于相续为生灭变化的诸法所成，其在时间中不可能保持前后同一，也即，若前一相续作为造业者，辗转而成后的相续作为受果者，则二者并不同一。童中尊所理解的相续，其实只是造业者和受果者这两个主体的异名，只要还有这种主体-对象的区分，就依然需要证明两个主体之间的同一性，否则，“所作散灭、未作自至”的问题还是无法得到解决。总之，对童中尊而言，造业、感果这两个行动必须随逐(anugama)单一、持存之实体，比如恒常不变之“自我”。

然而，佛教思想体系无法提供这种在时间中维持同一的实体作为支撑。一方面，“相续”并非实体，只是对诸法的一个笼统称呼而已；另一方面，相续的构成物并非固定不变，而是处在生灭变化中。如此，论敌质疑，如果不能证明造业者和受果者的同一性，那么如何可以确定二者之间的因果关联，为何不任选两个事物建立因果关联？引文中童中尊假设佛教徒会使用“居于同一大地、均为识”等比较弱的理由来说明“造业相续”和“受果相续”之间的同一性，但这些属性属于绝大多数识，所以无法成为证明二者同一的理由。总而言之，于童中尊

① 梵语中，yat…tat…是关系代词，相当于英文中的which…that…组合，其中yat后接的内容是定语从句。

② 《偈颂大疏》701, 1-6(Ātmavāda v. 48-50)：tasmin na saty api brūyāḥ parihāraṃ tvam anyathā | samānapṛthivīvāsajñānatvādyaviśeṣataḥ || samāna iti na apy etad ekatvānugamād vinā | tena yac cittajaṃ tasya santāna iti vai mṛṣā || na hi yacchabdatacchabdau vartete bhinnavastuni | tena ekātmakatā iṣṭavyā tat santānātmavādibhiḥ || 英译Jha, 1983a: 390。据梵本注释，此处santānātma读作santānātmeti。

而言，业行业果必须要有持续存在的实体性支撑。

前文介绍“业断灭难”时已经述及，童中尊的立场体现出一种主客二分的二元论思维模式。于他而言，造业者和业行是两个彼此独立且互相对待的实体，他并没有真正理解佛教的无我论。本书第三章第四节谈及了佛教无我论的两种论证策略：(1)时间上无有持续存在之自我；(2)空间上没有真正的整体性自我。佛教既不认为有时间上的持续存在物，也不认为有空间上的整体性，更不认为有一实体之“我”独立存在于时空中刹那生灭之诸法以外。童中尊的攻难仅涉及佛教无我说的时间维度，却没有意识到这种主客二分的“作者-业行”区分也是佛教论师所不许的。

寂护、莲花戒在《摄(疏)》中有论及，并没有所谓的“所作”“所受”，因为根本就没有作者、受者。即使只考虑一刹那的情况，也不需要设立主体-客体之分别。业行由其前在之色法、心法引生，而非为某实体化的作者所作。经论中的作者-业行、受者-业果之区分只是一种方便说法，并无实际之所指。色心二法所成之因果链并不需要主体的存在。如下文莲花戒所言：

> 鉴于此中一切[诸法]仅为缘起(pratyayatā)，无有作者，亦无有所作[供]领纳。此“所作散灭”之过将如何成立？(《摄·疏》538)
>
> 于胜义谛上，并无“谁人经历、恰为谁人记忆”之[同一]记忆者、经历者。为何？记忆等种子，由其势力强劲，植于相续之中，后后时差别转变，接续刹那而生。记忆等正生起于此[相续]中，而非他处，[由有]因果律之限定性故。(《摄·疏》542)

这两段引文意思很明确，莲花戒主张于胜义谛上并无任何记忆者、经历者或其他任何主体，实际存在的仅有缘起（pratyayatā），也即色心二法的生灭相续。前刹那法灭，后刹那法无间生起，此起彼伏的众法形成相续。正是由于相续中诸法或直接或辗转的因果关系，业行业果之间的关系才得成立，其间并不需要任何主体支撑。换言之，针对所谓的“所作散灭、未作自至”之失，佛教根本就不认同其中“作”（kṛta）的真实存在，因此也就没有作者和受者存在。在实际的认知过程中，人们从业果开始逆推，通过相续之因果链追溯其因果渊源，回溯到业行，才得确立业因业果之连接。而相续，作为众法之整体的方便名相，并不需要保持同一，因为它本来就并非主体。

童中尊不认可佛教此救，他进一步表示，只要认可刹那灭，不管是否有主体，都会有“所作散灭、未作自至”之失。此说为莲花戒所引用：

> 童中尊曰：“‘所作散灭、未作[自]至’源于作者所作之业散失。”
>
> [寂护：]吾宗未作是言。
>
> [童中尊：]谓汝宗意，无有作者。
>
> [寂护：]然则如何？
>
> [童中尊：]谓[汝宗]许业行[散灭]无有后继，其果从灭坏[之业行]而生，则犯“所作散灭、未作[自]至”之过。（《摄·疏》539）

此难若以标准论式表达，可列举如下：

（1）若刹那灭为真，事物刹那湮灭；

（2）若事物刹那湮灭，则前一刹那之业行谢灭无踪；

（3）若事物刹那湮灭，则后一刹那业果生起时，纯为新生；

所以：

（4）由（2）可得，所作散灭；

(5)由(3)可得,未作自至。

可见,对这一议题的讨论又回到最初,只要刹那灭,那么前因后果之间的时间断裂就无法得到弥合。"无间生起"和"相续"这两个设定未能扫除刹那灭说所带来的断灭见阴影。

然而,寂护在《摄》中表示,此难对己方观点并不构成威胁:

> [论敌]以"[事物]刹那差别(bheda)"之计执(vikalpa)攻难刹那灭等说,然则,于此,论敌此难并未引发任何不欲[者得成]。(《摄》539)
>
> 前在之业行刹那散灭而无有后继,故有"所作散灭";或,业果刹那生起,无有过往(apūrva),故有"未作[自]至"。恰以此[论],[论敌]以"[事物]刹那差别"之计执攻难刹那灭等说。此[刹那差别]正为[吾宗]所许。谓无有任何事物片段之细微持存。(《摄·疏》539)

寂护、莲花戒不能接受的观点是相续中前一刹那法无果而散灭,后一刹那法无因自起;但是如果"所作散灭"指的是前一刹那法散灭之后没有任何事物进入下一刹那,而下一刹那法之生起也没有过去之物的参与,那他们是认可的。所以寂护认为此难中没有任何他所不认同的观点,也不认为童中尊提出了有效的驳难。

要理解其中的细微之处,需要回顾童中尊以及寂护、莲花戒在因果论上的歧见。前面章节已有详释,此处简述之。童中尊之所以将上述说法看作是对佛教方的攻难,是因为在他看来,因生果需要因有时间对果发起"作用",若事物才生即灭无有留存,则"作用"无法发起。然而,就寂护而言,因果关系中并无生果"作用",因果仅仅意味着事物之间的"无间限定"相继现象,是人们从规律性现象中推演而来的:前一刹那物生起、灭坏，后一刹那物无间生起、随即灭坏；二者完全不同，没有任何内容的持续。

本小节中，童中尊针对佛教的相续说提出了几个驳难：(1)相续和“相续构成物”之间不管是一是异，都会引发逻辑谬误；(2)我们不可能对非存在物使用指涉主体性的术语，如“我”“我的”等；(3)即使设立“相续”之说，佛教徒仍然无法证明造业者和受果者之间的同一性，故有“所作散灭、未作自至”之失；(4)纵然许可业因业果不需要主体，若前一刹那法全然湮灭，后一刹那法为全新生起，无有过去，则仍然有“所作散灭、未作自至”之失。寂护回应了上述几个问题，主张相续并非实体，而只是对色心二法所成之因果链整体的一个方便称呼，人们使用这一名称是出于方便之说。并且，佛教方并不需要证明造业者和受果者两个主体之间的同一性，因为主体根本就是人们的建构，并非真实存在。而且，他还认为，在业因业果的因果链中，前者散灭后不进入下一刹那，后者全新而不包含过去物，本身就为佛教所接受，不能算作一个有效的驳难。

四、不著因果：佛教徒的道德理由

童中尊“所作散灭、未作自至”的批评并非终点，其下一步是挑战佛教“善有善报、恶有恶报”的道德倡议：如果并没有一个在时间之流中持续不变的“我”存在，那么业报轮回——今日作“业”，将来受果——又如何能够发生呢？童中尊等论敌主张，“刹那说、无我论”和“业报轮回说”为一对矛盾命题，二者不能同时为真。因此，若刹那说、无我论为真，那么业报轮回说就不能成立；如果业报轮回说不能成立，那么人们的行善动机就不足，道德的基础就会被动摇。

在《摄》中，寂护记载了童中尊对无我论的下列批评：

> 无我论者先已觉知："[我所作业]将不生果报，我将湮灭故；或，果报将为他人代受。"若果报遥不可及，则"有远见者"(prekṣāvān) 将不造善恶之业，于[苦乐]果无欲故。(《摄》480-481)

上述引文中的第480颂全文引自《偈颂大疏》：

> [大意：]然则，无我论者先已觉知：[我所作业]将不生果报，我将湮灭故；或，果报将为他人代受。其将不作事 (pravṛtti)，吠陀 (veda) 之真确性(pramāṇatā) 将不再。①

这一批评从道德动机的角度全面、细致地道出了佛教无我论可能造成的道德困境。论敌表示，如果佛教无我论为真，或者说如果大家接受了佛教的无我论，则人们会认为：此刻存在的我"将湮灭"，到下一时刻就会消失，新的个体虽然生起，但却不是我；那么，"果报将为他人代受"，我如果在此刻做好事，好事带来的好报我将不会有机会享受到，同样地，我如果在此刻做坏事，恶果也不会由我来承担。论敌表示，这样，"'有远见者' 将不造善恶之业"，人们失去做善事的动力，陷入虚无和茫然的"无欲" 状态中，道德规范将不再生效。总之，如果无我论为真，那么道德将会崩盘。

寂护在《摄》中，对论敌的质疑作出了以下回应：

---

① 《偈颂大疏》696, 5-7(Ātmavāda v. 32-33)：nairātmyavādapakśe tu pūrvam eva avabudhyate | madvinaśāt phalaṃ na syān matto 'nyasya atha vā bhavet || iti na eva pravṛttiḥ syān na ca vedapramāṇatā ||英译Jha, 1983a: 387。

[凡夫愚痴众，]未除有情谬见，执“相续”(santāna) 为一，事事刹那差别之“计执”[于此众]无从生起。然而，彻悟 (abhisaṃbuddha) 真理者了知刹那生灭之因果限定性，行善行。(《摄》540-541)

引文将“凡夫愚痴众”和“彻悟真理者”的道德理由作了区分，凡夫的理由比较好理解：对于未除“谬见”的有情众生来说，“事事刹那差别”这一观念根本就不会在他们的头脑中产生。他们只会见到“相续”的整体性，并将之“执为一”，理解为“我”。在此基础上，他们会遵循趋乐避苦的原则，接受“善有善报、恶有恶报”的道德训诫，行善积德，以图福报。

寂护和莲花戒所提及的“彻悟” (abhisaṃbuddha) 指称的应该是佛境界的觉悟，这一概念有“现成正觉、成等正觉、证大菩提、成佛、成至佛” (荻原云来，1979：112) 等含义。觉者的道德理由部分，寂护表达得并不清楚。莲花戒在注释中对寂护这一段作了进一步解释。

贤德 (kalyāṇa) 之凡夫 (pṛthagjana) 若能于经证理证中如实 (yathāvat) 觉知刹那灭、[无]我，彻悟 (abhisaṃbuddha) 真理，则能知晓法性 (dharmatā) 缘起。诸刹那灭之业行，由布施心而来——[布施心等]源于慈悲等——充满自利利他[之德]，相继接续而起。而非起于害意。如此，了悟因果律后，[贤德者]奉行善业。正如所言：“若未摒弃对‘我’之执恋，则[贪欲]交织，受苦不得安宁。” (《摄·疏》541-542)

前述寂护的偈颂中只提及觉者能够了知因果律，明白处于因果链中之事物前后相继，并且刹那生灭。莲花戒的解释更为丰富一点，包括以下几个层面：首先，觉者"如实觉知刹那灭、无我，彻悟真理"，能够真正理解刹那灭、无我的真意，所以也能够观照到"法性缘起"；其次，觉者行善是"由布施心而来"，起于大乘菩萨道的自利利他原则，而非只为了自身的福报；最后，在"了悟因果律"之后，仍需继续"奉行善业"、修无我观、去除贪欲，这是修行者自我成就、走向觉悟的必经之路。莲花戒的意思是，觉者的道德观建立在对他人对众生的慈悲之心基础上，而要达到这一境界，非得彻悟无我之真意，得到解脱不可。如此，无我论不仅不与道德原则冲突，反而是走向真正的道德、走向至善的必要途径。

寂护和莲花戒所主张的其实是一种分层级的道德伦理观，为处于不同因缘的众生安立了不同的道德理由，并且指出了最高的道德境界：在菩提心具足的觉悟状态下，完全基于慈悲而形成的伦理观。这种分阶次的伦理观并非寂护师徒首倡，在另一位年限略早于寂护的后期中观论师寂天(Śāntideva, 约7世纪中至8世纪中)的《入菩萨行论》(*Bodhicaryāvatāra*)中，有更加清晰的次第伦理学主张。该论第7品和第8品对行善和发菩提心进行了集中论述。第7品强调要精进努力地做善事，"对善业怀有崇敬之心和敬服之心"。第8品通过禅定来思维无我，从而破除我执，爱众生如同爱自己，从而发慈悲心、菩提心。在这两章的论述中，针对修行的不同阶次，寂天阐述了有差别的修行之道，也可以将其看作是三种不同根器众生所具有的三重不同的道德境界。此处姑且将之命名为凡夫境界、贤者境界和觉者境界。

1. 凡夫境界：善恶报应

凡夫境界之视野主要专注于一己之苦乐，其道德理由相应就是求取福报，规避噩运。"善有善报，恶有恶报"的宣说直接将人们的善恶行为与可能引发的苦乐果报用因果关系连接起来，能够起到震慑、劝导的作用：

> 因昔净善业，生居大莲藏，芬芳极清凉；闻食妙佛语，心润光泽生；光照白莲启，托出妙色身，喜成佛前子。因昔众恶业，阎魔诸狱卒，剥皮令受苦；热火熔钢浓，淋灌无肤体；炙燃剑矛刺，身肉尽碎裂，纷堕烧铁地。[①]

这类善恶报应的宣说能够帮助别人端正自身的行为，一直是佛教道德教化的主要内容之一。除了字面上的状态描述外，现代学者还尝试着从心理学的角度来解释这些描述，认为它们实际上是一种隐喻式的表达，是对情绪感受的具象化，比如“热汁浇身”可以被理解为对“愤怒”这种情绪的描述。[②]这一道德理由执于轮回，旨在求取自身的福德，带有目的论（teleological theory）气息，是凡夫境界的行善理由。

2. 贤者境界：自他互替原则

所谓自他互替原则，就是以自己的感知来理解他人的感知，换位思考，同情共感，从而超越一己之私的狭隘，关心他人的疾苦与福祉。这有些类似于伦理学上的“黄金律定理”（Golden Rule Theorem）：己所不欲，勿施于人。寂天《入菩萨行论》第8品“禅定”篇中就以这种自他互替的思路来论证行善的必要性。[③]他主张：

---

① 《入菩萨行论》7.44。寂天，2020: 303-304。

② Rupert Gethin与Chogyam Trungpa都认为佛教六道轮回的宇宙观（cosmology）可以对应于不同的心理状态。参见Gethin, 1998: 119-125；Trungpa, 2009: 127。其他相关讨论还可见于Williamsand Tribe, 2002: 78-79。David L. McMahan则认为这种诠释是对佛教的现代性建构，参见McMahan, 2008: 45-48，57-58。

③ 有关寂天主张通过自他互换、观照无我来修习菩提心的伦理主张之讨论，还见于噶·达哇才仁，2012: 116-122。

> 首当勤观修，自他本平等；避苦求乐同，护他如护己。手足肢虽众，护如身则同；众生苦乐殊，求乐与我同。虽吾所受苦，不伤他人身，此苦亦当除，执我难忍故。如是他诸苦，虽不临吾身，彼苦仍应除，执我难忍故。我应除他苦，他苦如自苦；吾当利乐他，有情如吾身。①

这一伦理观不是在讨论道德行为能给自己带来什么样的果报，而是直接基于"执我难忍"这一现实——一切凡夫由于执着我的存在，而遭受种种苦，难堪忍受——由自我而推及他人，认为正因为自己有趋乐避苦的本能，所以应当看到并且去成全他人的趋乐避苦之本能。在这一层面上，虽然是从自己出发，但其最后的关切不只是自己，而是包含了他人。"自己"在这个过程中是理解他人、同情共感这一过程的起点，但并不是终点，这显示出佛教伦理学的义务论(deontological theory)倾向。

3. 觉者境界：慈悲

寂天在对觉者的道德行为描述上，特别强调慈悲心或菩提心的生起。他认为在觉者境界中，"我执"已经彻底被破除，人我之分不再存在。因此，对于觉者而言，只要是苦都应该予以拔除，不管它从何处起，也不管是谁在受苦；只要是善都应该去促进，不管是谁在得益。

这种伦理观的基础是纯粹的义务论法则，在操作层面上会指向一种利他主义立场：如果能够拔众生之苦，与众生以乐，那么行为者自身受一些磨难是不足为道的。寂天以花月丽菩萨的案例说明了这种彻底的利他主义伦理观：

---

① 《入菩萨行论》8.90-94。寂天，2020: 377-379。

> 一苦若能除，众多他人苦，为利自他故，慈者乐彼苦。妙花月虽知，国王有害意，然为尽众苦，不惜殉自命。[①]

花月丽菩萨为了度化具宝国中众生，使之修得不退转果位，脱离苦海，在明知国王秉持邪见、厌弃佛法、残暴对待佛教徒的前提下，依然亲身前往，示现传法，结果被国王残忍杀害，这正是菩萨道所倡导的舍身为众生之精神的体现。在此案例中，道德理由是慈悲心的践行，是修证意义上的终极善之体现。

总之，对于无明众生，因其无法理解无我妙义，故宜讲业报轮回，引导其思考其中利害，从而趋善避恶；对于中上等根器者，则示其正法，培养其善念，引导其从慈悲的角度来行善。寂护和寂天这种分层级的伦理观，在逻辑上与晚期中观派次第道的论证方式一致[②]，展现了佛教哲学的思想旨趣：并不在乎对形而上学进行无尽的探索，而更关切世间疾苦与众生解脱。寂护、莲花戒在《摄》与《摄·疏》第539颂中认为论敌问难并未引发任何不欲，认可了“刹那差别”主张和相续说之间存在张力。实际上，这种张力来源于名言本身的有限性：真理本不可言说，强行以语言的方式来叙说真理，就必然会进入语言的有限性之中，受制于人类思维的局限，产生种种歧义和矛盾。[③]这也是《箭喻经》中佛陀拒绝回答摩罗鸠摩罗(Māluñkyāputra)关于“世有常无常”“世有边无边”“命是身命异身”等十四个问题的原因。佛陀认为，世间众生为贪嗔痴等毒箭所伤，要紧的并不是探寻射箭者是什么人、射的是什么箭，而是赶紧拔箭疗伤，救众生于苦难之中。这种救世

---

① 《入菩萨行论》8.105-106。寂天，2020: 385-386。

② 这种思想通过阿底峡《菩提道灯论》传到藏地，经宗喀巴《菩提道次第广论》的进一步演变，形成了以“下士、中士、上士”为区分标准的菩提道次第论。

③ 佛陀讲法是于不可说而说，更多讨论参见本书第九章第三节。

之心，并非来自对因果业报的计量，而是基于一种“不著因果”境界下的慈悲。

结语

本章讨论了寂护对“无我而有业因业果”这一问题的回应。对寂护而言，业因业果成立的基础是因果关系的成立，前三章已经分析了寂护对因果关系的证明，所以本章讨论寂护在因果关系成立前提下对业因业果的解释。

寂护虽然不认可有一恒存不变的“自我”(ātman)，但是认为有“相续”(santāna)。业行造作之后，随之起色心二法，前刹那法灭，后刹那法无间而生，此伏彼起，中间无有间断，形成一条绵延不止的续流，作为一个整体被称为“相续”。相续可以被看作是一种非主体的主体：一方面，它并非某种真实存在，只是对众多存在物集合的一种统称，其整体性只是我们思维的构造；另一方面，它某种意义上承担了常识中的主体作用，充当了不同刹那之业行业果的联系桥梁。虽然业行刹那生灭，但作为众色法之集合的相续随之改变，从而保证了时间中的相续性，避免了断灭见。寂护认为，日常语言中使用的“我”“我的”等一切有关主体的称呼，其真实所指是这个相续，而非某种其他的独立存在物。

由于有相续，本书第三章中六派哲学家用来证明自我存在的记忆、主体统合、自知现象都可以在刹那灭及无我立场下得到解释：记忆通过相续中的转变差别而得以成立；“主体统合”现象中的主体实际上指的是相续，是一种假名安立的集合体；自知所识别到的“我”，实际上仅仅是相续而已。此外，寂护《中观庄严论》中的论说还为自知提供了另一种解释方案：自知仅为识的反身自知功能。

尤为重要的一点是，相续说并非寂护首倡，且并不能真正平息诤议。本章讨论了童中尊对相续说提出的驳难：相续与组成相续的诸法之间是一还是异？相续到底是不是一个真实存在？佛教此说是不是“自我”的异名？若相续非真实存在，只是多众多构成物的统称，那么，此相续无法成为刹那生灭之业行的所依，相续说也并不能真正弥合业因和业果之间的“断裂”。实际上，寂护自身也承认下列意义上的“断裂”：前一刹那存在物全然湮灭，后一存在物生起时并不包含前一存在物的任何内容。他认为，如果论敌所谓“所作散灭、未作自至”指的是这一点的话，那么“论敌此难并未引发任何不欲者得成”（《摄》539）。

寂护此处对这种“存在之断裂”的认可看似以一种未尽的方式结束论述，实际上恰恰展现了中观哲学的立场——于言语道断处，见到假名安立的有限性。正因如此，佛教才会弃舍对形而上学的无尽追求，而将众生的苦乐视为最大的关切。寂护在《摄》中对道德理由的阐述，呈现出一种分层级的次第伦理观：对于无明凡夫，以基于业报轮回的宣说劝其行善；而对于证知无我无常的觉者，他们从善如流，仅因慈悲。

第八章
当代哲学视野下的佛教无我论

某种意义上，佛教哲学是颇具现代性的，它甚至与当代分析哲学之间呈现出某些共性：部派之后的佛教哲学走向精细的条分缕析，于名相概念之内涵、不同观点的逻辑理路、不同派别的思想立场都有非常清晰而精确的讨论。这种讨论的形式和清晰程度非常类似于今天的分析哲学，这种相似性也为古今跨文化传统的对话打下了坚实基础。

正如本书序章所示，笔者主张，对古典哲学的探索不应只为增加"哲学史博物馆"里的馆藏，而更应探索其对当代哲学、当代社会的价值，给生活在"哲学史博物馆"之外的普通人提供一点思想资源，让他们在认识世界、认识自我的求索中多几个有用的思维工具。

在佛教众多教法中，无我论与当代哲学之间的交涉相对比较深入。造成这一现实的最重要原因是，无我论作为佛教最重要的教法之一，屡屡成为佛教内外争论的焦点，颇费论师们笔墨。频繁而深入的争论让这一议题所涉及的方方面面都得到了充分的挖掘，留下了丰富的思想资源。而这些思想资源在今日我们思考自我相关问题时，依然可资借鉴。

本章以自我问题在当代哲学中的主要呈现形式——个体同一性问题为核心，讨论分析哲学中解决个体同一性问题的三种进路，并以此为思考视野，重审佛教无我论，期望在一种视域融合中，促进对这一议题的更深理解。

一、个体同一性：自我问题的当代呈现

人类对自我的关注由来已久，对“我是谁”这一永恒命题的追问是每个个体生命觉醒的必经路途，“认识你自己”这一格言更是刻在德尔斐的阿波罗神庙上被传颂千年。西方哲学传统中对自我的讨论引申出诸多子问题，其中与印度哲学中有我、无我之争密切相关的是“个体同一性”（personal identity）的讨论。

“个体同一性”问题指的是：在时间迁流中，是什么使得处于不同时空、状态下的个体成为同一个体？具体来说：是什么让我们确认存在于不同时间、不同角色、不同状态下的那些“我”是同一个“我”？“我”是一个学者，是一个女儿，是一个中国人，二十年前读小学，现在已经就业，上个月是长头发，现在是短头发……是什么使得这些彼此差异的存在可以都被称为“我”？或者说，当我们说“我”的时候，到底在指称什么？

我们的整个社会系统都建立在对“个体同一性”——人从出生到死亡都是他自己，是同一个人——的信念之上，对这个问题的挑战和思索牵涉众多议题，因此在哲学史上具有非常重要的地位。当今社会，这一问题更是关联众多应用性议题，因为科学技术发展为当前社会带来了更多自我认同、身份认同的难题。比如生物医学上的克隆人问题：克隆人是人吗？克隆人和母体之间的关系是什么？再如器官移植、人工器官植入问题：如果进行了大数目的器官移植，那这个人还是原来那个人吗？再如植物人的权利问题：植物人算人吗？如果已经知道某

植物人不会再醒来，还应该每天耗费十万元来维持其生命吗？此外还有整容问题、难民的身份认同问题、跨国跨文化家庭子女的文化认同问题……这些现实问题的回答需要在形而上层面对自我相关问题有清楚的分判，因为事实判断会影响到权利和责任的判定：如果一个人发生了某些重大变化，比如说一个人接受了另一个人的核心器官移植，那么他要不要赡养器官捐赠者的高龄父母？如果这个人愿意赡养捐赠者的父母，那他能不能拥有捐赠者的妻子儿女？

要回答和解决这些问题，我们都必须回溯到上述关于自我的基础形而上追问：我是谁？使我成其为我的因素有哪些？是什么使过去未来不同时空中的这些个体可以被看作是同一个人？

西方哲学家们在个体同一性问题上求索多年，他们试图找到某种使个体成其为个体的本质属性。这种属性能够跨越时间，跨越个体内心、外表、身份所发生的种种变化，使得三岁的某人与八十岁的某人可以被称为"同一个人"。由此产生的第一种理论是身体同一说：人从生到死都拥有同一具身体，因此在这个时间段保持同一。伯纳德·威廉斯(Bernard Williams, 1929—2003)是身体决定个体同一理论的拥护者。他在论文《自我与未来》(Williams, 1970)中提出一个著名的个体同一思想实验：如果将你和另一个人张三放进一个机器中，机器将你的记忆、性格、意识等全部精神内容都移植到张三的身体中，而将张三的全部精神内容都移植到你的身体里，移植完成后，将会有两个人从机器里出来，一个具有你的身体和张三的精神内容，另一个具有你的精神内容和张三的身体。这两个新人，一个会拿到一百万，一个将会遭受种种身心折磨，现在让你决定谁拿一百万，谁受折磨。威廉斯认为，个体的选择体现其对自我同一问题的基本立场。

这种理论所面临的质疑是，人的身体并不是一成不变：皮肤不断脱落更新，单个血红细胞的寿命只有几个月，甚至连骨骼、指甲、头发也是处在不断的更新换代中。科学研究表示，每隔七年，人体内的所有细胞都会完成一次彻底的更新换代。那么，我们就需要面对忒修斯之船(ship of Theseus)的问题：当一艘船上的所有零部件都相继被更换了，这个船还是原来那艘船吗？如果不是原来那艘船了，那么零部件换到什么程度时可以认为产生了一艘新的船？这种身体决定论过于脆弱，经受不住追问，在生物医学技术高度发达的今天，更难以面对早已成为现实的器官移植问题以及技术正在迅速发展的克隆人问题：如果人等同于身体，那么在器官更替的过程中，最多能换多少才能使人依然是原来的那个人？

"身体为个体同一性之所依"这种观念的拥趸者不多，但意识世界或者精神世界作为个体同一性之基础的说法则受到广泛认同，并得到不同形式的论证。比如，第七章已述及之约翰·洛克认为，个体同一性的标准在于意识，虽然我们并没有贯穿一生而维持不变的持续意识，但是我们拥有记忆，一个人在其意识或者记忆延伸的范围内保持同一性。记忆是个体同一成立的充分必要条件。只要某人在某个时间段中保有关于其经历的意识或记忆，这一时间段中他就依然还是这个人。每一段记忆都与前面一段经历或者记忆相联系。(Locke, 1894, XXVII, 11: 449)这一理论的问题在于，人并不总是记得所有的经历，比如基本上所有人都对自己的婴儿状态没有记忆。此外，如果认可记忆决定个体同一性，那就意味着必须接受以下结论：一个人失忆了就不再是原来那个人。这明显又与我们的日常经验事实相悖。此外，这一理论还得面临记忆的错谬问题：我们的很多记忆其实是有误的，但我们却很难去分辨记忆的真假。

大卫·休谟(David Hume, 1711—1776)在主张意识世界是个体同一观念的所依这一基本立场上，提出了著名的捆束论(Bundle theory)。(休谟, 1980: 281—294)他认为，在时间迁流中，并没有一个持续存在的“自我”,没有一个相同的“我”从出生一直延续到死亡。“自我”这个概念所指涉的其实只是一束印象(a bundle of impressions),包括身体、心灵、情绪、感受、偏好、记忆、社会关系、人际角色、社会地位、政治立场、别人赋予的标签等等内容。并且,没有一个实体性的存在来装载这所有的内容,这些内容也处在不断的增减、更新和变化中。所谓的灵魂就像一个共和国,里面的成员不断出生和逝去,在不断更新的同时又保持着某种相同性。休谟对自我问题的立场基于其对“同一”这一概念的绝对化理解:如果一件事物和另外一件事物保持同一,那么二者所有的性质都要保持同一。这一法则曾为莱布尼茨(Gottfried Wilhelm Leibniz, 1646—1716)提出和强调,因此也被称为莱布尼茨法则(Leibniz's law)。问题在于,如果没有我,那么如何理解我对自己的认知,我的情感、我的记忆包括我对自我问题的困惑?如果没有持续存在之我,那么我怎么对自己所做的事情负责?所谓的心理印象的捆束,又是被什么给捆束在一起的?休谟的捆束说与前文已述之佛教相续说十分相似,他此说所面临的问题也和佛教哲学所面临的问题有诸多共通处。

德里克·帕菲特(Derek Parfit, 1942—)同样反对有某种在时间中持续存在的我,他提出一个著名的思想实验:在未来科学技术高度发展的某一天,将你装入某个机器,这个机器能够从最微观的角度录入你的所有信息,包括你身体的每一个原子、你的记忆、你的人格特质等等,然后该机器会瞬间摧毁你的身体和意识,并把信息传输到火星上一个机器中,火星机器根据接收到的数据迅速制造出一个新的你出来,拥有完全一样的身体、记忆、人格和自我意识,这个新人也觉得自己就是你。那么,你是进行了一次星际旅行吗?还是说,你其实已经死了,只是火星上有了一个每个原子和思想都跟你一模一样的人?如果原机器并不摧毁你的身体,而只是扫描你的信息并传输到火星,那么火星上制造出来的那个人还是你吗？你是在星际旅行还是被复制了？帕菲特认为，在这个实验中，旧的主体消失了，火星上出来的是新的人。此外，他还认为，在日常生活的每一刻，我们都在经历类似于“身体摧毁+身体重建”的过程，每一刻都有一个新的自己产生，而我们之所以会认为这些不断生灭的人是同一个自己，是因为这些存在于不同时间点的“片段人”通过“心理关联”（psychological connnectedness）和“心理持续性”（psychological continuity）造就了个体同一观念。比如，三十岁的你拥有与二十九岁时非常相似的记忆、性格、爱好、社会关系，因此联系紧密，而二十九岁又与二十八岁联系紧密，以此类推，直到婴儿时期。即使三十岁的你与婴儿时期截然不同，却也通过这个传递的链条有着远程的关联。在这个传递的过程中，只要有足够多的要素留存，你就可以认为自己还是同一个人。（Parfit, 1984: 200）帕菲特的理论被称为幸存说（survival theory），他认为重要的不是一个不变自我的存在，而是哪些因素能够在时间的迁流中幸存下来，充当不断更新之我的组成成分。帕菲特还认为，我们承担的责任也与我们的个体同一相应，也即，你与许下承诺或者责任产生时候的那个人的“心理关联”有多强，你的责任就有多重。

在西方哲学传统对个体同一问题的讨论中，上述所列举的几个案例仅仅是太仓一粟，远不能呈现全部面貌。对这一议题的探索并未停止，许多问题依然没有找到诸方认可的答案，新的思路、新的观点还在不断产生。近代以来，西方学者开始向东方文化中寻求资源，以求对这一积难久矣的哲学问题提供新的思路。何友晖（David Y. F. Ho）为这一求诸东方文化的潮流总结了两个理由：首先，东方文明绵延千年，这一深远的文化河流中有许多关于自我问题的深思和睿见，不应忽视；其次，与东方文化的交融，有助于提供一个比较哲学的视野，从而促进对于这一问题的深耕。（Ho, 1995: 115）近年来，这一领域有了许多作品问世，代表性的包括史蒂文·科林斯(Steven Collins)、马克·西德里茨(Mark Siderits)、马修·开普斯坦(Matthew Kapstein)、詹姆斯·吉列斯(James Giles)、埃文·汤普森(Evan Thompson)等等。

科林斯(Collins, 1982)以上座部佛教对无我论的阐述为关注点，检视了佛教无我论的历史、文化和理论背景、内在含义，并将之与当代哲学个体同一性问题连接，对其中所涉之哲学、心理学相关议题进行了讨论。他认为，无我论最终是一种言语禁忌(linguistic taboo)，其宗教学意义在于为佛教修行者指示一种特定的禅观方式，以及将佛教与印度婆罗门教区别开来。吉列斯(Giles, 1993)关注“到底有没有个体同一性”，而非“哪种个体同一理论是合理的”。他考察了威廉·詹姆斯(William James)、洛克等哲学家们试图建立人格同一理论的尝试，并指出了这些尝试的未成之处，然后介绍了休谟在这一问题上的洞见，并以佛教的理论来为休谟的“个体同一性不能成立”这一立场进行辩护。苏·汉密尔顿(Hamilton, 1996)以早期佛教为关注点，以色、受、想、行、识五蕴说作为讨论的切入点，认为佛教所讨论的其实不是形而上学意义上的“什么是人”的问题，而是经验层面的“何以成为人”的问题。他认为，佛教视野中的人不是某种独立实体，而是诸多元素和一堆精神活动的复合体。开普斯坦(Kapstein, 2001)在《理性与印迹：印-藏佛教思想中的“同一”与“诠释”》(*Reason's Traces: Identity and Interpretation in Indian and Tibetan Buddhist Thought*)的第一章讨论了个体同一问题，将胜论派、正理派以呼吸、命(jīva)作为自我存在的证明释读为人格活力论(personalistic vitalism)。在西方哲学中，人格活力论可追溯到柏拉图《斐多篇》，亚里士多德的某些理论也被释读成人格活力论，笛卡尔虽然对此论表示拒斥，但其所倡导的纯粹自我在某种程度上也可以被理解为此论；最晚近者是康德，他对人格活力论提出了批评。在印度传统中，此说则可追溯到吠陀奥义书时代，为六派哲学所倡。

开普斯坦介绍了胜论派钵罗奢思多波陀(Prśastapāda, 活跃于约5世纪)和正理派乌底耶塔加罗对此的主张,并讨论了寂护对此说的批评。此外,该书还对世亲与正理派在自我问题上的争辩进行了解析。彼得·哈维(Harvey, 2004)对早期佛教中的自我(ātman)、识(vijñāna)这两个概念进行了探索。哈维的研究是在现代哲学的框架下,尽量去呈现佛教哲学传统中这个问题的脉络。西德里兹的《人空:个体同一性与佛教哲学》一书采用佛教哲学与西方哲学对话的形式,以自我问题为关注点,以前文已述及之帕菲特的还原论(Reductionism)个体同一观为参照对象,展示了一个文化传统中的概念和思路如何解决另一个文化传统中的哲学问题。西德里茨将佛教的无我立场称为佛教还原论(Buddhist Reductionism)——将"人"还原为色、受、想、行、识等次一级的存在物,认为其与帕菲特的还原论个体同一说十分相似,佛教哲学家们所创发的许多概念能够支持帕菲特的观点,帮助其回应来自反对者的批评。并且,佛教无我论所受到的诸多批评,实际上展示了帕菲特还原论个体同一说的诸多理论困境。西德里茨所用的佛教材料一部分涉及早期佛教,大部分来自佛教中观派哲学。2013年,西德里茨与埃文·汤普森(Evan Thompson)、丹·扎哈维(Dan Zahavi)等编写的论文集《自我,无我?——分析哲学、现象学与印度传统之视野》(*Self, No Self ?: Perspectives from Analytical, Phenomenological, and Indian Traditions*)收集了当时一些相关的研究著作,其中汤普森讨论了记忆与自我的关系,所涉及的问题包括意识(consciousness)是否包含自知(self-awareness)成分、自知是否能证明自我的存在等,其所使用的资源,一方面是印-藏佛教中对自证(svasaṃvedana)的讨论,另一方面则是当代现象学中关于自我论(egological)和非自我论(nonegological)的争辩。乔纳丹·加奈利(Jonardon Ganeri)以无著和世亲对经论中"我"这种第一人称代词的释读,认为佛教经论中使用"我"这种主体指称时,是一种“无诚意指称”(disingenuous reference),也即使用词语的同时并不认同其实际存在。

如上可见,现代学界对自我问题的讨论不仅深广,而且早已引入了东西比较的哲学方法,在过去几十年间成果斐然。当然,这一领域可以做的工作还有很多,比如,虽然学者们将印度哲学当作自我问题研究的一个重要资源,但是当前这一领域的研究主要还是集中在对佛教无我论的引述和阐发,对印度哲学中持有我论一方的婆罗门教六派哲学的相关论述很少关注。并且,就研究路径而言,主要还是对佛教哲学里的相关观点进行概括式的引介,对佛教论师们的专著所涉有限。这些都意味着,这一研究领域依然生机无限。

二、主体如何存续:三种阐释方案

在“个体同一性”哲学议题的论域中,个体面对的主要是在时间中如何保持同一性的问题,也即,今日之我和明日之我存在种种差别,如何解释其同一性。[①]凯瑟琳·霍利(Katherine Hawley)在其著作《事物如何存续》(*How Things Persist*)一书中讨论了三种同一理论:持续论(endurance)、接续论(perdurance)、阶段论(stage theory)。对于时间视角中的个体同一性问题,这三种理论给出了不同解释。

① 对空间上的同一性,此说并未提出异议:如果将视角仅聚焦于当下刹那,此时帽子下面的脑袋和鞋子里面的脚指头,都属于同一个“我”,“我”具有空间上的整体性。这是个体同一说未曾加以反思的共识。持续论、接续论和阶段论就是在这种“当下刹那之个体同一性默认属实”的共识下展开的。

持续论[1]宣称，昨天长发的我与今天短发的我同一，三十年前刚刚出生的婴儿与此刻坐在桌子前面的成人同一。此说符合多数人的常识与直觉：人们总是进行类似表达，视其从来如此，以至于并没有意识到这是一种需要反思和论证的哲学立场。然而，当我们对这一无意识立场进行审思时，很容易就发现问题：这一立场主张，昨天、今天、三十年前、此刻，这四个不同时间点呈现的都是完完整整的我，不管呈现的状态有什么不同。然而，这怎么可能呢？——一件事物不能既长又短，一个人不能既是成人又是婴儿。这种描述方式过于简单粗暴，完全无视“同一”的含义。因此，对于持续论者而言，最难处理的就是同一与变化之间的矛盾问题。

对于这一矛盾，持续论者采用的常见解决方案是诉诸体相之别——本体不变，表象变化；主张有某种本质或者实体超越于变化的身心而存在，比如质料与形式之别——质料不变，只是事物的构成形式发生变化。[2]然而这些方案都难以应对莱布尼茨同一律的检验：一件事物，但凡发生些许变化，便不能视为与从前同一。[3]

“变化”问题的核心是事物的时间性存在问题——我们总是在时态(tense)之中进行语言表达，日常语言缺少非时间(atemporal)的表达方式，所以一切表达之中都带有某种或隐或显的时间预设(temporal prediction)。那么，这种时间预设是不是个体同一问题产生困难的原因？如果我们采用一种非时间的表达呢？

---

① 持续论的倡导者包括Lowe(1983; 1998b)、Van Inwagen(1990a; 1990b)、Oderberg(1993)等。更多讨论参见Hawley(2020)于斯坦福哲学百科全书中关于“时间部件”(temporal parts)的词条。

② 参见本书附录《摄・疏》第9品第507颂，乌底耶塔加罗认为种子到芽的过程中，汁液的成分不变，只是构成形式发生变化。

③ 《摄》第507颂中寂护提供了一个类似于莱布尼茨法则的论证，用以批评乌底耶塔加罗的“质料不变、形式变化”理论。

接续论者就试图以非时间的表达来解决个体同一的问题，他们认为时间和空间在某些方面极度相似（space-time analogy），个体既在空间中延展，也在时间中延展。个体在空间中的延展非常易于理解：我坐在椅子上，脑袋靠着枕靠，脚搭在附近的矮凳上——我的不同身体部件被安置在空间中的不同位置，这个在空间不同位置延展的身体被不假思索地认为是一个整体。那么，如何理解时间中的个体？

我们在思考时间中的同一性问题时，通常会认为昨天的“我”就是完整的“我”，今天剪完头发的“我”是昨天完整的“我”经过时空中的移动，出现在理发店，呈现出剪完头发的状态。可是，如果我们在时间中的延展也和空间中的延展一样呢？在时间域中，当下的一刹那只是漫长时间线上的一个点。依此视角，当下的“我”也同样只是一个阶段（stage）、一个分位（phase），仅为时间部件而已。如同脚指头是当下之“我”的一个空间部件（spatial part），当下之“我”则是时空整体之我的一个时间部件（temporal part）。

这种将当下之我理解为整体之我的“时间部件”，认为整体之我延展于时间之中的理论被称为接续论，其主要倡导者包括大卫·路易斯（David Lewis）等。[①]对于变化，接续论者的理解方式是：所谓时间中的“变化”实际上指的是不同时间部件的“差异”。如同空间视域下主体之不同构成部件之间存在差异——脑袋的形状是比较大的球，脚指头则是几个小小的短棍——时间视域下的主体部件之间同样存在着差异。就“剪短发”这一案例而言，当我们站在某一个时间点去进行观察，我们会认为，发生了“变化”；但是，当我们以一种非时间（atemporal）的视角，同时对所有时间点上的时间部件投以关注的时候，所谓的“变化”

① 接续论的倡导者还包括Quine(1950, 1960)、Lewis(1971, 1976, 1986a)、Armstrong(1980)等等。更多讨论参见Hawley(2020)于斯坦福哲学百科全书中关于“时间部件”(temporal parts) 的词条。

其实只是它们的“差异”而已。当然，这种说法也会带来问题，因为它解构了“变化”：只有发生在同一事物之上的区别，才可称之为“变化”。然而，据此观点，每个时间部件一旦产生，就只能永远地停留在它所在的那个时间点，新的时间点产生的则是新的时间部件，最后形成一个互相差别的时间部件序列（succession of temporal parts）。如此，作为单一时间部件，它是没有“变化”的；同时，整体之我作为众多时间部件的总和，是对诸多差异化的时间部件的总称，也无法发生变化。[①]

那么，接续论者如何解释我们日常语言中关于“变化”的描述呢？比如昨天下午可以说“我是长发的”，而今天又可以说“我是短发的”。如果采用一种“非时间”的表达，那么对“我”的描述可能如下所示：我时长一百年；在这段时间中，我的任何一个刹那的呈现都只是部分呈现，而非完全呈现；“我”并非总是长发；“我”既有具长头发特征的时间部件，也有具短头发特征的时间部件；“我”与某一个时刻呈现的时间部件并不同一。

上述描述中提及的“我”是一个在时间中延展的四维存在物：除了长宽高三维之外，还有时间的维度。一个在时间中延展的物体是由无数三维时间部件构成，而物体本身，则是这些众多三维时间部件的总和——一个又一个的三维存在物排列在绵延不尽的时间线上，形成一个蠕虫般的四维存在物。我们在使用一切关于主体的称呼时，实际所指涉的是这个四维存在；但我们日常所能够观察到的只有一个一个的刹那存在物（instantaneous object），它们实际上是四维时空蠕虫的一个时间切片（temporal slices of space-time worms）。

个体同一性问题的核心在于时间问题，接续论者通过一种“非时

① 这一“不变化”的暗含立场，实际上可以作为龙树著名的四支中“不来亦不出/去（anāgamam anirgamam）”这支的解释。梵文引自叶少勇，2011b:13。

间”的描述提供了解决方案，那么持续论者有没有可能同样给出一个非时间的描述呢？实际上，部分持续论者同样采纳了非时间的描述方式，提供了一种新的思路来解释“变化”——“关联时间”(relations-to-times)策略：变化发生于事物与时间的关系上，只是显现为事物自身的变化。这一主张认为，人的本体维持不变，但是与不同的时间点有不同的关联方式。比如“我”与昨天3月2日的时间关联是“在此日拥有长发”，与3月3日的时间关联是“在此日拥有短发”。主体可以和时间有不同的关联，只是这种关联被描述成了主体的属性。正如我们的角色——“我”是一个学者，这实际上描述的是“我”和这个社会结构的关联。但是，当学者这个身份付诸“我”时，看起来好像是“我”拥有了某种属性。(Hawley, 2001: 15-17)这一策略遭受到的最主要批评来自大卫·路易斯(David Lewis)，他质疑能否将所有的属性都理解为与时间的关联方式，比如事物的形状，属于事物的内属性(intrinsic feature)，就不宜看作是与时间的关联。(Lewis, 1986: 67-81)

持续论者对这一问题的回应依然使用了和体相二分说十分相似的逻辑：事物是由一些“内属性的集合”(bundle of properties)与一些“与不同时间点的不同关联”共同构成的。由于内属性不变——也即，体不变——事物可以维持同一；同时，由于这一“体”与时间发生了不同的关联，表象得以变化。这一主张依然有其困难之处：在面对一个具体事物时，我们需要去界定哪些属于“内属性”，哪些属于“与时间的关联”。对于某些在长时段中发生巨大变化的事物，这种可以界定为不变之“内属性”的特点可能非常少，甚至没有。比如，若依佛教立场而言，事物是由时刻变化的构成物共同聚合而成，并没有独立于这些构成物之外的存在，如果将人不断变化的属性特征都看作是“与时间的关联”，就没有什么剩余物可以看作是人本身了。并且，所谓的“不变之内属性的集合”，其实是难以证明的。在人从婴儿成长到成人的过程中，所有的物质元素都会通过代谢更换；所有的意识成分也都会逐步更替，出生前六个月的婴儿和当下三十岁的成人，在物质、精神方面都没有任何重合之处，那还能具有什么“不变之内属性”呢？

更加有问题的是，不管是主张“‘变化’源于与时间的不同关联”的持续论，还是主张“‘变化’实际上是众多时间部件之间的‘差别’”的接续论，它们所倡导的“非时间”描述法都会让我们日常观念中“某事物有某种属性”的图景变得不可行。对于持续论者来说，“我是长发的”中的“我”成为一个具有非常少的内属性的存在——甚至，在佛教无我论者的眼中，是一个不具有任何属性的存在，是一个空集。而对于接续论者来说，“我是长发的”这种表达直接就是错误的，因为作为一个由众多时间部件组成的四维存在物，“我”既有长发的时间部件，也有短发的时间部件，因此完整的描述只能是“我既是长发的，也是短发的”。这虽然有违我们日常的语言习惯，但在接续论者的逻辑上可行。然而，对于某些议题，接续论者这种“四维存在物”策略直接就会导致混乱，比如在描述一个事物的形状时，我们无法再说书本是长方体，乒乓球是球体，人是由一个球体和多个圆柱体构成的不规则曲面体；因为在接续论者的视野下，所有的存在物都会变成长长的圆柱体——一种类似于蠕虫的四维存在物。换言之，“形状”这一观念本身建立在我们的三维世界观之上，在将时间实体化的四维空间里无法正常使用。再如事物的重量，在三维世界我们可以说某人是五十千克，但如果这个三维世界的存在只是“我”这一四维存在物的一个时间部件，那“我”的重量是多少？是从婴儿时期到现在这个漫长时段中所有时间部件的重量总和吗？我们惯常所有的对事物重量的认知还有用吗？总之，虽然持续论者、接续论者在同一性问题上提出了许多创见，但其理论立场依然受到诸多质疑。因此，哲学家们又提出了另一种解决思路，即阶段论。

阶段论既不认同持续论者“事物在每一个时间点都完整呈现”的观点，也不认同接续论者“当我们指称事物时实际指称的是某种蠕虫般的四维存在物”之说。对他们而言，人以阶段（stage）的方式存在，长发的我、短发的我代表着不同时间点上的阶段性呈现。这一个一个的阶段，都是“我”。霍利（Hawley, 2001: 41-42）在书中使用下列比喻来说明阶段论：假设一条街上并列排布着一排外观相似的房子，但每个房子大门的颜色都不同，当我们沿街走过的时候，经过74号房子，大门是绿色，经过77号房子，大门是黄色……如此，不同颜色的大门背后都对应着一个不同的房子。如果以前文所说之时空类同的原则，将向前发展的时间线类同于这条向前延伸的街道，依同一思路来观察时间线上的进程，那么我们可以认为，3月2日长头发的拥有者是一个“阶段人”，3月3日短头发的拥有者是另一个“阶段人”。长短发的不同特征背后所对应的是不同的所依，正如不同颜色的大门背后对应着不同的房子。当我们说“我有长发”或者“我有短发”时，我们实际上指涉的是言语时刻所对应的“阶段人”。

此处阶段说和接续论者的时间部件说有相似之处，都是对时间线上的存在物进行切分，将所获得的时间切片（temporal slices）称作“阶段”或者“时间部件”。然而，二者最大的区别在于，对于阶段说而言，每一个“阶段”都是“我”；而对接续论者而言，“时间部件”只是蠕虫般的四维存在物的一部分，是“我”的一个时间片段而已。

然而，阶段说面临一系列的问题：首先，“阶段人”的“阶段”如何确定？其有固定的时长吗？每一刹那有多少个“阶段人”？其次，我们如何解释“历时性（historical）描述”和“绵延性（lingering）动词”所描述的时间，比如说，“我在北京住了三年”——三年期间我有时长发，有时短发，还有时是卷发，那么该句中的“我”是一个阶段人还是很多个阶段人？其三，最核心的问题，如果“长发的我”“短发的我”都是我，那同一性如何体现？如何确定她们是同一个人？为什么昨天“长发的我”和今天“长发的张三”这两个阶段人不被视作同一人？——这些问题共同形成了对“阶段”的质疑：到底什么是“阶段”？如何定义？同一事物的一个“阶段”和另一个“阶段”之间联系是什么？

霍利(Hawley, 2001: 42)是阶段说的倡导者，她给出了一系列对于阶段说的辩护。霍利对阶段说精细界定如下：一个阶段的时间颗粒度应该足以呈现出事物的可能变化，由此一个“阶段”的时间精度应该是时间自身的精度。[①]也即，“阶段”的长度即是最小的时间长度，无法进一步延展的长度，姑且称之为一瞬(instant)。[②]如果一件事物在比较长的时间内维持不变，那么它就有很多个相同的瞬间，或者说相同的“阶段”，其中每一个阶段都是“瞬时阶段”(instantaneous instant)。她认为，对于“历时性描述”和“绵延性动词”的问题，单一的“瞬时阶段”可能无法描述，但是当多个瞬时阶段以某种合理的方式联合在一起时，上述问题就可迎刃而解了。当我们说“我”指称的是一个“瞬时阶段”时，并不意味着这是一个与他物隔绝的事物。比如，对于“我在北京住了三年”之说，如果此中的“我”这个“瞬时阶段”属于无数个“住在北京”的“瞬时阶段”中的一员——且这无数个瞬时阶段加起来的时长等于三年——那此说即可成立。实际上，更为确切地说，大多数对“瞬时阶段”的描述，都不能独立成立，都依赖于与其他“瞬时阶段”的特定关联(suitable relations)[③]，比如“我剪了短发”是基于与其他长

---

① “The stage must be as fine-grained as possible change, and then that this means that stages must be as fine-grained as time.”(Hawley, 2001: 48).

② 霍利的这个立场与佛教刹那说不谋而合，都是主张以时间的最小计量单位作为单一事物存在的时长；但是又与刹那说有所差别，其并不持有一切事物均刹那生灭的激进立场。

③ suitable relations字面意思是“恰当关联”。为求中文语境中的准确和流畅，此处译为“特定关联”。

发之“瞬时阶段”的特定关联，“我叫张三”是基于与三十多年前出生并被命名为“张三”的婴儿之“瞬时阶段”的特定关联，“我是个博士”是基于与诸多攻读及获得博士学位之“瞬时阶段”的特定关联[①]……由此，阶段论碰到了一个核心问题：这个“特定关联”指的是什么？实际上，这一问题的答案决定了阶段论如何解释个体同一性。

霍利认为，这一“特定关联”是一种“非附生性关联”(non-supervenient relations)，一种与事物的任何内在属性均无关的关联。所谓基于内在属性的关系是指受制于事物自身特性的关联，比如“我比张三要高”。她以一个同质光盘旋转的思想实验[②]证明，存在一种“非附生性关联”：“阶段”之间的关联并不基于二者的自身特性，甚至不基于二者自身特性与时空关系相加。具体而言，这种“非附生性关联”指的是一种内在因果关联(immanent causation)。首先，在相同事物的各个“阶段”之间，时间在后的阶段依在前的阶段而起：前一阶段促生后一阶段；若前者无，则后者亦无。[③]之所以昨天“长发的我”这个阶段人和今天“长发的张三”这个阶段人不被视作同一人，是因为二者之间不存在“昨天长发的我”和“今天短发的我”之间的这种“非附生性”

① 从佛教缘起说的角度而言，世间万物均为依缘而起，不能独存，因此，对任何一个“瞬时阶段”的任何描述，都不可能独立成立，而是依赖于与其他“瞬时阶段”的关联。

② 想象有一个内部完全同质的光盘 (homogeneous disc)，它旋转着在记录整个世界的信息，每一个瞬间(moment) 都形成一个关于整个世界的全息图像(holographic representation)，那么它所记录的关于该圆盘自身的影像，上一瞬间和下一瞬间会有差别吗？能够体现出旋转吗？——霍利认为，由于光盘内部完全同质，旋转又不会使它整体发生空间变化，而这种一瞬间的全息影像又只能记录静态的事物，它是无法体现旋转的。由此可以证明，存在某种“非附生性关联”，存在于事物自身特性之外，为静态的全息图像所无法呈现。参见Hawley, 2001: 73-85。

③ “The state of a later stage depends, counterfactually and causally, upon the state of earlier stages, in a way which it does not depend upon stages of other objects.” (Hawley, 2001: 85).

的内在因果关联。[①]霍利之所以要强调这是一种“非附生性关联”，目的在于将其与规律论意义上的因果关系区别开来，各个阶段之间的因果关系不能是休谟意义上的因果关联。[②]

总之，对于阶段说而言，我们对主体的指称，实际上是指称这一个个的阶段，然而这些阶段并不是孤立存在的片段，其本身就是处在与其前后其他阶段的非附生性因果关联之中，其所处的关系和其存在自身共同支撑起我们对主体的描述——比如，“我今天变成了短发”的成立不仅基于我现在的短发状态，还基于我与昨天长发的对比。

在这三种关于同一的理论都被分析和呈现之后，依然有很多问题难以回答：比如，在现代技术条件下，人体器官的移植和更换变得可能，如果张三在战场上身负重伤，抢救中更换了心脏，并且大量输入了其他人的血液，他还算是张三吗？如果肝、肾都换了呢？如果随着器官移植，脾气秉性都发生了变化呢？如果四肢也截肢，换成了假肢呢？如果他醒来之后失忆了呢？并且，如果认为张三在这个过程中变成了另一个人，不能算作与以前同一个人了，那么他是从哪一刻开始变成另一个人的？——这个问题的基底就是前述“忒修斯之船”问题，其所反映的是我们面对同一性问题时的模糊性（vagueness）——很多时候，我们无法在相同和不相同之间画出一道清晰的界限（borderline）。一个成功的关于个体同一的理论，需要对这种模糊性给出有效的解释。

这种模糊性的产生，有其不同的渊源，至少可分为下列三种：第一，

---

① 这一思路与佛教的观念不谋而合。参见《俱舍论》卷30：“如何异心见，后异心能忆？非天授心曾所见境，后祠授心有忆念理。此难非理，不相属故。谓彼二心互不相属，非如一相续有因果性故。我等不言异心见境异心能忆，相续一故。”（《大正藏》第29册，第157页）

② 由此可以看出这一理论和寂护说的根本分歧，此论对于阶段论还是设定了一个形而上学意义上的、实有的因果关系。Zimmerman(1998) 同样认为，休谟意义上的因果论无法解释旋转同质光盘这一思想实验。

认识上的模糊性(epistemic view of vagueness)。我们以精确的语言进行表达,但是却并不真正知道这个精确语言所对应的精确事实是什么,比如“我有一头长约三十厘米的头发”,这个描述是精确的,但是从哪里切分,是否需要每根头发都三十厘米,这些是未知的(ignorant)。第二,语义上的模糊性(linguistic/semantic view of vagueness)。由于表达上的随意、松散而导致的不确定性,比如“我有一头长发”,这就是一个松散的表达:什么长度叫长发?长发只基于比较才能表达吗?还是存在大家都默认的“长”的标准?第三,本体论上的模糊性(ontic view of vagueness)。世界本身即具有某种不确定性(indeterminacy),比如“北京市”这个地理概念,虽然在地图上以一条线画出边界,但是到实体的边界上看,未必能找到一条精确的界限——以河流为界时,河中的水时时流动,能确定哪一滴水是北京水吗?三者之中,前二者都是由于语言表达而产生的不确定性,第三者则强调模糊性来源于世界本身的不确定。上述三种同一论——持续论、接续论、阶段论都无法避免模糊性的问题,它们或者具有此种意义上的模糊性,或者具有彼种意义上的模糊性。在三种理论下,“个体同一性”中的同一也很难做到同一律意义上的定量同一(numerically identity),而只是带有一定模糊性的相同(sameness)。(Hawley, 2001: 62)

三、自我与无我之间:佛教的立场

佛教和六派哲学家之间有我无我的观念分歧,在许多方面与接续论者/阶段论者和持续论者之间的差异有相似之处。

从立场来看,六派哲学家与持续论者均主张有一持续不变的自我,六派哲学家明确将之命名为“自我”(ātman),并认为记忆、识别等精神现象是其存在的表象；持续论者也明确表示，在流变的外在表象下，人的某些核心部分是维持不变的。相续说则可以看作是接续论和阶段论的结合：一方面，寂护承认佛经中处处都有对“我”的各种描述，他认可这些表达的合理性，并且主张日常语言中的“我”实际上指涉的是由众多刹那生灭的色心之法组成的“相续”，是对众多构成物的总称。另一方面，色心之法是刹那生灭的，于时间中无法持续，如同阶段论中的“阶段”。此外，如同阶段论所强调，不同阶段之间有某种“非附生性”因果关联，寂护也主张相续中的色心之法通过因果关系生灭相继，于时间中绵延不断。

从辩论策略来看，持续论者用来辩护己方观点的一个理由如下：事物的本质不变，只有形状、颜色等一些外在属性发生变化。正理派论师乌底耶塔加罗和弥曼差派论师童中尊也曾采取过类似辩护策略，乌底耶塔加罗认为从种到芽的过程中，植物汁液质料不变，只有组成形式发生了变化；童中尊则以蛇喻来说明自我本体不变、形式变化的道理：如同蛇可卷可直，然而不管是环状还是条线状，都不改其为蛇的本性。①二者所受到的批评也类似于持续论者所受到的责难——违背同一法则。寂护在《摄》第507颂中表示，“若于种、芽、藤等中，地大等无异，则[种、芽、藤等之]差别不应理，因其同一性故”。也即，如果种、芽、藤等同一，那么其所有属性——包括组成元素的排布或者构造——均应保持不变。若有任何差别，同一性就不能成立。

这种理论上的相似性，呈现了古代印度哲学和当今分析哲学在个体同一议题上的共同关切，其所提供的解决方案并非完全相同，上述二说依然存在着众多差别。这些差别不仅展现了佛教的立场，也显示出佛教哲学对于现代哲学探索的思想资源价值。

---

① 参见本书第三章第六节。

首先,寂护和接续论者、阶段论者最大的区别在于,他倡导一种“构成物整体为假,构成要素为真”的哲学立场。因此,寂护哲学中的“相续”并不能等同于接续论者所说的蠕虫般的四维存在物。接续论者并没有对“部分-整体”作“真-假”区分,其所倡导的蠕虫般的四维存在物是真实存在的实体,其中的时间部件与“蠕虫整体”的关系类似于空间中人的某一身体器官与整个身体的关系。这种说法是通过把时间实体化来完成的,实际上也有其理论困难——比如前文已述的如何计算物体之重量的问题。然而,就寂护而言,“相续”并非某种真实存在物,而只是一种意识的建构,是人们基于实用目的进行的虚妄安立。

其次,“相续”的组成物为色心二法,是比接续论者的“时间部件”和阶段论者的“瞬时阶段”都更为基础的存在物。接续论者和阶段论者所处理的自我同一性问题主要是时间中主体的延续和断裂问题,他们都认可三维空间中事物的整体性:不管是作为“时间部件”的人,还是作为“瞬时阶段”的人,都具有空间上的整体性,在三维世界中可以被看作“人”,然而,对于佛教之“相续”,这种空间上的整体性也是一种建构,并非真实存在。真实存在的只有更次一级的、原子般的存在物,也即色心二法。本书第二章第四节已经谈及佛教有马车喻和乳酪喻,前者显示事物空间上的整体性为人们的思维建构,后者显示事物时间上的延续性为人们的思维建构。若以佛教立场来检视此接续论和阶段论,“时间部件”和“瞬时阶段”自身所具有的整体性也是虚妄安立。①

总之,一般人总是对自我观念习以为常,默认个体于时间迁流中保持同一。佛教之所以提出“相续”一说,就是因为这种思维惯性是

---

① 佛教哲学中的“分位”(avasthā)概念,与阶段论中的“阶段”有相似处。然而,这一词语并没有成为佛教讨论自我问题时使用的概念,并且“分位”本身只是一种假立,是我们观念对存在物进行的界定,并非实体,不同于阶段论中作为实体存在的“阶段”。

经不起推敲的。然而，在佛经中，依然可以看到很多关于我、人等有关主体的表达，那么为什么佛陀在反复阐述这一观念之有害的同时，又要允许这些表达的使用呢？对此，世亲在《俱舍论・破执我品》中记录了佛陀对于日常语言中有关主体之名词的解释：

> 故佛经中自决此义，谓唯于诸蕴（skandha）说补特伽罗（pudgala）。如《人契经》（*Mānuṣyakasūtra*）作如是说：
>
> “眼及色为缘生于眼识，三和合(saṃnipāta）触俱起(sahaja）受想思。于中后四是无色蕴（arūpin-skandha)，初眼及色名为色蕴(rūpa-skandha)，唯由此量说名为人（manuṣya)。即于此中随义差别假立名想，或谓有情（sattva)、不悦（nara)、意生（manuja)、儒童(mānava)、养者(poṣa)、命者(jīva)、生者(jantu)、补特伽罗(pudgala)。
>
> “亦自称言我眼见色，随世俗说，此具寿有如是名、如是种族、如是姓类、如是饮食、如是受乐、如是受苦、如是长寿、如是久住、如是寿际(āyuḥparyanta)。
>
> “苾刍当知，此唯名想(saṃjñā)，此唯自称，但随世俗假施设有。如是一切无常有为，从众缘生、由思所造。”①

上文中世亲表示，不管是“补特伽罗”还是“人”，都是依诸蕴——色、受、想、行、识——而说，并且其他关于主体的称呼，如有情、意生、养者、命者等，均是“随义差别”而“假立名想”，即依据不同的含义，而设置不同的名言概念。这些概念的施设是“随世俗”，是在种种因缘之下，由人们的思维构造而成，并非胜义真实。文中“此唯名想，此唯自

① 《俱舍论》卷29,《大正藏》第29册，第154页。梵文对应词汇参考Poussin and Sangpo, 2012: 2537。

称，但随世俗假施设有。如是一切无常有为，从众缘生、由思所造”这几句话，与前文已述寂护“谓言语得成，仅在共许方便，为[人之]意愿所作”[①]类似，都是在强调日常语言的任意性和不准确性，也与分析哲学家们主张的“模糊性”有异曲同工之处。那么，既然有这种不准确性，佛陀为什么还要认可各种有关“我”的描述和宣说呢？实际上，这是出于佛陀之中道立场：

> 有姓筏蹉（Vatsagotra）出家外道，来至我所作是问言：“我”于世间为有非有？我不为记。所以者何？若记为有，违法真理，以一切法皆无我故。若记为无，增彼愚惑，彼便谓我先有今无。对执有愚，此愚更甚，谓执有我则堕常边（śāśvatānta），若执无我便堕断边(ucchedānta)。此二轻重，如经广说。[②]

佛陀虽然不认同个体同一性的可能，并在自身经中广说无我教法，然而在别人询问“‘我’到底是有还是没有”时，他“不为记”，也即没有作出直接的回答。因为此处不能回答“有”——此答“违法真理”，则违反佛陀证悟的“一切法皆无我”真理；也不能回答“无”，因为此答会“增彼愚惑”，让对方堕入比执着有我更为糟糕的愚惑中去，成为持断灭见者。持断灭见者不能认知到前后刹那色法心法之间的因果关联，会以为业行刹那生灭，无有因果，潜心修行不得好报，任意妄为亦无有后忧。总之，相续说的设立是在无我论对个体同一之主体进行拒斥之后，设立的一个非主体的主体。其不具备一般意义上的主体性，却承担了主体的功能。

---

① 《摄》389：icchāracitasaṅketamātrabhāvi hi vācakam || 英译Jha, 1986: 246。

② 《俱舍论》卷30，《大正藏》第29册，第156页。

在“相续何以成为相续”这一问题上，寂护采用的方案与霍利有些相似，认为组成相续的色法心法在前后刹那中因果相连。而且，相续之中的事物之所以能被看作属于同一事物，正在于这种因果关联。但是，由于形而上学立场的差别，二者有着本质的不同。在寂护的哲学中，因果关系只是我们对“此有故彼有、此无故彼无”的规律跟随现象的命名，是一种“共许方便”，并无形而上学支撑。[①]然而，霍利主张同一个体之不同“阶段”之间存在的是一种非附生性关联，一种基于质性(qualitative)的内在因果关联，并以“旋转同质光盘”的思想实验证明这种关联不可被直接观察，也无法记录在光盘所形成的全息影像中，然而却毋庸置疑地真实存在。这意味着，在阶段论的最后，霍利走向了形而上学设定，通过逻辑推演来证明个体在时间中的存续有赖于某种不可观察的因果关联。在驳斥我们常识中那种粗糙的未经反思的同一论之外，接续论、阶段论的倡导者们仍然在试图建立某种更为合理的同一性。然而，寂护一方面将相续中诸法之间的连接设定为因果关联，另一方面又同时拒斥了对因果关系的形而上学建构，认为其仅仅是对规律现象的描述。实际上，他对因果的这一立场解构了自我同一性，将同一性仅视为人们的方便假立和随心施设。

换一个角度来看，持续论者区别于接续论者和阶段论者的最大特点是，后二者仅讨论时空之中可感知的事物，试图从中去建立个体的同一性依据，而持续论者则于种种可感知物外另立一不变的本体，以形而上学之预设来作为个体同一性的依据。这种区别实际上也是佛教无我论和印度婆罗门教六派哲学有我论的最根本分歧：他们在关于人的看法上呈现出不同的维度。在六派哲学家的观点中，人具有三个维度：身体、意识、灵魂。身体和意识是无常变化的，而灵魂永恒。永恒

① 参见第六章第二、三、四节。

灵魂掌管控制着变动不居的现象世界。佛教则否认了永恒灵魂的存在，尝试用剩下的两个维度——身体和意识——来解释一切现象。所以，佛教的无我论也可以用如下方式进行表述：在变动不居的身体、意识表象下，并没有一个永恒不变的灵魂。前者采用的是一种基于存在(being)的形而上学，认为绝对者永恒存在；而后者采用的是一种基于生成(becoming)的形而上学，认为万法皆无常。在印度哲学史的形而上学中，一直都有这种"恒常"和"无常"的张力。包括正理派、弥曼差派在内的印度婆罗门教六派哲学家认同这种倡导"恒常"的形而上学，相信永恒不变之绝对者的存在。与之相反，作为印度婆罗门教六派主要批评者的佛教则认同一种倡导"无常"的形而上学，只相信变幻无常之现象世界的真实性。印度哲学中，对"永恒自我是否存在"这一话题的争论正是这种张力的体现。

不过，尽管有我论、无我论几乎要成为印度婆罗门教六派和佛教各自的标签，他们在实际的理论建构过程中并不如标签所显示的这么极端，而是会为了观点的合理性适度作出让步。比如，佛教的相续说便可以看作是这样一个让步，它有所保留地承认了某种意义上的整体性，往有我论的方向上迈出了一小步。佛教哲学中还有其他一些概念在这个方向上走得更远一些，比如瑜伽行派的阿赖耶识(ālaya-vijñāna)和后续一些经论中所倡之如来藏(tathāgata-garbha)，后者已经几乎就是婆罗门教哲学永恒"自我"的样态了。[①]同样地，婆罗门教哲学家也会作出让步，以童中尊为例，虽然他坚持永恒不变自我的存在，但他也表示，在人的某种新特性生起时，旧有的特性并不会完全灭坏，而是部分保留并且"合并到/隐没于共有的自我之中"[②]。表面上看似乎有些矛

① 黄心川(1989b: 192) 认为："佛教在他的前门反对神我，但在后门又把变相的神我领进来了。"

② 《偈颂大疏》696, 2(Ātmavāda, v.30): sāmānyātmani līyate | 英译Jha, 1983a: 387。

盾：既相信自我永恒不变，又认为可以有新特性融入自我之中。但是，从婆罗门教哲学的角度来看，若没有这一让步，他们就无法解释事物可以同时拥有一个不变的本质和一个可变的表象。总而言之，我们在佛教对无我论的表述中可以看到自我说的幽灵，而婆罗门教哲学的永恒灵魂也在偷偷地发生变化。也许，他们之所以会作出这种退让，是因为真理并未站在两端，而是处在中间的某个地带。

虽然当代分析哲学对于个体同一性的讨论不认同存在某种持续不变的灵魂，我们却也很难保证，在以后的讨论视野中，某些问题迟迟得不到解决的时候，人们会不会再次转向神学的路径。实际上，笔者以为，哲学争论的价值并不在于他们所护持的一定为真理，而在于，他们捍卫己方立场破斥对方观点时，对逻辑的穷尽、对自身观点的反思、对论据无止境的搜索……这一切，逼迫参与者将理性和逻辑发挥到极致，提供了一个打破单方面思维局限、互相整合知识也修正知识的可能。在佛教与印度婆罗门教长达千年的有我无我之争中，哲学家们不断进行理性的较量，在永无止境的求索中走向问题脉络的每一个细微触角。也许真实的世界图景永远无法完全呈现，但人类的视野和眼界却必然在逐步拓展。

结语

本章将佛教徒与六派哲学家之间对有我、无我的争论置于当代哲学的视野中加以审视，认为当代哲学中的“个体同一性”议题可以看作是印度哲学“自我”问题的当代呈现——两者所关注的哲学问题、提供的解决方案都有诸多相似之处，而二者的比较讨论能够为这一哲学问题造就一个更大的视域。在这种更大的视域下，我们也可以对参与比较的诸学说达成更多的认知。

本章首先简要介绍了个体同一性问题的基本内涵，以及近现代西方哲学家约翰·洛克、伯纳德·威廉斯、大卫·休谟、德里克·帕菲特等在此问题上的立场和基本思路，然后概述了当代学者们对自我问题进行的东西比较研究情况。随后，本章介绍了霍利《事物如何存续》一书中所论及的当代分析哲学三种同一理论——持续论、接续论和阶段论。其中持续论者认为，虽然个体的表象随时间变迁，但是存在某种不变的本质或者核心，在时间中保持同一，而变化的或者是表象，或者是主体与时间的关系。接续论者认为主体是一种蠕虫般的四维存在物，每一个当下瞬间的呈现都只是一个“时间部件”，时间部件与四维整体的关系，类似于空间中我们手与身体这种部分-整体的关系。对接续论者而言，所谓的变化，实际上只是不同“时间部件”之间的差别。阶段论者则将每一个当下瞬间的呈现称为“阶段”，此“阶段”与其前前后后的其他阶段之间存在着某种质性的、“非附生性”的因果关联。他们还认为，一切关于“我”的指称实际上指的是这些阶段；而且，所谓的个体同一，并不是绝对同一律意义上的“同一”（identity），只是带有模糊性的“相同”（sameness），且这种“相同”实际上是建立在这些阶段的互相关联上。

佛教和六派哲学家有我无我的观念分歧，在许多方面与接续论者/阶段论者和持续论者之间的异见有相似之处。其中，六派哲学家与持续论者的立场和论证思路都有许多类同，而佛教的无我论更像是接续论者和阶段论者的总和。然而，这一比较中所呈现的差异才真正拓展了这一议题，形成了更大的哲学视域。比如，六派哲学家所倡导的于时间中保持不变者是独立于身体、意识之外的阿特曼（ātman），实际上是一种宗教哲学的建构，指称某种永恒不变的灵魂；然而，持续论者的恒存“自我”依然是身心维度的某种稳定存在物。又如，佛教的“相续”

区别于接续论者的四维存在“蠕虫”，因为“相续”是一种思维的建构，并非实体，而四维“蠕虫”则有将时间实体化的倾向。并且，虽然寂护也主张作为“相续”构成成分的色法、心法是由因果关系连接在一起的，但同时又认为因果只是对规律性相继现象的一种描述，并无形而上学支撑，这就区别于霍利将各“阶段”之间的关系看作是一种质性的因果关联。

总之，当自我问题被置于这个更大的视野下时，我们可以看到佛教和六派哲学双方理论的困难，以及他们为了弥合自身理论之缺失而作出的种种理论建设。正是在他们的这种争论和辩驳中，“自我”这一议题才得以不断丰富，到今日依然能够为当下人类的生活提供思想资源。

第九章
当代哲学视野下的寂护因果论

“因果”在哲学学科中从来都是热门词汇，上千年的探索从来未曾消弭萦绕其上的迷雾。某种意义上可以说，整个现代科学都建基于对因果现象的考察；然而，从哲学的视角来看，我们似乎又从未真正彻底理解因果。在如今的当代哲学领域，这一话题依然是讨论的热点，哲学家们在进入这一议题时，一方面努力地用最新的思想成就去拓宽其视域，另一方面也尝试从不同文化传统中去寻觅历史上人类思考这一议题而产生的思想资源。

佛教哲学以缘起说为核心，对“因果”亦有浓墨重彩的描绘，若将其与现代哲学中的相关讨论综合，能有互相启发之效果。实际上，西方学者在研究寂护因果思想时，已经有意识地将之与西方哲学家的思想进行比较研究，比如玛丽·弗里克农(Friquegnon, 2001: 38)认为：寂护有关因果时间关联的看法与笛卡尔(René Descartes, 1596—1690)相类；在对生果“作用”的否定与质疑上，与罗素(Bertrand Russell, 1872—1970)相似；对因果之本质的看法则与休谟一致。[①]此外，其关于真实存在与虚妄分别之间的区分与康德(Immanuel Kant,

① Kalupahana(1986: 96-102) 留意到，休谟关于时间瞬息变化和人们感知空间(转下页)

1724—1804)的本体(noumenon)与现象(phenomena)之间的关系有类同之处。本章将引入当代哲学的视野,来重新观察寂护所阐述的佛教因果论,一方面希望能够促进对寂护哲学的理解,另一方面也希望能为当代哲学中的相关讨论增添一点思路。

一、作为观念的因果:寂护与休谟

因果论在西方哲学史上有许多论述,然而,对其进行系统思考且影响深远者,在亚里士多德之后,应数18世纪的休谟。休谟对因果关系的解读体现出观念论的立场,引发诸多争论,至今依然是学界讨论的热点。寂护与休谟在因果论上有其共通之处,他们都将因果视为某种观念,都显示出将因果关系从本体论问题还原为认识论问题的倾向。

寂护以“缘起偈”作为解释因果关系的起点,认为因果关系只是对“此有故彼有,此生故彼生;此无故彼无,此灭故彼灭”这种“无间限定”的相继现象的描述。[①]休谟也认为,我们的因果观念来自对重复现象的观察与归纳,再在某种一律性(uniformity)的信念下,将这些现

(接上页)方式的描述,其中意旨与经量部关于刹那(kṣaṇa)和原子(paramāṇu)的理论颇为类同。并且经量部的因果论与休谟因果论有相似处,均倾向于将因果关系还原为刹那生灭法的前后相随关系。

Park(2007: 215)讨论了《顺正理论》中关于“诸业烦恼所熏六处感余生果”的三种情况:“为业烦恼俱生灭者?为此后时相续生者?为是无间生异熟者?”(《大正藏》第29册,第440页)他认为众贤对这个设问给出的三个选项中,以室利罗多为代表的经量部因果论立场主要由后二者组成,也即“此后时相续生”以及“无间生异熟”,而对“俱生灭”的因果同时立场持批评态度。

寂护在《摄》第9品中的讨论很多时候是基于经量部的立场而发声,在因果论上与经量部的立场也有诸多相通之处,都和休谟的哲学颇为类同。

① 参见本书第六章第一、二节。

象加工成我们所熟知的因果律。

休谟对原因的定义是："'原因'是一种有另一种对象随之而来的对象，并且在所有类似于第一种对象的地方，都有类似于第二种的对象随之而来。换句话说，如果第一个对象不存在，第二个对象也一定不存在。"（休谟，2011: 68）或者换一种表达："所谓原因就是一种有另一对象随之而来的对象，它的出现总是使思想转到那另一个对象上面。"（休谟，2011: 68）休谟主张，原因和结果之间的联系就在于：一旦某种事物出现，心灵就预期着与之相关的另一事物的跟随。

威尔森（Wilson, 1961: 237）认为，与因果律相关的问题可分为两类，一类是认识论问题（epistemological problems），一类是本体论或者形而上学问题（ontological or metaphysical problems）。二者往往彼此关联而非泾渭分明，但是在思考中进行区分会有助于避免很多思维上的混乱。因果关系的预见性（predictability）涉及的是认识论问题，而必然性（necessity）所涉及的则是本体论问题。休谟的上述两种定义实际上代表了这两种不同的解释立场：前者基于形而上学的本体论立场，试图探究"因果关系是什么"；后者则基于认识论的立场，只关切"我们的因果观念是如何产生的？当我们用因果关系这一概念时，我们指的是什么？"

休谟所讨论的主要是后者，也即人们关于因果的观念。休谟将心灵的一切知觉依据其强力和生动的程度分为两个等级：一切生动的知觉，也即我们听、看、感觉到的，爱、憎、希望、意欲时的知觉，称之为"印象"；对"印象"进行模写而形成的知觉，譬如回忆、想象或者思考等，称之为思想或者观念。前者是强烈的、生动的、明晰的；而后者，"天然是暗淡的，模糊的，只是为心灵泛泛地把握，容易与其他相似的观念混淆起来"（休谟，2011: 15）。心灵的创造力实际上只是体现为对感官和经验所产出的"印象"材料加以处理的能力，而我们所有思想的原料，均来自我们的外部感觉或者内部感觉。并且，在心灵的观念运行过程中，存在着某种联系原则，以一定的方法和规律互相导引。而这种联系原则，不外如下三种："相似性"、时间或空间上的"连接性"，以及"因果关系"。(休谟, 2011: 18)

休谟认为人类理性的认知对象主要有两种：或者是观念之间的关系(relations of ideas)，或者是实际的事情(matters of fact)。并且，一切关于实际事情的认知，总是或隐或显地与一种因果关联联系在一起。所谓的认知某事，"通常总是假设，在眼前的事实以及由此推断出来的事实之间存在着一种联系"(休谟, 2011: 21)。这种联系，往往就是因果关系。对于"因果关系从何而来？"这一命题，休谟主张，因果是一种思想观念，如同其他观念一样，是由我们的经验印象而来。

> 我们关于因果关系的知识，在任何情况下都不是从先验的推理(reasonings a priori)获得的，而是完全产生于经验(experience)，即产生于当我们看到一切特殊的对象恒常地彼此联结在一起的那种经验。一个人不管他有多么强烈的自然理性和才能，如果在他面前的对象对他说来完全是新的，那末，即使他极其精细地考察它的可感性质，他也不能发现出关于这个对象的任何原因和结果。(休谟, 2011: 21)

休谟对人们因果信念的描述，与寂护所倡导的"此有故彼有，此无故彼无"几无二致："人们普遍承认，在一切国家和一切年代，人们的行为有很大的一律性(uniformity)，而且人性的原则和作用仍保持相同。同样的动机永远产生同样的行为。同样的事件永远来自于同样的原因。"(休谟, 2011: 68)简言之，所谓的关于因果的经验，即在于下列两个命题：(1)我曾经见到这样一个事物总是有这样一个结果跟随着。(2)我预先见到别的表面上相似的事物也会有相似的结果跟随着。其中“总是跟随”是很重要的，如果“面前的对象对他来说完全是新的”，那么不管他进行多么深刻的思考，也无法形成因果关系的观念。换言之，在两个命题之间建立联系的并不是知觉，而是“习惯”或者“习性”(custom/habit)——休谟对人心从上一个命题到下一个命题的运动过程进行如此命名。

而且，他认为，这种心灵的信念和习惯并没有真正得到任何论证和理解过程的支持，而仅仅是心灵所采取的步骤，存在于所有来自经验的推论中。只要人类的本性不变，这一习惯原则就会长期保留它的影响。然而，休谟认为，这不能算是终极原因，只是“大家普遍承认的人性原则”，“如果我们考察物体的作用，考察结果如何从原因产生出来，我们将发现，除了仅仅看到特定的对象恒常联结在一起，心灵由于习惯性转移而从一个现象的出现达到对另一个对象的信念之外，我们的一切官能都不能使我们对这种关系的认识更进一步”。(休谟，2011: 76)

此处休谟所谓“一切官能都不能使我们对这种关系的认识更进一步”，其实体现了他对于因果必然性问题的怀疑论立场，也即，对本体论意义上的因果是否存在这一问题，休谟持有的是怀疑论的立场：如果将因果必然性理解为某种先天的产生原则(a priori productive principle)，或者将其理解为原因涵摄结果的“力”“效能”等，那么无论是理性还是经验都不能发现这样一种因果必然性。

休谟认为，不管是一个弹球撞击另一个弹球所导致的运动，还是我们肢体服从意志的命令而进行的运动，其中的“力”都不是我们所直接觉察的“印象”，不是对自身内部关于能力的直接感觉或意识摹写，而只是一种普通的运动经验。“这种运动据以发生的那种能力，也同其他自然事件中的能力一样，是我们所不知道和无法设想的……必须承认，当我们认识一种能力的时候，我们就是认识那种在原因中使结果得以产生的实在情况。”（休谟，2011: 58）也就是说，我们并不能直接观察到所谓的“力”，而只能通过对事物的运动和变化去推知其中有某种“力”。从认识论的角度看，我们的认知是经历了一个“观察规律性相继现象→推知力的存在”的过程；然而，长久的这种认知，却使我们形成了一个本体论的信念，以为发生的过程是“力的存在→‘导致’→规律性相继现象”。这点与寂护亦有共通之处：寂护反对婆罗门教六派哲学家们所倡导的生果作用说。这种说法认为从因到果有一个形而上的中介，也即因生果的“作用”，这种“作用”是因果关系的本质所在，是因果必然性的根据。寂护反对此说，认为因与果之间并没有这种“作用”，因果关系的建立仅基于事物的“无间限定”相继现象。正是人们基于相继现象产生了因果关系的计执，才会推断因果之间有某种连接或者中介，并将之命名为“作用”。

休谟对这一议题进行的哲学讨论，体现出某种自我矛盾的倾向：一方面，他认为因果只是我们的信念，是心灵对相似事物恒常相继现象的一种归纳总结，支撑这种信念的并无超出现象本身的形而上认知，而只有人们的心灵习惯。另一方面，他又谈及某种“一律性”，主张人们是基于这种一律性而保有对必然性的信念。他为这种必然性辩护，认为不管我们能否证明、是否承认，在我们的思考和行动中，在实践和推理中都会保有对必然性的信念：“如果我们不承认必然学说，不承认从动机到自主活动、从性格到行为的那种推断，我们就几乎无法从事任何种类的科学或活动。”（休谟，2011: 74）

休谟因果论中的这种矛盾倾向使得后人阐释他的因果论时也出现分歧。依据对上述两种对立理论倾向之不同接纳程度，对休谟因果论的阐释大约可分三个派别：(1) 规律论说（regularity theory），认为休谟仅仅将因果关系解释为相似事物之间的规律性出现，并未在形而上学意义上建立因果性。这是比较传统的对休谟因果论的解释，强调休谟的怀疑论立场。(2)实在论说，认为休谟只是主张我们的认识无法达及客观的因果性，并未否定因果性的存在，而且从休谟对必然性的辩护来看，他更可能是一个因果实在论者，认同因果律有其客观必然性。(3)准实在论说，可以看作上述两种观点的调和，认为休谟既拒绝认可客观必然性的存在，又肯定人们所持有的必然性印象，而人们谈论必然性时，是这种内在信念在外在世界的投射。骆长捷(2016: 6)认为，休谟“真正的哲学立场就是在接受语言的这种表面实在论特征的同时，并不试图断言某些不可发现的对象的存在”。

有意思的是，寂护的哲学中，似乎同样呈现出这种自我矛盾。在对论敌的作用说进行大肆批判①之后，寂护又使用“生果力”(《摄》503, 512, 538)这一概念来描述因总是引生特定果的现象，莲花戒在注释中更是直接说：“因之‘生果力’限定其[引生]限定果；由此，纵然果不存在，其仍为某所作果，非如空花[，全然空无]，某能生总是有其所生。而非任意之某事物。[或者说，]由某堪能(samartha)者——而非任意某物——有某[果]；而非一切因导致一切果。”②从这些表达来看，寂护与莲花戒似乎有将因与果之间的这种必然性归诸此“生果力”的倾向。然而，在《摄》的其他偈颂中，寂护又明确表示，除了因这一事物之存在本身外，“生果力”并不指称其他任何事物，他使用这一术语仅仅是为了强调其作为因的这一角色功能。③寂护还进一步表示，因果律、因果关系等等一切有关因果的论述都是基于“共许方便”(saṇke-

① 参见本书第五章。

② 《摄·疏》11：kāraṇānāṃ pratiniyateṣv eva kāryeṣu śaktayaḥ pratiniyatāḥ tena kāryasya asatve ’pi kiṃcid eva kāryaṃ kriyate na gaganāmbhoruhaṃ kiṃcid eva upādānam upādīyate | yad eva samarthaṃ na tu yat kiṃcit kiṃcid eva tu kutaścid bhavati na tu sarvaṃ sarvata || 英译Jha, 1986: 30。

③ 参见本书第六章第三节。

ta)，基于人们长期生活而达成的共识。[①]

此处寂护的"共许方便"与前文述及之休谟的"习惯"或者"习性"(custom/habit)其实是同义词。第六章第四节已经分析过，saṇketa由梵文前缀sam加上词根√cit衍生而来，字面意思是"共同知道、协议、共许"，学界有时会翻译成"俗数""印定""施设""假"等。总而言之，它强调这是一个依据大家共同的知识或者意愿，公认许可而设定的说法，也就是群体的习俗、习惯。因此可以说，寂护和休谟在因果问题上，都持有观念论的立场，并且都在理论的最后将因果视为一种群体共同观念。相隔千年，分属不同文化传统的两位哲学家，在这个问题上的观点不谋而合。

然而，休谟和寂护的因果论有共同的问题，他们回避了因果性的本体论追问，这使他们的理论看起来是一个未完成的因果论。在本体论上，休谟并没有否认某种客观因果必然性的存在，他只是主张人类的知识对此无法企及。他避开了本体论的探求，只把注意力放在因果性信念从何而来等问题上，"至于它是否为真则是一个次要问题，休谟同时为持因果实在论解读的学者和持反实在论解读的学者提供了相应的证据，但并没有明确说明他到底站在哪一方"（骆长捷, 2016: 140）。休谟在观念的世界里对因果的探讨也许已经穷尽了可能，但却未触及真实世界。在对因果性进行哲学探索的道路上，休谟碰到了一个巨大的路障，然后他停了下来，告诉大家：前面的路，人类的智识无法达及，我们只能到此为止了。

寂护的情况与此有所不同，其哲学并非建立在这种怀疑论的立场之上，在其所属的中观哲学体系中，"共许方便"这一概念某种程度上可以看作是世俗谛的异名，因为二者都指涉一种暂时的、有限的、出于

---

① 参见本书第六章第四节。

人类生存的实用目的而建立的知识。因果作为世俗谛之一，是人们用来理解世界并于其中顺利开展生活的一种方便施设。实际上，寂护所主张的“无间限定”只是法称之后印度佛教晚期哲学家们对因果的一种解释，并不代表佛教哲学的全部立场。据卡卢帕哈纳(Kalupahana, 1986: 96)对巴利文尼柯耶和汉语阿含经中因果论的考察，早期佛教并没有将因果关系理解为“固定跟随关系”(constant conjunction)，尤其没有理解为“固定的联系序列”(constant association of successiveness)。然而，一以贯之的是，因果一直是佛教缘起说的一部分，是佛教用来解释宇宙运行方式的概念。

二、佛教因果论：一种生成哲学

哲学家们在讨论因果时，往往使用案例进行说明。这些案例所呈现的因果图景，显示出不同的因果观念。在《摄》第516—517颂中，寂护说：“因之生果，非如钳夹，把捉[其果]。此[钳夹取物]中，才有同时。原质(prakṛti)生果，亦非如夫妇交欢、亲密相接。此[夫妇]二者，方同时而行。”在这两颂中，寂护是用譬喻的方式否定了两种因果图景：第一种图景强调因对果的关系如同钳夹夹取物件时一样，有一个清晰可见的动作，这个动作将因与果联系在一起，因果共时存在；第二种图景强调因与果如同夫妇相拥交欢，二者对等且完全同时。乌底耶塔加罗曾以容器和存储物的关系来叙述一种“因中有果”的因果观，比如牛奶生奶酪，奶酪就预存于牛奶之中，只是隐而未现。[①]在寂护的哲学里，因果关系经常以种子到芽这一图景来呈现，上一刹那是种子，下一

① 《正理大疏》385-386(v. 3.2.12)。英译Jha, 1983b, vol 3: 234-236。

刹那是芽，前后相随，无有间隔。寂护在因果论上的主要论敌童中尊也有他自己关于因果关系的图景：因与果的关系如同陶工和陶罐，是造作者和被造物的关系。

面对种种不同的图景或者案例，他们都以“因果”称之，并且互相辩驳，指摘对方的理论不合因果面貌。并且，在印度哲学中，说及因果时论师们会使用几组不同的术语：业因业果(karma-phala)、因果性(kārya-kāraṇatā)、因果(hetu-phala)，其中的hetu在印度的因明学中还指称宗(pratijñā)、因、喻(udāharana)的“因”，作为“原因、理由”解。这一现象也同样发生在西方哲学中。在古希腊时期，没有对“原因”和“理由”的明确区分，当他们说“原因”时，实际上指的是“理由”，是问题的答案。亚里士多德提出四因说，相应于四个问题的答案：质料因——事物是由什么组成的？形式因——事物是如何构成的？动力因——事物是如何运动的？目的因——事物为什么要运动？这四因说如今已不被认为是对因果的描述，而只是对物理世界的四个形而上预设。其中仅有“动力因”之说延续到近代，进入近现代的因果哲学，并成为近代科学的预设。“动力因”之说认为，一件事物的运动推动另一件事物，两个运动之间形成因果关系。对此说最有代表性的发展就是牛顿力学所倡导的“力”(force)，包括惯性力、作用力与反作用力、万有引力等。18世纪时，经验论者休谟对力说进行质疑，认为我们只能看到事物运动，并不能直接感知到力，所以它也只是一种基于推理的预设。休谟对因果的讨论是在牛顿力学的思考框架内开展的，其所使用的案例也是牛顿力学的经典案例：一个弹球撞击另一个弹球，并使之发生运动。休谟的观点是：我们并不能观察到这个“力”，只能看到两个运动现象的跟随。由此，休谟将因果总结为一种基于跟随现象而形成的观念。

不管是寂护、童中尊等印度哲学家，还是亚里士多德、休谟等西方哲学家，他们在建立因果论时，总是倾向于从众多差异的因果现象中去寻找某个或者某几个统一的特征，并以此来界定因果关系。在对因果的争论中，争辩双方还总喜欢以因果现象作为范例来证伪对方的因果论。那么问题在于，所有的因果现象都有统一的特征吗？如果有，那为什么东西方的千年探索均未能得其精要？如果没有，那么因果到底指的是什么？

面对这一疑问，斯塔利斯·皮斯洛(Stathis Psillos)、伊丽莎白·安斯康姆(Elizabeth Anscombe)、南希·卡特赖特(Nancy Cartwright)、内德·霍尔(Ned Hall)等当代哲学家提出一种多元主义(pluralism)说。他们认为，之所以有种种不同的因果理论，并且任何一种对因果的定义都能找出反例，原因在于，我们语言中的因果，本就不是一个单一(single)、整体(monolithic)概念，而是一个复合(pluralistic)概念，指涉很多种不同类型的因果现象，甚至同一种类型的因果现象也有不同的运行方式。常见的因果现象类型有：(1)恒常跟随(constant conjunction)——两种现象的恒常跟随，比如满月和涨潮；(2)能量传递(energy transference)——一个球撞击另一个球，导致后者的运动；(3)造成变化(difference making)——某种因素的加入导致情况的变化，比如，种子浸泡染料导致原本的白色花变成红色；(4)生成(production)——种子生芽；等等。南希·卡特赖特认为，之所以我们能够运用“因果”这一个概念来指称那么多互相区别的现象，在于我们是通过“因果概念集合”(thick causal concepts)来表达因果的，因此，不可能为这个概念找到某种意义明确的单一定义。

然而，在我们进行因果的讨论和分析时，总是预设“因果”是“单一”概念，指涉“一种”现象，认为这些现象有共同的本质性特征，足以使之被定义为因果关系。我们之所以产生如此多关于因果的争论，是因为我们试图用一种理论来指涉和解释所有的因果现象。正如维特根斯坦所言，哲学家的一种错误是，仅仅因为我们只用一个词来指称某物，就认为某物必须具有单一的本性。然而，因果并不指称一种东西，而是指称很多种不同的东西。在这个概念中，有着多元的现象存在，如同"哺乳动物"，包含了人、猛犸象、老虎、鲸鱼等不同事物。在维特根斯坦的《哲学研究》(*Philosophical Investigation*, 1953)一书中，他提出，我们实际使用的概念，经常是一种"家族相似性概念"(family resemblance concept)：概念指称的那一堆事物中，并不见得全部都具有某种相同的本质(essence)，但是三三两两的相似事物共同构成一个家族相似网络，使得它们可以放在同一个概念之下。[①]虽然有许多现象都被判定为因果现象，但它们被归类为因果的原因可能并不相同。

寂护《摄》第9品论及的因果论，实际上也仅仅是众多不同类型的因果现象中的一种。佛教包含众多其他的派别，他们所持有的对因果的观点，以及对因果相关术语的使用，很多时候都与寂护不太一样。比如，说一切有部被称为"说因部"，其所涉及的四缘、六因、五果说的内容和视域远比寂护所属之后期中观派的因果观要宏大。

四缘说包括以下四种。一、所缘缘(ālambana-pratyaya)：作为认知对象的缘。一切事物均可成为所缘缘。二、等无间缘(samanantara-pratyaya)：与后一存在物类别相同，令后一存在物无间生起的缘。某识在心相续中处于前一刹那，引生下一刹那的心识生起，则前者为后者的等无间缘。三、因缘(hetu-pratyaya)：起决定作用，制约结果主要性质的缘。四、增上缘(adhipati-pratyaya)：协作条件，对事物生起有辅助作用或者没有障碍作用的缘。

"能作因，一切有为，唯独自体，以一切法为能作因，由彼生时为无

① 《哲学研究》2.66-67。维特根斯坦，1996: 47-48。

障位故。”[①]能作因(kāraṇa-hetu),与增上缘意义相近,指涉一切没有对果之生起造成障碍的事物。世间一切法都可看作某果的能作因。能作因所对应的果则是增上果(adhipati-phala)。俱有因(sahabhū-hetu),包括两种情况,一种指因果辗转相依,互为因果;另一种指多因的因果关系时,各因之间为俱有因。相应因(saṃprayukta)指心与心所之间互相依存的关系,可以看作俱有因的一类。俱有因与相应因某些时候对应于士用果(puruṣakāra-phala),舍尔巴茨基将之称为‘拟人果’。同类因(sabhāga-hetu)及等流果(niṣyanda-phala)作为相对应的因果,用来解释刹那相续的形成。遍行因(sarvatraga-hetu)指作用遍及一切的因,“一般指凡夫的各种欲望和习惯性的思恋方式。它们妨碍人们认识经验实在的根源和本质”[②]。遍行因某些时候也会引发等流果。异熟因(vipāka-hetu),主要指异时、异类而熟的业因,对应于异熟果(vipāka-phala)。此外,还另有离系果(visaṃyoga-phala),指最终的解脱、涅槃,解脱烦恼,离诸系缚,所以称为“离系”。

说一切有部因果论的分类并不基于统一的原则,只是对人们经验中比较常留意的一些成类别的因果现象进行命名和讨论。它们也无法造成互相排斥的关系,往往同一因果现象可以用多组概念来进行解释。然而,总体而言,佛教的因果论以缘起说作为背景,所关注的主要是世间万法的生成(production)图景。比如,法光(2019: 23-24)认为俱有因代表了因果关系的根本范式,这种范式的核心在于承认“作用”(kāritra)的存在,这一kāritra指的是“能取自果”的特殊功能,即能令自体于下一刹那生起,产生等流果。并且,这个取果的过程需要因果同时存在——不要求二者同时生起——在同一刹那中建立起

① 《俱舍论》卷6,《大正藏》第29册,第30页。

② 参考舍尔巴茨基(1997: 168-169)对因、缘、果的讨论。

因果关系。因此，法光认为，有部的因果关系论，是因果同时存在的：存在（√as）的，不一定是生起（√bhū）的。然而，其中的俱有因，则更进一步是同时生起的（√bhū），对这种同时性要求更加严格，因此成为有部因果关系论的根本范式。西德里茨与桂紹隆（Siderits and Katsura, 2013: 17）研究中发现，印度哲学讨论因果关系时，多数指的是两个实体（entity）之间的关系，而现代科学讨论因果关系时，则多数时候是在说两个事件（event）之间的关系。两个实体之间往往是生成的关系，一个实体的存在带动另一个进入存在，而两个事件之间的关系则是由运动带来变化。正如方立天（2012: 150）所言：“佛教的缘起论着重论述的是现象界的生起、因由和次第，以及本体和现象的复杂关系，也就是说，缘起论包含了宇宙生成论和本体论的双重内容，而这双重内容又是和认识论密切交织在一起的，也是为佛教的宗教实践作论证的。”

上述有部因缘理论主要讨论的就是“生起”的问题。所缘缘关注的是认知生起的条件；等无间缘关注的是刹那刹那识的生起；因缘和增上缘则共同织就一幅世间万法生成的大图景。因缘作为主要条件，增上缘则作为辅助条件，其中有力增上缘起到促进作用，无力增上缘则起到“不障碍”的作用。譬如，在种子生芽的图景中，种子是因缘，而包括水、空气、阳光在内的整个宇宙都可算作增上缘，因为普遍而言，任何一件事物的生起，都以整个宇宙的存在状态为增上缘。增上缘、能作因、增上果这三个概念都是在谈论一种普遍的因，是佛教“因缘”理论推广到无穷时的体现。当下事件的生起以整个世界的存在作为背景，是整个宇宙时空的缘起网络在一个点的显现。

让我们再次回看寂护《摄真实论》的开篇偈文：

[大意：]我撰此《摄真实论》，礼敬一切智（sarvajña）者，最胜

> 说法者。其于无量劫中以大慈悲为性，意在利益众生，不取[吠陀]之自明、天启(svatantra-śruti)，说缘起法。[法为缘起]，非原质(prakṛti)[生]，非自在天(Īśvara)[生]，非[原质、自在天]共[生]，非我[生]，无作用(vyāpāra)，迁流无定(cala)。[缘起]为安立(vyavasthā)业因业果之基础。无德(guṇa)、实(dravya)、业(kriyā)、同(jāti)、和合(samavāya)等限定(upādhi)。其仅以假立之行相(ākāra)作为言语(śabda)及认知的所行境，[实为]空。[缘起]为明确定义之二量(pramāṇa)所确立，其性不为任何少分微小之物所混。[缘起]无移转(saṃkrānti)，无始无终，如镜中像(pratibimba)等，除一切戏论(prapañca)总体。[此缘起法为]他人所未达(agata)。①

可以发现，寂护的因果论最基本的关切就是宇宙万法从何而来，根本立场则是“法为缘起”，主张缘起是因果得以成立的基础。寂护所描绘的诸法生成图景没有对第一因的预设，只描述已然在进行的因果生发过程，并且认为缘起本身无始无终。这也体现了佛教世界观的基本立场：主张世界有成住坏空的消长过程，但是认为时间本身无始无终，没有开端。

寂护所批判的作用说，实际上是婆罗门六派哲学家们的宇宙生成论核心内容。他们共同的立场是，宇宙万法有一个独一的根源——数论派认为，原质(prakṛti)是世界生因；正理、胜论派认为自在天(Īśvara)

---

① 《摄》1-6: prakṛtīśobhayātmādivyāpārarahitaṃ calaṃ | karmatatphalasambandhavyavasthā ādi samāśrayam || guṇadravyakriyājātisamāvāya ādy upādhibhiḥ | śūnyam āropitākāraśabdapratyayagocaraṃ || spaṣṭalakṣaṇasaṃyuktapramādvitayaniścitaṃ | aṇīyasā api na aṃśena miśrībhūtāparātmakaṃ || asaṃkrāntim anādyantaṃ pratibimbādisannibhaṃ | sarvaprapañcasandohanirmuktam agataṃ paraiḥ || svatantraśrutinissaṅgo jagaddhitavidhitsayā | analpakalpāsaṅkhyeyasātmībhūtamahādayaḥ || yaḥ pratītyasamutpādaṃ jagāda gadatāṃ varaḥ | taṃ sarvajñaṃ praṇamyāyaṃ kriyata tattvasaṃgrahaḥ ||英译Jha, 1986: 1-2。

是世界生因；有神论数论派（Seśvara Sāṃkhya）认为原质、自在天均为世界生因；弥曼差派认为声梵（śabda-brahman）是世界生因；吠陀、奥义书中还有自性、原人（Puruṣa）是世界生因的说法——这些第一因生起世界的过程就如同陶工制作陶罐、蜘蛛织网的过程，是通过“作用”（vyāpāra）开展的。寂护对这种第一因通过“作用”生起世间万法理论的驳斥方法是，首先证明种种第一因并不存在，然后又证明因果“作用”也不存在。因此，寂护在《摄》第1—7品里分别驳斥了这些不同的第一因学说，并在随后的8、9两品中对佛教的刹那灭说和缘起说进行了论证，给出了己方的宇宙生成论图景。

因此，在本书第四章到第六章的因果争论中，童中尊认为因果的本质是“作用”，而寂护认为因果的本质是“无间限定”，这种表面观点的分歧实际上根源于二者所持的形而上学立场差别，根源于对宇宙生成论的不同理解。肖尔（Shaw, 2005）在考察数论、正理、佛教等不同哲学派别的因果论之后，认为各派在因果论上的侧重点有所不同，比如数论派持因中有果说，认为果以隐而不发的状态预存在因中，实际上是强调了物质因（material cause）的重要性。因此，数论派因中有果论对应的宇宙观就是：万事万物皆由第一因转变而来。佛教则着重于对因果过程的探讨，体现了一种关注生成（becoming）而非存在（being）的哲学。

佛教这种生成论的关注点是变化的过程，而非变化的开端。佛陀的十二缘起说以无明为首支，但同时还强调无明是无始以来就如此，在对现象世界进行分析和描述外，拒绝设立超验的存在。正是在这样的视野下，佛教以“诸法无常”作为自己的哲学理论核心之一。至部派佛教之后，无常说演变为刹那灭说，缘起论所描述的生成图景以一个又一个互相分离的刹那存在之点作为理论的基础：“这就是佛教的主导思想——除了分离的刹那存在之点，绝无其他永恒的实在。……

连经验事物的简单稳定性也被认为只是想象力所为。终极的真实只是刹那性的。”(舍尔巴茨基,1997: 99)

然而,以这种刹那存在之点为基本材料的生成论图景中,有一个难以逾越的裂隙:如果每一个刹那存在物均才生即灭,没有任何残留,那么下一刹那又是如何生起的呢?

三、由因到果的断裂与绵延

回看本书中童中尊提出的几个驳难:“所作散灭、未作自至”难,断灭难、三时难,[①]我们不难发现,童中尊批评的集中点在于,刹那灭说让世间存在处在一个断裂的境况下,与我们对世界的体验——比如记忆等——不符,也与我们所建立的认知世界的框架——比如因果观念、业报观念等——不符。佛教的所有回应,不管作为“无间限定”的因果,还是作为“共许方便”的因果,抑或是作为因果链之整体的“相续”,都无法解决上一刹那之法如何切入下一刹那之法的问题。

在《摄》业因业果品行将结束的第539颂中,寂护复申,“以‘事物刹那差别’之计执攻难刹那灭等说”并未给他的理论造成真正的威胁,因为他本身就认同这一点。而莲花戒更在疏文中表示:

> 前在之业行刹那散灭而无有后继,故有“所作散灭”;或,业果刹那生起,无有过往(apūrva),故有“未作[自]至”。恰以此[论],[论敌]以“[事物]刹那差别”之计执攻难刹那灭等说。此

① 参见本书第三章第一节,第四章第一、二节。

> [刹那差别]正为[吾宗]所许。谓无有任何事物片段之细微持存。(《摄·疏》539)

寂护、莲花戒认同，前一刹那法散灭之后没有任何事物进入下一刹那，而下一刹那法之生起也没有过去法的参与。如果童中尊所谓的“所作散灭、未作自至”指的是这一点，那寂护方没有任何意见。

可以认为，童中尊的批评的确指出了刹那灭立场下的理论困难：若依刹那灭说，诸法才生即灭，无有任何存续，则世界的存在方式是断裂的，前一刹那和后一刹那之间的关联没有得到充分的解释。寂护以因果来解释两个刹那之间的关联，但又以“共许方便”来解释因果，将因果界定为一种观念，一种认识论意义上的人类思维模式。实际上，对于探寻因果本质的诸问题——比如“为什么无间相继能够生起？”“为什么事物的生发能够呈现出‘种瓜得瓜、种豆得豆’的规律？”等等——寂护是避而不谈的，并未作出真正的回答。

更甚者，从上述第539颂来看，寂护、莲花戒不仅知晓这种存在的断裂，还接受它，并不认为其妨碍到自身理论。那么我们如何理解寂护和莲花戒的这种态度？又如何理解刹那灭说所导致的这种因与果两个存在物之间的断裂？亨利·柏格森(Henri Bergson, 1859—1941)的时间绵延理论有助于我们理解这一“断裂”，并回答上述两个问题。

柏格森将时间分为“真实的时间”和“科学的时间”。其中，真实(réel, real)的时间是纯粹意识所体验的时间(le temps vécu, lived time)，是一种绵延(durée, duration)，一种不可分割的连续流动，没有前后，没有界限，每一个当下都包含着过去，也预示着未来。而我们日常所谈论和思考的科学意义上的时间则是空间化的，是以人基于空间性的经验而对时间进行的重新构造。[①]我们以划分外在空间的方法来划分内在的时间，从而让异质的、多样的(heterogeneous)绵延变成同质的、纯一的(homogeneous)时间。这种同质的时间是“一种匀质的流”(吴清原，2019: 115)，能够以刻度划分之，并以钟表、时间段等方式呈现于空间之中。这是理智为适应人们生存之需求、生活之便利而进行的建构。

真正的实在即为纯粹的绵延：“纯绵延……只是种种性质的陆续出现；这些变化互相渗透，互相溶化，没有清楚的轮廓，在彼此之间不倾向于发生外在关系，又跟数目丝毫无关：纯绵延只是纯粹的多样性(heterogeneity)。”(柏格森，1989: 70)这种绵延是无法通过我们的理智活动而进行把握的，因为我们的理智活动是由语言和逻辑思维构成的，其中充满了空间化思维方式的污染。只有在自知中凭直觉才能于意识之流中体验到它。

以音乐为例，当远处有一段钢琴声传过来，声音是陆续出现在我们耳边的，然而我们感知到的却是一整段的美妙音乐，是众多音符所形成的绵延。只有少数受过乐理训练的人，才会把这段美妙的音乐拆解为一个个的音符，并将它可视化，用不同的符号写到五线谱上。这种可视化、符号化、概念化的过程实际上是“把时间投入空间”，用空间化的方式来表达时间中的体验。这种表达将丰富的感受简化为标准化的一些符号，是一种有限表达，所表达的不及所体验的万分之一。“当我们谈论时间的时候，我们一般地想着一个同质的媒介(homogeneous medium)；而在这媒介里，我们的意识被并排置列，如同在空间里一样，

① 有意思的是，梵文的一个语法规则可以呼应柏格森所说的这种“时间是我们空间意识的投射”说法：在梵文中，第七格位格是表示方位的，是一个基于空间意识的语格；然而，当所涉相关词汇都以位格出现时，则形成绝对位格(locative absolute)，用来表示时间或者暗含着时间顺序的条件句。比如：“saḥ kṣetre asti(他在旷野中)”若以绝对位格表示，就成为“se kṣetre sati(当他在旷野中的时候)”；而“ayam asti idam asti(此有、彼有)”一旦使用绝对位格，就成为“asmin sati idam asti(当此有时，彼有)”。

以便构成一个无连续性的众多体(discrete multiplicity)。”由此,时间成为一种记号、一种象征,“绝对跟真正绵延不相同”。(柏格森,1989: 61)柏格森认为,理智的活动是对绵延的分割,当我们以钟摆的摆动或者秒针的跳动来计量时间时,我们并不能真正测量绵延,而只能计算事情的同时性(simultaneity)[①]:

> 虽然我们意识生活的先后各阶段互相渗透(interpenetrating),其中的每一阶段都跟一个同时发生的摇摆彼此相应;因为这样,又因为这些摇摆在彼此之间被辨别得清清楚楚,所以我们养成了一种习惯,把同样的区别树立在意识生活先后各瞬间之间。摆锤的摇动(好比说)分裂(break up)我们的意识生活,使它变为一堆彼此外在的部分。所以人们错误地认为内在绵延是同质的,如同空间一样,认为绵延的各瞬间是同质的,一个接着一个而不互相渗透。[②]

在真实的绵延中,各瞬间——如果必须要用“瞬间”来进行言说的话——之间是互相渗透的;然而,当我们以钟摆的摇摆去计算意识的不同阶段时,我们的思维会受到这些清晰区分的摇摆之影响,误认为在意识生活中各瞬间也如同钟摆的每一次摆动那样,有清晰的起止点,彼此之间明确区分,“彼此外在”,“不互相渗透”。并且,绵延本身是异质的,与爱人共度的三十分钟、下班之前的三十分钟、沉浸于美妙音乐

① 吴清原(2019: 119)认为,“同时性”体现了绵延的“瞬间”向度,是对绵延的一种“捕获”或者“瞬摄”,自身已经隐含了瞬间性:“这个过程,好像我们用一个特殊的相机在‘绵延’上取下了一张‘快照’,这张‘快照’却不是数码图像的定格,而是持续呈现着‘绵延’在其自身内部的各种复杂性的向度上全部可能的趋向,饱含了无限的张力与生命。”

② 柏格森,1989: 73-74。有改动。原文将homogeneous翻译为“纯一”,此处改为“同质”。

中的三十分钟，在我们的体验中，在真实的绵延中，是天差地别的；然而，于钟表时间上，都占据相同的刻度，呈现为同质化的时间段。

寂护的因果论，对因与果的时间关系条分缕析之后，认为只有“因在第一刹那，果在第二刹那”是合理的，“经久远而生果”的现象则应该理解为辗转而起之异熟果。而且，因果之间，并无生果“作用”，只有“此有故彼有，此无故彼无”的“无间相继”。然而，以柏格森“绵延”观之，这种因果论至少有下面两个问题：

(1) 所谓“此有故彼有，此无故彼无”的这种规律性，于实际的绵延中，真的存在吗？

(2) 如前文所示，若诸法均为刹那存在，互不相涉，那么前一刹那之“因”与后一刹那之“果”如何发生联系？何以成为因果？

柏格森在《时间与意志》一书中对因果必然性的批评，某种意义上可以看作是对问题(1)的回应。柏格森认为，如果把因果关系理解为“规律性陆续出现”(regular succession)，那就意味着：从前所见的a、b、c、d等事物能够以同样的形式(shape)再次出现；并且，某种在a、b、c、d等事物之后且仅在它们之后出现的事物P，在a、b、c、d等再次出现之后，一定也会再次出现。(柏格森，1989：138)然而，这种思维是建立在我们把时间理解为某种同质化的媒介之上，在真实的绵延中，每一个时刻都是新的、独一无二的，同样的瞬间不可能发生两次，完全相同的条件也是不可能的，所以任何一个事物都不会“再次出现”。在具体的绵延中，如果要呈现全部的条件，只能置身于事件发生的那一瞬间，那一瞬间是独特的，不可重复也不可能预知的。然而，人们在以因果解释世界时，总是在试图寻找重复处，试图找到某些必然联系。“人们对因果律的必然性之追求呈现出远离活跃之绵延(active duration)的倾向，试图把陆续出现关系(relations of succession)变成固有关系(relations of inherence)。”(柏格森，1989：142)

上述问题(2)则呈现了童中尊几个问难对佛教“刹那灭而有业因业果、因果”的质疑。寂护的因果论也并未真正弥合前一刹那与后一刹那之间的断裂，实际上，这种“存在之断裂”在部派佛教将“无常”解释为“刹那灭”的那一刻就已经注定了。“无常”是感性的、粗略的，为体验式表达；而“刹那灭”是理性的、精确的，为基于时间划分的前提而进行的科学式表达。刹那灭说主张“诸法”刹那生灭，其中“法”是最基础的存在物，在时间中占据“一刹那”。而对一刹那的定义，所依据的又恰恰是法的存在时长。也就是说，如果我们把时间理解为一条直线，那么法就是在这个直线上依序排布的一个一个的点。法，“轨生物解，任持自性”。“轨”的原意指两轮之间的距离，后来引申为车辙，再引申为路线、规则。此处应理解为事物与事物之间的区隔、边界。区隔产生了，事物才有了彼此界限。有了界限区隔之后的事物皆持有其自身体性，由此而成为某物。这种区隔一开始是空间性的，然而在佛教哲学的讨论中逐渐演化出时间性的意涵。问题在于，一旦对原本不可划分的时间进行划分，就不可避免地要遇到划分出的时间段之间的断裂问题。应该思考的是，这种划分是合理的吗？世界本身存在这种划分吗？或者，这种划分只存在于我们的观念中，仅由我们的分别心而起？

更有甚者，在进行某些具体的因果现象讨论时，我们不仅造成了时间上的断裂，同时也造成了空间上的分隔。比如，在“种子生芽”这一表述中，空气、水、温度、光照等一系列的条件均被隐去，好像构成因果关联的仅有两件事物一样。在佛教的缘起图景中，以“缘”来照顾这些间接的促生条件。然而，不管增加多少概念，永远不可能穷尽绵延中的全部境况，我们的语言与意识只能处理有限存在，而永远无法把握无限。

佛陀从一开始就注意到人类思维模式和语言表达的局限性，佛教经典中记载了一个名为“梵天劝请”的故事:佛陀成正觉后,独坐林中,默然不动。大梵天得知此事,率部众前来,劝请佛陀说法,佛陀依然不为所动,多次劝请之后,佛陀才应允于波罗奈国仙人堕处鹿野苑中转正法轮,开演佛法。这个故事广为流传,在不同经典的记载中亦有差异[①],其中《方广大庄严经》的大梵天王劝请品如此解说佛陀“默然之旨”:

> 如来初成正觉,住多演林中独坐一处,入深禅定观察世间,作是思惟:“我证甚深微妙之法,最极寂静难见难悟,非分别思量之所能解,惟有诸佛乃能知之。所谓超过五蕴入第一义,无处无行体性清净,不取不舍不可了知,非所显示,无为无作,远离六境,非心所计,非言能说,不可听闻,非可观见,无所挂碍,离诸攀缘至究竟处,空无所得寂静涅槃。若以此法为人演说,彼等皆悉不能了知,唐捐其功无所利益,是故我应默然而住。”[②]

文中述及佛陀成道之后的一些思量:佛陀所证之法“甚深微妙”,一般人很难了悟,“非分别思量之所能解”,不是普罗大众基于分别心而进行的考量所能够理解的,“非心所计,非言能说、不可听闻”,不是凡夫的心可以计执的,不是凡夫的言辞能够说清楚的,不是凡夫能听明白

---

① 如《增一阿含经》卷10“劝请品”:“闻如是:一时,佛在摩竭国道场树下。尔时,世尊得道未久,便生是念:‘我今甚深之法难晓难了,难可觉知,不可思惟,休息微妙,智者所觉知,能分别义理,习之不厌,即得欢喜。设吾与人说妙法者,人不信受,亦不奉行者,唐有其劳,则有所损。我今宜可默然,何须说法!’”(《大正藏》第2册,第593页)《长阿含经》卷1:“所得正法甚深微妙,若为彼说,彼必不解,更生触扰,故我默然不欲说法。我从无数阿僧祇劫,勤苦不懈,修无上行,今始获此难得之法,若为淫、怒、痴众生说者,必不承用,徒自劳疲。此法微妙,与世相反,众生染欲,愚冥所覆,不能信解。梵王!我观如此,是以默然不欲说法。”(《大正藏》第1册,第8页)

② 《方广大庄严经》卷10“大梵天王劝请品”,《大正藏》第3册,第602—603页。

的……总之，甚深微妙法不可言说，即使说了，一般人也“不能了知”，所以佛陀“默然而住”。然而，在梵天几度请法之后，佛陀观众生根器，见有上、中、下不同，下根或许不可救，上、中等根器却可能了知正法，然后佛陀“起大悲心”，开始说法。

佛陀之讲法，是于不可说而说，对不能用言语表达的至高真理进行言语表达。这是一个不可避免的困境：一旦佛陀说法，必然要用到概念；一旦进入概念运行的世界，必然进入有限的表达；一旦进入有限的表达，必然招致更多的疑惑与争论。由此，哲学开启，而那个不可言说的真实世界却开始隐没于纷繁言辞之中。这也是龙树不断对概念进行破斥的原因：让我们从概念的破裂中，从常识的崩塌处意识到言语的局限、思维的局限。因此，这种说与不说之间的张力，构成了佛教哲学既破又立的特质，“一方面为宣扬甚深之法，不免要方便施设而有所安立，另一方面为遮除众生的计执，所以荡相遣执而有所遮破，借以解除不欲说法的困境”（林建德，2008：47）。

寂护作为瑜伽中观派的论师，遥承龙树法脉，于论辩方法上也继承了龙树的特点，在安立的同时破斥，在成立因果的同时，强调其终究只是共许方便、虚妄计执。对于童中尊所指出的因与果之间的这种断裂，寂护并不拒绝。因为只要从“刹那”开始讨论，必然无法避免断裂。实际上，正是从这种断裂里，人们才得以窥见绵延，才能够放下有限的言辞，窥见不可说的真实。

结语

本章将寂护的因果论置于当代哲学视野下进行分析。很早之前就有学者发现寂护和休谟的因果哲学之间的相似性，具体而言，寂护和休谟最大的相似之处在于，二者都将因果视为一种观念，寂护以“缘起偈”作为解释因果关系的起点，认为因果关系只是对“此有故彼有，此生故彼生；此无故彼无，此灭故彼灭”这种“无间限定”的相继现象的描述。一切关于因果的叙述都是基于“共许方便”，而非形而上学的本质。休谟也认为，我们的因果观念不是从先验推理获得，而是产生于经验。人们在某种一律性的信念下，将重复出现的相继现象加工成我们所熟知的因果律。因此，因果律实际上只是思维的建构，是我们心灵的信念与习惯。除信念与习惯之外，我们并没有更多的对因果的理解。此外，在寂护和休谟的因果论中，还同样体现出某种张力：寂护在否定六派哲学的生果“作用”后，又提出“生果力”一说，仍然在语言上无法规避这种对生果必然性的暗示。与此相似，休谟在将因果界定为心灵信念的同时，又为人们的必然性信念辩护，这使得后辈学者对他的因果论给出了不同的解释，有人认为他是规律论者，有人则认为他认可有某种因果性存在，只是人类的认知无法达及。寂护与休谟理论中的这种矛盾性，让他们的因果论看起来是一个未完成的理论，只停留在认识论层面的探讨，回避了对因果性之本质的追问。休谟之所以停在此处，是因为他在本体论上持有怀疑论立场；而寂护之所以停留在此，是因为他的因果论作为缘起哲学的一部分，在中观派的哲学中是世俗谛，一种有限的真理。

在寂护与六派哲学争辩的过程中，双方论及因果时使用了不同的案例，这些案例描绘了不一样的因果现象，呈现出不同的因果图景。对于这些彼此有异的图景，他们都以“因果”称之，并且互相辩驳，指摘对方理论不合因果面貌。他们总是倾向于从众多差异的因果现象中去寻找某个或者某几个统一的特征，并以此来界定因果关系。然而，一些研究因果论的当代哲学家提出一种多元主义说，认为我们语言中的因果，本就不是单一、整体概念，而是一个复合概念，指涉很多种不同类型的因果现象，包括相继现象、能量传递、造成变化、生成等等。根据这种多元主义因果说的逻辑，寂护哲学乃至整个佛教哲学所涉及的因果论，大多数时候都是在讨论“生成”问题。寂护《摄》开篇偈更是明确表达该书旨在驳斥数论、胜论等倡导第一因的生成论，成立佛教缘起说意义上的生成论。佛教生成论的关注点是变化的过程，所以重点讨论各刹那之间的前后相继、因果相接。然而，这种基于刹那说的因果论最大的问题就在于无法解释刹那存在物之间的断裂。

所谓存在的断裂指的是：每一个刹那存在物均才生即灭，没有任何残留，那么上一刹那法如何切入下一刹那法呢？本文引入柏格森的绵延说来帮助理解这一“断裂”。柏格森所谓的绵延，指的是纯粹意识所体验到的“真实的时间”，一种不可分割的连续流动，没有前后，没有界限，每一个当下都包含着过去，也预示着未来。与之相对应的则是“科学的时间”，是我们基于空间划分方法而划分出来的时间，这种划分将异质的、多样的、丰富的绵延变成同质的、标准化的钟表时间。划分之后所达成的符号化表达是有限的，所表达的不及所体验的万分之一，因为其将丰富的感受简化为标准化的一些符号，损失了绝大多数的信息。寂护因果论中“因在第一刹那、果在第二刹那”的“无间相继”其实就体现了这样一种划分。真实的世界是缘起的、绵延的，事物之间是你中有我、我中有你的，事物的存在也是不可重复的。于时间的绵延中，每一刹那都是全新的。然而，只要我们尝试对绵延进行言语表达，我们就不得不使用概念，不得不对事物作出种种区分。这种区隔一开始是空间性的，然而在佛教哲学的讨论中逐渐演化出时间性的意涵，基于体验的“无常”被诠释成基于理性分别的“刹那灭”。问题在于，一旦对原本不可划分的时间进行划分之后，就不可避免地要遇到划分之后各刹那之间的断裂问题。

刹那说的这种困难，其根源在于，佛法是于不可说而说，对不能用言语表达的至高真理进行言语表达，所以，也无法规避言语逻辑的有限性。不过，这种说与不说之间的张力，构成了佛教哲学既破又立的特质，所以，寂护才在成立因果的同时，又强调其仅为共许方便，并非胜义真实。这种即破即立的方法，旨在让我们从概念的破裂中，从常识的崩塌中意识到言语的局限、思维的局限。言语道断处，就是真相开显之时。

结 语

本书是以寂护、莲花戒《摄真实论》和《摄真实论·疏》第9品为主要研究对象，以佛教业论“无我而有业因业果”“无常而有因果”这两个核心问题为线索而展开的讨论。在研究方法上，本书涉及语言学、文献学、哲学史、哲学分析、比较哲学等多种方法：其中附录以及正文中的梵文文献之翻译和解读涉及语言学的方法；第一章对寂护、莲花戒《摄（疏）》第9品的文本背景之考察涉及文献学的方法；第二章分析佛教业论的思想史则涉及哲学史的方法；第三到七章对《摄（疏）》第9品的文本解读涉及语言学、哲学分析的方法；第八、九章则是以比较哲学的方法以当代哲学的视野重审寂护业论。

本书序章部分是对印度哲学研究方法论的反思。笔者一直秉承一个信念，即古典哲学的研究至少应有部分旨趣是为了回应并解释当代社会依然在关注和讨论的哲学问题，所以应当主动进入比较哲学的视域中去。比较哲学发展至今日，早已不是简单的同异比较，而更多致力于拓宽思路，补充概念，寻找新视角，乃至于在一种哲学中寻求资源去解释、回应另一种哲学中的问题。虽然寂护不太可能具有“比较哲学”的方法论意识，且其自身也有自己的宗教立场，并非进行第三视角的客观研究，但是其讨论的方法却是相当现代并具有借鉴意义的。寂护哲学发生在佛教哲学认识论转向之后，他重视逻辑分析，概念清晰，论证过程详细，从前提到结论的思路明确，这些特质使得其在很多话题上可以与当代分析哲学直接衔接，为哲学比较提供了极好的基础。此外，寂护哲学涉及印度六派哲学和佛教两个不同传统之间在同一议题上的不同意见，其讨论本身就是哲学比较方法的一个范例。

总之，本书是对寂护业论的初步研究，旨在为中文学界的现代读者提供一个进入寂护思想的便利途径，并揭示寂护思想在佛教业论思想脉络中的价值，同时还尝试通过对个体同一性和因果律的讨论，使古典哲学的资源参与到当代哲学的讨论中来。

一、寂护业论及其思想脉络

业论是佛教哲学史上一个源远流长的议题，这一议题涉及两个核心问题——“无我而有业因业果”与“刹那灭而有因果”，这也是寂护《摄》第9品展开的主要线索。其中，“无我而有业因业果”指的是“无我之缘起”和“有我之轮回”这两种理论之间的内在逻辑张力：如果诸法无我，则一切行为没有承载主体，那么，谁造业，谁感果，轮回流转的主体又是什么？“刹那灭而有因果”指的是“刹那灭无常”和“‘虽远必相牵’的因果关系”之间的内在逻辑张力：若诸法刹那生灭，无有留存，那么因果关系如何成立？我们如何确立相隔久远的两个事物之间有某种关联？这两个问题表面上直接驳斥佛教业论，认为佛教业论与佛教刹那灭说不相容；真实意图是要反驳刹那灭说，反驳无常说，批评佛教最核心的教法。

佛教哲学中之所以存在这种“无我而有业因业果”“无常/刹那灭而有因果”的张力，原因在于佛教业力说继承自婆罗门教思想体系。“业”概念和与之相应的轮回法则，本来就生长在一个实体论的环境中，其中有不变的本体（“梵”），也有变化着的身心之所依（“我”）。然而，无常、无我、缘起均为佛陀自身所证悟，与业说有着不同的思想起源。佛陀继承和宣说业论之时，并未加以解释，因此给后人的质疑和争论留下了空间。部派哲学家对这两个问题给出了种种解决方案，然而并未平息诤议。

寂护《摄》第9品即在这一思想脉络下展开。表面上看来，寂护是在回应童中尊、乌底耶塔加罗等印度六派哲学家对佛教哲学的批评；实质上，寂护还是在回应业说与佛教无常无我说之间的张力。《摄》一书的主旨在于证成缘起大义，而业因业果是佛教缘起说的核心内容之一，因此第9品业因业果品是全书核心章节之一。该品中，寂护在第476颂至500颂中首先介绍了论敌对无我说和刹那灭说提出的批评，然后在第501至545颂中论证了刹那灭和无我立场下因果律成立的可行性，并对论敌的批评一一进行了回应。

对寂护业说的研究有多方面的意义：首先，前人对佛教业说的研究主要停留在世亲之前，佛教哲学发生认识论转向之后的业说基本无人触及。寂护在业论这一框架之下，讨论了许多他的前辈并没有着重讨论甚至没有谈到的问题，如因果的时间关系、对“作用”（vyāpāra）的批评等等。其次，中国佛教在魏晋南北朝以输入为主，在隋代与唐初期则是输入与自行发展并重，唐中期之后基本就走上了独立发展的道路。这就导致晚期印度佛教的思想与作品未能进入传统中国佛教的视野。直到近现代佛教复兴之后，印度佛教晚期的一些哲学文本才随着当代学术研究的脉络进入中国。寂护、莲花戒《摄（疏）》的梵文文本被发现得比较晚，在19世纪之后才渐渐得到国际学界重视。虽然该文本在印度佛教哲学史上的价值近年来被不断论证，然而在国内学界的研究依然寥寥，除了尹邦志、顾毳、曹志成、茅宇凡等略有涉猎之外，几乎没有其他声响。本书是汉语学界第一本参与寂护研究的专书，在这一领域，当有抛砖引玉的意义。最后，目前学界在定位寂护思想的学派属性时，主要参考的文本是《中观庄严论》。一般认为，寂护的哲学综合了三家之成：中观派、瑜伽行派以及佛教逻辑学家法称的哲学。在本研究中，寂护将因果关系解释为事物“无间限定”关系，将自我解释为“相续”，这是经量部的思想，经量部是佛教瑜伽行派的源流。但他认为这些也并非终极真实，而只是假名，这就是中观立场了。因此，本研究或许能为学界定位寂护思想的学派属性提供更多参考信息。

二、无我而有业因业果

《摄》第9品中涉及的六派哲学家们的主要批评是：若无我，在时间上没有一个保持同一的主体，则有“所作散灭、未作自至”之失。其中涉及两个重要问题：其一，若无我，记忆、认知、果报等业因业果现象无有所依，从世界的运行机制上来说，不能成立；其二，若业因业果不能成立，则善恶报应的机制不成立，人类的伦理道德将会面临崩塌。

对于六派哲学家而言，记忆、认知、果报等现象的成立均有赖于“自我”的成立，“自我”为这些现象提供了支撑，而这些现象也可以看作是“自我”存在的表象。六派哲学家以记忆证明说、主体统合说以及自知证明说三个论证来证明自我的存在。记忆证明说为正理派和弥曼差派共同倡导，主张我们需要一个承载者来存储记忆，这样人才能够在后期调取这一记忆，产生回忆。主体统合说为正理派所提出，认为不同感官所形成的感知需要由同一主体统合为“我的”感知，而这个主体，就是“自我”。弥曼差派的自知证明说认为在“识别”过程中自知同时发生，我们知道过去是“我”见某物，现在依然是同一个“我”

见此物。这两个“我”所指代的就是永恒“自我”。总之,这些精神活动的发生需要一个承载者,而这个承载者就是永恒“自我”。“自我”的存在作为一个基础,是其他精神现象发生的必要条件。

作为对论敌之批评的回应,寂护主张,业因业果的成立并不需要永恒之物的统一支撑,只需要因果律存在即可。他以植物类比人,认为内法(人的身体、意识、情绪等内在世界)对应于外法(种子、芽等可见的外在物质世界)。正如植物生长过程中没有自我,只有种子、芽、植株等不同阶段间的因果关系,人也不需要一个恒常存在的自我。记忆、认知、业报等现象可以通过前后刹那之色法、心法的因果相接而成立。日常语言中使用的“我”“我的”等一切有关主体的称呼,实际上指称的是这种前后相继之诸法所形成的“相续”——业行造作之后,随之起色心二法,前刹那法灭,后刹那法无间而生,此伏彼起,中间无有间断,形成一条绵延不止的续流,作为一个整体被称为“相续”。相续可以被看作是一种非主体的主体:一方面,它并非真实存在,而是对众多存在物集合的一种统称,其整体性只是我们思维的构造;另一方面,某种意义上它承担了常识中的主体作用,充当了不同刹那之业行业果间的联系桥梁。因为有相续,记忆、主体统合、自知等现象也都可以得到解释。

佛教倡导无我,但是在自身哲学体系中设立了很多类似“我”的概念,比如犊子部的“补特伽罗”、经量部的“相续”、瑜伽行派的“阿赖耶识”,还有后续的“如来藏”等。这些概念的设立试图弥补无我论所带来的理论困难,在否定永恒主体的同时,又在某种程度上成立一些主体的功能。佛教“相续”与婆罗门六派哲学家所倡导的“自我”区别在于:后者强调其永恒性、独立性,是于身体、意识之外另设的灵魂;而前者的相续是非主体之主体,是身体、意识层面的存在,是众多元素的集合。

寂护的相续说与当代哲学中个体同一性议题下接续论者、阶段论者对事物存续方式的理解颇有几分相似。接续论者将主体视为一种蠕虫般的四维存在物,认为每一个当下瞬间的呈现都只是一个“时间部件”,时间部件与四维整体的关系类似于空间中手与身体这种部分-整体的关系。对接续论者而言,所谓的“变化”,实际上只是不同“时间部件”间的差别。阶段论者将事物在每一个当下瞬间的呈现称为“阶段”,而“阶段”与其前前后后的其他阶段之间存在着某种质性的、“非附生性”的因果关联。然而,寂护哲学与他们的不同之处在于,寂护哲学中“相续”的整体性只是一种思维建构,并非如“四维存在物”或者“阶段”一样是实体性的存在。

然而,正是因为“相续”并非实体,只是一个集合概念,所以它无法真正弥合业因和业果之间的断裂:前一刹那存在物全然湮灭,后一存在物生起时并不包含前一存在物的任何内容——刹那刹那存在物之间是否只有断裂,没有连续?对这一断裂的理解,则有赖于对寂护因果观的探讨。

三、刹那灭而有因果

相较于佛教哲学史上其他论师对业论的阐释,寂护业论的最大特点是明确提出了“业因业果成立的基础在于因果的成立”。因此,不同于传统业论以“无我而有业因业果”这一议题作为业论的讨论核心,在寂护的理论体系中,“无常/刹那灭而有因果”才是业论的核心问题。

婆罗门教六派哲学和佛教哲学于因果论上有着本质的不同,前者倡导因果之间有生果“作用”,认为仅当见到因发出生果“作用”时才可以确认因果关系。寂护反对这一形而上学预设,主张在因果关系中感官可以感知到的只有“作为因的事物”和“作为果的事物”二者的存在，而“作用”不可感知，并非真实存在，只是我们观念的建构。寂护的论述彰显了其于认识论上的经验论立场：承继自陈那、法称，寂护认为有效的认识途径仅为现量和比量。

在这一经验论立场下，寂护以佛教缘起偈作为解释因果的基础：此有故彼有，此无故彼无；此生故彼生，此灭故彼灭。他在讨论因果律时频繁回到这一偈颂，还将之解释为“无间限定”，强调因果无间相继，特定的因总是引生特定的果。对于因与果的时间关系，寂护认为只有一种合理情况：因在第一刹那，果紧随其后在第二刹那。对寂护而言，“因果关系”这个概念所指称的仅仅是我们能够观察到的这种即时相继关系。那么，这种即时相继关系中，特定因引生特定果的“限定性”从何而来？寂护表示是基于因的“生果力”。然而，他同时主张这种“生果力”所指的只是事物自身而已，并未影射某种形而上学的存在。也就是说，对于问题“为什么因总是引生特定的果？”，寂护的答案是：“因的性质就是如此。”他没有提供在可观察现象之外的任何解答，于可观察的事物相继现象之外拒斥任何形而上学的设定。他理论中出现的“生果力”，实际上也只是因自身的一个异名而已。它的使用仅仅是用来强调特定因生起特定果这一事实。更甚者，寂护宣称“此生彼”等有关因果关系的表述仅仅是“共许方便”，基于人们自身的意愿和现实的需求而施设。

总之，寂护将“因果律是什么？”这一问题还原为“因果关系指称的是什么？”。前者是一个形而上学的追问，而后者则是一个认识论的探索。在《摄》第9品中，“无间限定”是探索因果问题的终点。我们能够知道的是这种相继现象并非任意发生，而是呈现出某种规律性，且这种规律性可能隐含着某种限制因素，但这种限制因素到底是什么？寂护没有回答。这一点上，寂护和休谟十分相似，他们都将因果视为一种观念，认为这一观念仅仅来源于我们对重复出现的相继现象的观察和总结，除此之外，并没有更多对因果的论证和理解。

实际上，在因果关系这一议题上，最核心的问题在于，从因到果的这个过程中，永远存在着一个人类智识无法完全掌握的黑箱。当代科技对现象世界的条分缕析只能对这个黑箱略作拆解，但永远不可能展现其全部图景。比如，古代人们能够认识到“种子→芽”，后来人们认识到这不是全貌，更大的图景是“种子、水、空气、光照、温度→芽”，今天的科学进一步拓展了这个图景，变成“种子，水，空气，光照，温度，化学肥料钾、钠…… →芽”。然而，这就是“种生芽”的全貌么？当然也不是。那么在这些条件都具足的情况下，我们来加一点核辐射呢？

某种意义上，佛教说一切有部的四缘说是在试图描述从因到果的全貌，在种芽案例中，种子作为“因缘”，是主要原因，而其他的一切支撑条件，都可视作“增上缘”，而且增上缘中还分有力增上缘与无力增上缘——后者就包括那些未形成障碍的条件，比如说种子没有受到核辐射的影响。然而，“增上缘”这个概念扩展开来，其实包含整个世界。也就是说，在种生芽的案例中，一粒种子从地上破土而出的那一瞬间，整个世界都属于这个因果关系的一部分。这才是因果现象的全貌，是缘起甚深不可了知的本意，也是“因果”作为“共许方便”的本意。因为一切关于因果现象的描述都是有限描述，不可能呈现某一关系的全部图景。

柏格森的“绵延”概念可以帮助我们理解这种描述的有限性和真实世界的无限性。柏格森所谓的绵延，指的是纯粹意识所体验到的“真实的时间”，一种不可分割的连续流动，无分别，无边界，不可言说。与之相对应的则是“科学的时间”，是我们基于空间划分思维而划分出来的时间，这种划分将异质的、多样的、丰富的绵延变成同质的、标准化的钟表时间。划分之后所达成的符号化表达是有限的，所表达的不及所体验的万分之一，因为其将丰富的感受简化为符号，损失了绝大多数信息。寂护因果论中“因在第一刹那，果在第二刹那”的“无间相继”其实就体现了这样一种划分。因为真实的世界是缘起的、绵延的，事物之间是你中有我、我中有你的，事物的存在也是不可重复的。于时间的绵延中，每一刹那都是全新的。然而，只要我们尝试对绵延进行言语表达，就不得不使用概念，不得不对事物作出种种区分。这种区分一开始是空间性的，然而在佛教哲学的讨论中逐渐演化出时间性的意涵，基于体验的“无常”被诠释成基于理性分别的“刹那灭”。问题在于，一旦对原本不可划分的时间进行划分，就不可避免地要遇到划分后的各刹那之间的断裂问题。在中观学的系统中，胜义谛只能以“空”来表达。可以言说的世俗世界和不可言说的真实世界，似乎从来就存在着这种不可沟通性。在“一切法空”的基本立场下，因果作为一个“共许方便”，自然也是空。但是真实空的世界，不可言说，一旦落入言说，就必然会遇到因果对待，会面临因与果之间的断裂。一切言说若以胜义观之，均呈现出矛盾与荒谬。

然而，佛教并不由此走向虚无。相反，这种言语道断处，恰恰是佛教所倡导的修行之起点。在《摄》第9品中，寂护以一种分次第的道德理由来回应论敌的“道德崩坏难”：无常、无我说并不会导致道德崩坏，因为对于迷悟之人来说，他们无法理解无常无我真相，仍然会在我执的前提下相信善恶报应，而对于觉悟者来说，他们不著因果，行善的理由仅基于菩提心，基于对众生苦难的悲悯。

附录
《摄真实论(疏)》业因业果品译注

一、目录

1. 论敌对佛教业因业果说的驳难 v. 476-500

1.1 总难：若刹那灭，则业因业果、因果不成立 v. 476

1.2 童中尊"'所作散灭、未作自至'难" v. 477-479

1.3 童中尊"道德崩坏难" v. 480-481

1.4 童中尊"断灭难" v. 482-489

1.4.1 三时难 v. 482-483

1.4.2 若刹那灭，则无物生起 v. 484

1.4.3 驳佛教"杆秤喻" v. 485

1.4.4 驳佛教无间相继说 v. 486-487

1.4.4.1 例证：香伴色而生，但并非其果 v. 486

1.4.4.2 童中尊立场：有生果作用(vyāpāra)者为因 v.487

1.4.5 "三时难" 总结：果只能从持存之因而生 v. 488-489

1.5 量论(pramāṇa)难：若刹那灭，则认知因果不可能 v. 490-492

1.6 童中尊"识别" 难：若刹那灭，则"识别" 不可能 v. 493-495

1.7 童中尊“系缚、解脱”难：若刹那灭，则系缚与解脱不可能 v. 496-499

1.8 正理派、弥曼差派“记忆难”：若刹那灭、无我，则记忆不可能 v. 500

2. 寂护对驳难的回应 v. 501-545

2.1 寂护回应对无我的驳难 v. 501-507

2.1.1 只要因果律得证，无我即可成立 v. 501

2.1.2 例证：植物无有自我 v. 502

2.1.3 业因业果的基础是因果律，而非恒存自我 v. 503

2.1.4 “作者”（kartṛtva）指“相续”（santāna）v. 504

2.1.5 无随行续流（anvaya）时，因果律亦可得成 v. 505-506

2.1.6 回应乌底耶塔加罗之物质重构论 v. 507

2.2 寂护：欲证业因业果，需先证成因果 v. 508

2.3 寂护回应对“刹那灭而有因果”之驳难 v. 509-529

2.3.1 寂护对因果时间关系的讨论 v. 509-518

2.3.1.1 因存在于第一刹那，果从因而生，存在于第二刹那 v. 509-512

2.3.1.2 异熟因（vipāka-hetu）：果存在于第三刹那及之后 v. 513

2.3.1.3 驳同时因果 v. 514-517

2.3.1.4 由第一刹那因之“限定性”，有第二刹那果 v. 518

2.3.2 寂护的因果论 v. 519-523

2.3.2.1 因果观念仅为共许方便（saṅketa）v. 519

2.3.2.2 唯一的“作用”（vyāpāra）是因支的存在 v. 520

2.3.2.3 因果关系指事物的无间限定（ānantarya-niyama）

现象，而非“作用” v. 521-522
2.3.2.4 “作用” 非实有 v. 523
2.3.3 寂护驳斥“作用” (vyāpāra) 说 v. 524-528
2.3.3.1 假立“作用” 存在会导致逻辑谬误 v. 524-525
2.3.3.2 “作用” 不可见 v. 526
2.3.3.3 “觉知” 例证：“作用” 并非因果关系发生的必要条件 v. 527-528
2.3.4 寂护对第486—487颂论敌驳斥无间相继说的回应 v. 529-531
2.3.4.1 同一续流中“六尘” 互为因果 v. 529
2.3.4.2 因果关系有赖于“无间限定” v. 530-532
2.4 寂护对第490—492颂驳斥认知因果之量的回应 v. 532-536
2.4.1 若识有相，对因果之认知可行 v. 532
2.4.2 若识无相，对因果之认知亦可行 v. 533-534
2.4.3 论敌同时驳难有相、无相二说 v. 535
2.4.4 寂护回应 v. 536
2.5 寂护对第479颂“所作散灭、未作自至” 难的回应 v. 537-539
2.6 寂护对第480—481颂“道德崩坏” 难的回应 v. 540-541
2.7 寂护对第493—495、500颂“识别” 与“记忆” 难的回应 v. 542
2.8 寂护对第496—499颂“系缚、解脱” 难的回应 v. 543-545

二、正文

第9品 业因业果品(Karmaphalasambandhaparīkṣā)

今次，为证此义“[缘起]为确立业因业果法则之基础”①，先设[论敌]此难，曰：

idānīṃ karmatatphalasambandhavyavasthādi② samāśrayam ity etat samarthanārthaṃ codyopakramapūrvakam āha – kṣaṇika ity ādi |

若一切物(vastu)皆为刹那灭无常所毁尽，如何有业因业果、因果等？(476)

kṣaṇikānityatā③ līḍhaṃ sarvaṃ ced vastu tat katham | karmatat-

---

① 此处莲花戒引用《摄》开篇偈颂中之表达。《摄》开篇即对全书主旨进行了阐述，论证佛教教理业因业果之成立是其重要旨趣之一，由此可见第9品在《摄》全书中之分量。

② 此处将vyavasthā翻译成“确立”。对这一概念的翻译，前人有不同倾向，比如清水公庸（1983）一般将之翻译成“確定する，確立する”，只有一处，在翻译hetu-phala-vyavasthā(因果法则）时将之翻译成“法则”（1983: 13，[《摄・疏》v. 503]）。Jha（1986）多数时候将之翻译成“法则”(law)(1986: 285，[《摄・疏》v. 476]; 296，[《摄・疏》v. 503]; 299，[《摄・疏》v.509])；有时以“确立”（establishing）来译vyavasthāpya(1986: 316，[《摄・疏》v. 546])；有时他的翻译则明显不太合理，如notions as relating to(1986: 295，[《摄・疏》v. 501])、distinction(1986: 301，[《摄・疏》v. 511])，还用differentiation和idea翻译vyavasthāna(1986: 311，[《摄・疏》v. 536]; 315，[《摄・疏》v. 544])；有些时候则不翻译，直接跳过(1986: 289，[《摄・疏》v. 487]; 309，[《摄・疏》v. 529])。

③ Kṣaṇika-anityatā此处参考清水公庸(1983: 4）翻译成“刹那灭无常”，指称刹那灭意义上的无常。刹那灭说(kṣaṇikatva）源自无常说(anityatā)，但在强调事物变化的立场上比后者更强。世亲(Vasubandhu)、法称(Dharmakīrti）等均对刹那灭说有所阐发，寂护也在《摄》第8品“对恒存之物的考察”(Sthirabhāvaparīkṣā)中重点辩护了刹那灭理论。《摄》第8品是第9品的重要基础，第9品的主要任务就是论证业因业果能在刹那灭成立的前提下建立。更多讨论参见御牧克己，1972；Rospatt, 1995；谷貞志，1999；佐藤晃，2011。

phalasambandhakāryakāraṇatādayaḥ ||476||

文摄“刹那灭无常”，为排除“[生灭]有间之暂住无常” 故。[①]若许一切所生物(vastu-jāta)均为刹那灭无常，也即刹那灭物之无常性所毁尽、摧灭，何由业因业果等得以确立，为世间、经论所周知？ [颂中]“等”指证得因果之量(pramāṇa)，[如，]因觉受而有识别(pratyabhijñāna)[②]，因见一物而希求另一物，因系缚而有解脱，[因经受而有]记忆，前有疑虑后有决定，自己安置(nihita)[某物]再又寻找，睹物后则稀奇心止[③]……邪见恶慧者虚妄计执众多此类问难，囊括其中。

kṣaṇikānityatāgrahaṇaṃ kālāntarasthāyyanityatā vyavacchedārtham | kṣaṇikānāṃ satām anityatā kṣaṇikānityatā tayā līḍham – samākrāntaṃ yadi sarvam eva vastujātaṃ pratijñāyate bhavadbhis tadā ye ’mī karmaphalasambandhādayo lokaśāstrayoḥ pratītās te kathaṃ siddhyeyuḥ | ādigrahaṇādd hetuphalādhigantṛ pramāṇam, anubhave pratyabhijñānam,

---

① 莲花戒在注疏中尝试对颂文中的“刹那灭”(kṣaṇikatā) 和“无常”(anityatā) 进行区分。二者差异很大。“刹那灭”指的是事物才生即灭，生灭之间无有间隔。而“无常”，在强调变化时其力度稍弱，仅指事物不能恒久存在。莲花戒提出了两种无常，一种是“刹那灭无常”(kṣaṇika-anityatā)，另一种则是“生灭有间之暂住无常”(kāla-antara-sthāyy-anityatā)，他认为寂护使用kṣaṇika-anityatā这一概念的目的即在于区分这两种无常，同时强调刹那灭无常。

② pratyabhijñāna 相当于英文单词recognition，清水公庸(1983: 5) 译为“再認する”“再認知”。宋立道、舒晓炜 (参见舍尔巴茨基, 2019: 108) 将之翻译成“识别”。指的是人在见过某物之后，重见时认出此物，古译成“更知”。现代汉语语言一般把recognition译为“认识” 或者“认出”，前者有太多含义，容易引起歧义，后者为动词，不太适合用来翻译作为名词的pratyabhijñāna；日译用 “再认知”，虽不精确，勉强可用。为方便理解，此处采用宋立道等翻译“识别”。

③ 文中所列举的均为因果现象案例，由非佛教徒提出，旨在驳斥佛教刹那灭论。另一位佛教论师宝称 (Ratnakīrti, 1000—1050) 在《宝称著作集》(*Ratnakīrtinibandhāvalī*) “破成住篇” (Sthirasiddhidūṣaṇa) 中也讨论过这些案例。该篇与《摄》第7—9品所涉及的问题联系紧密。更多讨论参见御牧克己，1972。

anyasminn arthe dṛṣṭe ’rthāntare ’bhilāṣaḥ, bandhamokṣau, smaraṇam, saṃśayapūrvako nirṇayaḥ, svayaṃ nihitapratyanumārgaṇam, dṛṣṭārtha-kutūhalaviramaṇam ity evam prakārāḥ kumatiparikalpitāś codyārāśayo gṛhyante |

有违“世间、经论所极成”者，所立必不成，此所谓“有违共许极成过”也。世所共许，造善等业者，自受其[相应之]报。天授(Devadatta)所造善等业，亦非由祠授(Yajñadatta)受其爱、非爱果，此所共许。此[刹那灭]说亦不见于经论，如下所言：“此人所造之业，再又有何人受报？”刹那说者与此皆相违，谓若无同一作业者受其果报，则生“所作散灭、未作[自]至”之过。①(476)

na hi lokaśāstrapratītā arthavirodhena pratijñāyamāno ’rthaḥ siddhim āsādayati ity abhyupeta pratītabādhā doṣaḥ pratijñāyā iti bhāvaḥ | tathā hi – yena eva kṛtaṃ karma śubhādikaṃ tena eva tatphalam upabhujyata iti loke pratītam | na hi devadattena kṛte karmaṇi śubhādike yajñadattas tatphalam iṣṭam aniṣṭaṃ ca upabhuṅkta iti prasiddham | na api śāstre, yathā uktam –“anena eva kṛtaṃ karma ko ’nyaḥ pratyanubhaviṣyati” iti | tat ca etat kṣaṇikapakṣe virudhyate | karmaphalaparigrāhakasya ekasya kartur abhāvena kṛtanāśākṛtābhyāgamadoṣaprasaṅgāt ||476||

[寂护设问：]如何[有所述之过]？

[设论敌]答：

katham ity āha – ya ity ādi |

---

① “刹那说者”指佛教徒。由刹那灭可推知无我，因诸法刹那生灭，故无有持续同一之我。因此论敌认为若无同一之自我，造业者与受果者不是同一个人，而所造之业也因刹那灭而散灭无踪，受果者则无有因由有果自至。

善等 [业] 之作者被计为刹那物(kṣaṇa)[①],果生起时,此 [刹那物] 却已然不在。(477)

yaḥ kṣaṇaḥ kuśalādīnāṃ kartṛtvena avakalpyate |

phalaprasavakāle tu na eva asau anuvartate ||477||

[若] 刹那物被说为受果者(bhoktā),于果生时 [受果],则业非 [此刹那物] 所作,因其于前期 [业生起时] 不存故。(478)

yaḥ phalasya prasṛtau ca bhoktā saṃvarṇyate kṣaṇaḥ |

tena na eva kṛtaṃ karma tasya pūrvam asambhavāt ||478||

如是,业因业果非同一作者所摄,则有"所作散灭、未作 [自] 至" [之过],甚相违也。(479)

karmatatphalayor evam ekakartṛaparigrahāt |

kṛtanāśākṛtaprāptir āsaktā ativirodhinī ||479||

"此[刹那物]却已然不在",因其随生即灭故。"非同一作者所摄",意指摄业因业果者非同一作业者。"所作散灭",造业者与业果无干系故。"未作[自]至",非造业者成就果报故。"甚相违也"意指如是[说法]未见于世间、经论也。(477-479)

na eva asau anuvartata iti | tasya utpādānantaram eva niruddhatvāt | ekakartṛaparigrahād iti | ekena kartrā tayoḥ karmaphalayor aparigṛhītatvād ity arthaḥ | kartuḥ phalena anabhisambandhāt kṛtanāśaḥ akartuś ca phalena yogād akṛtābhyāgamaḥ | ativirodhini iti | lokaśāstrayor evam adarśanād iti bhāvaḥ ||477-479||

---

① 此处寂护用"刹那"(kṣana)指称刹那存在物。

如此,若许[人已造业]作事(pravṛttim)[1],可说"所作散灭、未作[自]至"之过。今次,释童中尊之难[2]:若如此,则[人]必不[造业]作事。

evaṃ tāvat pravṛttim abhyupagamya kṛtanāśākṛtābhyāgamaprasaṅga uktaḥ | idānīṃ pravṛttir eva na sambhavati iti kumārila mata upanyāsena darśayati – nairātmya ity ādi |

无我论者先已觉知:"由我之散灭,[业行]将无果,或[果之受者]将为他者。"(480)

nairātmyavādapakṣe tu pūrvam eva avabudhyate |
madvināśāt phalaṃ na syān matto 'nyasya api vā bhavet ||480||

果所在太遥远(dūrata),则慎思者(prekṣāvān)将不为求业果而起善不善行,不作事。(481)

iti na eva pravarteta prekṣāvān phalalipsayā |
śubhāśubhakriyārambhe dūratas tu phalaṃ sthitam ||481||

若许刹那灭,则应许一切法无我。一切法均非自立(asvatantra),依(paratantratā)因起故。正因如此,慎思者于作事前对此已有觉知,即了知(avadhārayati)也。

[所觉知者]为何?言"由我之散灭……"等。由我之散灭,后果将不为我所有,果起时我已不存故。"即于尔时有果,[果之受者]将非我,

---

① pravṛtttim这个词语的现代意思接近于"发起行动""发起努力"。清水公庸(1983: 5)翻译成"行動を起こす"。此处参考荻原云来(1979:873),将之翻译为"作事"。

② 参见《偈颂大疏》691, 8-9; 696, 6-8; 697, 1; 700, 4-5(Ātmavāda, v. 12, v. 32-33, v. 46)。英译Jha, 1983a: 383-384, 387, 390。又见《正理经》《正理大疏》330-334(v. 3.1.4); 英译Jha, 1983b, vol 3: 40-50。

为另一刹那物”，慎思者已知此，则无作事可能。又遑论作事之后业力生起，果之将至？无[作事]可能性，[果]遥不可及故。(480-481)

kṣaṇikatvābhyupagame hi sarvabhāvānāṃ nairātmyam eva abhyupagataṃ syāt | hetuparatantratayā sarvasya asvatantratvāt | tasmin sati prekṣāvān kriyāpravṛtteḥ pūrvam eva avabudhyate – avadhārayati | kiṃ tad ity āha – madvināśād ity ādi | mama vināśād ūrdhvaṃ phalaṃ mama na syāt, phalaprasavakāle mama abhāvāt | atha api phalaṃ bhavet, tadā matto 'nyasya kṣaṇāntarasya syād iti jñātvā pravṛttir eva prekṣāvato na sambhavati, kiṃ punaḥ pravṛttipūrvakakarmajanitaṃ phalaṃ bhaviṣyati | tasya dūrata eva asambhāvyamānatvena avasthitatvāt ||480-481||

如此，[论敌]已论“业因业果关系不成”。今次，为显童中尊宗所论之“因果关系不成”，曰：

evaṃ karmaphalasambandho na upapadyata iti pratipāditam | idānīṃ kāryakāraṇabhāvānupapattiṃ kumārila matena eva pratipādayann āha – na anāgata ity ādi |

未生法、过去法均不能生果，现在法亦不能久住如许之时[及至果生]。(482)[①]

na anāgato na vā atīto bhāvaḥ kāryakriyākṣamaḥ |
varttamāno 'pi tāvantaṃ kālaṃ na eva avatiṣṭhate ||482||

① 这一论证被称为“三时论证”，童中尊在《偈颂大疏》中驳斥瑜伽行派心识刹那生灭说时采用此论证。实际上，这一论证之逻辑适用于一切刹那灭存在物。参见《偈颂大疏》261, 1-6; 263, 1-4(Nirālambanavāda, v. 181-183; 187-188)。英译Jha, 1983a: 145-146。

“如许(tāvanta)”意者，法生后，不能久住至果在之时，[果生]之时其已不住，刹那灭故。(482)
tāvantam iti | utpadya yāvatā kālena kāryaṃ nivarttayati tāvantaṃ kālaṃ na avatiṣṭhate kṣaṇikatvād iti bhāvaḥ ||482||

为释“未生法”等如是次第之难，[论敌]曰：
na anāgata ity āder yathākramaṃ samarthanam āha – na hy alabdhātmakam ity ādi |

不得计执未得自性者有他果(parāṅgatva[①])，已灭者、未生者均不能生果。(483)[②]
na hy alabdhātmakaṃ vastu parāṅgatvāya kalpate |
na vinaṣṭaṃ na ca sthānaṃ tasya kāryakṛtikṣamam ||483||

若汝妄执前一刹那物灭尽无余，则后时无物生起，无动因(animittatva)故。(484)[③]
pūrvakṣaṇavināśe ca kalpyamāne niranvaye |
paścāt tasya animittatvād utpattir na upapadyate ||484||

名称“未生”者，未得其自体也；未得自体者尚非存在也；非存在者生果效能(sāmarthya)全然空无也。生果效能全然未有者，如何能妄

① para-aṅga-tva, para意为“后，其他，其余，他”；aṅga意为“枝，节”，指次一级的存在；para-aṅga-tva指后面次一级的存在，也即因果之“果”。
② 《偈颂大疏》841, 1-2(Śabdanityatā v. 431)，英译Jha, 1983a: 482。Jha译本中此颂被标注为第432颂。
③ 《偈颂大疏》840, 3-4(Śabdanityatā v. 428)，英译Jha, 1983a: 482。Jha译本中此颂被标注为第429颂。

执其引生他果，成他物之因？具生果效能者，才得作因生果故。依句法①，同样不得妄执已灭者引生他果，其生果效能亦为空故。现在物亦不可[久]住以生果——能够生起后果。若妄执“前一刹那物灭尽无余”，则可得后时刹那灭物不能生起，无动因故。(483-484)

anāgataṃ hi nāmocyate yad alabdhātmatattvam, yac ca alabdhātmatattvaṃ tad asat, yac ca asat tad aśeṣasāmarthyaśūnyam, yac ca aśeṣasāmarthyarahitaṃ tat kathaṃ parāṅgatvāya kalpate – paraṃ prati hetubhāvaṃ pratipadyata ity arthaḥ | sāmarthasya eva hetubhāvasampratipatteḥ | evaṃ vinaṣṭam api sarvasāmarthyaśūnyatvān na parāṅgatvāya kalpata iti sambandhaḥ | na ca api varttamānasya sthānam asti, yat kāryakṛtau – kāryakaraṇe kṣamaṃ bhavet | kiṃ ca – yadi pūrvakakṣaṇo niranvayaṃ vinaśyati iti kalpyate tadā pāścāttyasya kṣaṇasya nimittābhāvād utpattir na prāpnoti ||483-484||

[寂护：姑且]如此。如杆秤两头，同时上下，[我方]许因果之生灭[亦如是]。由[我方]许现在法尚未灭去，故其将助果法生起，非无动因也。②

[论敌回应：]

syād etad – yathā tulāntayor nāmonnāmau samaṃ bhavatas tadvadd hetuphalayor nāśotpādāv iṣṭāvato varttamānād avinaṣṭād eva kāryotpatter iṣṭatvān na animittā tasya utpattir bhaviṣyati ity āha – nāśotpādasamatve

---

① “依句法”翻译为iti sambandhaḥ，sambandhaḥ原意为“关系，关联，能续，相依，凭附”等，本文指文法关系。“已灭法”与“未生法”都是无有自体之法，均无生果之力。

② 最早的杆秤喻可见于《佛说稻秆经》(*Śalistamba Sūtra*)，该经是早期大乘佛教讨论缘起的经典之一，参见Reat, 1993: 41。针对杆秤喻，乌底耶塔加罗有一驳论，参见《正理大疏》385-386(v. 3.2.12)。更多对杆秤喻的讨论，参见Park, 2007: 320-322及森山清徹，1994。

’pi ity ādi |

[若许] 生灭同时, 则 [因果两支] 非相待 [而生], 二者不具因性果性, [因支] 未能增益(anugraha) [生果] “作用” (vyāpāra)故。[1](485)
nāśotpādasamatve ’pi na eva apekṣā parasparam |
na kāryakāraṇatve stas tad vyāpārānanugrahāt ||485||

若妄执“生灭同时”, 则生法灭法不在因果中, 二者不相待(anapekṣatva)故。

问:“为何不相待?”

[论敌:]“其未能增益[生果]‘作用’故。”意即, 灭法未能增益或护持(anugṛhīta)[生果]“作用”、生起果法故。[生果]“作用”不存,“灭”(nāśa)非色法(nīrūpatva)[2]故; [生果]“作用”不存, 谓被判(abhimata)为因之物于有果时已不再现前。(485)
nāśotpādayoḥ samatve ’pi kalpyamāne na nāśotpādayos tadvator vā kāryakāraṇatve staḥ – sambhavataḥ, tayoḥ parasparān apekṣatvāt | katham anapekṣatvam ity āha – tadvyāpārānanugrahād iti | tasya – nāśasya tadvato vā vyāpāreṇa kāryasya ananugrahāt – ananugṛhītatvād ity arthaḥ | nāśasya hi nīrūpatvād vyāpārābhāvaḥ, hetvabhimatasya api vastunaḥ kāryasattākāle sannidhānābhāvād vyāpārābhāvaḥ ||485||

[寂护: 姑且]如此。即使无[生果]“作用”, 因果关系依然存在, 仅

① 《偈颂大疏》840, 7-8(Śabdanityatā v.430); Jha, 1983a: 482。Jha译本中此颂被标注为第431颂。

② 清水公庸(1983: 30, n.29) 将nirūpam理解为nirgataṃ rūpam, 译为“本質を失うこと”, 认为rūpa应该被理解为本质、本性。

由间(antara)、无间(ānantarya)相继[即可证]。

[论敌：]

syād etad antareṇa api vyāpāramā ānantaryamātreṇa hetuphalabhāvo bhaviṣyati ity āha – jāyamānaś ca ity ādi |

香等于瓶之色法灭后而生，不计为其果；同样，其余色法亦如是，[非前色法之果]。(486)[①]

jāyamānaś ca gandhādir ghaṭarūpe vinaśyati |

tat kāryaṃ na iṣyate yadvat tathā rūpāntarāṇy api ||486||

若紧随某物之后而生者即为此物之果，则与紧随“安布于瓶等中之刹那色法(rūpa-kṣaṇa)”之后存在的同类刹那色法[是前一刹那色法之果]同样，香等生起，亦为此[瓶]聚所含摄，是故亦是[前一刹那色法之]果。然而，纵使[二者]处无间相继中，此[香等]亦不计为彼[色法]之果。在大种所造色(bhautika)[②]之间，不能如[同类]大种(bhūta)[③]之间可有因果关系，[不同大种所造色]属不同相续(santāna)故。佛教徒[④]思维[如是]。

“其余色法亦如是”意指，仅凭无间相继，同类色法亦不可执(gṛhītavyāni)为其他色法之果，以免[过度概括]之过(atiprasaṅga)。(486)

yadi yad anantaraṃ yaj jāyate tat tasya kāryam iti syāt tadā ghaṭādi sanni-

---

① 《偈颂大疏》841, 3-4(Śabdanityatā v. 432)。英译Jha, 1983a: 483。Jha译本中此颂被标注为第433颂。

② 一切色法均为四大种(mahābhūta)所造，故色、声、香、味等均可称为大种所造色(bhautika)。

③ 种(bhūta)，四大种之简称，即地、水、火、风。

④ 原文是paraḥ，论敌。此语境中童中尊的论敌即为佛教徒。佛教徒认为色、香、味等性质即使属于同一物，处于同一空间，也属于不同因果链。

veśino rūpakṣaṇasya ānantaraṃ samānajātīya rūpakṣaṇavat tatkalāpā antargata eva gandhādir jāyata iti so 'pi tatkāryaṃ syāt | na ca asau saty apy anantarye tatkāryam iṣyate | na hi bhautikānām anyonyaṃ hetuphalabhāvo 'sti, yathā bhūtānām, bhinnasantānatvād iti paro manyate tathā rūpāntarāṇy api iti, samānajātīyarūpakṣaṇāntarāṇi na eva rūpasya ānantaryamātreṇa tatkāryatayā gṛhītavyāni, mā bhūd atiprasaṅga iti bhāvaḥ ||486||

如此当知，仅无间相继作为确立因果关系之条件，不称理(yukta)。论证至此，[论敌]概呈已见：

tad evam ānataryamātraṃ kāraṇabhāvavyavasthānibandhanaṃ na yuktam iti pratipādya svapakṣam upasaṃhāreṇa darśayati – tasmād ity ādi |

是故当知，仅当在先之物可见有［生果］"作用"(vyāpāra)，方可［许其］为因。仅无间相继不能［作为因果关系成立之所依］。(487)[1]

tasmāt prāk kāryaniṣpatter vyāpāro yasya dṛśyate |

tad eva kāraṇam tasya na tv ānantaryamātrakam ||487||

"仅无间相继不能"之余为"作为因果关系成立之所依(nibandhana)"。(487)

na tv ānantaryamātrakam iti | kāryakāraṇavyavasthānibandhanam iti

---

① 原文见于《偈颂大疏》841, 5-6(Śabdanityatā v.433)。英译Jha, 1983a: 483。Jha译本中此颂被标注为第434颂。该颂展现了童中尊对"因果关系"的定义：当一物引生另一物，有生果作用可见时，才可视二者为因果关系。仅凭两件事物的时间先后关系不可断定其因果关联。童中尊认为生果"作用"(vyāpāra)是因果关系的核心所在。他在《偈颂大疏》(840, 5-8; Śabdanityatā, v. 429-430; 英译Jha, 1983: 482, Jha译本中此二颂被标注为第430—431颂)中还使用瓶喻来驳斥佛教的刹那灭说：若一切刹那灭，那前一刹那之瓶如何发起生果作用引生下一刹那之瓶呢？

śeṣaḥ ||487||

[论敌]所宣说之大义，总略呈现如下：

yathā uktam eva arthaṃ saṃkṣipya darśayann āha – saṃkṣepo ’yam ity ādi |

括而言之，若此果从灭坏之因而生，则 [此果] 无因，灭坏之物不可知(upākhya)[①]故。(488)[②]

saṃkṣepo ’yaṃ vinaṣṭāc cet kāraṇāt kāryasambhavaḥ |

pradhvastasya anupākhyatvān niṣkāraṇam idaṃ bhavet ||488||

[若此果从] 未灭之因生，则 [此因] 存续多刹那。若如是，刹那灭说如何不破(vyāhanyeta)？(489)[③]

avinaṣṭāc ca taj jātāv anekakṣaṇasambhavāt |

kṣaṇikatvaṃ na bhāvānāṃ vyāhanyeta tadā katham ||489||

此处[论敌]妄执有二：果或从已灭之因生，或从未灭之因生，既非未灭又非已灭之物不存故。此中，前一见(pakṣa)[④]非如是(na tāvad)。已灭者不存故，若许(abhyupagama)果从此中生，则有无因过。且由此又可得，一切[法]恒存[之过]。[⑤]第二见亦非真确，若此因存续多刹那，

---

① upākhya翻译参考清水公庸(1983: 8)："知覺される"。

② 《正理大疏》430-431(v. 4.1.14-4.1.18)；英译Jha, 1983b, vol 4: 22-28。

③ 《偈颂大疏》840, 7-8(Śabdanityatā v. 430)；英译Jha, 1983a: 482。

④ "前一见"指"果从已灭之因生起"之见。

⑤ 《正理大疏》431, 17-18(v. 4.1.18)：pūrvaṃ bījavināśaḥ paścād aṅkuropattir iti sūtrārthaḥ | abhāvaś ced aṅkurotpādakāraṇam syāt, sarvaṃ sarvasmād utpadyate, abhāvasya nirviśeṣatvāt || 英译Jha, 1983b, vol 4: 27-28。前有种灭，次有芽生，并非"灭"为生因。因为任何事物之"灭"都是一样的，如果仅"灭"为生因，那么就有一切物引生一切物之过。

则有违刹那灭说之过。

“如何不破”意指[刹那灭说]被破。是故,一物如是生起,然后起[生果]“作用”,然后生果之后随即灭坏。一物存在于多刹那,刹那灭说即破。(488-489)

atra dvayī kalpanā | vinaṣṭād vā kāraṇāt kāryaṃ bhaved avinaṣṭād vā | naṣṭānaṣṭavinirmuktasya vastuno ’bhāvāt | tatra na tāvad ādyaḥ pakṣaḥ, naṣṭasya asattvena tata utpādābhyupagame kāryasya nirhetukatvaprasaṅgāt | tataś ca nityaṃ sattvādir yujyate | na api dvitīyo ’nekakṣaṇāvasthāyitvena bhāvānāṃ kṣaṇikatvahāniprasaṅgāt | na kathaṃ vyāhanyeta iti | vyāhanyata eva ity arthaḥ | tathā hi bhāvaḥ prathamaṃ tāvad utpadyate, tato vyāpriyate, tataḥ kāryam utpādya paścād vinaśyati ity evam ekasya eva vastuno ’nekasmin kṣaṇe sannidhānam iti kṣaṇikatvavyāhatiḥ syāt ||488-489||

如此,已证因果关系不能生起,为显[因果关系之]不生可由比量推知,[论敌]曰:

evaṃ kāryakāraṇabhāvānupapattiṃ pratipādya tadadhigantṛpramāṇānupapattiṃ darśayann āha – kṣaṇasthāyī ity ādi|

若瓶等存续仅一刹那,则不能为眼所见,已灭之物不可知故,如过去久远之物。(490)

kṣaṇasthāyī ghaṭādiś cen na upalabhyeta cakṣuṣā |

na hi naṣṭāḥ pratīyante cirātītapadārthavat ||490||

由事物之不可知本性,因果关系亦不能为现量(pratyakṣa)、非知

(anupalambhata)[1]所证。(491)

kāryakāraṇabhāvo 'pi pratyakṣānupalambhataḥ |

neyarti (na eva iti?)[2] siddhiṃ bhāvānāṃ svabhāvānupalambhanāt ||491||

[或有言],因果关系能为现量、非知所证成。若刹那灭,则事物不为现量所知,知[发生]时[该事物]其自身已不存故。因果关系未能于同时存在[之物]间生起,故现量、非知不存在。非知其自身形态为对与他物无系(saṃsṛṣṭa)之物[3]的认知,其体性(ātmaka)亦为一类特殊(viśeṣa)之现量。是故,认知范畴[本身就]不存在,[对因果关系之认知]亦不能成(ayoga),因果关系又将如何为现量、非知所证?(490-491)

pratyakṣānupalambhasādhano hi kāryakāraṇabhāvaḥ kṣaṇikatve ca bhāvānāṃ svajñānakāle 'navasthānād apratyakṣatā eva | samānakālaṃ

---

① "非知"(anupalambhata)指的是对"××不存在"这一状态的认知。比如"有因无果"这一表述中提及了果的"不存在",是对果的"非知"。倡导因果关系为现量(pratyakṣa)、非知(anupalambhata)所证者为法称,童中尊的《偈颂大疏》中也有一章专门讨论非存在(abhāva),另Īśvarasena对此亦有讨论。所涉及的概念有"非量"、apramāṇatā(或apramāṇatva)等。更多讨论参见Inami, 1999: 132-133; Yao, 2011: 497-510以及Kellner, 2003: 121-159。

该文中,论敌认为不能通过"非知"来证成因果关系,意思是,因在时果不在,有因无果;果在时因不在,有果无因,所以无法确证因果关系。

实际上,论敌这里还隐含一层意思:若刹那灭,则现量、非知本身都是不可能发生的。在佛教理论体系中,很多时候事物的存在被视为现量发生的一个原因。论敌认为,若刹那灭,事物仅存续一刹那,当现量生起时事物已经不存,因此也不能作为因来促进现量的生起,所以,对事物的知觉根本就无从产生。以现量来证知因果关系的存在会导致循环论证:现量的产生本身就需要因果关系存在。这一重隐含意思在莲花戒对本颂的注疏中有论及。

② 根据Dwārikādās(2006: 151),原文是neyarti,注释认为可作tepūrti或naiveti理解,本翻译采取na eva iti。

③ 由于"非知"指的是对"××不存在"这一状态的认知,所以其认知对象为"与他物无系之物"。比如"桌上无瓶",因为瓶不存在,所以这一认知的实际对象并非瓶,而是"无",是为"与他物无系之物"。

kāryakāraṇabhāvānupapatteḥ | tataś ca pratyakṣānupalambhayor abhāva eva | ananya saṃsṛṣṭavastūpalambhātmarūpatvena anupalambhasya api pratyakṣaviśeṣātmakatvāt | ataḥ padārthopalambhābhāve tasya apy ayoga eva iti kathaṃ pratyakṣānupalambhasādhanaḥ kāryakāraṇabhāvaḥ syāt ||490-491||

纵有名为"认知" 之物,由于无任何同一受者(pratisandhātṛ)[能使]前后两刹那[因果相连],[因果]关系不能证成。为显了此义,[论敌]曰:bhavatu nāmopalambho vastunas tathā api pūrvottarayoḥ kṣaṇayoḥ pratisandhātur ekasya kasyacid abhāvāt sambandho na siddhyati iti darśayann āha – ko vā ity ādi |

谁人安住,[不刹那湮灭,]执持次第各识见(gatim)[1]?若见此,亦见彼;若不见此,彼亦不见。(492)

ko vā vyavasthitaḥ karttā saṃdhatte kramavad gatim |

asya dṛṣṭāv idaṃ dṛṣṭaṃ na asya adṛṣṭau tu lakṣyate ||492||

[此处]"识见" (gati)指的是[前后的]认知。"次第各趣" (kramavad)指[认知]是[先后]次第出现的。谁人执持(pratisaṃdhatte)——联系(ghaṭayati)之?并无任何人。若谁人[先]见此火,[再]见彼烟等;未见[此火]时,亦不见[烟]。如是,先后次第之认知为同一作者所执持。若如此,则因果关系可证。据汝宗理趣,并无此[同一作者]执持[前后认知],则因果关系不可证。(492)

---

① gati原意为"去到,到达",有"达及某种认识""得到某种知见"的意味,清水公庸(1983: 9)将之翻译为"认识"。

gatirupalabdhiḥ | kramavatī ca asau gatiś ca iti kramavadgatiḥ | tāṃ kaḥ pratisaṃdhatte – ghaṭayati | na eva kaścit | yadi hi kaścid asya agner upalambhād idaṃ dhūmādyupalabdham asya anupalabdhau na upalabhyata ity evaṃ kramavatīṃ gatim ekakartṛtvena pratisaṃdadhīta, tadā syāt kāryakāraṇabhāvasiddhiḥ, sa ca na asti pratisandhātā tvan matena iti na kāryakāraṇabhāvaḥ siddhyed ity arthaḥ ||492||

今次，为显“识别”不能生起，[论敌]言：

idānīṃ pratyabhijñānānupapattiṃ darśayann āha – kṣaṇabhaṅiṣv ity ādi |

若事物刹那湮灭，则“识别”(pratyabhijñā)难成，谓一人所见之物不能为他人所“识别”。(493)[①]

kṣaṇabhaṅgiṣu bhāveṣu pratyabhijñā ca durghaṭā |

na hy anyanaradṛṣṭo ’rthaḥ pratyabhijñāyate paraiḥ ||493||

“我今时所见之物即为先前所见之物。”如是，由同一见者、同一所见者，“识别”执持(ghaṭana)[②]前后见。又，若一切事物刹那湮灭，则“识别”不生，无同一见者、同一所见者故。为天授(Devadatta)所见者，不为毗湿奴弥多(Viṣṇumitra)所“识别”。颂中“他人”(anyatara)可

① 此难可见于正理派和弥曼差派对佛教的批评，两派都认为“识别”是自我存在的标志。正理派讨论见于乔达摩《正理经》60, 7(v. 1.1.10)，英译Jha, 1983b, vol 1: 217；以及乌底耶塔加罗《正理大疏》1.1.10(Jha, 1983b, vol 1: 219-232)。弥曼差派继承并发展了前者的观点，见于《沙跋罗疏》1.1.5，英译Jha, 1933: 27；《偈颂大疏》716-724(Ātmavāda v.108-110, 115-119, 137-139)，英译Jha, 1983a: 402-407；以及《偈颂大疏》822-823(Śabdanityatā v. 363-364)，英译Jha, 1983a: 472, Jha译本标记为第364—365颂。

② ghaṭana为名词，意为“执持者，能装之物”，此处为使句义流畅，译为动词。

作[类比]近解(upalakṣaṇa)[①],[一人所见者,]不为他人所"识别"。[②]此[义]应显了可见。(493)

ya eva mayā pūrvaṃ dṛṣṭo 'rthaḥ sa eva ayam etarhi dṛśyata ity evaṃ pūrvottarayor darśanayor ekaviṣayatayā ekajñātṛtayā ca yad ghaṭanaṃ tat pratyabhijñānam | tac ca sarvabhāvānāṃ kṣaṇabhaṅgitve sati na upapadyate | jñātur jñāyamānasya kasyacid ekasya abhāvāt | na hi devadattena dṛṣṭam arthaṃ viṣṇumitraḥ pratyabhijānīte | anyataragrahaṇam upalakṣaṇam | na apy anyo 'rthaḥ pratyabhijñāyata ity api draṣṭavyam ||493||

[佛教徒辩:]毛发、指甲等,灭亦再生,虽[前后]有异,而有"识别",相似故。

为应此辩,[论敌]言:

nanu lūnapunar jātakeśanakhādiṣv iva bhede 'pi sādṛśyāt pratyabhijñānaṃ bhaviṣyati ity etad āśaṅkya āha – sādṛśyād ity ādi |

若知者实为同一,[实际]相异之毛发等可因[表象]相似而有"识别",然若[见者、所见者]双重差别(dvibheda),则[识别]无凭依(anibandhana)。(494)

sādṛśyāt pratyabhijñānaṃ bhinne keśādike bhavet |
jñātur ekasya sadbhāvād dvibhede tv anibandhanam ||494||

---

① upalakṣaṇa旧译有"善知、近解"等,此处意思是类比、比喻,举一而反三。

② 第493颂讨论的是无有同一认知主体的情况,莲花戒于注疏中论证,这一逻辑同样也适用于同一认知对象的情况:由于事物刹那生灭,此时所见的桌子和前一刹那的桌子已然有所差别,因此对此刻桌子的认知与前一刹那时对桌子的认知不同。

且,若作为执持者的同一主体非实有,如何能先见形色后起味欲等?(495)

pratisandhānakārī ca yady eko ’rtho na vidyate |

rūpe dṛṣṭe ’bhilāṣādis tat kathaṃ syād rasādiṣu ||495||

若有同一知者,由其执持之力,纵使所知者有别,因其相似故,可有“识别”。“然若双重差别”:知者、所知者二者均有差别即为双重差别。若如此,则“识别”无凭依。

“且”者——若无任何一人执持之,如何有[以下现象]:先见枸橼(mātuluṅga)果之形色;再忆前味等,不离其形色;再有欲求[生起];再求取以图受用之?一人所见而为他人所欲,非有也。(494-495)

yadi hy eko jñātā bhavet tadā syāt pratisandhātṛvaśāj jñeyasya bhede ’pi sādṛśyakṛtaṃ pratyabhijñānam | dvibhede tu – dvayor jñātṛjñeyayor bhedo dvibhedaḥ, tasmin saty anibandhanam eva pratyabhijñānam | api ca – yadi na kaścid ekaḥ pratisandhātā puruṣo bhavet tadā yad etan mātuluṅgaphalādirūpe dṛṣṭe tadrūpāvinābhāviṣu rasādiṣu smaraṇapūrvam abhilāṣaṇaṃ① paribhogāya ca pravṛttis tat kathaṃ bhavet | na hy anyena dṛṣṭe ’nyasya abhilāṣādir bhavet ||494-495||

为显系缚解脱亦不能成,[论敌]言:

bandhamokṣāv api na prāpnuta iti darśayann āha – rāgādi ity ādi |

此系缚刹那之物为爱染等锁,困于存在之囹圄,而彼一非系缚物得解

① 根据藏文dran pa sngon du song ba’i ’dod pa,将稿中smaraṇa-pūrvam-abhilakṣaṇaṃ(Dwārikādās与Krishnamacharya版本相同)读作smaraṇa-pūrvam-abhilāṣaṇaṃ。

脱，此非常理(na avabudhyate)[①]。(496)[②]

rāgādinigaḍair baddhaḥ kṣaṇo ’nyo bhavavārake |

abaddho mucyate ca anya iti idaṃ na avabudhyate ||496||

“一物为爱染等系，而另一物得解脱。”此不应理——不能起(na sambhāvyata)。“存在之囹圄”者，指轮回存在，“囹圄”者指系缚之所。(496)

anyo hi kṣaṇo rāgādibhir baddho ’nyas tu mucyata ity etan na avabudhyate – na sambhāvyata iti yāvat | bhavavāraka iti | bhavaḥ saṃsāraḥ, sa eva vārakam – bandhanāgāram ||496||

因解脱不存，勤用(prayatna)而志在解脱者，无有利益。为显[此义]，[论敌]言：

prayatnaś ca mokṣārtho vyartho mokṣābhāvād iti darśayann āha – mokṣo na eva hi ity ādi |

凡系缚者，必不得解脱，由其全然湮灭故。求解脱者并无 [解脱之] 机会(kṣaṇa)[③]。(497)[④]

mokṣo na eva hi baddhasya kadācid api sambhavī |

---

① avabudhyate原意为“觉知，了知”，文中意思是系缚解脱非同一主体这种现象与众人之觉知不符。清水公庸（1983: 10）将之翻译为“認められ”，Jha(1986: 293) 翻译为comprehensible。文中为使句子通顺而采用意译。

② 此难可见于《偈颂大疏》236, 11-12(Nirālambana v. 83)：tathā ca bandhamuktādivyavasthā na prakalpate | tataś ca mokṣayatnasya vaiphalyam vaḥ prasajyate ||英译Jha, 1983a: 132。

③ 此处参考清水公庸(1983: 31) 之翻译“机会”，据他考察，藏文本使用gñer一词。

④ 论敌的意思是，佛教徒的刹那灭立场必然导致以下结论：受系缚者与得解脱者非同一主体，系缚者才生即灭，不可能得解脱。

ekāntanāśatas tena vyartho muktyarthināṃ kṣaṇaḥ ||497||

[佛教徒辩：]莫非解脱不是仅发生于系缚者？此中有何相违？

[论敌]言：

nanv abaddhasya eva mokṣo bhaviṣyati, tat ko 'tra virodha ity āha – mokṣam ity ādi |

为锁链系缚者才得解脱。“未系缚者得自由”，此有违所见。

mokṣam āsādayan dṛṣṭo baddhaḥ sa nigaḍādibhiḥ |

abaddho muktim eti iti dṛṣṭavyāhatam īdṛśam ||498||

正如世人所信、所见，“受系缚者才得解脱”。非系缚者而得解脱，此宗(pratijñāna)为世间所见、现量所不容(bādhyate)。意为，此宗有违现量，[有违]世间见。(498)

ya eva hi baddhaḥ sa eva mucyata iti loke pratītaṃ dṛṣṭaṃ ca | abaddhasya tu mokṣapratijñānaṃ lokapratītyā pratyakṣeṇa ca bādhyata iti pratyakṣapratītivirodhaḥ pratijñāyā iti bhāvaḥ ||498||

此亦有违比量。[论敌]言：

anumānabādhām apy āha – ekādhikaraṇāv ity ādi |

系缚解脱此二者所依处同一，如此安住，如世间[所许]。如此，一切据此可得更善安立[1]**。(499)**

① cārutaraṃ sthitam，参考清水公庸(1983: 11)之翻译“より望ましくなる”，意为“更可取”。Jha(1986: 294)翻译为thoroughly well-established。

ekādhikaraṇāv etau bandhamokṣau tathā sthiteḥ |

laukikāv iva tau tena sarvaṃ cārutaraṃ sthitam ||499||

推论如下[①]：系缚解脱所依处同一，正如世间[所说]的系缚与解脱。争议(vivāda)标的(āspadībhūta)为系缚解脱，此系缚解脱以烦恼(anuśaya)[②]与厌离为相(lakṣaṇa)。此因由(hetu)基于其自性。

"如此安住"，意指系缚解脱之本性[如此]安住，系缚解脱之形相(rūpatva)[如此]故。"二者"指系缚与解脱。是故，[作为]同一所依处之自我的建立，[使]一切业因业果等均得更善安立，也即，最善安立。无相违故，如上所言。(499)

prayogaḥ – yau bandhamokṣau tāv ekādhikaraṇau, yathā laukikau bandhamokṣau, bandhamokṣau ca vivādāspadībhūtāv etāv anuśayatad-visaṃyogalakṣaṇau bandhamokṣāv iti svabhāvahetuḥ | tathā sthiter iti | bandhamokṣātmanā sthiteḥ, bandhamokṣarūpatvād ity arthaḥ | tāv iti – bandhamokṣau | ataś ca ekasya adhikaraṇasya ātmanaḥ siddheḥ sarvakar-maphalasambandhādi cārutaraṃ sthitam – śobhanataram avasthitam ity arthaḥ | yathoktadoṣābhāvāt ||499||

[论敌]曰：

etena eva iti –

由此义可得，若事物刹那灭，则记忆等不存在，无同一所依处故。

---

① proyogaḥ, 参考清水公庸(1983: 11)之翻译"推論式" 以及Jha(1986: 294)之翻译"The argument can be thus formulated"。

② 系缚以烦恼为相，而解脱则以厌离烦恼为相。

(500)①

etena eva prakāreṇa smṛtyādīnām asambhavaḥ |

ekādhikaraṇābhāvāt kṣaṇakṣayiṣu vastuṣu ||500||

无同一作者故，前述之[先有经历后有]记忆，[前有疑虑后有]决定，自己安置[某物]再又寻找等悉皆无有。应作此解。此中，若所依处相异，则有知见相违过故。若为制多罗(Caitra)经受、疑虑、安置、起希求心，不会由梅多罗(Maitra)记忆、决定、寻找及弃舍希求欲等。(500)
ekasya kartur abhāvāt | pūrvoktānāṃ smṛtiniścayasvayaṃnihitapratyanumārgaṇādīnām asambhavo boddhavyaḥ | tatra api bhinnādhikaraṇatve dṛṣṭādivirodhaprasaṅgāt | na hi caitre 'nubhavitari sandihāne nidhātari vāñchāvati ca sati maitrasya smṛtiniścayānumārgaṇakutūhalaviratyādayaḥ sambhavanti ||500||

[寂护]答复如下②：
atra abhidhīyata ity ādinā pratividhatte –

此中，若说一切安立基于因果律，则若有 [因果律]，纵无我，此等 [亦能] 成立，如是则无相违。(501)

atra abhidhīyate sarvakāryakāraṇatā sthitau |

satyām avyāhatā ete sidhyanty evaṃ nirātmasu ||501||

---

① 参见*Brahmasūtra* 2.2.25；英译Radhakrishnan, 1960: 381-382。《沙跋罗疏》1.1.5；英译Jha, 1933: 28。《正理大疏》60-64(v.1.1.10)；英译Jha, 1983b, vol 1: 219-232。《正理经》《正理大疏》341-342(v.3.1.14)；英译Jha, 1983b, vol 3: 75-80。

② 以此颂为界，寂护开始回应前文论敌提出的种种驳难。

纵使存在物无有自我，受因果律宰制(prabhāvitā)，业因业果关系亦得以成立。且，若因果关系存在，[前述]一切均无相违。何过之有？(501)

saty api hi bhāvānāṃ nairātmye kāryakāraṇatāprabhāvitā iyaṃ karmaphalasambandhādivyavasthā sati ca kāryakāraṇabhāve sarvam aviruddham eva iti na kiṃcit kṣīyate ||501||

[论敌难：]纵然如此，若无自我，无从生起对因果关系之认定。

[寂护]答：

syād etat – sa eva kāryakāraṇabhāvapratiniyamo na antareṇa ātmānam upapadyata ity āha – yathā hi ity ādi |

正如种子等，虽不与持续(anvayi)自我相应，有限定(niyata)芽等[生起]之生果力，内在(adhyātmika)[1]安立亦如此。[2](502)

yathā hi niyatā śaktir bījāder aṅkurādiṣu |

anvayyātmaviyoge 'pi tathā eva adhyātmike sthitiḥ ||502||

正如种子等，无有自我作为所依(adhiṣṭhātṛ)，而有限定芽等[生起]之生果力，事物内在亦将如此。[不]像身体为乐受之所依处(āyatanat-

① adhyātmika，古译中被翻译成“自、内”等，通常指涉相对于个体外部世界的内部世界相关事物，在印度传统语境中与灵魂、精神、自我、自性等相关。但是，佛教徒并不认可恒常自我的存在，所以这里其实是一种比较笼统的说法，指人的身体、意识、情绪等内在世界。Jha(1986: 296) 将之译为psychical concepts则有点过于具体。

② 以种子喻解释业力果报，常见于日出论者/经量部论师的论证中。更多讨论参见Park, 2007。

va)，种子不以自我为所依处。若不然，[胜论派[①]下述论义]则不应理。生命体并非无有自我，否则，有以下过失故：[生命体]无有呼吸。于瓶等中可见，若无实自我，则无呼吸等。离反(vyatireka)[②]之因(hetu)得以成立。若瓶等却有自我，如何有此离反之因？

"不与持续(anvayi)自我相应"，指的是不与任何持续存在之自性(svabhāva)相应。(502)

yathā eva hi bījāder aṅkurādiṣu niyatā śaktir antareṇa apy ātmānam adhiṣṭhātāraṃ tathā adhyātmike 'pi vastuni bhaviṣyati | na hi bījādiḥ śarīravad upabhogāyatanatvena ātmanā adhiṣṭhitaḥ | anyathā hi na idaṃ nirātmakaṃ jīvaccharīram aprāṇādimattvaprasaṅgād ity etan na upapadyate | ghaṭādau kilātmanivṛttau prāṇādi nivartamānaṃ dṛṣṭam iti vyatirekitā hetoḥ siddhyet | yadi tu ghaṭāder api sa ātmakatvaṃ bhavet tat katham ayaṃ hetur vyatirekī bhavet | anvayyātmaviyoge 'pi iti | anvayinaḥ kasyacit svabhāvasya viyoge 'pi ity arthaḥ ||502||

[论敌问：]"彼等如何建立？"

[寂护答：]

kā punar asau sthitir ity āha – pāramparyeṇa ity ādi |

---

① 清水公庸(1983: 12; 31, n. 37) 认为这一论断来自正理派，并以《正理大疏》166, 8(v. 1.1.5); 245, 4(v. 1.1.23) 作为证明。实际上，虽然正理派、弥曼差派对此多有讨论，关于呼吸的论证主要还是见于胜论派。

② 对"离反"与"随伴"的讨论详见后文第522颂之注疏。此处，"离反"(vyatireka) 指的是"若无我，则无呼吸"。论敌想以此来证明其对应的随伴(anvaya) 关系"若有我，则有呼吸"。这首先需要预设瓶等非生命体无呼吸，也无自我。胜论派认为，呼吸只能属于自我或者灵魂(ātman)，而非身体，因为某些情况下，比如人的尸身，有身体而无呼吸。参见《偈颂大疏》713, 3-4(Ātmavāda v. 97)。英译Jha, 1983a: 399。

若某物有生果力[引生]他物,或邻近[引果],或辗转[引果],则业因业果等关系均得成立。(503)

pāramparyeṇa sākṣād vā kvacit kiṃcidd hi śaktimat |

tataḥ karmaphalādīnāṃ sambandha upapadyate ||503||

正如外界因果律中之限定性[1],内在行蕴(saṃskāra-rāśā)亦如是,由因之生果力的限定性[而起]。由善不善业,后后次第刹那中,定生爱非爱果;由对形色之经历,生起记忆;由思虑,起决议;由安置起寻求;由欣求心,至见物,乃舍希求欲。悉皆无违。记忆等之成立基于某一持续存在之物,此非佛教徒所许。若尔如何?此仅为缘起(pratyaya)尔。如[经中]所言:"有业有异熟,作者不可得。谓能舍此蕴,及能续余蕴,唯除法假。"[2]此中"法假"指的是"此有故彼有,此生故彼生"。

"业因业果等"中的"等"一语包括记忆等。"关系"指称引生者与被引生者之间的关系。(503)

tathā{yattā?} eva[3] hi bāhye niyatā hetuphalavyavasthā tathā eva adhyātmike saṃskārarāśāviyam, kāraṇaśaktiniyamāt | kutaścid eva hi śubhāśubhakarmaṇaḥ kṣaṇaparamparayā niyatam phalam iṣṭam aniṣṭaṃ vā virbhavati, rūpādyanubhavāt smaraṇam, vimarśān nirṇayaḥ, sthānād anveṣaṇam, abhivāñchato 'rthadarśanam, tataḥ kutūhalaviratir iti sarvam

---

① "限定"(niyata)指的是特定因引生特定果的规限性。

② 《俱舍论》卷9,《大正藏》第29册,第47页。其中"法假"译自Dharma-saṃketa,指的是由诸法所形成的世俗方便世界。Poussin and Sangpo(2012: 2546, 2625)在汉文本基础上重构了梵文原文。藏文本使用的是chos su brdar btags pa las ma gtogs pa。原文来自《胜义空经》:"有业有报,作者不可得;此蕴既终,复他蕴摄。"(《大正藏》第15册,第807页)另一翻译参见Gold, 2015: 60,他将其翻译为"because this is contrary to the stipulated meaning of *dharma*"。

③ Krishnamacharya 版本中将tathaiva纠正为yathaiva。本译依此而译。

aviruddham | na hi kvacid ekapadārthānvayitvena smaraṇādayo bauddhasya prasiddhāḥ | kiṃ tarhi? – idaṃ pratyayamātram | yathā uktam –asti karmāstiphalaṃ kārakas tu na upalabhyate, ya imān skandhān nikṣipati, anyāṃś ca skandhānupādatte, anyatra dharmasaṅketāt | tatra ayaṃ dharmasaṅketaḥ, yadutāsmin sati idaṃ bhavati, asya utpādād idam utpadyata iti | karmaphalādīnām ity ādi śabdena smṛtyādi parigrahaḥ | sambandhas tu janyajanakabhāvaḥ ||503||

若如此,世间、经中如何处处有补特伽罗之说? "此人造业,更有何人受果?"

yady evaṃ kathaṃ tarhi loke śāstre ca tattatpudgalam adhikṛtya ucyate, anena eva kṛtaṃ karma ko 'nyaḥ pratyanubhaviṣyati ity āha – kartṛtvādi ity ādi |

"作者"等之确立,旨在说明相续(santāna)之一性(aikya)。意在虚妄安立(āropita),而非实义之确立。(504)

kartṛtvādivyavasthā tu santānaikyavivakṣayā |
kalpanāropita eva iṣṭā na aṅgaṃ sā tattvasaṃsthiteḥ ||504||

世人无明炽盛,暗昧多集,智慧光明受损,无视(avadhūya)"自我真实否,不真实否?存在否?不存在否?"之思量,将诸行异熟因果关系之限定性妄执(adhyavasāya)为续流(prabandham)之一性,称"此正为我所作",且[以此]求取解脱。为教化众生,以防其堕断灭(samuccheda)见,世尊如来顺应此[众生之我]慢(abhimāna),假立作者等,以显相续之一性。

“如此，由[作者之]安立，事(vastu)[①]即可证。”若[论敌如是]说，[寂护则答：]“非实义之确立。” 愚痴之人，其心弃舍对真实之分别，堕世俗见，因其染执，不能证得真实，因为此染执已在[前章]论及无我、刹那灭之量判(pramāṇa)中得破(bādhitatva)。(504)

pracuratarājñānatimirasaṅghātā upahatajñānāloko loka ātmani tattvānyatvāsattvādivicāram avadhūya viśiṣṭahetuphalabhāvaniyatarūpāṇāṃ saṃskārāṇāṃ prabandham ekatvena adhyavasāya sa eva ahaṃ karomi iti vyavaharati, muktaye ca pravarttate | tadabhimānānurodhena ca bhagavantas tathāgatāḥ samucchedadṛṣṭiprapātato vineyajanarirakṣayiṣayā santānaikatāṃ darśayantaḥ kartṛtvādivyavasthāpayanti | tathā vidhāyā eva vyavasthāto vastusiddhir iti ced āha – na aṅgaṃ sā ity ādi | na hi tattvaparīkṣā parāṅmukhamatīnāṃ saṃvṛtipatitānāṃ bālajanānām abhiniveśavaśena śakyaṃ tattvaṃ vyavasthāpayitum, tadabhiniveśasya nairātmyakṣaṇabhaṅgavihitapramāṇabādhitatvāt ||504||

论敌思量，或有难，[502颂中]譬喻不成：“‘种子等不与持续(anvayi)自我相应’未得证立。”

[寂护答]曰：

bījādiṣu kilānvayyātmaviyogo ’siddha iti dṛṣṭāntāsiddhiṃ manyamānasya parasya codyam āśaṅkayann āha –

anvayāsambhave sā eva ity ādi |

无[同一]续流(anvaya)时，因果律亦可得成。正如不同相续中之存

① 此处vastu可以理解为在指称“自我”(ātman)，世尊如来安立“作者”存在，从婆罗门哲学家的视角来看，即可以证明自我、灵魂的存在。

在物，[因果] 相异亦应理。(505)[①]

anvayāsambhave sā eva kāryakāraṇatā bhavet |

viśiṣṭā yujyate yadvat santānāntarabhāvibhiḥ ||505||

岂非于种芽等中可见因果律？确然，其间并无任何细小幽微之实我(ātmaka)随行(anugama)[②]**。(506)**

nanu bījāṅkurādīnāṃ kāryakāraṇatā īkṣyate |

niyatā tatra sūkṣmo ’pi na aṃśo ’sty anugamātmakaḥ ||506||

“续流”(anvaya)指任何自性之持续存在。此为[对前文实我说的]补充。(505-506)

anvayo – anugamaḥ kasyacit svabhāvasya iti śeṣaḥ ||505-506||

[论敌：]或如下：于种等中，亦有持续存在之物。如乌底耶塔加罗[③]所言，“此中，种子的各部分亦通过舍弃从前之构造(vyūha)，而成就后来之构造。在得成后来构造之时，地大水大混合，再由内火催熟，形成树液之实体。树液再伴随从前[种子的]部分，成就芽等物。[④]此中，如何可说‘并无任何细小幽微……’？”

[寂护答]曰：

---

① 此颂意思是，因果关系可在不同的相续间发生，从婆罗门教的立场来说，可在不同的自我间发生。因果两支之间的连续性并非因果关系发生的必要条件。此颂开端处的anvaya应作“续流、相续”来理解，故翻译成“[同一]续流”。

② 参考清水公庸(1986: 14)对anugama的翻译“付随する”，意即从种子到芽的发展过程中，并没有一个一以贯之的实体、本性存在，只有生灭变迁的因果链。

③ 藏文本没有提及Uddyotakara之名，只使用byis pas，“愚痴之人”。

④ 该难可见于乌底耶塔加罗的《正理大疏》331-332(v. 3.1.4)、《正理大疏》431, 7-10(v. 4.1.17)，以及《正理经》&《正理大疏》394(v. 3.2.16)。英译Jha, 1983b, vol 4: 26 及vol 3: 258。

syād etat – bījādiṣv apy anvayo 'sty eva | yathā uktam udyotakareṇa – tatra api ye bījāvayavās te pūrvavyūhaparityāgena vyūhāntaramāpadyante, vyūhāntarāpattau ca pṛthivīdhātur apdhātunā saṃgṛhītam āntareṇa tejasā pacyamāno rasadravyaṃ nirvarttayati | sa rasaḥ pūrvāvayavasahito 'ṅkurādibhāvam āpadyate iti | tat kathaṃ tatra sūkṣmo 'pi na aṃśo 'sti ity ucyata ity āha – kṣityādīnām ity ādi |

若于种、芽、藤等中，地大等无异，则[种、芽、藤等之]差别不应理，因其同一性故。如是则"非持续"[1]可证。(507)

kṣityādīnām avaiśiṣṭaye bījāṅkuralatādiṣu |

na bhedo yukta aikātmyāt tadā siddhā niranvayā ||507||

是故，若要证明业因业果等存在与否，他人应致力证明因果律之存在[与否]，足矣。(508)

tasmāt karmaphalādīnāṃ bhāvābhāvaprasiddhaye |

kāryakāraṇatāsiddhau yatnaḥ kāryaḥ parair alam ||508||

此为所说之意：若地大等，不舍从前自性，而现起于后来之构造体(sanniveśa)中，则其不可能摒弃从前之构造而进入后有之构造，因其体性与前者同一故。[2]若如是，则种芽等之间的差异不可得，其自性同一故。若许种芽等有别，则地大等必然弃舍从前自性，则应亦许其舍弃从前之构造，进入后有之构造。如其所言，"若不然，[种芽等]则无

---

① 即事物中没有持续存在而不变之物。

② 此处童中尊的解释颇类似于西方哲学所谓"莱布尼茨同一律"：一个思维过程中，概念和判断必须在同一意义上进行使用。若A与B同一，则二者的全部属性完全相同。若有任何属性的不同，则不能认为二者同一。

差别”。然后，[种芽等之]自性次第生起，何来随行者(anvetṛtva)？若因果关系得证，则一切业因业果等均可得成；若[因果关系]遭毁，则[一切业因业果等均]不得成。是故，若要证明业因业果等之存在，应致力于证明因果律之存在。

“他人”①[有两重含义，其一]指秉持最高见之尊者，如佛教徒等。[其二，]若要证明[业因业果等]不存，作为异见者的“他人”需致力于证明因果律之不存。kāryakāraṇatāsiddhāu应重复两遍，同一个字母a应该[有两次]结合[：作kārya-kāraṇatā-siddhāu以及kārya-kāraṇatā-asiddhāu二义解]。②(507-508)

etad uktaṃ bhavati – yadi pṛthivyādaya uttarasmin sanniveśe vartamānā aparityaktaprāktanasvabhāvā eva vartante, tadā na teṣāṃ pūrvavyūhatyāgo vyūhāntarāpattiś ca upapadyate tādātmyāt | pūrvavat | tataś ca bījāṅkurādīnāṃ parasparaṃ bhedo na prāpnoti | ekasvabhāvatvāt | atha bhedo 'ṅgīkriyate 'ṅkurādīnāṃ tadā niyamena prāktanasvabhāvaparityāge sati kṣityādīnāṃ pūrvavyūhatyāgo vyūhāntarāpattiś ca aṅgīkarttavyā | anyathā bheda eva na syād ity uktam | tataś ca aparāparasvabhāvānām utpatteḥ kuto 'nvetṛtvam | yataś ca evaṃ kāryakāraṇabhāve sādhite sarvaṃ karmaphalasambandhādi ghaṭate, dūṣite ca vighaṭate, tasmāt karmaphalādīnāṃ bhāvasiddhaye kāryakāraṇatāsiddhau yatno vidhātavyaḥ | paraiḥ – uttamadarśanānusāritayā utkṛṣṭair bauddhair iti yāvat | teṣāṃ ca abhāvasiddhaye tasyā eva kāryakāraṇatāyā abhāvasiddhau yatnaḥ kāryaḥ

① 依莲花戒之解释，paraiḥ应该有两重阐释：“吾宗佛教徒”以及“他人”。第508颂之注疏最后一句的意思是：若要证明业因业果等存在，佛教徒需致力于证明因果律存在；若要证明业因业果等不存，作为异见者的“他人”需致力证明因果律之不存。

② 此处莲花戒解释的是梵文的语法：kāryakāraṇatāsiddhau 有两重含义——“证明因果律存在”(kārya-kāraṇatā-siddhau)以及“证明因果律不存在”(kārya-kāraṇatā-asiddhau)。

paraiḥ – tīrthikair ity arthaḥ | kāryakāraṇatāsiddhāv ity etad dvir āvartanīyam | ekatrā akārapraśleṣaḥ kāryaḥ ||507-508||

为清扫论敌[于第488—489颂中所提]之“已灭、未灭”两难计执，以证成因果关系为一切安立(vyavasthā)之根本。[寂护]曰：
atra yau naṣṭānaṣṭavikalpau pareṇa kṛtau tad utsāraṇena kāryakāraṇabhāvaṃ tāvat sarvavyavasthāmūlaṃ sādhayann āha – atra ucyata ity ādi |

此中所言如是：果生于第二刹那；因生于第一刹那，其时未灭。(509)
atra ucyate dvitīye hi kṣaṇe kāryaṃ prajāyate |
prathame kāraṇaṃ jātam avinaṣṭaṃ tadā ca tat ||509||

[因] 不能现起于果生时之刹那，刹那灭故；若其现起 [至其果生时之刹那]，则其无果，彼时果已从 [因] 生起。(510)
kṣaṇikatvāt tu tat kāryaṃ kṣaṇakāle na vartate |
vṛttau vā viphalaṃ kāryaṃ nirvṛttaṃ tadyatas tadā ||510||

“果从未灭之因而生”，此为我方知见，如此，亦无因果俱时生起之过。何以故？果于第二刹那依未灭之因而生，[此因]生起于第一刹那，[于此刹那]得其自性并具因性。果如此生起，即从未灭[之因]而生，此[因]于第一刹那未曾灭坏故。因亦未能持续现起至有果之时，刹那灭故，其未能恒存。纵然其持续存在，现起[于果生之时]，其亦不具因性。当果已生起，[因]再无任何功用。(509-510)
avinaṣṭād eva kāraṇāt kāryaṃ bhavati iti naḥ pakṣaḥ, na ca evaṃ yaugapadyaprasaṅgaḥ |tathā hi – prathamakṣaṇabhāvikāraṇatā sāditātmalābham avinaṣṭam eva pratītya dvitīye kṣaṇe kāryaṃ prajāyate | tac ca tathā

jāyamānam avinaṣṭād eva jāyate | prathame kṣaṇe tasya avinaṣṭatvāt | kāryasattākālaṃ ca na kāraṇam anuvarttate | kṣaṇikatayā anavasthānāt | satyām api ca anuvṛttau na tadānīṃ tasya kāraṇatvam niṣpanne kārye tasya akiñcit karatvāt ||509-510||

为显[因于第二刹那]再无任何功用，[寂护]曰：

tad eva akiñcit karatvaṃ darśayati – na ca ity ādi |

先前已从其[因]生起者，[因]不能再引生之。形相[从]无[至]有者才是生起，否则，[引生]永无止息。(511)

na ca jātaṃ puras tena śakyaṃ janayituṃ punaḥ |

abhūtabhāvarūpatvāj janmano na anyathā sthitiḥ ||511||

"否则，[引生]永无止息"意为"否则，将无有止息或限制"，"有无穷过"。若已生者再生，则有重复生起之过，因[已生、再生者]无差别故。如是，则将有无穷生起。将有以下过失：因之"作用"无有止寂，因应[一直]生果，其无差别故。如此，则"此为因，彼为果"之说将无法确立。(511)

na anyathā sthitir iti | anyathā, sthitiḥ – niyamo na bhaved iti yāvat | anavasthā bhaved iti yāvat | yadi hi jātam api janyeta, tadā punar apy aviśeṣāt tasya jananaprasaṅgaḥ | tataś ca anavasthājanmanāṃ syāt | kāraṇānāṃ ca vyāpārānuparatiḥ kāraṇasya api janyatvaprasaṅgo viśeṣābhāvāt | tataś ca idaṃ kāraṇam idaṃ kāryam iti vyavasthā na syāt ||511||

[寂护]总摄[大意]，以显已方[因]之存续(sthita)并无过失，说如下颂文：

tasmād ity ādinā upasaṃhṛtya sthitapakṣasya aduṣṭatāṃ darśayati |

是故，果从未灭之因而生，因存在于第一刹那，正由其生果力(śakti)，[果得以]在第二刹那[生起]。(512)

tasmād anaṣṭāt tadd hetoḥ prathamakṣaṇabhāvinaḥ |

kāryamutpadyate śaktād dvitīyakṣaṇa eva tu ||512||

若果于第三刹那或之后从已灭之因生起，正如果从已经灭坏的异熟因(vipāka-hetu)[①]生起，[此容]后文再叙。(513)

vinaṣṭāt tu bhavet kāryaṃ tṛtīyādikṣaṇe yadi |

vipākahetoḥ pradhvastād yathā kāryaṃ ca vakṣyate ||513||

若果存在于第一[刹那]，则有[因果]同时之过。此亦不应理，正如俱有因(sahabhūhetu)。(514)[②]

yaugapadyaprasaṅgo 'pi prathame yadi tad bhavet |

sahabhūhetuvat tac ca na yuktyā yujyate punaḥ ||514||

[基于两难中]"已灭"之计执不为我方承认，故不应理。何以故？若许"果于第三刹那生起"，如毗婆沙师所许，"[异熟]与果唯于过去"，[③]

---

① 异熟因(vipāka-hetu)为说一切有部所倡"六因"之一：(1)能作因(kāraṇa-hetu)，(2)俱有因(sahabhū-hetu)，(3)同类因(sabhāga-hetu)，(4)相应因(saṃprayuktaka-hetu)，(5)遍行因(sarvatraga-hetu)，(6)异熟因(vipāka-hetu)。前缀vi意为"差异"。vipāka异熟即异于(visadṛśa)其因而熟。

② 童中尊不认同同时因果的存在，在《偈颂大疏》中曾以动物两角之喻对此进行驳斥。参见《偈颂大疏》310, 1-4(Śūnyavāda v. 152-153)。英译Jha, 1983a: 166。

③ 《俱舍论》卷6(《大正藏》第29册，第36页)；原文参见AKBh 97, 9(2-59d): eko 'tītaḥ prayacchati ||

则许有果从已灭之因而生。此非我方所宗，不应理故。[①]若许果存于第一刹那，则或有[因果]同时之过，正如毗婆沙师所宗之俱有因。此亦不应理。(512-514)

vinaṣṭavikalpas tv anabhyupagamād eva ayuktaḥ | tathā hi – yadi tṛtīyādiṣu kṣaṇeṣu kāryaṃ bhavati ity abhyupetaṃ bhavet, yathā vaibhāṣikair aṅgīkṛtam eko 'tītaḥ prayacchati iti | tadā vinaṣṭāt kāraṇāt kāryotpādo 'ṅgīkṛtaḥ syāt | na ca ayaṃ pakṣo 'smākam | ayuktyupetatvāt | yaugapadyaprasaṅgo 'pi kadācid bhavet, yadi prathama eva kṣaṇe kāryam iṣyate | yathā tair eva vaibhāṣikaiḥ sahabhūr hetur iṣyate | tac ca etad ayuktam ||512-514||

[论敌问：]“为何？”

[寂护]答曰：

kasmād ity āha – asata ity ādi |

谓非存在不具生果效能(sāmarthya)；生果效能[产生]时，果已经生起。因果同时，分明(spaṣṭa)有相违过。(515)

asataḥ prāgasāmarthyāt sāmarthye kāryasaṃbhavāt |
kāryakāraṇayoḥ spaṣṭaṃ yaugapadyaṃ virudhyate ||515||

生起互为果(sahabhūtaṃ kāryaṃ)之因，或未生，或已生时[生果]。“未生”者不然，因其在果生之前不存在，而非存在物无有生果效能。

① 此处莲花戒的疏文似与寂护的颂文立场不一致。寂护以“异熟因”来解释果于第三刹那生起的现象，应该指的是辗转生果这种间接因果现象。而莲花戒将之解释为果于第三刹那生起相当于果从已灭之因而生，与寂护的颂文不一致，与佛教传统对异熟因的解释也不一致。

“今若因‘已生’，则[果]从其生果效能而生。”若[论敌]有此说，[寂护答：]“有生果效能时，果已然生起。”若因已然在生起状态，具生果效能，则果亦依其[作为互为果之]自性[①]，已然生起。此生果效能作用于何物？是故，因果同时生起，有比量相违过。(515)

sahabhūtaṃ hi kāryaṃ janayanhetur anutpanno vā janayed utpanno vā | na tāvad anutpannaḥ, tasya kāryotpatteḥ prāg asattvāt | asataś ca aśeṣasāmarthyaśūnyatvāt | yadā tarhy utpannas tadā samarthatvāj janayiṣyati iti ced āha – sāmarthye kāryasaṃbhavād iti | yadā hi tasya utpannāvasthāyāṃ sāmarthyaṃ tadā kāryam api tatsvabhāvavad eva utpannam iti kvāsya sāmarthyam upayogam aśnuvīta | tasmād anumānapramāṇaviruddhaḥ kāryakāraṇayaugapadyābhyupagamaḥ ||515||

[论敌难：]莫非因果关系不是业行与造作者之关系？[二者]异时，有违[常理]。若陶罐、陶工非同时存在，则业行与造作者之关系亦不能得见。

[寂护]答曰：

nanu kāryakāraṇabhāvo hi karmakartṛbhāvaḥ sa ca bhinnakālo viruddhyate | na hi ghaṭakulālayor ayaugapadye sati karmakartṛbhāvo dṛṣṭa ity āha – na hi ity ādi |

因之生果，非如钳夹，把捉[其果]。此[钳夹取物]中，才有同时。(516)

na hi tat kāryam ātmīyaṃ saṃdaṃśena iva kāraṇam |

gṛhītvā janayaty etad yaugapadyaṃ yato bhavet ||516||

---

① tat svabhāvavad，此翻译参考清水公庸(1983: 16)。Jha(1986: 302)将之翻译成like the character of the cause，似有误解。此处指的是俱有因、互为果具有同时存在的自性规定。因此，当因生起时，根据这一规定，果也已经生起。

原质(prakṛti)生果，亦非如夫妇交欢，亲密相接。此 [夫妇] 二者，方同时而行。(517) [①]

na api gāḍhaṃ samāliṅgya prakṛtiṃ jāyate phalam |
kāmīva dayitā yena sakṛdbhāvas tayor bhavet ||517||

若因“作用”(vyāpriyeta)于果之生起，如钳夹取[物]；或果于自身生起过程中，以与其因相拥之方式介入生果“作用”，如情人相拥；[如此]则定有[因果]同时存在。由于一切法(viśva)均“无作用”(nirvyāpāra)，以胜义观之，除基于法之共许方便(saṅketa)外，作者、业行皆空。此为此集(samudāya)之大义。“原质”指[根本]因。(516-517)

yadi hi saṃdaṃśagrahaṇanyāyena kāraṇaṃ kāryotpattau vyāpriyeta, kāryaṃ vā vanitopagūhanavat svakāraṇāśleṣāt svajanmani vyāpāraṃ pratipadyeta, tadā saha bhāvitā niyamena syāt | yāvatā nirvyāpāram eva idaṃ viśvaṃ na hi paramārthataḥ kaścit karttā karma vā asty anyatra dharmasaṅketād iti samudāyārthaḥ | prakṛtim iti | kāraṇam ||516-517||

[论敌难：]若如是；若因、果均“无作用”，如何人们谈及“火生烟”“烟从火起”？

[寂护]答曰：

yady evaṃ yadi nirvyāpāram eva kāryaṃ kāraṇaṃ vā | tat kathaṃ bhavanti vaktāro dhūmam agnir janayati dhūmo ’gnim āśritya utpadyata ity āha – niyamād ity ādi |

---

① 法光(Dhammajoti, 2003)对《阿毗达磨大毗婆沙论》(*Abhidharmamahāvibhāṣaśāstra*)、《阿毗达磨俱舍论》(*Abhidharmakośabhāṣya*)、《顺正理论》(*Abhidharmanyāyānusāra*)以及《入阿毗达磨论》(*Abhidharmāvatāra*) 四个文本中有关同时因果的表述进行了比对研究。

由存在于第一刹那之因自身的生起，依其限定性(niyama)，[果] 于邻近之第二刹那，相继而生。(518)

niyamād ātmahetūtthāt prathamakṣaṇabhāvinaḥ |

yady ato 'nantaraṃ jātaṃ dvitīyakṣaṇasannidhiḥ ||518||

纵然实无"作用"，人们仅凭意志依然可说"此生彼"，随顺共许方便(saṅketa)[①]故。(519)

tat taj jānayati ity āhur avyāpāre 'pi vastuni |

vivakṣāmātrasambhūtasaṅketānuvidhāyinaḥ ||519||

由因——从其自身因缘而生，存在于第一刹那——之生果力的限定性，某特定之果生起。"实存于邻近第二刹那"，复合词[dvitīya-kṣaṇa-sannidhiḥ]当作如是分解。[如此,]说"彼因生此果。""生"为近解(upalakṣaṇa)。"此待彼而生"亦当作如是解。

复次，谁人如是言说？

无视外部真实，基于言说欲，合于共许之方便，行为者如是言说、行动。其意如此。(518-519)

svahetupratyayasamutthāpitāt kāraṇasya śaktipratiniyamādd hetor yat kāryaṃ yataḥ kṣaṇaprathamabhāvinaḥ kāraṇāj jātaṃ kiṃcid viśiṣṭam, dvitīye kṣaṇe sannidhiḥ sadbhāvo yasya iti vigrahaḥ, tat kāraṇaṃ tat kāryaṃ janayati ity ucyate | janayati ity upalakṣaṇaṃ | tat tad āśritya ut-

① saṅketa，有时写作saṃketa，由梵文前缀sam(集合、共同) 及词根√cit(了知、知) 组合而成。sam√cit意为"共同了解"，因此，saṃketa引申为"协议，共许"。参见Monier-Williams, 1899: 1126。颂文意思是，"此生彼" 等表达仅仅是众人共许的一个方便说法，并不指涉任何形上之真实。内藤昭文 (1987: 17) 翻译为"言语协约"，龍山章眞(1937: 71) 翻译为"表幟"。

padyata ity api vijñeyam | ke punas ta evam āhuḥ? ity ādi | bahirarthan-irapekṣavivakṣābhāvisaṅketānurūpavyavahārakāriṇo vyavaharttāra evam āhur ity arthaḥ ||518-519||

[论敌难:]若已生之物未起任何"作用"以引生差别之果,其又将如何成为因?

[寂护]答:

nanu ya utpadya vyāpāraṃ na āviśet viśeṣotpādārthaṃ sa kathaṃ hetuḥ syād ity āha – janmātirikta ity ādi |

生起时刻之外,[生果]"作用"于此中何效益之有? [因之]存在是仅有之[生果]"作用";若此有,则彼有;由此,果得以生起。(520)

janmātiriktakālena vyāpāreṇa atra kiṃ phalam |

sattā eva vyāpṛtis tasyāṃ satyāṃ kāryodayo yataḥ ||520||

果已紧随因存在之后生起故,在因生起之后存在的[生果]"作用",于果[之生起]无甚功用。如此,"因之[生果]'作用'"名号所指为何? [所指者为]果之生起紧随[其因]之后,也即果紧随因存在之后而生起。"作用"一语仅指因之存在而已! 何须于因之生起外另假立一"作用"? (520)

kāraṇasattāsamanantaram eva kāryasya niṣpannatvād akiṃcitkara eva kāryasya[①] janmottarakālabhāvī vyāpāraḥ kārye | tathā hi – vyāpāro nāma

---

① 此处kāryasya应作kāraṇasya解。原文"果生起之后"(kāryasya janmottarakālabhāvī)应为抄录过程中的笔误。此处讨论的是存在于第三刹那、果存在之后的"作用",很荒谬,无须驳斥。莲花戒需要驳斥的是因存在于第一刹那,发起"作用"引生第二刹那的果。所讨论的"作用"或者存在于第一刹那,或者存在于第二刹那,因此"因生起之后"(kāraṇasya janmottarakālabhāvī)这一表达更加契合文义。藏文本与清水公庸(1983: 34)均采用这一用法。

kāraṇasya ka ucyate | yad anantaram eva kāryam udayam āsādayati kāraṇa-sattānantaram eva ca kāryam udbhavati iti sattā eva vyāpāraśabdavācyās tu kiṃ janmātirekiṇā vyāpāreṇa kalpitena ||520||

[论敌问:]若如是,诸有无"作用",则如何理解"果待因而起"及"因于果有'作用'"等?

[寂护]答曰:

yady evam asati bhāvānāṃ vyāpāro katham idam adhīyate kāryasya kāraṇe 'pekṣā kāraṇasya ca kārye vyāpāra ity āha – ya ānantarya ity ādi |

仅"无间限定"(ānantarya-niyama)[①]被视为"待"(apekṣā),因之"作用"在于其恒常存在于果生起之时。(521)

ya ānantaryaniyamaḥ sa eva apekṣābhidhīyate |

kāryodaye sadā bhāvo vyāpāraḥ kāraṇasya ca ||521||

果之"待"因,在其总跟随因之后而有。此因之"作用"仅为:其于果生之时总在邻近。(521)

idam eva hi kāryasya kāraṇe 'pekṣā yat tad anantarabhāvitvam kāraṇasya api kārye 'yam eva vyāpāro yat kāryodayakāle sadā sannihitatvam ||521||

汝当作此解:存在物——"作用"或"有作用者"——相对于果之"因性"(hetu-bhāva),仅在于"此有故彼有"。除"随伴"(anvaya)和

① 人見牧生(2006: 439-440)认为,莲花戒的哲学中,以"結果を生み出す能力"(kārya-utpādana-śakti)来界定"因",以"特定の原因のみの直後"(ānantarya)来描述"果",认为因果关系中的"限定"(niyata)关系是因果定义的重要内容。

“离反”(vyatireka)[①]之外,并无其他途径了知因果关系。[②]且,若如此,何不将此“因属性”(kāraṇa-bhāva)仅归诸事物本身呢?果经(gata)“随伴”与“离反”随逐于事物本身,此非不能成立。是故,宁将事物本身[视]作因,果经“随伴”与“离反”随逐于其[因]。为显此见,[寂护]曰:

api ca vyāpārasya vyāpāravato vā bhāvasya kāryaṃ prati hetubhāvas tad bhāvabhāvitvād eva bhavatā grahītavyaḥ, na hy anvayavyatirekābhyām anyaḥ kāryakāraṇabhāvādhigame 'bhyupāyo 'sti, tataś ca evaṃ sati vastumātrasya api kim iti kāraṇabhāvo na gṛhyate, na hi kāryasya vastumātragatānvayavyatirekānuvidhāyitvaṃ na prasiddham, atas tad eva vastumātraṃ varaṃ kāraṇam astu yad gatānvayavyatirekānuvidhāyitvaṃ kāryasya siddham ity etad darśayati – tad bhāva ity ādi |

仅依“此有故彼有”,假立[生果]“作用”。是故,宁可只将此“有[作用]

---

① 玄奘将anvaya和vyatireka分别译为“合”与“离”,相当于现代逻辑中的“随行条件”(forward pervasion)和“反事实条件”(counterfactual dependence)。这对概念的译语在当今学界并不完全一致,清水公庸(1983: 18)用“随伴”与“离反”,森山清徹(2001: 339)用“肯定的随伴”与“否定的随伴”,佐藤晃(2011: 67)用“肯定的伴随关系”与“否定的伴随关系”,王俊淇(2020: 101, 145)用“肯定遍充关系”与“否定遍充关系”。不过,综合来看,虽有差异,但差别不大,对其内涵则有共识:anvaya“有A则有B”,vyatireka指“无A则无B”。

② 佐藤晃(2011: 72, n. 28)引用《摄·疏》第1886—1887颂以证明“随伴”(anvaya)和“离反”(vyatireka)是界定寂护因果论的核心概念。

实际上,寂护自身使用的是“无间限定”(ānantarya-niyama,《摄》521)来描述因果律,不过二者意思其实是一样的。莲花戒才直接使用“随伴”和“离反”来对因果律进行界定:“因果关系为现量(pratyakṣa)与非知(anupalambha)所成就(sādhana),其由殊异(viśiṣṭa)之随伴(anvaya)及离反(vyatireka)所决定(niścīyate),非仅由见(darśana)及不见(adarśana)[所决定]。”pratyakṣānupalambhasādhanaḥ; kāryakāraṇabhāvaḥ | sā ca anvayād vyatirekād va viśiṣṭād eva niścīyate, na darśanādarśanamātreṇa ||(《摄·疏》1886-1887)。

他们在这一问题上的立场是受到了法称的影响,法称最早以“随伴”和“离反”来界定因果,参见Inami, 1999: 134。

者”[——而非“作用”——]视为有因性者。(522)

tad bhāvabhāvitāmātrād vyāpāro ’py avakalpitaḥ |

hetutvam eti tadvān vā tad eva astu tato varam ||522||

“假立”者，意指汝宗于[因、果]之外另妄执一既是色法又非[色法]之物，也即，“作用”。[1]“有者”意指“有作用者”。[颂中]“仅依‘此有[故彼有]’”与“有因性者”[两句]应做关联理解。“[宁可]只[将]此”意指“因”仅为事物本身，无有相异(vilakṣaṇa)[于事物本身]之“作用”。(522)

avakalpita iti | bhavadbhir yo ’nya ubhayānubhayarūpo vā vyāpāraḥ parikalpita ity arthaḥ | tadvān iti vyāpāravān | tadbhāvabhāvitāmātrādd hetutvam eti iti prakṛtena sambandhaḥ | tad eva iti | vilakṣaṇavyāpārar ahitaṃ vastumātraṃ hetur astv ity arthaḥ ||522||

[论敌问：]汝言“宁可”(vara)，此中有何殊胜(atiśaya)之处？

[寂护]答：

kas tatra atiśayo yena varam ity ucyata ity āha – bhāva ity ādi |

若[种子]存在，可见芽从种出；然于“作用”之实存(sadbhāva)，则无有任何存在可见。(523)

bhāve sati hi dṛśyante bījād eva aṅkurodayāḥ |

na tu vyāpārasadbhāve bhavat kiñcit samīkṣyate ||523||

“若[种子]存在”——意指“若仅有种子等存在，无有其他‘作用’

---

① 参见《偈颂大疏》152-153(Pratyakṣa v. 61)。英译Jha, 1983a: 77。

存在”。据此得证，“果”经“随伴”及“离反”随逐事物本身，未证其经“随伴”及“离反”随逐“作用”。此义已显。(523)

bhāve – bhāvamātre, bījādau vyāpārāntarasamāveśaśūnye sati ity arthaḥ | etena bhāva mātragatānvayavyatirekānuvidhāyitvam eva kāryāṇāṃ siddhaṃ na tu vyāpāragatānvayādyanuvidhāyitvam iti darśitaṃ bhavati ||523||

[论敌难：]即便如此，纵然未能证明果经“随伴”及“离反”随逐“作用”，[“作用”]仍然具有因性。

[寂护]答：

syād etad yady api vyāpāragatānvayādyanuvidhānaṃ kāryasya na siddham, tathā api tasya kāraṇabhāvo bhaviṣyati ity āha – adṛṣṭaśakter ity ādi |

若妄执不见生果力者为因，何不计他物为因？则此物有何殊异？(524)

adṛṣṭaśakter hetutve kalpyamāne ’pi na iṣyate |
kim anyasya api hetutvaṃ viśeṣo vā asya kas tataḥ ||524||

如此，若妄执“作用”为因，则亦可妄执他物[为因]。在不见生果力[之事上]，[二者]无有区别。如此，则亦将有无穷过。今，不妄执他物[为因]，以无关联故。则此中亦不宜有对“作用”之妄计，[与他物]同样，无关联故。

另，此“作用”是由自身[直接]生果？抑或借(samāveśa)[①]“中介作用”(vyāpāra-antara)[而生果]？若借“中介作用”[而生果]，则因性属于“中介作用”，而非[此]“作用”。至于彼“中介作用”之因性，吾等可有同样质疑[：其是否再需另一“中介作用”引果？]若妄执因性归于“中

① 清水公庸(1983: 19)翻译成“介在すること”。

介作用”,则有无穷过。(524)

evaṃ hi vyāpāram api hetuṃ prakalpya aparo ’pi kalpanīyaḥ syāt | adṛṣṭaśaktitvena viśeṣābhāvāt, tataś ca anavasthā syāt | atha anyo na kalpate nibandhanābhāvāt tadā vyāpārasya api kalpanā mā bhūt tatra api nibandhanābhāvasya tulyatvāt | kiṃ ca yo ’py asau vyāpāraḥ kāryaṃ janayati sa kiṃ vyāpārāntarasamāveśād āhosvit sattāmātreṇa, yadi vyāpārāntarasamāveśāt tadā vyāpārāntarasya eva kāraṇatvaṃ syān na vyāpārasya, tasya api vyāpārāntarasya kāraṇatve tulyaḥ paryanuyogaḥ | tasya api hi yadi vyāpārāntarasamāveśāt kāraṇabhāvaḥ kalpyeta tadā anavasthā syāt ||524||

复次,于“仅[‘作用’之]存在[生果]”之说,仅事物自身之存在亦可生果,正如[假立之]“作用”。“作用”之安立无有益处。为显此见,[寂护]曰:

atha sattāmātreṇa iti pakṣas tadā padārtho ’pi vyāpāravat sattāmātreṇa eva kāryaṃ janayiṣyati iti vyarthā vyāpārakalpanā iti darśayati – anyena ca ity ādi |

正如“作用”,无有另一[“作用”作为中介],被计为果之因;则于果而言,为何其他任何物不能如“作用”一样[被计]为因?(525)

anyena ca vinā hetur yathā vyāpāra iṣyate |

kāryasya vā bhavet tadvat kim anye ’pi na hetavaḥ ||525||

正如“作用”,无有另一“中介作用”(vyāpāra-antara)于果被计为因,正如芽等。何不计执有[作用]者、相异[于事物本身而独立存在]之“作用”等以外的事物为因?

有言："复次，纵使'作用'非直接助果[生起]，然[其助]'有作用者'[生果]，如何？"

寂护曰："今次，于存在而言……"(atha vā bhāva)①

颂中"因"与"计"[二词]应作关联理解。于汝宗，亦如是，彼"有作用者"非借"中介作用"而为因，此为汝方仅有之论例。②(525)

yathā eva hi vyāpāro 'nyena vyāpārāntareṇa vinā api kārye 'ṅkurādike hetur iṣyate, tadvad anye 'pi bhāvā vilakṣaṇavyāpāraśūnyā eva hetavaḥ kiṃ na iṣyante ||

atha api syān na vyāpāraḥ kāryaṃ sākṣād upakaroti | kiṃ tarhi bhāvam eva vyāpāravantam ity āha |

atha vā bhāva ity ādi |

hetur iṣyata iti prakṛtena saṃbandhaḥ | tava api hi vyāpāravati hetur asau bhavanvyāpārāntarasamāveśarahita eva bhavati iti sa eva dṛṣṭānto bhaviṣyati iti bhāvaḥ ||525||

事物除其[自身]存在外，并无任何"作用"。具足可见之特性者③并未得见。为显此义，[寂护]曰：

---

① 据Dwārikādās (2006: 157)考察，某些文本中第525颂文第三行中的kāryasya vā bhavet写作kārye atha bhāve vā。Krishnamacharya校本采用的是kāryasya vā bhavet。如此，当莲花戒的疏引用atha vā bhava词句时，他认为是在引用一个缺失的偈颂，所以他的校本认为有第526颂缺失。也因此，Krishnamacharya校本以及依据其校本翻译而成的Jha英译本在第526颂之后的编号都与Dwārikādās版本差一号。藏文本并未显示有遗失颂文，不过其文义与上述两个梵文校本都略有差异：gzhan yang ci phyir rgyur mi 'dod | ji ltar gzhan ni med na yang | bya ba 'bras bu rgyur 'dod bzhin | gzhan yang ci phyir rgyu ma yin ||大意如下："若无另一['作用']，为何他物未被视为因？正如'作用'被视为果生起的因由，为何他物不被视为果生起之因由？"

② 换言之，支持"作用"帮助事物生起的论例只能是，另有一个"作用"来帮助这一"作用"，由此有无穷倒退过。

③ 指论敌假立之"作用"。

na ca api sattāvyatirekeṇa vyāpāraḥ padārthasya asti | upalabdhilakṣaṇaprāpta-sya anupalabdher iti darśayati – dṛśyatvābhimatam ity ādi |

此被计为可见［之“作用”］，我等未尝得见；何由我等可认其与之有关联？（526）

dṛśyatvābhimataṃ na evaṃ vayaṃ ca upalabhāmahe |
tat kathaṃ tasya sambandham aṅgīkurmo nibandhanam ||526||

汝等计作用为可见，如童中尊所言，“当前者之‘作用’被见引生果报”①。复次，此中以“作用”为本性者，[即“作用”本身]；及“有作用者”，[即事物本身]；其为相异之物，抑或非相异之物？于实存物而言，无有他类故。亦无有“既为[相异]又为[非相异]”及“既非[相异]又非[非相异]”。

又，若其为相异之物，则可得事物无有因性。因性属“作用”，而非事物故。汝等可言，事物亦有因性，由其与“作用”之关联故。[事物与“作用”之]关联不能得证，无有互相饶益故。复次可说，是事物助益“作用”。此亦不应理。事物无有能助益[前一]“作用”之其他“作用”故。若不尔者，有无穷之“作用”，其引生彼此故。“作用”与事物之关联永不能得证。复次，若言事物通过另一“内作用”助益“作用”，则“有作用者”，为何不仅凭其存在自身，而非借助“作用”，助果生起？[为何]要假立“作用”为另一实体？以事物之存在，“作用”于果，无有丝毫障碍。是故，“作用”为另一实体，不应理。

再次，“其非相异物”之论，可证“作用”恰为[事物之]存在。“存在”

① 此句引自上文第487颂。原文来自《偈颂大疏》841, 5-6(Śabdanityatā v. 433)。英译Jha, 1983a: 483。Jha译本将此颂标注为第434颂。

一词指涉事物之自性(svabhāva)故。[①]复次，未能得证于[事物]生起之外另有“作用”。(526)

dṛśyatvena hi bhavatāṃ vyāpāro 'bhimataḥ, yathā uktaṃ kumārilena – "prāk kāryaniṣpatter vyāpāro yasya dṛśyata" ity ādi | api ca sa vyāpārātmā padārthas tasmād vyāpāravato bhāvād arthāntarabhūto vā syād anarthāntarabhūto vā, vastus ataḥ prakārāntarābhāvāt, ubhayānubhayavikalpasya asambhava eva |

sa ca yady arthāntarabhūtas tadā padārthasya kāraṇatvaṃ na prāpnoti | tad vyatirekiṇo vyāpārasya eva kāraṇabhāvāt | vyāpāreṇa saṃbandhāt tasya api kāraṇabhāvo 'sti iti cet na | parasparānupakāriṇoḥ saṃbandhāsiddheḥ | atha upakriyata eva vyapāraḥ padārthena iti syāt | tad apy ayuktam | na hi tasya aparo vyāpāro 'sti, yena vyāpāram upakuryād anyathā hy anavasthāyāṃ vyāpārāṇām eva parasparaṃ ghaṭanāt padārthena saha vyāpārasya na kadā api saṃbandhaḥ siddhyet | atha vyāpārāntaram antareṇa eva padārtho vyāpāram upakaroti iti syāt tadā kāryam api vyāpāravadvyāpārarahita eva sattāmātreṇa kiṃ na upakurvīta yena vyāpāro 'rthāntarabhūtaḥ kalpyate | na hi tasya kārye 'pi sattāmātreṇa upayogaṃ vrajataḥ kañcit pratiroddha asti | tasmān na arthāntarabhūto vyāpāro yuktaḥ |

---

① 这里涉及两个哲学问题：首先，寂护、莲花戒之论述是基于阿毗达磨的立场。阿毗达磨论师将存在物分成两种——胜义有(paramārtha-sat) 和世俗有(saṃvṛtti-sat)。被称为哲学意义上“法”(dharma) 的只有前者——胜义有。其中世俗有指的是由众缘和合的事物，比如由木头组成的桌子；而胜义有则指的是不能再分析下去的要素存在物，比如桌子析为木条，木条析为木纤维，木纤维析为木颗粒……到无法分析的那一步之物，被称为极微(paramāṇu)。这种极微是有自性(svabhāva) 的，是独立的存在物，是“法”。上文中所讨论的“作用” 之存在与否，指的是这种作为“法” 意义上的存在。对阿毗达磨论师关于“法” 的大略立场，可见于平川彰, 2018: 116; Siderits and Katsura, 2013: 156-57。其次，受康德学说的影响，现代哲学界基本认同“存在” 不能作为谓语；事物的“存在” 不属于性质。因此，从现代哲学的视角而言，“作用” 指事物存在自身这一说法不甚妥当。

atha anarthāntarabhūta iti pakṣas tadā siddhaṃ sattā eva vyāpṛtir iti | padārthasvabhāvasya eva sattāśabdavācyatvāt | tataś ca na siddhyati janmātirekitvaṃ vyāpārasya ||526||

又，正如“觉知”（buddhi），以领纳对境之形式生起，仅凭存在，无有“作用”发挥功用。与此相类，一切事物悉具因性，无需有“作用”于[事物生起之]后时存在。为显此义，[寂护]曰：

api ca – yathā buddhir arthapraticchittau jāyamāna eva vyāpārarahita api sattāmātreṇa vyāpriyate tathā sarveṣām api bhāvānāṃ hetutvam uttarakālabhāvivyāpāram antareṇa bhaviṣyati ity etad darśayati – buddher ity ādi |

正如“觉知”被说为量之生起，与之相类，何不认为一切物中皆[可见]其因性？[①]**(527)**

buddher yathā ca janma eva pramāṇatvaṃ nirudhyate[②] **|**

tathā eva sarvabhāveṣu tadd hetutvaṃ na kiṃ matam ||527||

除生起外，觉知无有[其他]“作用”。如[《弥曼差经》所言]，“人之根与境相合，觉知生起，即为现量”[③]。尔后，为释此颂中包括的“生起”（janma），童中尊说，“觉知生起”意指[觉知之]作为量，即在于[觉知之]

---

① 童中尊认为识之生起与量之“作用”（vyāpāra）有关。参见《偈颂大疏》152-153（Pratyakṣa v. 61）。英译Jha, 1983a: 77。亦参见清水公庸(1983: 29, n.8)。

② 清水公庸（1983: 36）对照藏文本nes smras pa之表达，将nirudhyate 读为 nirucyate,并翻译成“述べている”。nirudhyate为灭尽义，句子不通，故本译参考日译翻译成“被说为”。

③ 引自《弥曼差经》1.1.4。原文为：satasamprayoge puruṣasya indriyāṇāṃ buddhijanma tat | pratyakṣam animittaṃ vidyamānopalambhanatvāt ||当根与那[境]相合时，认识产生，这就是现量。[现量]不是[认识法的]手段，因为[它仅]取存在[之物]。中译参考姚卫群，2003: 217。

生起。可见因有除[其自身]生起外之“作用”。于量，不可做如是说。[此为]说“生起”之意图。①

于“其因性”[之表达]中，“其”此说[意指]“因之生起”有其因由。此为事物之真相。(527)

na hi buddher janmātirekī vyāpāro ’sti | tathā hi –“satasamprayoge puruṣasya indriyāṇāṃ buddhijanma tat pratyakṣam ity atra sūtre janmagrahaṇasya prayojanaṃ varṇayatā kumārilena uktam” –

“buddhijanma iti ca prāhajāyamānapramāṇatām ||
vyāpāraḥ kāraṇānāṃ hi dṛṣṭo janmātirekataḥ |
pramāṇe ’pi tathā mābhūd iti janma vivakṣyata” ||

iti | tadd hetutvam iti | tat – kāraṇajanma hetur yeṣāṃ te tathā uktāḥ | tad bhāvas tattvam ||527||

[论敌难：]纵然如是，觉知之“作用”[仅]为存在②，此应理。其为刹那灭故，不能持存至后一时刻。

[寂护答]曰：

syād etad buddher vyāpāro bhāvo yukto na hi sa uttarakālam avatiṣṭhate kṣaṇikatvād ity āha – kṣaṇikā hi ity ādi |

正如觉知为刹那灭，其他生起之物亦如是，此正如已证者。是故，一切世间悉无作用。(528)

kṣaṇikā hi yathā buddhis tathā eva anye ’pi janminaḥ |
sādhitās tadvad eva ato nirvyāpāram idaṃ jagat ||528||

① 《偈颂大疏》150, 3-4; 151, 1-2(Pratyakṣa, v. 53-54)。英译Jha, 1983a: 76。

② 《偈颂大疏》151, 3-4(Pratyakṣa, v. 55)。英译Jha,1983a: 76。

“已证者”——谓于[《摄》第8品]“恒存物之考察”中已证：刹那生灭[相]遍及一切事物。“此正如”，觉知正如[已证者]。“是故”，刹那灭故。合之：正如“觉知”，彼刹那灭者无有其自身生起外之“作用”。前亦已证明，种等为刹那灭。此[论式中]因基于自性。存在物与无[论据]支撑之“作用”未有关联，此论式排除“作用”之存在，无有存在物持存至后时故。是故，因果法则之建立基础仅在无间相继，而非“作用”。(528)

sādhitā iti | sthirabhāvaparīkṣāyāṃ sakalavastuvyāpinaḥ kṣaṇabhaṅgasya sādhitatvāt | tadvad eva iti | buddhivad eva | ata iti | kṣaṇikatvāt | prayogaḥ – ye kṣaṇikās te janmātiriktavyāpāraśūnyāḥ, yathā buddhiḥ, kṣaṇikāś ca bījādayaḥ pūrvaṃ prasādhitā iti svabhāvahetuḥ | paścād avasthityabhāvena nirādhāravyāpārāyogo bādhakaṃ pramāṇaṃ tasmād ānantaryakamātram eva kāryakāraṇabhāvavyavasthānibandhanaṃ na vyāpāra iti sthitam etat ||528||

[486颂中]所言及之“香等[于瓶之色法灭后]而生”等，此中并无相违过。为显此义，[寂护]曰：

yac ca uktaṃ jāyamānaś ca gandhādi ity ādi, tatra api na vyabhicāra iti darśayann āha – prabandha ity ādi |

香[及瓶之其他特质，如色]等，由其生发于[同一]续流(prabandha)故，被许互为因果。其有因性之“过失”(prasañjanam)无害于此。(529)

prabandhavṛttyā gandhāder iṣṭa eva anyonyahetutā |

tad abādhakam eva idaṃ taddhetutvaprasañjanam ||529||

[同一]续流中，色、味等彼此相待，由此，许有“互促因”①(sahakāri-kāraṇa)。如下所言：“除生果力之发动(pravṛttyā)外，味[之生起]无他因。此为了悟过去某一时[存在物]之道(gati)：依其果之相状(liṅgaja)[而推知其因]。”②(529)

rūparasādīnāṃ hi parasparaṃ prabandhāpekṣayā sahakārikāraṇabhāvo 'bhīṣṭa eva | yathā uktam –

“śaktipravṛttyā na vinā rasasya eva anyakāraṇam |

ity atītaikakālānāṃ gatis tatkāryaliṅgaje” ||

iti ||529||

[论敌难：]烟时而跟随马等之后存在，正如[其跟随]火[之后]，莫不如是？如何无间相继不有相违过？③

nanu ca agner iva gavāśvāder apy anantaraṃ kadācid bhūmo④ bhavati tat katham ānantaryaṃ na vyabhicāri ity āha – anyānantarabhāve 'pi ity ādi |

某物存在于另一物之前，仅时而为因。正是因其“限定”(niyama)才被视为[因]。于恒存之物，此亦如是。(530)

anyānantarabhāve 'pi kiñcid eva ca kāraṇam |

tathā eva niyamād iṣṭaṃ tulyaṃ ca etat sthireṣv api ||530||

吾等并未说仅无间相继可作为了知因果律之依据。然则何为[依

---

① 清水公庸(1983: 22)翻译为“共働因”。

② 引自法称的《释量论》*Pramāṇavārttikam* III.10。参见 Pandeya 1989: 176-177。不过 Pandeya文本中有一处拼写略有不同：rasaḥ saiva anyakāraṇam，《摄》的两个梵文本均作rasasya eva anyakāraṇam。

③ 《偈颂大疏》310-311(Śūnyavāda v. 153-155)。英译Jha, 1983a: 166。

④ 根据文义，此处应为dhūmo，“烟”。

据]？“限定性”(niyata)[为依据]。如此，若一物仅跟随另一物之后方存在，后者可被许为前者之因。烟并非仅跟随马之后而存在，其亦存在于马等不存之时。又，此中，此难是否亦适用汝宗恒常论者？何为紧随马等之后而存之烟非其果耶？(530)

na hi vayam ānantaryamātraṃ kāryakāraṇabhāvādhigatinibandhanaṃ brūmaḥ kiṃ tarhi? – yan niyatam | tathā hi – yasmai eva anantaraṃ yad bhavati tat tasya kāraṇam iṣyate | na ca dhūmo gavāder eva anantaraṃ bhavati, asaty api gavādau tasya bhāvāt | kiṃ ca bhavato 'py atra sthiravādinaś codyam etad avatarati, kasmād gavāder anantaraṃ dhūmo bhavann api tatkāryaṃ na bhavati iti ||530||

今，另一[论敌]曰：

atra para āha – yo yatra ity ādi |

“于其果产生‘作用’者非其因?!”[①]若汝如是说，[寂护答:]“若此有，则彼一定(niyata)[②]有，则许此为[彼之]因。”(531)

yo yatra vyāpṛtaḥ kārye na hetus tasya cen mataḥ |

yasmin niyatasadbhāvo yaḥ sa hetur iti iṣyatām ||531||

“若此有，则彼一定(niyata)有……”是以我方观点回应[论敌]论难。

---

① 该颂可作分段理解，其中第一句从论敌立场表达对佛教徒不接受“作用”这一概念的质疑和反问。

② 清水公庸(1983: 12-13)采用“決定して”一语来翻译niyata和niyama。然而，根据本文的语境，寂护、莲花戒多数时候是在强调因对果的“限定作用”：特定类型的因才会产生特定类型的果。在大多数表达中，寂护、莲花戒并没有体现很强的决定论立场：某种事物一定会作为因引生其果。故而，参考人見牧生(2006: 439)之翻译，本译以“限定”来翻译niyama、niyata，而没有采用古译常用的“决定”一词。不过，上文第531颂中，寂护给出的是一个比较强的表达，是在强调“此有故彼有”之逻辑关系中的强相关性，所以此处用“一定”来翻译niyata。

（531）

yasmin nityādinā svapakṣe ’pi parihāram āha ||531||

如此，纵使刹那灭，事物之因果关系仍能得证。今，为证成能知[因果关系]之量（pramāṇa）[1]，[寂护]曰：

evaṃ tāvat kṣaṇikatve ’pi bhāvānāṃ kāryakāraṇabhāva upapāditaḥ | idānīṃ tad adhigantṛpramāṇopapādanārtham āha – bhāvābhāvāv ity ādi |

若汝执事物可为有相之识所知，则存在或非存在二者为现量及“非知”（anupalambhata）所证。（532）

bhāvābhāvāv imau siddhau pratyakṣānupalambhataḥ |

yadi sākāravijñānavijñeyaṃ vastu cen matam ||532||

若汝许事物可为无相之智所知，于刹那宗，其同样可被了知。（533）

yadā anākāradhīvedyaṃ vastu yuṣmābhir iṣyate |

tat kṣaṇatvādipakṣe ’pi samānam upalabhyate ||533||

谓一切识（vijñāna）从其前在之诸自因而生，此[自因]其性为对同时存在之色形等之知（bodha）。（534）

pūrvakebhyaḥ svahetubhyo vijñānaṃ sarvam eva hi |

samāṃśakālarūpādibodharūpaṃ prajāyate ||534||

谓正如汝宗证成对恒存之物之知，我等亦如此证成对刹那灭物[之知]。如此，于汝而言，对事物之认知或经有相之识，或经无相之识。

---

① 对人如何认知因果关系的讨论，参见森山清徹，2001；2006。

此中,若[经]有相[之识],则对识之境的觉受正为对自相之觉受。于[持]恒存、非恒存说者,全无差别。若[经]无相[之识],则亦无差别。谓识从其前在之自因而起,其正如此觉受同时存在之色形等,非有他方,谓其以了知此物之性而起。

是故,若许识之自性为对同时存在之色等之知,则于恒存、非恒存物,全无差别。汝等定应许识之自性——领纳同时存在、各各别异之色等——从其前因而生。由是,识——而非根——分别色等,纵然其彼此相类,同时存在。若刹那灭,事(bhāvāna)亦相类,此[难]无有道理。(532-534)

yathā eva hi bhavataḥ sthirapadārthopalambhaḥ siddhyet tathā asmākaṃ kṣaṇikasya api setsyati | tathā hi – padārthasya upalambho bhavan sākāreṇa eva vijñānena bhaved anākāreṇa vā | tatra yadi sākāreṇa tadā svākārānubhava eva jñānasya arthānubhava iti sthirāsthirapakṣayor na kaścid viśeṣaḥ | atha anākāreṇa tadā apy aviśeṣa eva | tathā hi – pūrvakebhya eva svahetubhyas tathā tat jñānam upajāyate yena sa samānakālabhāvirūpādyevāvabudhyate na anyat | tadbodhātmakasya eva tasya utpannatvāt |

ataḥ samānakālabhāvirūpādibodhasvabhāve jñāne 'ṅgīkriyamāṇe na kaścid arthasya sthirāsthiratve viśeṣaḥ | avaśyaṃ ca bhavatā pūrvahetukṛta eva samānakālabhāvipratiniyatarūpādigrahaṇe jñānasya svabhāvo 'ṅgīkartavyo yena tulye 'pi samānakālabhāvitve rūpādyevajñānaṃ paricchinatti na indriyam iti syāt | tac ca kṣaṇikatve 'pi bhāvānāṃ tulyam eva iti yat kiṃcid etat ||532-534||

有异见者发难于[有相、无相]双方:

sākāra ity ādinā paro dvayoś codayati –

若识有相，则心念应为杂色；若 [识] 不具相，则 [识与境] 之对应（pratyāsatti）无有根基（nibandhana）[①]。（535）[②]

sākāre nanu vijñāne vaicitryaṃ cetaso bhavet |

na ākārānaṅkitatve ’sti pratyāsattinibandhanam ||535||

若识有相，则于杂色毯等，将有杂色识。单一[之识]为杂色，此不应理，大过失（atiprasaṅga）故。若[识]无相，则"此知觉（saṃvedana）为青色所依，非黄色[所依]"之判别不能得成。谓一切知其性无差别故，谓[识与境]之对应无有根基故。（535）

yadi sākāraṃ jñānaṃ tadā citrāstaraṇādiṣu jñānasya citratvaṃ bhavet | na ca ekasya citratvaṃ yuktam atiprasaṅgāt | atha anākāraṃ tadā nīlāspadaṃ saṃvedanaṃ na pītasya iti vyavasthānaṃ na siddhyet | sarvatra bodharūpatayā viśeṣābhāvena pratyāsattinibandhanābhāvāt ||535||

[寂护]回应道：

bhavadbhir api ity ādinā pratividhatte |

汝宗于此亦应有答；此中，汝宗任意答复，亦将为我宗之证。（536）

bhavadbhir api vaktavye tad asmin kiñcid uttare |

yac ca atra vaḥ samādhānam asmākam api tad bhavet ||536||

---

① "根基"的意思是，识指涉某一特定境需要有现实基础，也即识与境之间"对应"（pratyāsatti）的现实基础。若识无相，则无法解释识如何指涉某物。事物处于附近这单一事实并不能成为识指涉该事物的充分理由：确认某识是关于电脑的认识，并不是因为电脑处在邻近，而是因为此识区别于其他认识，呈现出与电脑的对应性。若识无相，这种区别就无从显现。清水公庸(1983: 23) 将pratyāsatti译为"对应性"。

② 《偈颂大疏》325, 1-3(Śūnyavāda, 200)。英译Jha, 1983a: 172。

此难同等[适用于]双方。于有相、无相两边中，汝宗亦需印可其中某一边。若不尔者，识取其境不能得成。于此二边之外，亦无有他法，借此[他法]，识取其境。且，双方之过失，作为彼一方之问难，此不应理。是故，汝宗于此之答复亦将为吾宗[答复]。如此，于有相之说，汝宗定当说此答："其相不实"或"纵然[识与相二者]有别，然由对[二者]之认知定然同时故，[此二者之]存在无异于独一之识"，此亦将为吾宗[之答]。于无相之说，汝宗或言，识由前因所作，其性为了知各别之物，则此亦将为吾宗佛子说"识无相"之答。此难不成。"答"(samādhāna)者，"应答"(parihāra)也。(536)

samānam etaddvayor api codyam, yato bhavatā api sākārānākārapakṣābhyām avaśyam anyataraḥ pakṣo 'ṅgīkartavyo 'nyathā arthagrāhijñānaṃ na siddhyet | na ca apy etatpakṣadvayavyatirekeṇa anyaḥ prakāro 'sti | yena jñānam arthaṃ grahīṣyati | yac ca ubhayor doṣo na tatra ekaś codyo yuktaḥ | tena yad atra uttaraṃ bhavatas tad asmākam api bhaviṣyati | tathā hi – sākārapakṣe bhavatā avaśyam ākārāṇām alīkatvaṃ saha upalambhaniyamād vā ekajñānāvyatirekitvaṃ saty api bheda ity uttaram upavarṇanīyam | tad eva asmākaṃ bhaviṣyati, nirākārapakṣe 'pi pūrvahetukṛta eva pratiniyatārthāvabodhakaḥ svabhāvo jñānasya iti varṇanīyam | tadā etad asmākam api nirākāravijñānavādināṃ bauddhānām uttaraṃ bhaviṣyati ity acodyam etat samādhānam iti parihāraḥ ||536||

如是，已释了知因果律之量，为答[第477—479颂中]"所作散灭、未作[自]至"之过，[寂护]曰：

tad evaṃ kāryakāraṇabhāvādhigantṛpramāṇaṃ pratipādya kṛtanāśākṛtābhyāgamadoṣaṃ pariharann āha – kṛtanāśa ity ādi |

若因未生果，如此，则有“所作散灭”。[此说] 不可。谓如此则续流中无有因果性。(537)

kṛtanāśo bhaved evaṃ kāryaṃ na janayed yadi |

hetur iṣṭaṃ na ca evaṃ yat prabandhe na asti hetutā ||537||

若果无因而起，将有“未作 [自] 至”。此亦不可。由生果力之限定性故。(538)

akṛtābhyāgamo ’pi syād yadi yena vinā kvacit |

jāyeta hetunā kāryaṃ na etan niyataśaktitaḥ ||538||

若汝许实有任何作者(kartṛ)或受者(bhoktṛ)，则如[再]许刹那生灭，将有“所作散灭”之过。鉴于此中一切[诸法]仅为缘起，无有作者，亦无有所作[供]领纳。此“所作散灭”之过将如何成立？

今，若果从(1)生果效能——前在善、恶、无记思(cetanā)[之生果效能]引生爱非爱果——已然散灭之因而起；或从(2)具备“非由前在业力所致(hita)[①]之特定(viśeṣa)生果效能”之因而生[②]；则随次有生“所作散灭、未作[自]至”之过。此不应理。谓无我法则，相应于前在业力所致之生果效能，[二者]无有相违。如此，如种子浸赤色汁，由先前业力所致之特定生果效能与相续随转，由此，后时异熟得成，爱、非爱

① hita，词根√hi，有“驱动、促进”义。

② 此段含义略晦涩，下文详释：论敌所提出的“所作散灭、未作自至”之谬误只有在下列两种情况下才会成立：(1) 果从生果效能已然散灭的因而起。因之生果效能可引生爱、非爱果，若其生果效能已然散灭，按照逻辑，不会有果生起。此时若有果生起，那么果与这个散灭之因并无关联，所以有“所作散灭、未作自至”之误。(2) 果从他因而生。按照常理，种瓜得瓜种豆得豆，业因与业果有对应关系，若豆子从瓜种而起，因果关系发生错位，那说明因没有依常理生果，而果的产生也无法追溯因由，即有“所作散灭、未作自至”之误。

果生起。果从"非由前在业力所致之行(saṃskāra)"[而成]之相续而起，此亦不许。如何有"未作[自]至" 之失？

然乌底耶塔加罗曰："业行之熏习(vāsana)不成，心识非恒常故。"[①]此不应理。恒常之物，未舍从前自相，不受熏习。[②]非恒存物之习气则由另一自性相异物之生起而来。论中多次言及"持续不变(avyākṛta)之所熏(vāsya)"，意指续流(prabandha)之持存性。[③]已灭之相续无有因性(kāraṇatva)，谓其于久远后有果生起时，已不再现前。是故，其[——已灭之相续——]作为熏习之摄持处，引生此种果报，不应理。[④][此为前说之]意趣(abhiprāyah)。是故，[乌底耶塔加罗]此言缘于未解[吾宗]道理，应予弃舍。(537-538)

yadi hi paramārthataḥ kaścit kartā bhoktā vā abhīṣṭaḥ syāt tadā kṣaṇabhaṅgitvāṅgīkaraṇe kṛtanāśādiprasaṅgaḥ syāt yāvata idaṃ pratyayatā

---

① 《正理大疏》62, 14-15(1-1-10)：sthiraṃ hi vāsakena vāsanaṃ dṛṣṭaṃ, na ca buddhīnāṃ sthiratvam asti || 英译Jha, 1983b, vol 1: 226。业说为佛教和婆罗门教所共许，双方均认为，行为产生之后，会有业力留存，影响后世。而根据佛教的刹那灭立场，识才生即灭，不能持存，那么，行为就无法在识上留下影响。

② 若某物未舍从前自性而持续存在，则其维持不变。于不变之物上，不可能留下痕迹，因为如果事物受到任何影响或者印记，就不可能再维持"不变"了。持刹那灭立场的佛教哲学家需要回答的问题是：如果事物才生即灭，不能留存至后时，如何能发生变化，接受影响？持事物恒存立场的印度婆罗门教哲学家需要回答的问题是：事物若本性为恒常不变，又如何接受影响，发生变化？

③ 莲花戒试图说明，经论中所说的持续(sthira)实际上指的是相续所具有的持存性(sthiratā)，并无任何事物恒常不变地存在。Jha将sthira 翻译成permanent entity，将之实体化，不甚妥当。

④ 莲花戒意思是，解释一件事物接受影响，发生变化，并不需要预设其持续存在。以枸橼花种染色为例，当枸橼花呈现红色时，被染色的种子早已不在，但是我们可以从变色的花中了知种子曾经被染色。从花绽放的时间节点来看，已经消亡的种子不是这一"影响" 的承受者，因为花开时种子已然消失。

mātram eva viśvaṃ na kenacit kartrā kiṃcit kṛtaṃ nābhi{pi?}① bhyujyate |
tat kathaṃ kṛtanāśādi prasaṅgāpādanaṃ syāt |
atha pūrvakuśalādicetanāhiteṣṭāniṣṭaphalotpādanasāmarthyavipraṇāśāt pūrvakarmānāhitasāmarthyaviśeṣāc ca kāraṇataḥ phalotpatter yathākramaṃ kṛtanāśākṛtābhyāgamadoṣaprasaṅgo vidhīyate | tad ayuktam – na hi pūrvakarmāhitasāmarthyānubandhanasya nairātmyena saha kaścid virodhaḥ | tathā hi – lākṣādirasāvasiktānām iva bījānāṃ santānam anuvarttanta eva pūrvakarmāhitāḥ sāmarthyaviśeṣāḥ yata uttarakālaṃ labdhaparipākebhya iṣṭam aniṣṭaṃ vā phalam udeti | na api pūrvakarmānāhitasaṃskārāt santānāt phalotpattir iṣyata iti kutaḥ akṛtābhyāgamo doṣaḥ |
uddyotakaras tv āha – asthiratvāc cittasya na karmabhir vāsanaṃ saṃbhavati iti | tad ayuktam – na hi sthirasya aparityaktaprāktanasvarūpasya vāsanam asti | asthirasya tu viśiṣṭasvabhāvāntarotpādanam eva vāsanā | yat punaḥ sthiram avyākṛtaṃ vāsyam ity uktaṃ śāstre tat prabandhasthiratām abhipretya | yo hy ucchedī santānas tasya ciratarakālabhāviphalaprasavakāle sannidhānābhāvān na kāraṇatvam asti, tena tasya tathā vidhaphalotpādaṃ prati vāsanādhāratvam ayuktam ity abhiprāyaḥ | tasmāt parasiddhāntānabhijñatayā yat kiñcid abhihitam anena ity upekṣām arhati ||537-538||

然则，童中尊曰："'所作散灭、未作[自]至'源于作者所作之业散失。"

[寂护：]吾宗未作是言。

---

① Krishnamacharya版本提出此处abhi应作api，Dwārikādās版本中则直接采用api。藏译byed pa po' ga' zhig gis cung zad byas pa ma yin la longs spyad pa yang ma yin na，其中yang一词说明应当使用api。

[童中尊:]谓汝宗意,无有作者。

[寂护:]然则如何?

[童中尊:]谓[汝宗]许业行[散灭]无有后继,其果从灭坏[之业行]而生,则犯"所作散灭、未作[自]至"之过。

[寂护:]此中无有不欲者得成(āpādāna),[即逻辑谬误],谓此类"所作散灭、未作[自]至"已为我方所乐见。为显此义,曰:

kumārilas tv āha – na vayaṃ kenacit kartrā kṛtasya karmaṇo vipraṇāśāt kṛtanāśākṛtābhyāgamau brūmaḥ na hi bhavatāṃ mate kaścit kartā asti, kiṃ tarhi – niranvayakarmatatphalayor vināśotpādābhyupagamāt kṛtanāśākṛtābhyāgamau prasajyeta iti |

tad atra evaṃ vidhasya kṛtanāśasya akṛtābhyāgamasya ca iṣṭatvān na aniṣṭāpādanaṃ yuktam iti darśayann āha – kṣaṇabhedavikalpena iti |

以"[事物]刹那差别(bheda)"之计执(vikalpa)攻难刹那灭等说,然则,于此,论敌此难并未引发任何不欲[者得成]。(539)

kṣaṇabhedavikalpena kṣaṇanāśādi codyate |

yac ca eva na eva aniṣṭaṃ tu kiñcid āpāditaṃ paraiḥ ||539||

前在之业行刹那散灭而无有后继,故有"所作散灭";或,业果刹那生起,无有过往(apūrva),故有"未作[自]至"。恰以此[论],[论敌]以"[事物]刹那差别"之计执提出所作散灭等难。此[刹那差别]正为[吾宗]所许。谓无有任何事物片段之细微持存。[此义]后文将叙。(539)

pūrvakasya karmakṣaṇasya niranvayaṃ vināśāt kṛtanāśaḥ phalakṣaṇasya vā apūrvasya eva utpādād akṛtābhyāgama ity evaṃ yat kṣaṇabhedavikalpena kṛtanāśādi codyate tad iṣṭam eva | na hi svalpīyaso 'pi vastv aṃśasya kasyacid anvayo ’sti iti pratipādayiṣyāmaḥ ||539||

[前文第480—481颂中]所论之“慎思者……不作事”，[寂护]曰：
yac ca uktaṃ na eva pravartteta prekṣāvān iti tatra aha – ahīnasattva ity ādi |

[凡夫愚痴众，]未除有情谬见，执“相续”(santāna)为一，事事刹那差别之“计执”[于此众]无从生起。(540)

ahīnasattvadṛṣṭīnāṃ kṣaṇabhedavikalpanā |
santānaikyābhimānena na kathañcit pravarttate ||540||

然而，彻悟(abhisaṃbuddha)真理者了知刹那生灭之因果限定性，行善行。(541)

abhisambuddhatattvās tu pratikṣaṇavināśinām |
hetūnāṃ niyamaṃ buddhvā prārabhante śubhāḥ kriyāḥ ||541||

此等未离后得(sahajetara)之我见者，并无此刹那差别之计执。如此，彼等耽着于相续之“一性”(ekatva)，持“吾等将得安乐”[之念]，欢喜造作业行。

贤德(kalyāṇa)之凡夫(pṛthagjana)若能于经证理证中如实(yathāvat)觉知刹那灭、[无]我，彻悟真理，则能知晓法性(dharmatā)缘起。诸刹那灭之业行，由布施心而来——[布施心等]源于慈悲等——充满自利利他[之德]，相继接续而起。而非起于害意。如此，了悟因果律后，[贤德者]奉行善业。正如所言：“若未摒弃对‘我’之执恋，则[贪欲]交织，受苦不得安宁。”①纵无作业者，依然可以精进以摒弃邪执。

① 法称《释量论》*Pramāṇavārttikam* I.193cd-194。参见Pandeya, 1989: 42。

正如因果关系之了知者及量论之成立[此二议题]，[本议题]亦已得释。(540-541)

ye tāvad aprahīṇasahajetarasatkāyadarśanādayas teṣām ayaṃ kṣaṇabheda-vikalpo na asty eva | tathā hi – te santatim ekatvena adhyavasāya sukhitā vayaṃ bhaviṣyāma ity āhitaparitoṣāḥ karmasu pravarttante |

ye 'pi pṛthagjanakalyāṇā evaṃ yukty āgamābhyāṃ yathāvat kṣaṇikāt-matayor avabodhād abhisambuddhatattvāsti apy evaṃ pratītyasamut-pādadharmatāṃ pratipadyante | karuṇādipūrmakebhyo① dānādibhyaḥ svaparahitodayaśālinaḥ saṃskārāḥ kṣaṇikā eva aparāpare paramparayā samutpadyante | na tu hiṃsādibhya ity atas te hetuphalapratiniyamam avadhārya śubhādikriyāsu pravartante | yathā uktam – "yāvac ca ātmani na premṇo hāniḥ saparitasyati{saṃparisetsyati?}② tāvad duḥkhitam āro-pya na ca svastho 'vatiṣṭhate | mithyādhyāropahān arthaṃ yatno 'saty api bhoktari" iti |

kāryakāraṇabhāvas tad adhigantṛ ca pramāṇaṃ yathā sidhyati tathā pratipāditam eva ||540-541||

[第493颂中]有言，"若事物刹那湮灭，则'识别'难成"，于此，[寂护]曰：

yac ca uktaṃ kṣaṇabhaṅgiṣu bhāveṣu pratyabhijñā ca durghaṭeti | tatra āha – keṣāñcid eva ity ādi |

诸心识仅由有果者与差别果之关系[，也即因果关系]限定。由此，记

---

① 此处pūrma应该是pūrva，意思是慈悲在布施之前，先有慈悲等，由慈悲心生起布施行，所以文中用"源于"。

② Dwārikādās本写作saparitasyati；依Krishnamacharya版本读作saṃparisetsyati。

忆等无碍而遍成。(542)[①]

keṣāñcid eva cittānāṃ viśiṣṭā kāryakāryitā |

niyatā tena nirbādhāḥ sarvatra smaraṇādayaḥ ||542||

“有果者与[差别]果”之说中，“有果者”(kāryī)意指“有其果[生起]者”，也即是因。“有果者与[差别]果”指因与果之关联，意即因果关系。于胜义谛上，并无“谁人经历、恰为谁人记忆”之[同一]记忆者、经历者。为何？记忆等种子，由其势力强劲，植于相续之中，后后时差别转变，接续刹那而生。记忆等正生起于此[相续]中，而非他处，[由有]因果律之限定性故。此略说大义。

如其所言：“‘受用他人忆念’[②]之过亦无碍[我方观点]，并无此类记忆故。生起之记忆又为谁人心识受用？”[③]记忆等在前，识别才得生起。无有相违。未证识别等有同一之知者为所依，如[第494颂中]所言，“[见者、所见者]双重差别，则[识别]无所依”。[吾宗]所许，一切差别均仅由因果律故。(542)

kāryakāryitā iti | kāryam asya asti iti kāryī kāraṇam ity arthaḥ | kāryakāryiṇor bhāvaḥ kāryakāryitā | kāryakāraṇabhāva ity arthaḥ | na hi kaścit paramārthataḥ smārttā anubhāvitā vā asti | yato yena eva anubhūtaṃ sa eva smarati iti syāt | kiṃ tarhi? – yatra santāne paṭīyasānubhave na uttarottaraviśiṣṭataratamakṣaṇotpādāt smṛtyādibījam āhitaṃ tatra eva smaraṇādayaḥ samutpadyante, na anyatra pratiniyatatvāt kāryakāraṇabhāvasya iti samāsārthaḥ |

---

① 此颂中寂护讨论的是心识中的具体因果现象，而非抽象的因果律。例如，过去参加聚会的经历与今日关于聚会之记忆构成一个跨时间段的异熟因果关系。

② 指的是一个人的经历被另外一个人忆起。

③ 法称《释量论》*Pramāṇavārttikam* I.271-272。参见Pandeya, 1989: 58。

yathā uktam –

“anyasmaraṇabhogādiprasaṅgaś ca na bādhakaḥ |

asmṛte[①] kasya cittena hy anubhūte smṛtodbhava” ||

iti | smaraṇādipūrvakāś ca pratyabhijñānādayaḥ prasūyanta ity aviruddham | na ca api kvacid ekajñātṛnibandhanāḥ pratyabhijñānādayaḥ siddhāḥ, yena ucyate dvibhede tv anibandhanam iti, kāryakāraṇabhāvamātratayā sarvatra eva bhedābhyupagamāt ||542||

如[第496颂]所言之“系缚之物为爱染等锁,困于存在之囹圄”等,系缚、解脱之安立尚未得成,于此,[寂护]曰:

yac ca uktam – rāgādinigaḍair baddha ity ādinā bandhamokṣavyavasthānam anupapannam iti, tatra āha – kāryakāraṇabhūtāś ca ity ādi |

无明等[十二缘起支],此中因果相接,被判为系缚。由此[系缚]之断灭,许有解脱,有清净之智。(543)

kāryakāraṇabhūtāś ca tatra avidyādayo matāḥ |

bandhas tad vigamād iṣṭo muktir nirmalatā dhiyaḥ ||543||

我宗未许,系缚解脱之所依(adhikaraṇa)为同一人(puruṣa),谓亦无有证明谁人系缚者得解脱。一切时中,由无明开端,至行(saṃskārā),终至老死,世俗说为系缚,因其引发苦之生起故。如[《佛说稻秆经》]所言,“如是唯生纯极大苦之聚”[②]。若由了知真理而断尽无明等,则有清净之智[生起],说为解脱。如其所言:“谓贪欲等烦恼[③]植根于心,

① 应做asmṛteḥ理解。参见Pandeya, 1989: 58及Dwārikādās, 2006: 262。

② 《佛说稻秆经》,《大正藏》第16册,第823页。

③ “贪欲等烦恼”指的是佛教所说之三毒:贪(rāga)、嗔(dveṣa)、痴(moha)。

则为轮回(saṃsāra)；从此[轮回]中解脱，说为诸有之边际(bhava-anta)。”[①](543)

na hi kvacid asmākam ekapuruṣādhikaraṇau bandhamokṣau prasiddhau, kasyacid badhyamānasya mucyamānasya ca asiddheḥ | kevalam avidyādayaḥ saṃskārā jarāmaraṇaparyantā duḥkhotpādahetutayā bandha iti vyavahriyante | tathā ca uktam – “evam asya kevalasya hetor duḥkhaskandhasya samudāyo bhavati iti” | teṣāṃ ca avidyādīnāṃ tattvajñānād vigatau satyāṃ yā nirmalatā dhiyaḥ sā muktir ity ucyate | yathā uktam –

“cittam eva hi saṃsāro rāgādikleśavāsitam |

tad eva tair vinirmuktaṃ bhavānta iti kathyata” ||

iti ||543||

如[499颂]所言之“[系缚解脱此二者]所依处同一”，此中喻例[②]不能得成。为显此义，[寂护]曰：

yac ca uktam ekādhikaraṇāv ity ādi, tatra api dṛṣṭāntasya sādhyavikalatā iti darśayann āha – ekādhikaraṇau siddhāv ity ādi |

世间[所说]之系缚解脱有同一所依，此不能得成。[吾宗]所立，一切法皆刹那灭。(544)

---

① 本句应来源于阿含经，具体不详。瑜伽论师Kambala的*Ālokamālā*一书对此句亦有引用，参见Christian Lindtener, 1985: 123。另，据Christian Lindtener(1985: 123)注释，Haribhadrasūri的*Śāstravārtāsamuccaya*一书以及*Dharmabindu*亦有引用。

② 第499颂颂文完整为“系缚解脱此二者所依处同一，如此安住，如世间[所许]。如此，一切据此可得更善安立”。“喻例”指的是“如世间所许”。在世间惯常的观念中，一个人身陷囹圄然后获得释放，两段经历属于同一个主体。所以说，“系缚解脱此二者所依处同一”。在印度的论证中，喻例必须双方共许，论证才有效。此处寂护驳斥的是喻例使用不当。在寂护的立场下，诸法刹那生灭，并无持存之主体先陷囹圄后得解放。因此“如世间所许”这一喻例非双方共同所许，所以不能得成。

ekādhikaraṇau siddhau na eva etau laukikāv api |

bandhamokṣau prasiddhaṃ hi kṣaṇikaṃ sarvam eva tat ||544||

若许一切事物生起之后随即灭坏，则系缚解脱无有同一所依得成，该喻例不极成。(544)

sarvam eva hi vastūdayānantarāpavagī iti prasādhitaṃ yadā tadā na kvacid ekādhikaraṇatvaṃ bandhamokṣayoḥ prasiddham asti ity aprasiddho dṛṣṭāntaḥ ||544||

如此，已证自宗一切得成，[寂护]驳斥他宗[如下：]

tad evaṃ svapakṣaṃ vyavasthāpya sarvathā ity ādinā parapakṣaṃ pratiṣedhayati –

此等于“自我”而言之作者、受者、系缚等，皆得破斥，以其全无“殊异”(atiśaya)[1]故。若不尔者，[自我]为无常法。(545)

sarvathā atiśayāsattvād vyāhatā tv ātmani īdṛśī |

kartṛbhoktṛtvabandhādivyavasthā anityatā anyathā ||545|

若自我为贪欲等烦恼所系缚，且自我的某种“殊异”由禅定等所作，则自我之系缚与解脱等得以成立。因[自我]为恒常不变，则其不能任持“殊异”[变化]，则此种系缚解脱等，其相为因果限定性所限，不能得成，如虚空(ākāśa)。此为大义。“若不尔者”意指，若自我之“殊异”

---

① atiśaya有“深、极、优异”等含义，此处翻译为“殊异”。从语境及莲花戒的注释来看，atiśaya在此是用来界定解脱的，正如文中以烦恼来界定系缚。这种“殊异”可由禅定产生。不过，文中并没有对这种“殊异”有进一步的描述，可能因为解脱本身不可说。

得以生起，则有[如下悖论：]若自我与“殊异”[二者]体性同一，无有相异，[则]自我将为无常，如同“殊异”；若[自我与“殊异”为]相异之物，则“殊异”不能成立，[其与自我之]关系不能确立故。此说[前文]已重复百次矣！（545）

yadi hi rāgādibhiḥ kleśair bandho bhāvanādibhiś ca atiśayaḥ kaścid ātmanaḥ kriyeta tadā tasya bandhamokṣādivyavasthā bhavet | yāvatā nityatayā na tasya atiśayādhānam asti iti na iyam īdṛśī niyatakāryakāraṇamaryādālakṣaṇā bandhamokṣādivyavasthā ghaṭate, yathā ākāśasya iti bhāvaḥ | anyathā iti | yady atiśayotpādo bhaved ātmanas tadā atiśayasya ātmabhūtatvād ātmano 'pi tad avyatirekeṇa atiśaya vad anityatā syāt | parabhūtas tv atiśayo na yuktaḥ saṃbandhāsiddher iti śatadhā carcitam etat ||545||

重要文献缩略语及版本

AKBh: *Abhidharmakośabhāṣya* of Vasubandhu 世亲《阿毗达磨俱舍论》

Pradhan, P. ed. *Abhidharmakośabhāṣyam* of Vasubandhu. (rev. 2nd ed.) Patna: K. P. Jayaswal Research Center. 1975.

AKVy: *Abhidharmakośavyākhyā* of Yaśomitra 称友《阿毗达磨俱舍论疏》

KV: *Kathāvatthu*《论事》

KSP: *Karmasiddhiprakaraṇa* of Vasubandhu 世亲《大乘成业论》

MMK: *Mūlamadhyamakakārikā* of Nāgārjuna 龙树《中论》

叶少勇,《〈中论颂〉—— 梵藏汉合校 · 导读 · 译注》,上海:中西书局,2011b。

MA: *Madhyamakakāvatārabhāṣya* of Candrakīrti 月称《入中论释》

N:《南传大藏经》,元亨寺版《汉译南传大藏经》

NA: * *Abhidharmanyāyānusāra* of Saṃghabhadra 众贤《阿毗达磨顺正理论》

NS: *Nyāyasūtra* of Gautama 乔达摩《正理经》

Thakur, Anantalal. ed. *Nyāyabhāṣyavārttika of Bhāradvāja Uddyotakara.* New Delhi: Indian Council of Philosophical Research. 1997.

NBh: *Nyāyabhāṣya* of Vātsyāyana 筏差衍那《正理经释》

Taranatha Nyaya-Tarkatirtha. ed. *Nyāyadarśanam with Vātsyāyana's*

Bhāṣya, Uddyotakara's Vārttika, Vācaspati Miśra's Tātparyaṭīkā, and Viśvanātha's Vṛtti, Amarendramohan Tarkatirtha, Calcutta Sanskrit Series Nos. 18, 29, 1936, 1944. Rep. Rinsen Book Co. 1982. GRETIL E-Library:http://gretil.sub.uni-goettingen.de/gretil/1_sanskr/6_sastra/3_phil/nyaya/nysvbh1u.htm, inputby Indology Student Team, University of Tokyo.

NV: *Nyāyabhāṣyavārttika* of Uddyotakara 乌底耶塔加罗《正理大疏》

Thakur, Anantalal. ed. *Nyāyabhāṣyavārttika of Bhāradvāja Uddyotakara.* New Delhi: Indian Council of Philosophical Research,1997.

PV: *Pramāṇavārttika* of Dharmakīrti 法称《释量论》

Pandeya, Ram Chandra. ed. *The Pramāṇavārttikam of Ācārya Dharmakīrti: With the Commentaries Svopajñavṛtti of the Author and Pramāṇavārttikavṛtti of Manorathanandin.* Delhi: Motilal Banarsidass. 1989.

PVSV: *Pramāṇavārttikasvavṛtti* of Dharmakīrti 法称《释量论自注》

PS(V): *Pramāṇasamuccaya(vṛtti)* of Dignāga 陈那《集量论》及《集量论自注》

第一章现量品：Steinkellner, E. *Dignāga's Pramāṇasamuccaya, Chapter 1. A hypothetical reconstruction of the Sanskrit text with the help of the two Tibetan translations on the basis of the hitherto known Sanskrit fragments and the linguistic materials gained from Jinendrabuddhi's Ṭīkā.* 2005. 奥地利科学院网页：http://www.ikga.oeaw.ac.at/Mat/dignaga_PS_1.pdf. 2017年5月4日登入。

SPrŚ: *Abhidharmasamayapradīpikāśāstra* of Saṃghabhadra 众贤《阿毗达磨显宗论》

ŚBh: *Śabarabhāṣya* of Śabara 沙跋罗《沙跋罗疏》(1, 1.1-5颂)

Frauwallner, Erich. *Materialien zur ältesten Erkentnislehreder Karmamimimsi*, Wien 1968, pp. 10-61. GRETIL E-Library http://gretil.sub.uni-goettingen.de/gretil/1_sanskr/6_sastra/3_phil/mimamsa/sabbha1u.htm, input by Somadeva Vasudeva. 2017年1月3日登入。

ŚV: *Ślokavārttika* of Kumārila 童中尊《偈颂大疏》

Rāma Śāstrī Tailaṅga. ed. *The Mīmāṃsā-Śloka-Vārttika of Kumārila Bhatta with the commentary called Nyayaratnakara by Partha sārathi miśra*. Benares: Chowkhambā Sanskrit Book-depot. 1898.

T: Taishō shinshū daizōkyō 大正新修大藏经(《大正藏》)

TS(P): *Tattvasaṃgraha* of Śāntarakṣita & *Tattvasaṃgrahapañjikā* of Kamalaśīla 寂护《摄真实论》(《摄》)及莲花戒《摄真实论疏》(《摄·疏》)

(1)GOS本：Krishnamacharya, Embar. ed. *Tattvasaṃgraha of Śāntarakṣita with the Commentary of Kamalaśīla*. 2 vols. Gaekwad's Oriental Series 30-31. Baroda: Central Library. 1926. Reprint: Baroda, 1984; 1988.

(2)BBS本：Dwārikādās, Śāstrī. ed. *Tattvasaṅgraha of Ācārya Shāntarakṣita with the Commentary 'Pañjikā' of Shri Kamalashīla* (two volumes, continuous pagination). Varanasi: Bauddha Bharati. 1968. Reprint: 1997 and 2006.

(3)藏译本TS(P)：

TS: Guṇākaraśrībhadra, Dpal lha btsan po, and Zhi ba 'od, trans., 1050. Dekho nanyid bsdus pa'i tshig le'ur byaspa. sNar thang 3756 'e 1–146a; sDe dge 4266 ze 1–133a6; co ne ze 1–133a7; Peking 5764 'e 1–159a5. Tenjur(bstan 'gyur), vol. 107. Tibetan Buddhist Resource Center. 2015.

TSP: Devendrabhadra and Grags ’byor shes rab, trans., 1100. Dekho na nyid bsdus pa’i bka ’grel. sNar thang 3757 ’e-ye 146a–385; sDe dge 4267 ze-’e 133b1–331a7; co ne ze-’e 133a7–352a7; Peking 5765 ’e-ye 159b2–495a7. Tenjur(bstan ’gyur), vol. 107. Tibetan Buddhist Resource Center. 2015.

YBh: *Yogācāra-bhūmi-śāstra* of Asaṅga 无著《瑜伽师地论》

参考文献

一、中文文献(以汉语拼音字母为序)

宝僧,《藏传佛教般若中观因明宝鬘集》,香港:盘逸有限公司,2004。

曹志成,《智藏与寂护的二谛思想以及对唯识思想的收摄之比较——以智藏〈二谛分别论〉与寂护〈中观庄严论〉为解释线索》,《圆光佛学学报》,1999(4)。

曹志成,《寂护对有部"实在论"以及"有相唯识"与"无相唯识"的"形象"(行相)说之批判的探讨》,《圆光佛学学报》,2000(5)。

陈荣灼,《唯识宗与现象学中之"自我问题"》,《鹅湖学志》,1995(15)。

褚俊杰,《〈根本中论无畏疏〉解读(序品·初品)——兼论藏译佛典的语言特点及其学术价值》,《中国藏学》,1994(2)。

慈怡编,《佛光大辞典》,高雄:佛光出版社,1988。

丁福保编,《佛学大辞典》,北京:文物出版社,1984。

法光,《说一切有部对佛教因果论之贡献》,载夏坝·降央克珠、魏德东主编,《因果》,北京:中国社会科学出版社,2019。

法尊,《法尊法师译文集》,吕铁钢、胡和平编,香港:中国佛教文化出版有限公司,2000。

法尊,《法尊大师文汇》,王志远主编,北京:华夏出版社,2012。

方广锠,《印度禅》,杭州:浙江人民出版社,1998。

方立天,《佛教哲学》,北京:中国人民大学出版社,2012。

方丽欣,《据〈摄真实论〉及其〈疏〉探讨佛教瑜伽行中观派的"刹那灭理论"》,香港中文大学硕士学位论文,2012。

噶·达哇才仁,《关于〈入菩萨行论〉的几点新认识》,载郑堆主编,《藏传佛教教义阐释研究文集》第一辑,北京:中国藏学出版社,2012。

高杨、荆三隆,《印度哲学与佛学》,西安:大白文艺出版社,2001。

宫静,《拉达克里希南》,台北:东大图书股份有限公司,1996。

顾毳,《寂护〈中观庄严论〉中观"空"与唯识"有"之融合研究》,西藏民族学院硕士学位论文,2012。

顾毳,《有关寂护姓名、身份、生卒年等疑问的考述》,《西藏大学学报(社会科学版)》,2016a(1)。

顾毳,《寂护正名研究》,《西北民族大学学报(哲学社会科学版)》,2016b(3)。

顾毳,《寂护行事考评》,《西北民族大学学报(哲学社会科学版)》,2019(5)。

何欢欢,《〈中观心论〉及其古注〈思择焰〉研究》(上、下卷),北京:中国社会科学出版社,2013。

何欢欢译,《胜论经》,月喜疏,北京:商务印书馆,2018a。

何杰峰,《藏传佛教判教源流初探》,《西北民族大学学报(哲学社会科学版)》,2012(5)。

黄宝生译(合译),《摩诃婆罗多》,北京:中国社会科学出版社,2005。

黄宝生译,《奥义书》,北京:商务印书馆,2010。

黄忏华,《印度哲学史纲》,上海:商务印书馆,1935。

黄俊威,《无我与轮回》,中坜:圆光出版社,1995。
黄心川,《印度近代哲学家辨喜研究》,北京:中国社会科学出版社,1979。
黄心川,《印度近现代哲学史》,北京:商务印书馆,1989a。
黄心川,《印度哲学史》,北京:商务印书馆,1989b。
季羡林,《中印文化关系史论丛》,北京:人民出版社,1957。
季羡林,《原始佛教的语言问题》,北京:中国社会科学出版社,1985。
季羡林,《季羡林文集第三卷:印度古代语言》,段晴等编,南昌:江西教育出版社,1998。
寂天,《入菩萨行论》,北塔编辑中心编,沈阳:北塔寺流通处,2020。
江亦丽,《商羯罗》,台北:东大图书股份有限公司,1997。
金克木,《印度文化论集》,北京:中国社会科学出版社,1983。
金克木,《梵竺庐集》,南昌:江西教育出版社,1999。
敬之,《中观宗关于“安立业果”与“名言中许有外境”的问题——佛护、月称中观宗讲座之二与三》,《现代佛学》,1959(4)。
李建欣,《印度古典瑜伽哲学思想研究》,北京:北京大学出版社,2000。
李建欣,《印度宗教与佛教》,北京:宗教文化出版社,2013。
理证,《关于唯识的业果缘起论》,《法音》,1996(2)。
梁劲泰,《佛教“无我”哲学思想的形成和发展》,《云南大学学报》,2008(1)。
梁漱溟,《印度哲学概论》,北京:商务印书馆,1922。
梁漱溟,《东西文化及其哲学》,上海:商务印书馆,1926。
林建德,《龙树语言策略之哲学诠解——从汉译《中论》之“说”字作线索》,《法鼓佛学学报》,2008(2)。
刘培育,《因明研究》,长春:吉林教育出版社,1994。
龙达瑞,《佛教与奥义书的几个概念的比较(上)》,《南亚研究》,

1994(4)。
龙达瑞,《大梵与自我》,北京:宗教文化出版社,2000。
罗劲松,《〈中观庄严论〉评介》,《法音》,2006(8)。
骆长捷,《休谟的因果性理论研究》,北京:商务印书馆,2016。
吕澂,《印度佛教史略》,上海:商务印书馆,1921。
吕澂,《因明纲要》,上海:商务印书馆,1926。
吕澂,《印度佛学源流略讲》,上海:上海人民出版社,1979。
吕澂,《因明入正理论讲解》,张春波整理,北京:中华书局,1983。
麦彭仁波切、索达吉堪布译讲,《中观庄严论释》,北京:中国文史出版社,2017。
茅宇凡,《寂护与莲花戒的唯识立场——以《摄真实论疏》(*Tattvasaṃgrahapañjikā*)〈考察外部对象品〉(Bahirarthaparīkṣā)对妙护(Śubhagupta)的回应为线索》,《台大佛学研究》,2015(29)。
欧东明,《佛教轮回说的内在难题与中观学和唯识学的解决》,《南亚研究季刊》,2006(1)。
沈行如,《般若与业力》,北京:北京图书馆出版社,1998。
沈剑英,《因明学研究》,北京:中国大百科全书出版社,1985。
释刚晓,《正理经解说》,北京:宗教文化出版社,2005。
释悟殷,《部派佛教系列(上编):实相篇　业果篇》,台北:法界出版社,2001。
孙晶译释,《示教千则》,商羯罗著,北京:商务印书馆,2011。
孙晶,《印度吠檀多不二论哲学》,北京:东方出版社,2002。
孙晶,《印度六派哲学》,台北:大元书局,2011。
汤用彤,《印度哲学史略》,北京:中华书局,1988。
汤用彤,《汉文佛经中的印度哲学史料》,北京:商务印书馆,1994。
汤用彤,《印度哲学史略》,武汉:武汉大学出版社,2008。

汤用彤，《印度佛教汉文资料选编》，李建欣、强昱点校，北京：北京大学出版社，2010。
汪楠，《百年中国佛教量论因明学量式研究述评》，贵州大学硕士学位论文，2017。
王俊淇，《法称〈正理滴论〉与法上〈正理滴论注〉译注与研究》，北京：中国社会科学出版社，2020。
巫白慧译释，《圣教论：蛙氏奥义颂》，北京：商务印书馆，1999。
巫白慧，《印度哲学：吠陀经探义和奥义书解析》，北京：东方出版社，2000。
巫寿康，《因明正理门论研究》，北京：中华书局，2007。
吴根友，《判教与比较：比较哲学探论》，上海：东方出版中心，2019。
吴清原，《同时性："绵延"的"瞬间"向度》，《世界哲学》，2019(3)。
吴学国，《唯识学：缘起论与业力说的矛盾消解》，《学术月刊》，1998(10)。
吴学国，《论唯识学对般若"空"义的诠释与缘起论的重构》，《复旦学报(社会科学版)》，1999(3)。
徐梵澄，《徐梵澄文集》(十六卷)，上海：三联书店，2006。
许苏民，《中西哲学比较研究》，南京：南京大学出版社，2014。
杨勇，《俱舍论业思想研究》，北京：宗教文化出版社，2010。
杨郁文，《以四部阿含经为主综论原始佛教之我与无我》，《中华佛学学报》，1978(2)。
姚卫群，《印度哲学》，北京：北京大学出版社，1992。
姚卫群，《印度宗教哲学百问》，北京：今日中国出版社，1992。
姚卫群，《佛学概论》，北京：宗教文化出版社，2002。
姚卫群，《古印度六派哲学经典》，北京：商务印书馆，2003。
姚卫群，《印度宗教哲学概论》，北京：北京大学出版社，2006。

姚治华,《自证:意识的反身性》,许伟、余振邦译,上海:东方出版中心,2020。
叶阿月,《识(vijñāna)与表识(vijñapti)的研究:以唯识思想为中心》,《台大文史哲学报》,1980(29)。
叶少勇,《〈中论颂〉与〈佛护释〉——基于新发现梵文写本的文献学研究》,上海:中西书局,2011a。
叶少勇,《〈中论颂〉——梵藏汉合校·导读·译注》,上海:中西书局,2011b。
尹邦志,《寂护的判教与道次第思想》,《四川大学学报(哲学社会科学版)》,2007(5)。
印顺,《说一切有部为主论书与论师之研究》,台北:正闻出版社,1992。
印顺,《唯识学探源》,台北:正闻出版社,2000。
印顺,《印度佛教思想史》,北京:中华书局,2009。
俞宣孟、何锡蓉主编,《探根寻源——新一轮中西哲学比较研究论集》,上海:上海译文出版社,2005。
虞愚,《虞愚文集》,北京:商务印书馆,2018。
张曼涛主编,《佛教根本问题研究》,《现代佛教学术丛刊(54)》,台北:大乘文化出版社,1978。
赵汀阳,《天下的当代性:世界秩序的实践与想象》,北京:中信出版集团,2017。
郑宝莲,《印度早期中观三部论注释〈中论〉归敬偈之比较》,《现代佛教学会通讯》,2004(6)。
郑伟宏,《佛家逻辑通论》,上海:复旦大学出版社,1996。
中国逻辑史学会因明研究工作小组,《因明新探》,兰州:甘肃人民出版社,1989。
朱成明译,《利论》,憍底利耶著,北京:商务印书馆,2020。

朱明忠,《论甘地的真理观》,《东方哲学研究》, 1987(3)。
朱明忠,《论甘地的道德伦理思想》,《南亚研究》, 1988(3)。
朱明忠,《〈印度近现代哲学〉评介》,《南亚研究》, 1990(4)。
朱明忠,《奥罗宾多·高士》, 台北: 东大图书股份有限公司, 1994a。
朱明忠,《恒河沐浴——印度教概览》, 成都: 四川民族出版社, 1994b。
[奥地利]维特根斯坦,《哲学研究》, 李步楼译, 陈维杭校, 北京: 商务印书馆, 1996。
[德]卡尔·雅斯贝尔斯,《历史的起源与目标》, 魏楚雄、俞新天译, 北京: 华夏出版社, 1989。
[德]卡尔·雅斯贝尔斯,《大哲学家》, 李雪涛译, 北京: 社会科学文献出版社, 2005。
[俄]舍尔巴茨基,《佛教逻辑》, 宋立道、舒晓炜译, 北京: 商务印书馆, 1997。
[法]柏格森,《时间与自由意志》, 吴士栋译, 北京: 商务印书馆, 1989。
[法]德里达,《书写与差异》上册, 张宁译, 北京: 生活·读书·新知三联书店, 2001。
[美]萨义德,《东方学》, 王宇根译, 北京: 生活·读书·新知三联书店, 1999。
[美]唐纳德·罗佩兹,《佛教解释学》, 周广荣、常蕾、李建欣译, 上海: 上海古籍出版社, 2009。
[日]荻原云来编纂, 直四郎监修,《汉译对照梵和大辞典》, 台北: 新文丰出版公司, 1979。
[日]平川彰,《印度佛教史》, 庄昆木译, 北京: 北京联合出版有限公司, 2018。
[日]梶山雄一、吴汝钧,《寂护、莲花戒与宝作寂——后期中观的综合哲学》,《内明》, 1980(104—106)。

[日]武邑尚邦,《无我的研究》,余万居译,台北:法尔出版社,1989。
[日]一鄉正道,《瑜伽中观派》,载《中观思想》,李世杰译,《世界佛学名著译丛(63)》,台北:华宇出版社,1985。
[日]舟桥一哉,《业的研究》,余万居译,台北:法尔出版社,1988。
[日]佐佐木现顺,《业的思想》,周柔含译,台北:东大图书公司,2003。
[印]巴萨特·库马尔·拉尔,《印度现代哲学》,朱明忠、姜敏译,上海:商务印书馆,1991。
[印]恰托巴底亚耶,《印度哲学》,黄宝生、郭良鋆译,北京:商务印书馆,1980。
[英]查尔斯·埃利奥特,《印度教与佛教史纲》,李荣熙译,北京:商务印书馆,1982。
[英]大卫·休谟,《人性论》,关文运译,北京:商务印书馆,1980。
[英]大卫·休谟,《人类理智研究》,周晓亮译,北京:中国法制出版社,2011。
[英]洛克,《人类理解论》,关文运译,北京:商务印书馆,1983。
[英]彼得·哈维,《佛教伦理学》,李建欣、周广荣译,上海:上海古籍出版社,2012。

二、日文文献(以日语五十音字母为序)

安井広済,「中觀學說における業の理解」,『大谷大學佛教學會』,1974(10).
伊原照蓮,「タットヴサングラハに於けるアポーハ説について」,『文化』(東北大学文学会),1951(15-1).
井上善右衛門,「業説と無我説」,『印度學佛教學研究』,1965(14-1).

宇野惇,「Vyāpti 考一ジャイナ教に関連して一」,『密教学』, 1980(16·17[合併号]).

雲井昭善編,『業思想研究』, 京都: 平樂寺書店, 1979.

王俊淇,「如来秘密経における一字不説論」,『印度學佛教學研究』, 2017(65-2).

何欢欢,「チャンドラーナンダとバーヴィヴェーカの年代に関する考察——『二指』説をめぐって」,『印度學佛教學研究』, 2017(65-2).

何欢欢,「Candrānanda と Bhāviveka の年代再考——『śabda推論』をめぐって」,『印度學佛教學研究』, 2018b(66-2).

加藤纯章,『经量部の研究』, 东京: 春秋社, 1989.

梶山雄一,「シャーンタラクシタの批判哲学」,『仏教の比較思想論的研究』, 1979(2).

宮坂宥勝,「シャーンタラクシタの伝える唯物論哲学: *Tattvasaṃgrahapañjikā*. chap. XXII」,『大山公淳教授頌寿記念論集(下)』, 1965. (重錄于『インド古典論』下, 1984)

金岡秀友,「我と覚とを廻る論諍——*Tattvasangraha*, Mimamsaparikalpatmanirakarana」,『宗教研究』, 1961(169).

桑月心,「Uddyotakara の刹那滅論証批判」,『龍谷大学大学院紀要』, 1979(1).

桑月心,「*Tattvasaṃgraha* における運動句義批判」,『龍谷大学大学院紀要』, 1982(4).

桂紹隆,「ダルマキ - ルティの因果論」,『南都仏教』, 1983(50).

古角武睦,「インド・チベットにおける瑜伽行中観派の刹那論についての伝承」,『佛教大学大学院紀要. 文学研究科篇』, 2010(38).

御牧克己,「恒常性批判*Sthirasiddhidusana*——Ratnakirti: Sthirasiddhidusana と TS (P): Sthirabhavapariksa の比較」,『印度學佛教學研究』, 1972(20-2).

御牧克巳,「刹那滅論証」,『講座大乗仏教』, 東京, 1984(9).

今西順吉,「根本原質の考察: タットヴァサングラハ第一章訳註」,『北海道大學文學部紀要』, 1972(20-2).

佐佐木現順,「実義要集釋——三時分析章訳解」, 收于佐佐木現順,『佛教における時間論の研究』, 東京: 清水弘文堂, 1974.

佐藤雅通,「TS(P) Karmaphalasaṃbandhaparīkṣa における同一の作者(ekakartṛ)」,『論叢アジアの文化と思想』, 1997(6).

佐藤晃,「刹那滅論を前提とした因果關係は成立可能か」,『東洋の思想と宗教』, 2011(28).

山口瑞鳳,「『縁起生』の復権: 寂護による清弁・法称の刹那滅論批判」,『成田山仏教研究所紀要』, 1991(14).

志賀浄邦,「*Tattvasaṃgraha* 及び *Tattvasaṃgrahapañjikā*第18章『推理の考察(Anumānaparīkṣā)』和訳と訳注」,『インド学チベット学研究』, (1)(2)(3), 2007(11); 2008(12); 2009(13).

志賀浄邦,「*Tattvasamgraha* および *Tattvasamgrahapanjika*第21章『三時の考察(Traikalyapariksa)』校訂テキストと和訳(kk. 1785–1808)」,『インド学チベット学研究』, 2015(19).

志賀浄邦,「*Tattvasamgraha* および *Tattvasamgrahapanjika*第21章『三時の考察(Traikalyapariksa)』校訂テキストと和訳(kk. 1809–1855)」,『インド学チベット学研究』, 2016(20).

寺本婉雅,『根本佛教緣起觀一行の中道實踐哲學』, 東京: 國圖刊行會, 1981.

舟橋一哉,『初期唯識思想研究: 成立過程』, 東京: 國書刊行會, 1976.

舟橋一哉,『倶舍論の原典解明』, 京都: 法藏館, 1987.

松本史朗,「仏教論理学派の二諦説(下)」,『南都仏教』, 1981(47).

上山大峻,「シャーンタラクシタの教学的特質」,『印度学仏教学研究』, 1960(16).

森山清徹,「中観派と経量部の因果論論争——竿秤の上下(tulādaṇḍanāmonnāma)の喩例を巡って」,『印度学仏教学研究』, 1994(43-1).

森山清徹,「カマラシーラの知識論と因果論の検証 - ディグナーガ, ダルマキールティの見解の活用と批判」,『印度學佛教學研究』, 2001(50-1).

森山清徹,「カマラシーラの因果論及びプラマーナ論の吟味とダルマキールティ: Madhyamakaloka, 和訳研究」,『文学部論集』, 2006(90).

神子上恵生,「仏教徒の因果関係の決定方法についての一考察」,『仏教学研究』, 1984(39/40).

人見牧生,「カマラシーラの因果論」,『印度學佛教學研究』, 2006(55-1).

菅沼晃,「寂護の三世実有論批判」,『東洋大学大学院紀要』, 1964(1).

菅沼晃:「『摂真実論』外境批判章訳註(一)」,『大乗仏教から密教へ: 勝又俊教博士古稀記念論集』, 1981.

菅沼晃,「『摂真実論』外境批判章訳註(二)号」,『仏教の歴史と思想: 壬生台舜博士頌寿記念』, 1985.

清水公庸,「因果をめぐる論争」,『南都佛教』, 1983(51).

清水公庸,「*Tattva-Saṅgraha-Pañjikā*『内属の考察』試訳」,『仏教学研究』, 1990(45/46).

生井智紹,「后期仏教哲学による圣典の阶层的理解」,『宗教研究』, 1987(271).

生井智紹,「*Tattvasaṃgraha* XXVI 3427-3429 について」,『インド哲学

仏教思想論集: 神子上恵生教授頌寿記念論集』, 2004.

石橋栄,「*Tattvasaṁgraha-pañjikā*, pratyakṣa-parīkṣā kk. 1311-1328《第二規定辞『迷乱がない』の検討》試訳」,『龍谷大学仏教学研究室年報』, 1993(6).

石村克,「『タットヴァサングラハ』『自律的真理論検討』章の研究(1)〈真〉としての本性的な能力」,『比較論理学研究 : 広島大学比較論理学プロジェクト研究センター研究成果報告書』, 2017(15).

川崎信定,「法を知る人は存在するか」,『仏教における法の研究: 平川彰博士還暦記念論集』, 1975.

太田心海,「認識の対象に関する考察——*Tattvasaṃgraha*, Bahirarthapariksa の和訳研究(上)」,『佐賀龍谷学会紀要』, 1968(14).

太田心海,「認識の対象に関する考察——*Tattvasaṃgraha*, Bahirarthapariksa の和訳研究(下)」,『佐賀龍谷学会紀要』, 1970(17).

太田心海,「『ことば』の対象について」,『佐賀龍谷学会紀要』, 1973(18/19).

大谷大学佛教学会编:『业思想の研究』, 京都: 文栄堂书店, 1975.

谷貞志,『刹那滅の研究』, 東京: 春秋社, 1999.

竹中智泰,「普遍の考察(1)(KK. 703-738)『八世紀インドにおける仏教と他学派との対立と交渉「タットヴァサングラハ」研究』, 昭和53年度科學研究費補助金総合研究A研究報告所収, 1979.

竹中智泰,「普遍の考察(2)*TATTVASAṂGRAHA*, sāmānyapadārthaparīkṣā和訳研究」,『常葉学園大学研究紀要. 外国語学部』, 1989(6).

竹中智泰,「普遍の考察(3)『料理人』等に関する議論- *TATTVASAṂGRAHA*, sāmānyapadārthaparīkṣā和訳研究」,『常葉学園大学研究紀要. 外国語学部』, 2000(17).

竹中智泰,「普遍の考察(4)『非存在』の知識根拠をめぐる議論と普遍存在論証批判- *TATTVASAṂGRAHA*, sāmānyapadārthaparīkṣā和訳研究」,『常葉学園大学研究紀要. 外国語学部』, 2003(20).

竹中智泰,「普遍の考察(5)総括として——*TATTVASAṂGRAHA*, sāmānyapadārthaparīkṣā和訳研究」,『常葉学園大学研究紀要. 外国語学部』, 2011(27).

中村元,「ウパニシャッド論者の想定するアートマンの考察」,『初期のヴェーダーンタ哲學』, 東京: 岩波書店[, 1950][1981印].

中村元,「プルシャの考察」,『ことばの形而上學』, 東京: 岩波書店, 1956.

中村元,「語ブラフマンの考察」,『初期のヴェーダーンタ哲學』, 東京: 岩波書店, [1950][1981印].

中村元,『自我と無我: インド思想と仏教の根本問題』, 京都: 平楽寺書店, 1963.

長澤實導,「『タットヴァサングラハ』に於ける補特伽羅說の批判」,『仏教研究』, 1939(3-3). (重錄于長澤實導,『瑜伽行思想と密教の研究』, 東京: 大東出版社, 1978.)

塚本啓祥, 松長有慶, 磯田熙文編:《梵語仏典の研究: 論書篇》第3卷, 京都: 平楽寺書店, 1990.

鄭祥教,「『摂真実論』および『摂真実論細疏』におけるプドガラ説批判」,『印度學佛教學研究』, 2014(62-2).

田丸俊昭,「Śāntarakṣita及びKamalaśīlaの批判」,『龍谷大学大学院紀要: 文学研究科』, 1979(1).

田丸俊昭,「想起(pratisandhāna)とア-トマンを廻る論争——*Tattvasaṅgraha* 7-1, Naiyāyika-vaiśeṣikaparikalpitātmaparīksāの一節」,『龍谷大學佛教文化研究所紀要』, 1979(18).

渡辺重朗,「仏教論理学派の破神論」,『仏の研究: 玉城康四郎博士還暦記念論集』, 1977.

渡辺重朗,「*TATTVASAṄGRAHA* XXVI kk 3247-3261 et kk 3622-3646」,『成田山仏教研究所紀要』, 1988(11).

渡辺照宏,「摂真実論序章の翻訳研究」,『東洋学研究』, 1967(2).

渡辺照宏編, Glossary of the *Tattvasaṅgrahapañjikā*,『インド古典研究』, 1985(5).

島義德,「Śāntarakṣita の abhāva 批判」,『印度学仏教学研究』, 1982(60).

内藤昭文,「中観論書におけるアートマン批判」,『龍谷大学大学院紀要』, 1982(4).

内藤昭文,「TS(P) におけるアートマン説批判(I)——サーンキヤ学派の構想するアートマン説をめぐって (1)」,『印度学仏教学研究』, 1983a(62).

内藤昭文,「TS(P) におけるアートマン説批判(I)——サーンキャ学派の構想するアートマン説をめぐって (2)」,『印度学仏教学研究』, 1983b(63).

内藤昭文,「TSP におけるアートマン説批判(I)——サーンキャ学派の構想するアートマン説をめぐって (3)」,『龍谷大学大学院紀要』, 1983c(5).

内藤昭文,「TSP におけるアートマン説批判(II)——プドガラ説をめぐって (1)」,『印度学仏教学研究』, 1984(65).

内藤昭文,「TSP におけるアートマン說批判(III) ニャーヤヴァイシェーシカ學派の構想するアートマン說をめぐって」,『龍谷大學大學院紀要』, 1985(6).

内藤昭文,「寂護蓮華戒の無我說擁護——TSP におけるアートマン

説批判(III)」,『佛教學研究』, 1986a(42).

内藤昭文,「『倶舎論』「破我品」の敵者について——無我説の思想史的研究余話」,『龍谷大学大学院仏教学研究室年報』, 1986b(2).

内藤昭文,「寂護蓮華戒のアートマン存在論証批判——TSP におけるアートマン説批判4」,『南都仏教』, 1987a(57).

内藤昭文,「無我説をめぐる寂護, 蓮華戒とクマーリラの論争點 TSP におけるアートマン説批判(VII)——(2) として」,『龍谷大學大學院紀要』, 1987b(8).

内藤昭文,「TSP におけるアートマン説批判-4-(3) として - クマーリラのアートマン説の理論『区別と随伴』への批判」,『仏教学研究』, 1988(44).

内藤昭文,「アートマン説批判への布石 - TSP におけるアートマン説批判(IV)」,『龍谷大学大学院紀要』, 1989(10).

菱田邦男,「タットヴァサングラハにおける勝論説批判, ヴィシェーシャの章について」,『東海佛教』, 1964(9/10).

菱田邦男,「*Tattvasamgraha* の和訳解説」, (1)(2);『名古屋商科大学論集』1970(14); 1971(15). 同, (3)(4)(5)『愛知教育大學研究報告人文社會科學編』, 1974(23); 1975(24); 1977(26).

菱田邦男,「*Tattvasamgraha* の和訳解説」, (6),『愛知教育大學研究報告人文社會科學編』, 1981(30). 同, (7),『東海仏教』, 1981(26); (8); (9),『愛知教育大學研究報告人文社會科學編』, 1981(30); 1983(32).

武内紹晃,『縁起と業—原始仏教から大乗仏教へ』, 京都: 本願寺出版社, 1992.

服部正明,「『真理綱要』の直接知覚(pratyakṣa)論」,『日本仏教学会年報』, 1960(25).

服部正明,「真理綱要における我論批判——ミーマーンサー、サーンキヤの想定する我の考察」,『自我と無我』, 1976(11).

平川彰,「原始佛教の認識論」,『講座佛教思想——論理學』第二卷, 東京: 理想社, 1982.

本多惠,「『原質の考察』和譯」,『サーンキヤ哲學研究』, 東京: 春秋社, 1980a.

本多惠,「『兩元の考察』和譯」,『サーンキヤ哲學研究』, 東京: 春秋社, 1980b.

本多惠,「『カビラの徒の想定する我の考察』和譯」,『サーンキヤ哲學研究』, 東京: 春秋社, 1980c.

木村俊彦,「正理・勝論学派の有神論に対する仏教論理学派の批判2——ダルマキールティに於ける -1-」,『宗教研究』, 1973(213).

李泰昇,「Śāntarakṣita の形象說批判について」,『駒澤大學佛教學部論集』, 1991(22).

龍山章眞,「『實義要集・我論批判』の研究-正理派・勝論派の章」,『日本佛教學協會年報』, 1937(9).

佛敎思想研究会編,『仏教思想3: 因果』, 京都: 平樂寺書店, 1978.

櫻部建,『業・宿業の思想』, 京都: 平楽寺書店, 2003.

三、西文文献(以拉丁字母为序)

Akimoto, Masaru. “Buddhist definition of existence: Kāritra to arthakriyā”, in S. Hino & T. Wada (eds.), *Three mountains and seven rivers: Prof. Musashi Tachikawa*’s *felicitation volume*, Delhi: Motilal Banarsidass, 2004.

Anand, Kewal Krishna. *Indian Philosophy: The Concept of Karma*, Bharatiya Vidya Prakashan, 1982.

Armstrong, D. M. "Identity Through Time", in Peter van Inwagen (ed.), *Time and Cause*, Dordrecht: D. Reidel, 1980.

Arnold, Dan. "On Semantics and 'Saṃketa': Thoughts on a Neglected Problem with Buddhist 'Apoha' Doctrine", *Journal of Indian Philosophy*, 2006(34-5).

Bahm, Archie J. *Comparative Philosophy: Western, Indian, and Chinese Philosophies Compared*, Albuquerque, N.M.: Universal Publications, 1977.

Balcerowicz, Piotr. "Is 'Inexplicability Otherwise' (anyathānupapatti) Otherwise Inexplicable?", *Journal of Indian Philosophy*, 2003(31).

Bhattāchārya, B. "Foreword to the Sanskrit Edition", in Krishnamacharya, Embar (ed.), *Tattvasaṃgraha of Śāntarakṣita with the Commentary of Kamalaśīla*, 2 vols, Gaekwad's Oriental Series 30-31, Baroda: Central Library, 1926.

Bhattacharyya, Narendra Nath. *A Glossary of Indian Religious Terms and Concepts*, Columbia. MO: South Asia Publications, 1990.

Blocker, Gene. *World Philosophy: An East-West Comparative Introduction to Philosophy*, Upper Saddle River, NJ: Prentice Hall, 1999.

Blumenthal, James. *The Ornament of the Middle Way: A Study of the Madhyamaka Thought of Śāntarakṣita*, Ithaca: Snow Lion Publications, 2004.

Blumenthal, James and Apple, James, "Śāntarakṣita", The Stanford Encyclopedia of Philosophy (Spring 2018 Edition), Edward N. Zalta (ed.), URL = <https: //plato.stanford.edu/archives/spr2018/entries/saan-

tarak-sita/>.

Bodhi, Bhikkhu. *Connected Discourses of the Buddha: A New Translation of the Samyutta Nikaya,* Boston: Wisdom Publications, 2003.

Bodhi, Bhikkhu. *The Numerical Discourses of the Buddha: A Translation of the Aṅguttara Nikāya*, Boston: Wisdom Publications, 2012.

Chalmers, Robert (ed). *The Majjhima-Nikāya* (vol. 3), London: Pali Text Society/Oxford University Press, 1899.

Chan, Ngan-che. *A Study of Yogãcãra Theory of the Ten Cause*, PhD Thesis, Hong Kong University, 2007.

Chatterjee, K. N. *Tattvasaṃgraha: Sthirabhāvaparīkṣā*. Calcutta: Vijaya-veeṇā, XXXII, 1988.

Cheng, Jianhua. *A Critical Translation of Fan Dong Jing, the Chinese Version of Brahmajala Sutra*, Washington: Council for Researching Values and Philosophy (RVP), 2002.

Collins, Steven. *Selfless Persons: Imagery and Thought in Theravada Buddhism,* Cambridge: Cambridge University Press, 1982.

Cox, Collect. *Disputed Dharmas: Early Buddhist Theories on Existence—An Annotated Translation of the Section on Factors Dissociated from Thought from Saṅghabhadra*'s *Nyāyānusāra*. Monograph Series XI, Studia Philologica Buddhica Tokyo, International Institute for Buddhist Studies, 1995.

Dasgupta, Surendranath. "Dialectical criticism of Śāntarakṣita and Kamalaśīla", *A History of Indian Philosophy*, London: Cambridge University Press, 1932(2).

Deutsch, Eliot. *Studies in Comparative Aesthetics*, Honolulu: University of Hawaii Press, 1975.

Deutsch, Eliot. "Comparative Philosophy as Creative Philosophy", *APA Newsletter on Asian and Asian-American Philosophers and Philosophy*, 2002(2-1).

Dhammajoti. "The Sarvāstivāda Doctrine of Simultaneous Causality", *Journal of the Centre for Buddhist Studies*, 2003(1).

Dunne, J.D. *Foundations of Dharmakīrti*'s *Philosophy*, Boston: Wisdom Publications, 2004.

FAN, Wenli. "On Recognition and Self: A Discussion Based on Nyāya, Mīmāṃsā and Buddhism", *Asian Philosophy*, 2017a(24-4).

FAN, Wenli. "Śāntarakṣita's Criticism of Causal Activity (Vyāpāra)", *Journal of Indian Philosophy*, 2017b(45-5).

FAN, Wenli. "Śāntarakṣita on Personal Identity—A Comparative Study", *Philosophy East and West*, 2018 (68-3).

Frauwallner, Erich. "Landmarks in the History of Indian Logic", *Wiener Zeitschrift für die Kunde Süd- und Ostasiens*, 1961(5).

Friquegnon, Marie-Louise. *On Shantarakshita*, Belmont, CA: Wadsworth/Thomson Learning, 2001.

Friquegnon, Marie-Louise. *A Short Introduction to the Philosophy of Santarakshit,* Brooklyn, NY: Cool Grove Publishing, 2012.

Funayama, Toru. "A Study of kalpanāpoḍha: A Translation of the *Tattvasaṃgraha* vv. 1212-1263 by Śāntarakṣita and the *Tattvasaṃgrahapañjikā* by Kamalaśīla on the Definition of Direct Perception", *Zinbun: memoirs of the Research Institute for Humanistic Studies*, 1993(27).

Gethin, Rupert. *Foundations of Buddhism*, New York: Oxford University Press, 1998.

Giles, James. “The No-self Theory: Human, Buddhism, and Personal Identity”, *Philosophy East and West,* 1993(43-2).

Giles, James. *No Self to Be Found: The Search for Personal Identity*, Lantham, MD: University Press of America, 1997.

Gnoli, Raniero(ed.). *The Pramāṇavārttikam of Dharmakīrti: The First Chapter with the Autocommentary: Text and Critical Notes*, Serie Orientale Roma, XXIII, Rome: Istituto Italiano peril Medio ed Estremo Oriente, 1960.

Gold, Jonathan C. *Vasubandhu-Paving the Great Way-Vasubandhu's Unifying Buddhist Philosophy*, New York: Columbia University Press, 2015.

Goodman, Charles. “Bhāvaviveka's Arguments for Emptiness”, *Asian Philosophy*, 2008(18-2).

Gray, Wallace. “The Plott Project: An Unfinished Symphony”, *Comparative Civilizations Review*: 1999, Vol. 41: No. 41, Article 3, International Society for the Comparative Study of Civilizations: https: //scholarsarchive. byu. edu/ccr/vol41/iss41/3.

Hamilton, Sue. *Identity and Experience: The Constitution of the Human Being According to Early Buddhism*, London: Luzac Oriental, 1996.

Harvey, Peter. *The Selfless Mind: Personality, Consciousness and Nirvāṇa in Early Buddhism*, London, New York: Curzon, 2004.

Hawley, Katherine. *How Things Persist*, New York: Oxford University Press, 2001.

Hawley, Katherine. “Temporal Parts”, The Stanford Encyclopedia of Philosophy (Summer 2020 Edition), Edward N. Zalta. ed. , URL = <https: //plato. stanford. edu/archives/sum2020/entries/tempo-

ral-parts/>. 2020.

Ho, David Y. F. “Selfhood and Identity in Confucianism, Taoism, Buddhism, and Hinduism: Contrasts with the West”, *Journal for the Theory of Social Behavior*, 1995(25-2).

Hoffman, Frank J. “Satisfactions and Obstacles in Philosophizing Across Cultures”, in D. P. Chattopadaya and C. Gupta (eds.), *Cultural Otherness and Beyond*, Amsterdam, Koln and Boston: E. J. Brill, 1998.

Humphreys, Christmas. *Karma and Rebirth*, London: Curzon Press, 1983.

Huntley, Florence. *The Law of Compensation or Karma*, Whitefish: Kessinger Publishing, 2010.

Ichigo, Masamichi. “Śāntarakṣita’s Madhyamakālaṃakāra”, in Luis O. Gomez and Jonathan A. Silk (eds.), *Studies in the Literature of the Great Vehicle: Three Mahāyāna Buddhist Texts*, Ann Arbor, Collegiate Institute for the Study of Buddhist Literature and Center for South and Southeast Asian Studies, University of Michigan, 1989.

Inami, Masahiro. “On the Determination of Causality”, in *Dharmakīrti’s Thought and Its Impact on Indian and Tibetan Philosophy: Proceedings of the Third International Conference*, Hiroshima, Shoryu Katsura(eds.), Vienna: Osterreichische Akademie der Wissenschaften, 1999.

Jha, Gangnatha(trans.). *Śabarabhāṣya*, 3 vols, Baroda: oriental Institute, 1933(1), 1934(2), 1936(3).

Jha, Ganganath(trans.). *Ślokavārttika*: *Translated from the Original Sanskrit of Kumārila Bhaṭṭa’s Ślokavārtika with Extracts from the Commentaries “Kāśikā” of Sucarita Miśra and “Nyāyaratnākara” of Pārtha Sārathi Miśra*, Delhi: Sri Satguru, [1900]1983a.

Jha, Ganganatha(trans.). *The Nyāyasūtras of Gautama with Vātsyāyana's Bhāṣya and Uddyotakara's Vārttika*, 4 Volumes, Kyoto: Rinsen Book Co, [1915]1983b.

Jha, Ganganatha(trans.). *The Tattvasaṅgraha of Shāntarakṣita with the Commentary of Kamalashīla*, Delhi: Motilal Banarsidass, [1937-1939]1986.

Jha, Ganganath(trans.). *Tantravārttika: A Commentary on Śabara's Bhāṣya on the Pūrvamīmāṁsā Sūtras of Jaimini*, 2 volumes, Kumārila Bhaṭṭa, Delhi: Pilgrims Book, [1924]1998.

Jha, Ram Nath. *Sāṁkhyadarśana*, Delhi: Vidyanidhi Prakashan, 2009.

Johannes, Bronkhorst. *Karma*, Honolulu: University of Hawai'i Press, 2011.

Kajiyama, Yuichi. "Later Mādhyamikas on Epistemology and Meditation", in Minoru Kiyota, *Mahayana Buddhist Meditation: Theory and Practice*, Honolulu: University of Hawai'i Press, 1978.

Kalupahana, David J. *Causality: The Central Philosophy of Buddhism*, Honolulu: University of Hawai'i Press, 1986.

Kalupahana, David J. *Karma and Rebirth: Foundations of the Buddha's Moral Philosophy,* Dehiwala, Sri Lanka: Buddhist Cultural Centre, 2006.

Kapstein, Matthew T. "Self & Personal Identity in Indian Buddhist Scholasticism: A Philosophical Investigation", PhD thesis, University of California, Berkeley, 1987.

Kapstein, Matthew T. *Reason's Traces: Identity and Interpretation in Indian and Tibetan Buddhist Thought*, Boston: Wisdom Publications, 2001.

Kapstein, Matthew T. "Śāntarakṣita's *Tattvasaṃgraha*: A Buddhist Critique of the Nyāya View of the Self", in Edelglass, William and Jay L Garfield, *Buddhist Philosophy: Essential Readings*, New York: Oxford University Press, 2009.

Karunadasa, Y. *The Dhamma Theory: Philosophical Cornerstone of the Abhidhamma*, The Wheel Publication no. 412/413, Kandy, Sri Lanka: Buddhist Publication Society, 1996.

Karunadasa, Y. *The Theravada Abhidhamma: Its Inquiry into the Nature of Conditioned Reality*, Hong Kong: Centre of Buddhist Studies, HKU, 2010.

Kellner, Birgit. *Nichts bleibt nichts: Die buddhistische Zurückweisung von Kumārilas abhāvapramāṇa. Übersetzung und Interpretation von Śāntarakṣitas Tattvasaṃgraha vv. 1649-1690 mit Kamalaśīlas Tattvasaṃgrahapañjikā*, Wien: Universität Wien, 1994.

Kellner, Birgit. "Integrating Negative Knowledge into Pramāṇa Thoery: The development of the dṛśyānupalabdhi in Dharmakīrti's earlier works", *Journal of Indian Philosophy*, 2003(31).

Keyes, Charles F. and Daniel, Errol Valentine (eds.). *Karma: An Anthropological Inquiry*, Oakland: University of California Press, 1983.

Kunst, Arnold. "Probleme der buddhistischen Logik in der Darstellung des Tattvasaṅgraha", *Mémoires de la Commission Orientaliste*, Kraków: Polska Akademia Umiejętności, 1939(33).

Kunst, Arnold. "Kamalaśīla's Commentary on Śāntarakṣita's Anumānaparīkṣā of the *Tattvasaṅgraha*: Tibetan Text with Introduction and Notes", *Mélanges chinoise et bouddhiques*, 1946-1947(8).

Kupperman, Joel. "The Purposes and Functions of Comparative Philosophy", *APA Newsletter*, 2002(2-1).

La Vallée Poussin, Louis de, and Gelong L. Sangpo. *Abhidharma-kośa-Bhāṣya of Vasubandhu: The Treasury of the Abhidharma and Its Commentary*, Delhi: Banarsidass, 2012.

Lamote, Etienne. *Karmasiddhiprakaraṇa: The Treatise on Action by Vasubandhu*, in Leo M. Pruden (trans.), Berkeley, CA: Asian Humanities Press, 1988.

Leibniz, Gottfried W. "Discourse on Metaphysics, Section 9", in Leroy E. Loemker(ed.), *G. W. Leibniz: Philosophical Papers and Letters*. 2nd ed. , Dordrecht: Kluwer, 1969.

Lewis, David. "Counterparts of Persons and their Bodies", *Journal of Philosophy*, 1971(68).

Lewis, David. "Survival and Identity", in Amelie Rorty (ed.), *The Identities of Persons*, Berkeley, CA: University of California Press, 1976.

Lewis, David. *On the Plurality of Worlds*, Oxford: Blackwell Publishing House, 1986.

Liebenthal, Walter, *Satkārya in der Darstellung seiner buddhistischen Gegner: Die prakṛti-parīkṣā im Tattvasaṃgraha des Śāntarakṣita zusammen mit der Pañjikā des Kamalaśīla übersetzt und ausführlich interpretiert.* Beiträge zur indischen Sprachwissenschaft und Religionsgeschichte, Vol. 9, Stuttgart-Berlin: W. Kohlhammer, 1934.

Lindtener, Christian. "A treatise on Buddhist idealism: Kambala's Ālokamālā", Christian Lindener(ed.), *Miscellanea Buddhica*, Indiske Studier V, Copen-hagen, 1985.

Locke, John. *An Essay Concerning Human Understanding* (1690), A. C. Fraser(ed.), Oxford: Clarendon Press, 1894.

Lowe, E. J. "Instantiation, Identity and Constitution". *Philosophical Studies*, 1983(44).

Lowe, E. J. *The Possibility of Metaphysics*, Oxford: Oxford University Press, 1998.

Mao, Yufan. "Dignāga on the Causality of Object-Support (Ālambana) and Śubhagupta's Refutation", *Journal of Indian Philosophy*, 2019(47).

Masaaki, Hattori. *Dignāga On Perception*, Cambridge MA: Harvard University Press, 1968.

McClintock, Sara L. *Omniscience and the Rhetoric of Reason: Śāntarakṣita and Kamalaśīla on Rationality, Argumentation, & Religious Authority*, MA: Wisdom Publications, 2010.

McDermott, James Paul. *Development in the Early Buddhist Concept of Kamma/Karma*, New Delhi: Munshiram Manoharlal Publishers, 1984.

McMahan, David L. *The Making of Buddhist Modernism*, New York: Oxford University Press, 2008.

Mikogami, E. "Some remarks on the concept of Arthakriyā", *Journal of Indian Philosophy*, 1979(7-1).

Moore, Charles A. (ed.). *Philosophy—East and West*, Princeton: Princeton University Press, 1946.

Moriz, Winternitz. *A History of Indian Literature*, vol 2, Calcutta: University of Calcutta, 1933.

Mou, Bo. "On Constructive-Engagement Strategy of Comparative Philosophy: A Journal Theme Introduction", *Comparative Philosophy*, 2010(1-1).

Nakamura, Hajime. *A Comparative History of Ideas*. Delhi: Motilal Banarsidas Publishers Private Limited, 1992.

Ñāṇamoli, Bhikkhu and Bhikkhu Bodhi(trans.). *The Middle Length Discourses of the Buddha: a Translation of the Majjhima Nikaya*, Boston: Wisdom Publications, 2005.

Neufeldt, Ronald W. *Karma and Rebirth: Post Classical Developments*, New York: State University of New York Press, 1986.

Neville, Robert Cummings. "Beyond Comparative to Integrative Philosophy", *APA Newsletter*, 2002(2-1).

Obermiller, Eugene. *The History of Buddhism in India and Tibet*, Livingston, NJ: Orient Book Distributors, 1986.

Oderberg, David. *The Metaphysics of Identity Over Time*, London, New York: Macmillan/St Martin's Press. 1993.

O'Flaherty, Wendy Doniger. *Karma and Rebirth in Classical Indian Traditions*, Oakland: University of California Press, 1980.

Padmakara Translation Group(trans.). *The Adornment of the Middle Way: Śāntarakṣita's Madhyamakālaṃkāra with Commentary by Jamgon Mipham*, Boston, MA: Shambhala Publications, 2005.

Pandeya, Ram Chandra (ed.). *The Pramāṇavārttikam of Ācārya Dharmakīrti*, Delhi: Motilal Banarsidass, 1989.

Parfit, Derek. *Reasons and Persons*, Oxford: Clarendon Press, 1984.

Park, Changhwan. *The Sautrāntika Theory of Seeds (Bīja) Revisited: With Special Reference to the Ideological Continuity between Vasubandhu's Theory of Seeds and its Śrīlāta/Dārṣṭāntika Precedents*, PhD Thesis, University of California, Berkeley, 2007.

Pe, Maung Tin. *The Path of Purity: Being a Translation of Buddhaghosa's Visuddhimagga*, Kuala Lumpur: Buddhist Missionary Society,

(1962)1975.

Plott, John C. and Mays, Paul D. *Sarva-Darsana-Sangraha: A Bibliographical Guide to The Global History of Philosophy*, Leiden: E. J. Brill, 1969.

Plott, John C. with Dolin, James M. *Global History of Philosophy* (5 vols), Delhi: Motilal Banarsidass, 1977-<1980 >.

Poussin, Lous D. L. V. and Sangpo, Gelong L. *Abhidharmakośa-Bhāṣya of Vasubandhu: The Treasury of the Abhidharma and Its Commentary*, Delhi: Motilal Banarsidass, 2012.

Quine, W. V. O. "Identity, Ostension and Hypostasis", in his *From a Logical Point of View*, Cambridge MA: Harvard University Press, 1950.

Quine, W. V. O. *Word and Object*, Cambridge MA: MIT Press, 1960.

Radhakrishnan, Sarvepalli. *The Brahma Sūtra: The Philosophy of Spiritual Life*, London: George Allen & Unwin Ltd., 1960.

Raju, Poolla Tirupati. *Introduction to Comparative Philosophy*, Nebraska: University of Nebraska Press, 1962.

Rani, Vijaya. *The Buddhist Philosophy as Presented in Mīmāṁsā-Śloka-Vārttika*, Delhi: Parimal Publications, 1982.

Reat, N. Ross. *The Śālistamba Sūtra*, Delhi: Motilal Banarsidass, 1993.

Reichenbach, Bruce R. *The Law of Karma: A Philosophical Study*, Honolulu: University of Hawai'i Press, 1990.

Rospatt, Alexander von. *The Buddhist Doctrine of Momentariness: A Survey of the Origins and Early Phase of this Doctrine up to Vasubandhu*, Alt-und Neu-Indische Studien: Franz Steiner Verlag Stuttgart, 1995.

Ruegg, David Seyfort. *The Literature of the Madhyamaka School of Phi-*

losophy in India, Otto Harrassowitz Wiesbaden, 1981.

Said, Edward W. *Orientalism*, New York: Vintage Books, 1979.

Sāṃkṛtyāyana, Rāhula. "Dharmakīrti's Vādanyāya with the Commentary of Śāntarakṣita", Appendix to *The Journal of Bihar and Orissa Research Society*, 1935(21), 1936(22).

Schayer, Stanisław. "Kamalaśīlas Kritik des Pudgalavāda", *Rocznik Orientlistyczny*, 1932(8).

Schayer, Stanisław. *Contributions to the Problem of Time in Indian Philosophy*, Kraków: Nakładem Polskiej Akademii Umiejętności, 1938.

Schiefner, A. (ed.). *Târanâthae de doctrinae buddhicae in India propagatione*, Petropoli, 1868.

Shaw, Jaysankar Lal. *Causality and Its Application: Sāṃkhya, Bauddha, and Nyāya*, Kolkata: Punthi Pustak, 2005.

Shaw, Jaysankar Lal. *The Collected Writings of Jaysankar Lal Shaw: Indian Analytic and Anglophone Philosophy*, New York: Bloomsbury Academic, 2016.

Siderits, Mark. *Personal Identity and Buddhist Philosophy: Empty Persons*, Aldershot, UK: Ashgate Pub Ltd, 2003.

Siderits, Mark and Shōryū Katsura. *Nāgārjuna's Middle Way*, Boston: Wisdom Publications, 2013.

Siderits, Mark. "Comparison or Confluence Philosophy?", in J. Ganeri (ed.), *The Oxford Handbook of Indian Philosophy*, New York: Oxford University Press, 2017.

Silk, Jonathan A. ; Bowring, Richard; Eltschinger, Vincent; Radich, Michael(eds.). *Brill's Encyclopedia*, Vol 2, Leiden, Boston: Brill, 2019.

Taber, John A. "The Mīmāṃsā Theory of Self-Recognition", *Philosophy East and West*, 1990(40-1).

Thompson, Evan. "Self-No-Self? Memory and Reflexive Awareness", in-Mark Siderits, Evan Thompson, and Dan Zahavi(eds.), *Self, No Self?: Perspectives from Analytical, Phenomenological, and Indian Traditions*, Cambridge: Oxford University Press, 2013.

Trungpa, Chogyam. *The Truth of Suffering and the Path of Liberation*, Shambhala Publications, 2009.

Van Inwagen, Peter. "Four-Dimensional Objects", *Noûs*, 1990a(24).

Van Inwagen, Peter. *Material Beings*, Ithaca NY: Cornell University Press, 1990b.

Williams, Bernard. "The Self and Future", *Philosophical Review*, 1970(79-2).

Williams, Paul. ; Tribe, Anthony. *Buddhist Thought: A Complete Introduction to the Indian Tradition*; Routledge, 2002.

Wilson, H. Van Rensselar. "On Causation", in Sidney Hook (ed.), *Determinism and Freedom: In the Age of Modern Science*, New York: Collier Books, 1961.

Wood, Thomas E. (ed.). *Mind Only: A Philosophical and Doctrinal Analysis of the Vijñānavāda*, Honolulu: University of Hawai'i Press, 1991.

WU, Baihui. *Indian Philosophy and Buddhism*, Beijing: Zhongguo fojiao wenhua yanjiu suo, 1991.

Yao, Zhihua. "On Memory and Personal Identity", *Journal of Buddhist Studies*, 2008(6).

Yao, Zhihua. "Non-Cognition and the Third Pramāṇa", in Helmut Krasser, Horst Lasic, Eli Franco & Birgit Kellner (eds.), *Religion and Logic in*

Buddhist Philosophical Analysis, Verlag der Österreichischen Akademie der Wissenschaften, 2011.

Yao, Zhihua. “Activity (*kāritra*), Non-activity (*nirvyāpāra*) and Effective Action (*arthakriyā*)”, forthcoming at *Journal of Buddhist Philosophy*, 2021.

Ye, Shaoyong. “The *Mūlamadhyamakakārikā* and Buddhapālita’s Commentary: Romanized Texts Based on the Newly Identified Sanskrit Manuscripts from Tibet (1)”, *ARIRIAB*, Tokyo, 2007(10).

Ye, Shaoyong. “From Scepticism to Nihilism: A Nihilistic Interpretation of Nāgārjuna’s Refutations”, *Journal of Indian Philosophy*, 2019(47).

Zimmerman, Dean W. “Temporal Parts and Supervenient Causation: The Incompatibility of Two Humean Doctrines”, *Australasian Journal of Philosophy*, 1998(76).

后　记

《行为与因果》一书是由我的博士论文翻译(博论为英文)、增删、改写而来,是博士阶段研究的一个深化与拓展。2012年,我开始在香港中文大学攻读博士,彼时开始接触寂护《摄真实论》,并在博士生导师姚治华教授的建议下将之确定为博士论文研究对象。然而,我对本书所涉及的哲学议题——佛教“业论”——的研究,实际上可以追溯到更遥远的过去。早在本科和硕士阶段,我就与“业”这一概念结下了不解之缘:我的本科毕业论文标题为《佛教业论初探》,是对佛教业思想进行的思想史梳理;硕士毕业论文标题为《〈大乘成业论〉之业思想研究》,在进一步关注“业”概念的同时,由思想史进入具体的文本;到博士阶段,我虽然还在处理佛教文本,但总算是进入了哲学议题的讨论。如此算来,白驹过隙之间,我面对这一佛教哲学概念,已十多年了。

这么多年与这一概念的纠缠,虽难免依然浅陋,但是对于个人的生命来说,确乎是浓墨重彩的一笔了。回想起来,能够这么长的时间里驻扎在这一个议题上,除了求学、毕业、求职等现实需要之外,还有一个最根本的动机,就是“理解世界运行的方式”。这句话作为对“你为什么学哲学”这一问题的标准答案,听着似乎空泛无当,无聊至极,然而,这确实是这么多年来我内心无比坚定的一个信念,也是我学术道路的最根本动力。古诗有言，“非人磨墨墨磨人”，我在研究这一课题的过程中也体验到研究工作和哲学思考对自己的重新塑造。无我、因果、缘起等哲学概念、哲学思路为我打开了观察世界的新视角，在其中，我领略到造化之宏伟雄奇、个体之微不足道。在与古往今来的哲人神交之时，我又体验到人类智识的美妙、理性的光辉。我很庆幸能够投身于这一行业，可以向圣贤求教，与智者同行。

然而，一切事业均为众缘成就，个人兴趣只是诸多缘起之一。我的学术成长道路能够如此顺利，得益于我所受到的诸多指引。以本书为例，早在2008年，我于南京大学保研之后，参与了硕士生导师王月清教授的“中国佛教关键词”项目，选定“业”作为研究的词条，并以《佛教业论初探》作为本科毕业论文的题目，从而开始了对这一概念的初步探索。当时，刚刚留校不久的圣凯教授是该项目的顾问，所以我的研究也受到他的指导，后来我的硕士毕业论文《〈大乘成业论〉之业思想研究》也是在圣凯教授的建议下敲定的选题。

南大毕业之后，我幸运地获得深造机会，在香港的政府奖学金的支持下赴香港中文大学读博。中大期间，我在导师姚治华教授的指导下开始寂护《摄真实论》的研读。为了能够顺利阅读梵文原文，我于博士课程第二年的暑假，在香港中文大学“外展体验奖”的支持下赴尼泊尔加德满都大学进行了为期两个月的梵文集训，随后又在中大哲学系“利哲奖学金”的支持下赴美国宾汉姆顿大学跟随查尔斯·古德曼(Charles Goodman)教授做了一年的梵英翻译。本书的主体部分——第一到第七章和附录的翻译——主要在攻博期间完成，现有书中的章节是在当时的研究基础上增删、扩展、翻译而来，附录中的梵汉翻译则是再次对照梵文本，借鉴当时英译初稿的思路，重新翻译为中文。

2017年，我开始供职于社科院哲学所。新的平台给我带来了两方面的视野：一是在室主任成建华研究员的影响下，对中国近现代以来的印度哲学学术史进行了梳理，所以有了本书序章中对印度哲学研究方法论的一些思考；二是在哲学所平台，为了达成与大家的对话，尝试以古典文本作为思想资源，参与当代哲学的讨论，所以有了本书第八章及第九章。

如此算来，这本小书也是我过去十多年学术生涯留下的一份纪念，保留了每一步的成长足迹。实际上，我这一路上所得到的帮助与指点，远非上述寥寥几笔可以说尽。南京大学哲学系诸位师长给我的哲学启蒙，香港中文大学哲学系所提供的严格的学术训练，社科院哲学所这一平台所提供的广阔视野，都是我人生中的宝贵财富。书稿草成之际，姚治华教授两度批阅，指出其中的梵文讹误；圣凯教授对书稿的结构框架提出重要的修改意见，多方调整，才有今日之体例。在大大小小的学术会议、工作坊中，我曾报告本书的部分内容，也得到过诸多师友的指正。书稿完成之后，幸得"佛教观念史与社会史研究丛书"收录，能够在商务印书馆出版。商务印书馆编辑为本书的出版付出许多辛劳，在此一并感谢。

沃土之上才有草木葱茏，学术工作如同草木，须得生长于丰沛充盈的生活世界之上。我的学术人生，最该感谢的还有我的父母、家人，他们所给予的无条件支持和无尽关爱是我人生最大的底气、最重要的盼望。此外，还有一件憾事须得记载于此：2014年暑假，我在尼泊尔参加梵文集训班时，祖母突然病重，我接到消息后，立刻收拾回程。然而，等我从加德满都经香港飞到南京，再辗转到家之时，奶奶已经离世一天。天人永隔，而我连老人家最后一面都未曾见到。每每想到此事，心中仍然无比痛楚，懊悔自己为什么没能在那个暑假留在离家更近的地方。这可能是我第一次对自己满腔热情噌噌前行的所谓"精进人生"有所质疑，因为我突然意识到：我所迷恋的飞机上俯瞰所见的万家灯火，与灶台上跳跃的火苗，本是一体；而我所向往的远方，与眼前的土地，也并无二致；寻常人生、琐碎生活中所蕴藏的意义并不比宏大叙事中蕴藏的意义要少。所以，本书要献给我的奶奶：未能在她临终时侍奉于侧，终究是无法弥补的遗憾。希望能够借这本书，留一点念想，以告慰奶奶在天之灵。

白璧有瑕、美中不足，可能才是生活最大的真相吧。捧着这本小书，仿佛站在一个新的起点，想着来时的路，看着脚下的路，有惶惑也有期待，有恐慌也有盼望。相信爱、责任，还有一份求知本能，必会带领我领略更多人类智识的风采；若自己的工作能够为这份风采略略增色，那便是此生之幸了。

图书在版编目(CIP)数据

行为与因果 : 寂护、莲花戒《摄真实论（疏）》业因业果品译注与研究 / 范文丽著 . — 北京 : 商务印书馆 , 2022
（佛教观念史与社会史研究丛书）
ISBN 978-7-100-20893-2

Ⅰ . ①行… Ⅱ . ①范… Ⅲ . ①佛教—研究 Ⅳ . ① B948

中国版本图书馆 CIP 数据核字（2022）第 045617 号

佛教观念史与社会史研究丛书
行为与因果
寂护、莲花戒《摄真实论(疏)》业因业果品译注与研究
范文丽 著

商 务 印 书 馆 出 版
（北京王府井大街 36 号 邮政编码 100710）
商 务 印 书 馆 发 行
南京新洲印刷有限公司印刷
ISBN 978-7-100-20893-2

2022 年 5 月第 1 版　　开本 700 × 1000 1/16
2022 年 5 月第 1 次印刷　　印张 26¼
定价：135.00 元